A*t*V

Brigitte Reimann, geb. 1933 in Burg bei Magdeburg, war seit ihrer ersten Buchveröffentlichung freie Autorin. 1960 zog sie nach Hoyerswerda, 1968 nach Neubrandenburg. Nach langer Krankheit starb sie 1973 in Berlin. Sie schrieb »Die Frau am Pranger« (1956), »Ankunft im Alltag« (1961), »Die Geschwister« (1963), »Das grüne Licht der Steppen. Tagebuch einer Sibirienreise« (1965) sowie den unvollendeten Roman »Franziska Linkerhand« (1974, vollständige Neuausgabe 1998). Außerdem erschienen die Briefwechsel mit Christa Wolf, »Sei gegrüßt und lebe. Eine Freundschaft in Briefen 1964–1973« (1993), mit Hermann Henselmann, »Mit Respekt und Vergnügen« (1994), und »Aber wir schaffen es, verlaß Dich drauf. Briefe an eine Freundin im Westen« (1995) sowie »Ich bedaure nichts. Tagebücher 1955–1963« (1997) und »Alles schmeckt nach Abschied. Tagebücher 1964–1970« (1998).

Irmgard Weinhofen, geb. 1931 in Burg bei Magdeburg, Germanistin, war u. a. Lehrerin; 1959 Heirat mit einem Niederländer, mit dem sie 1963 nach Amsterdam zog, wo sie bis vor einigen Jahren lebte. Mit Brigitte Reimann war sie seit 1948 befreundet.

»Eine Freundin, für die es keine Nachfolge gegeben hat«, sagt Irmgard Weinhofen über Brigitte Reimann.

Als Irmgard Weinhofen heiratete und nach Amsterdam zog, bedeuteten Brigitte Reimann ihre lebendigen Berichte einen Blick in jene Welt, die ihr nicht zugänglich war. Wie die Freundin sich in den fernen Niederlanden durchschlug, verfolgte sie mit Bewunderung und der Neugierde der Autorin, die einen Romanstoff witterte. Sie selbst schrieb ihr oft ausführlicher über Privates, Klatsch, Kulturpolitik und Manuskripte, als sie das bei anderen Briefpartnern oder in ihren Tagebüchern tat.

Mal übermütig, mal verzweifelt, mal verschwörerisch – diese Briefe dokumentieren die Freundschaft zweier temperamentvoller, begeisterungsfähiger, leidenschaftlicher Frauen über Ländergrenzen hinweg.

Brigitte Reimann
Irmgard Weinhofen

Grüß Amsterdam

Briefwechsel
1956–1973

*Herausgegeben
von Angela Drescher
und Dorit Weiske*

Aufbau Taschenbuch Verlag

ISBN 3-7466-1937-8

1. Auflage 2003
© Aufbau Taschenbuch Verlag GmbH, Berlin 2003
Umschlaggestaltung Torsten Lemme
unter Verwendung eines Fotos
von Lydia Goguel, Literaturzentrum Neubrandenburg, (vorn)
und einem Privatfoto von Irmgard Weinhofen (hinten)
Druck Elsnerdruck GmbH, Berlin
Printed in Germany

www.aufbau-taschenbuch.de

Inhalt

Anhang

Irmgard Weinhofen

Denke ich an Brigitte …

Wenige Jahre nach dem Tod von Brigitte Reimann bat mich Frau Elten-Krause, die damalige Leiterin des Literaturzentrums Neubrandenburg, einige ihrer Briefe, in denen insbesondere »die Probleme ihres Frauenlebens und -erlebens«[*] zum Ausdruck kommen sollten, für ein geplantes Buchprojekt zur Verfügung zu stellen. Ich brachte es damals einfach nicht übers Herz, Vertraulichkeiten zwischen Brigitte und mir der Öffentlichkeit preiszugeben. Inzwischen sind zwei Jahrzehnte vergangen, doch noch immer bin ich nicht frei von diesen Zweifeln. Den Anstoß dafür, meine Bedenken zu überwinden, gab eine junge Germanistin, die, fasziniert von der Lektüre der Reimannschen Tagebücher, den Kontakt zu mir suchte. Sie war es schließlich, die mich von der Veröffentlichung des Briefwechsels überzeugte. Zunächst hatten wir die Absicht, ausschließlich Brigittes Briefe herauszugeben. Uns wurde jedoch schnell klar, daß es für das Verständnis von Vorteil ist, wenn man meine Briefe hinzufügt, da Brigitte auf vieles, was ich geschrieben habe, reagierte. Meine Briefe, von denen etliche nicht mehr auffindbar sind, werden auszugsweise wiedergegeben. Sie sollen in erster Linie Zusammenhänge herstellen und Sachverhalte erläutern.

Überschaue ich unsere Korrespondenz heute aus der Distanz, dann werden die sich inzwischen in Europa vollzogen habenden gesellschaftspolitischen Veränderungen nur allzu deutlich sichtbar. Uns umgab in den fünfziger, sechziger und siebziger Jahren, als unsere Briefe von einem Ort zum andern, später von einem Land ins andere hin- und hergingen,

---

[*] Elisabeth Elten-Krause in einem Brief vom 1. März 1981.

eine völlig andere gesellschaftliche Realität. Diese unsere damalige Welt bildete den historischen Hintergrund unseres Gedankenaustauschs. Unsere persönlichen Erfahrungen, Erkenntnisse, Einsichten, aber auch Vor- und Fehlurteile, Mißverständnisse oder Unkenntnisse, die mir heute selbst oft unverständlich erscheinen, spiegelten sich in der Geschichte unserer Zeit: Brigittes Erlebniswelt in der DDR und meine im Erleben beider Systeme.

Denke ich heute an Brigitte, dann scheint es mir, als fielen Vergangenheit und Gegenwart zusammen. Schon seit Jahrzehnten lebt sie nicht mehr unter uns. Dennoch ist sie auf andere Weise nachdrücklich, lebendig anwesend, als sie es zu Lebzeiten war. Vor allem ihre beeindruckenden Tagebücher fanden wegen ihrer literarischen und historischen Bedeutung größte Resonanz. Nach wie vor ist das Interesse an Brigitte Reimanns Leben als Schriftstellerin und als Frau ungebrochen. Die zahlreichen aktuellen Veröffentlichungen und Neuauflagen ihrer Werke sprechen für sich. Deshalb möchte ich nun unseren Briefwechsel ihrem literarischen Nachlaß hinzufügen.

Unser kontinuierlicher Briefaustausch begann 1951. Leider ist von Brigittes frühen Briefen nur einer aus dem Jahr 1956 erhalten geblieben. 1959 heiratete ich einen niederländischen Staatsbürger, mit dem ich 1963 von Ostberlin nach Amsterdam zog. Bedauerlicherweise sind die anderen frühen Briefe während dieses Umzuges verlorengegangen. Ab dem Jahr 1958 jedoch liegen alle ihre an mich gerichteten Briefe lückenlos vor.

Denke ich an die erste Begegnung mit Brigitte in Burg im Jahre 1948, dann sehe ich mir das Bild der noch mittelalterlich anmutenden Kleinstadt mit ihren beiden gotischen Kirchen in der Ober- und der Unterstadt sowie der Hauptstraße, die Brigitte in ihrem Roman »Franziska Linkerhand« liebevoll die »Magistrale« nennt, auf deren einer Seite ein altes Tor den Zugang zum städtischen Badehaus gewährte. Dort wurden damals auch die balneologischen Nachbehandlungen verschiedener Gelenkerkrankungen vorgenommen. In dieser frühen Nachkriegszeit waren Lebensmittel knapp, die Menschen litten Hunger, Krankheiten und Epidemien waren an der Tagesordnung. Brigitte war an Kinderlähmung erkrankt, und mich hatte ein ähnliches Unglück getroffen. Der Verzehr von verdorbenem Fisch hatte bei meiner ganzen Familie zu schweren Lähmungen an Händen und Füßen geführt. Wie Brigitte wurde auch ich in dem Badehaus mit Massagen, Bestrahlungen und Reizstrom behandelt. Wir lagen nebeneinander auf den Massagebetten, kämpften mit den gleichen gesundheitlichen Problemen und blinzelten uns verlegen zu. Wir waren nahezu gleichaltrig, Brigitte 15, ich 17 Jahre alt. Unser beider Situation, die eine hilfloser als die andere, und die wiederkehrenden Behandlungen zur gleichen Zeit legten die Basis zu einem ersten schüchternen Kontakt.

Nach dem Ende der Behandlungen trafen wir uns oft zufällig auf der Burger Flaniermeile, grüßten und lächelten uns vielsagend zu, im Schlepptau unsere ersten jugendlichen Eroberungen. Die Erinnerung läßt mich schmunzeln, wie wir uns an so manchen Nachmittagen beim Auf- und Abflanieren mehrmals begegneten – und sich das Spiel des Lächelns und Grüßens stets wiederholte. Dort, wo sich die Burger Jugend traf, waren auch wir beide zu finden: beim Tanz in der »Stadtschänke« oder im Café »Roland«.

Zu einem engeren Kontakt kam es wenige Jahre später, ab 1951, als Brigitte meine neun Jahre jüngere Schwester in der Schule unterrichtete. Ich wohnte und arbeitete damals schon in Ostberlin, besuchte aber regelmäßig meine Familie in Burg. Der Mittelpunkt des Interesses meiner kleinen Schwester war ihre Lehrerin Brigitte. Sie schwärmte von ihr und verehrte sie. Beide hatten sich angefreundet: die intelligente, gehbehinderte Schülerin und die gleichfalls gehbehinderte Lehrerin. So entwickelte sich über meine Schwester unsere Freundschaft. War ich in Burg, besuchten wir uns gegenseitig. In diesen frühen Jahren – ich denke, kaum jemand erinnert sich heute noch daran – machte Brigitte erstmals literarisch auf sich aufmerksam, als in der Burger Tageszeitung eine Liebesgeschichte von ihr als tägliche Fortsetzungsfolge erschien, mit dem Resultat, daß sich die Stadt darüber köstlich amüsierte.

Denke ich an Brigitte, dann erinnere ich mich besonders lebhaft an ein unerwartetes Wiedersehen im Sommer 1956. Strahlendes Sommerwetter vergoldete den Strand von Ahrenshoop, als wir uns dort überrascht in die Arme fielen. Wir hatten nicht geahnt, daß wir dort zur gleichen Zeit Urlaub machen würden. Brigitte genoß den Aufenthalt am Meer, rannte den Strand entlang, soweit es ihre Behinderung zuließ, warf Steinchen ins Wasser und sang dabei fortwährend und unbekümmert voller Lebensfreude »Minhe, minhe, haha …«, einen Hit jener Zeit.

Brigitte, damals dreiundzwanzigjährig, schwamm auf der Wolke ihres ersten Erfolges mit »Die Frau am Pranger«. Sie bekam dafür – nach unseren Vorstellungen – unwahrscheinlich viel Geld, das sie, unter anderem auch allabendlich in der Bar von Ahrenshoop, mit vollen Händen wieder ausgab.

Eines Morgens lief ich an dem Fischerhäuschen vorbei, in dem Brigitte mit Günter, ihrem ersten Ehemann, logierte. In diesem Augenblick öffnete sie die nächtlich geschlossenen Fensterläden. Das frühe Sonnenlicht erhellte einen wunderschönen Anblick: Die junge, sonnengebräunte Brigitte, nur mit einem dünnen, ärmellosen Blüschen bekleidet, zeigte einen üppigen, formvollendeten Oberkörper, der noch heute jede Frau vor Neid erblassen ließe. Die Schönheit dieses Fensterbildnisses glich einem Barockgemälde. Es hat mich dermaßen beeindruckt, daß meine Sinne es für immer aufbewahren werden.

1959 heirateten wir fast gleichzeitig: Brigitte Siegfried Pitschmann, mit dem sie 1960 nach Hoyerswerda zog, und ich Frederik Weinhofen in Berlin. Natürlich war Brigitte neugierig, was ich mir da für einen Prinzen aus den fernen Niederlanden geangelt hatte – und ein Besichtigungs- bzw. Bekanntmachungsbesuch folgte sehr bald.

Denke ich an Brigitte und Hoyerswerda, dann frage ich mich noch heute, weshalb ich sie dort damals nicht besucht habe. Oft kam etwas dazwischen, Gelegenheiten blieben ungenutzt. Zu den schönsten Erinnerungen aus jenen Tagen zählen unsere Treffen in dem berühmt-berüchtigten Presse-Café am Bahnhof Friedrichstraße, wenn Brigitte in Berlin zu tun hatte. Meistens wartete sie bereits auf mich, saß an einem der kleinen Kaffeehaustische am großen Fenster, beobachtete die Leute und schrieb. Damals war sie noch relativ gesund und konnte so herrlich und unbeschwert lachen. Den DDR-Behörden war das illustre intellektuelle Völkchen, das sich in dem Café ein Stelldichein gab, ein Dorn im Auge – und damit war die Schließung vorprogrammiert.

In diesem Zusammenhang fällt mir etwas geradezu Mysteriöses ein: Häufig geschah es, daß wir beide zufällig, aber wie bestellt, aufeinandertrafen, obwohl wir uns gar nicht verabredet hatten. Und das passierte meistens an der Uhr am Bahnhof Friedrichstraße.

Dann kam die Mauer und mit ihr das Ende meines »geraden Weges«, wie Brigitte meine bisherige Vita so schön zu bezeichnen wußte.

13. August 1961. Was für ein schicksalhaftes Datum! Was den Berlinern einfach undenkbar erschien, der Irrsinn, ihre Stadt zu teilen, die organische Zusammengehörigkeit zu sprengen, die Familien auseinanderzureißen, das wurde mit jenem Tag zur grausamen Realität. Der Freiheitsentzug traf die Berliner bei der nunmehr endgültig vollzogenen Teilung Deutschlands am härtesten, und er brachte auch unser Leben völlig aus dem Gleichgewicht.

Von nun an begannen die politischen Probleme meiner zweistaatlichen Ehe. Erschwerend kam noch das kapitalistische Herkunftsland meines Ehemannes hinzu. Für einen Niederländer, ganz gleich welcher Weltanschauung und Konfession, erzogen in einem aus der Vergangenheit erklärbaren, ausgeprägten Freiheitsverständnis, war eine derartige Einschränkung seiner persönlichen Bewegungsfreiheit unvorstellbar. So war die entstandene Situation auch für meinen Mann inakzeptabel. Der politische und ökonomische Druck in unserem Alltag gestaltete sich zunehmend unerträglicher, ging mit Schikanen und Verdächtigungen einher, so daß wir uns schließlich entschlossen, die Ausreise aus der DDR zu beantragen, um gemeinsam in die Niederlande, nach Amsterdam, zu ziehen.

Der Weggang aus Ostberlin fiel mir wahrlich nicht leicht. Die mir liebsten Menschen, meine Eltern, vor allem meinen geliebten Vater, der mich nach dem frühen Tod meiner jüngeren Schwester besonders vermißte, Verwandte und Freunde hier zurückzulassen bedeutete für mich langjähriges Herzeleid. Wegzugehen über Grenzen in ein etwa 700 km entferntes unbekanntes Land, obendrein mit gegensätzlicher Gesellschaftsordnung, hieß 1963, in unerreichbare Ferne zu ziehen und nur wenig Aussicht auf ein schnelles Wiedersehen zu haben.

War der Abschied aus meiner bisher vertrauten Welt, Ostberlin, schon schmerzhaft genug, so war der Neuanfang in Amsterdam – wegen gänzlicher Unkenntnis der dortigen Lebensverhältnisse – trotz aller Illusionen beschwerlich und hart. Ich habe geraume Zeit gebraucht zu lernen, mich einzugewöhnen und anzupassen. Es dauerte länger als ein Jahr, bis ich mich in der Lage fühlte, meinen Briefwechsel mit Brigitte wiederaufzunehmen. Von Anfang an war ich mir der Brisanz unseres Kontakts bewußt. Sehr schnell bestätigte sich der Verdacht der Überwachung unserer gesamten Korrespondenz. Brigittes Briefe waren, bevor sie mich in Amsterdam erreichten, geöffnet und kontrolliert worden. Der Postverkehr in umgekehrter Richtung, von Amsterdam nach Hoyerswerda und später nach Neubrandenburg, unterlag ebenfalls intensiver Schnüffelei. Es geschah auch, daß Päckchen überhaupt nicht ankamen, man scheute sich nicht einmal, Banknoten aus den Sendungen zu entfernen, und meine Briefe benötigten stets eine ungewöhnlich lange Zeit, bevor sie Brigitte erreichten. Ein Dritter las immer mit. Diese Situation hat die Inhalte meiner Korrespondenz aus Sorge, Brigitte schaden zu können, wesentlich beeinträchtigt. Ich vermied es tunlichst, auf politische bzw. literaturpolitische Themen einzugehen, von denen mir Brigitte berichtete, denn die Angst schrieb ständig mit. Meine in all den Jahren ausgestandenen Ängste um das Wohl meiner Lieben vermag ich nicht zu beschreiben. Daß diese Angst nicht unbegründet war, bestätigte mir später die Einsichtnahme in meine Stasi-Akte. Daher schrieb ich viel mehr über meine privaten und beruflichen Eindrücke, über unsere Reisen, später über mein Studium an der Universität von Amsterdam.

Inzwischen hatte ich den niederländischen Alltag längst im Griff und meine Lebensfreude zurückgewonnen. Mein Leben hatte Normalität erlangt, da bekam ich von Brigitte beunruhigende Briefe über eine sich ankündigende Krankheit, die für sie relativ schnell zur bösen Gewißheit wurde.

Berichten meiner Eltern zufolge schienen sich die Wellen über meine »offizielle« Ausreise geglättet zu haben, und ich faßte Mut, den ersten Antrag auf eine »besuchsweise Einreise«, wie das damals in DDR-Deutsch hieß, nach Ostberlin zu stellen. Und siehe da, die erwartete Ablehnung blieb aus. Daraufhin wiederholten sich meine Berlin-Besuche in zeitlich dichterer Folge. Trotz ihres angegriffenen Gesundheitszustandes ließ es sich Brigitte nicht nehmen, für ein paar Stunden des gemeinsamen Wiedersehens die strapaziöse Reise von Hoyerswerda nach Berlin zu machen. Unser geliebter Treff, das Presse-Café, war inzwischen zum Fundus des Metropol-Theaters degradiert worden, aber wir fanden eine andere Lokalität. Fortan ging es in die Lunch-Bar des Hotels »Unter den Linden«. Unsere Wiedersehensfreude hatte zwar die Überschwenglichkeit früherer Jahre eingebüßt, krank, wie Brigitte war, doch noch immer genoß sie es in vollen Zügen, auszugehen und als schöne Frau bewundert zu werden.

Denke ich an Brigitte, dann bleibt mir der Augenblick unvergessen, als sie mir sagte, sie habe Krebs. Im Herbst 1968, nach ihrer Brustkrebsoperation, hatte sie sich wieder auf den Weg gemacht, um mit mir ein paar Stunden in Berlin zu verbringen. Am späten Nachmittag begleitete ich sie zum Bahnhof Lichtenberg. Dort hatten sich Abfahrtszeit und -ort des Zuges unerwartet geändert. Adlershof hieß das neue Ziel. Der Weg nach Adlershof war, gelinde gesagt, eine Zumutung. Da standen wir nun beide bei wolkenverhangenem Himmel mutterseelenallein am Rande des zugigen Bahnsteigs eines verödeten Güterbahnhofs. Kaum zu glauben, daß hier ein Fernzug halten sollte. Die gottverlassene Tristesse hatte sich zusätzlich auf unser beider Gemüt gelegt. Tapfer, wie sie immer war, nahm Brigitte ihre ganze Fassung zusammen, um nicht hemmungslos draufloszuheulen, schaute mich an und fragte nur immer wieder: »Warum gerade ich, warum?« Dabei streifte ihr Blick Bein und Hüfte, und sie fügte bitter hinzu: »Ich hatte doch schon mein Teil.« Der Zug fuhr ein. Wir hielten uns an den Händen. Was wir fühlten, brauchte keine Worte. Wir waren nur unendlich traurig. Dennoch: Vielleicht geschah doch ein Wunder!

Ich bewunderte damals Brigittes Mut, trotz ihrer angeschlagenen Gesundheit einen Neuanfang zu wagen. Aber ich verstand sie. Hoyerswerda hatte sie psychisch aufgerieben.

Neubrandenburg – die Stadt im Grünen. Gegensätzlicher hätte sie zu Hoyerswerda mit seinen monotonen Wohnsilos wohl nicht sein können. Brigitte hatte Neubrandenburg von Anfang an ins Herz geschlossen. Die Schönheit der Natur, die instand gehaltene mittelalterliche Stadtmauer mit den Toren, den Wiekhäusern, dem Wall, auf dem Brigitte so gern spazierenging, ihre Wohnung in einem Zweifamilienhaus, an dessen Wänden das grüne Laub des Weins emporrankte, die Sonnenterrasse mit der Aussicht auf die kleinen Beete und den wildwüchsigen Garten dahinter bereiteten ihr viel Freude. Neubrandenburg, die Stadt, die ihr beruflich ein neues Zuhause gab, in der sie sich von hilfsbereiten Schriftstellerkollegen und Freunden umgeben fühlte, ließ sie schnell heimisch werden.

Während ihrer letzten Lebensjahre war es für mich immer weniger schwierig geworden, Brigitte – trotz der Argusaugen der Staatssicherheit – von Berlin aus zu besuchen. 1969 und 1970 kam ich mehrmals zu Tagesbesuchen, 1971 und 1972 sogar zu mehrtägigen Aufenthalten.

Einmal, im Sommer 1971, hatte Brigitte sich besonders gut auf meinen Besuch vorbereitet, eingekauft und sogar ein Fleischgericht gekocht. Das war für sie schon eine beachtliche Leistung, denn mit dem Kochen hatte sie nicht viel im Sinn. Sie selbst aß wenig. Dafür rauchte sie viel, trank ausgiebig schwarzen Kaffee und verachtete auch einen Schluck Wodka nicht. Als Gegenmittel dazu, und auch im Hinblick auf ihre Krankheit, trank sie besonders viel Milch. Diesmal aber machte Brigitte die Backröhre auf und zog eine riesige gußeiserne Bratpfanne, angefüllt mit Gulaschwürfeln, hervor. Ich traute meinen Augen nicht. Diese Portion hätte mindestens für zehn Personen gereicht. Wir aßen den ersten, den zweiten und auch noch den dritten Tag davon, aber der Vorrat wollte nicht schrumpfen. Am vierten Tag schaute sie wieder in die Pfanne, schlug die Backofentür zu – und sagte resolut: »Komm, wir gehen essen!«

Bei Brigitte lernte ich zwei großartige, hilfsbereite junge Menschen kennen. Der eine, Dieter, stellte für mich – wie selbstverständlich – Bett und Wohnung zur Verfügung, der andere, Juergen, ein Allroundtalent, organisierte alles Nötige und sorgte für Geselligkeit. Beide waren auch mir zu Freunden geworden. Sie berichteten mir später getreulich über Brigittes Ergehen, als es ihr schwerfiel oder sie nicht mehr in der Lage war, mir zu schreiben. In Neubrandenburg brach für sie die schwerste Zeit ihres Daseins an, in der wir schon um ihr Leben bangen mußten. Es war die Zeit der furchtbaren, unbeschreiblichen Schmerzen, der immer kürzer werdenden Atempausen zwischen ihren Krankenhausaufenthalten, die Zeit, in der sie mit letztem Kraftaufwand gegen den sich ausbreitenden Krebs ankämpfte, in der sie ihm jede Zeile ihres Romans »Franziska Linkerhand« abtrotzte, der schließlich doch unvollendet bleiben mußte.

Dann kam die Vorweihnachtszeit 1972. Wieder in Berlin, machte ich mich auf den Weg nach Buch in die Rössle-Klinik. In jener Zeit war es eine Strapaze für den Besucher, dort hinzukommen, ganz zu schweigen von der Aussichtslosigkeit, irgendwo Blumen aufzutreiben. Vor einem halben Jahr hatte ich Brigitte zum letztenmal gesehen. Da ich ja wußte, wie krank sie war, hatte ich mich innerlich gewappnet, mir bei einer gravierenden Veränderung ihres Äußeren nichts anmerken zu lassen. Zu meiner Erleichterung hatte die Krankheit sie weder gezeichnet noch entstellt. Ihr Gesicht war wohl schmaler, auf dem kleiner gewordenen Kopf rutschte eine viel zu große Perücke hin und her, aber sie war noch ganz Brigitte, saß gepflegt, schön geschminkt, in einem hübschen Nachthemd – ganz Dame – in ihrem Bett und machte einen aufgeräumten Eindruck. Sie freute sich sehr über meinen Besuch, wie sie sich überhaupt über alles Gute und Schöne immer von Herzen freuen konnte.

Wenn sie über ihre Krankheit sprach, dann tat sie das nicht etwa larmoyant, sondern ganz objektiv, vor allem über die unerträglichen Schmerzen wie auch die Gefahr einer Querschnittslähmung – der fortschreitende Krebs hatte ihre Wirbelsäule angegriffen –, gegen die man ihr vorsorglich ein Korsett anfertigen wollte. Zwischendurch kam eine Schwester, die ihr hin und wieder eine schmerzstillende Spritze gab. Wir plauderten munter weiter. Brigitte berichtete über die Besuche von Günter de Bruyn und Christa Wolf, die ihr viel bedeuteten und Lebensmut gaben. Da sie sich nach wie vor für alles Fremdländische interessierte, wollte sie von mir viel über Amsterdam wissen. Ich hatte ihr versprochen, sie nach Amsterdam zu holen, notfalls im Rollstuhl.

Wir schwatzten wie in alten Zeiten, sie wandte sich den mitgebrachten Aufmerksamkeiten zu, betrachtete sie nachdenklich und sagte dann: Das Wichtigste bei einem schönen Geschenk wäre es, sich darüber freuen zu können, und sei es auch nur für kurze Zeit. Dann hätte das Geschenk seinen Sinn erfüllt. Diese Worte wurden für mich zum Leitgedanken jedes Schenkens.

Bei dieser Begegnung erzählte sie mir etwas, das mich überraschte: Sie habe sich in der Klinik mit einem netten Pater angefreundet, der sie am Krankenbett besuche, mit dem sie interessante und aufbauende Gespräche führe. Als Quintessenz dessen meinte sie: Gäbe es für sie jemals die Chance, diese Klinik noch einmal zu verlassen, dann würde sie in den Schoß der katholischen Kirche zurückkehren. Innerlich hatte Brigitte sich dem Glauben und dem Gebet als Anker letzter Hoffnung zugewandt.

Die Besuchszeit ging zu Ende. Wir umarmten uns und nahmen innigen Abschied. Auf dem Korridor verlor ich völlig meine Fassung. Ich zögerte noch wegzugehen. Mich überkam ein unbestimmtes Gefühl der Endgültigkeit. Noch einmal lief ich in ihr Zimmer zurück. Sie tröstete mich, indem sie ganz ruhig zu mir sagte: »Hab keine Angst, ich gehe noch nicht!« Doch schon bald sollte sie für immer fortgehen …

Denke ich an Brigitte, dann spüre ich auch heute noch ihre in mir nachwirkende, unerklärliche Nähe. Für mich bleibt sie die jahrzehntelange Freundin und Vertraute, mit der ich über alle meine Lebensfragen sprechen konnte und die mir das Gefühl gab, mich zu verstehen. Unsere Freundschaft spielte sich außerhalb der Literaturszene ab, da meine berufliche Entwicklung eine andere Richtung genommen hatte. Trotzdem ließ sie mich intensiv an ihrer schriftstellerischen Arbeit teilhaben und förderte meine Leselust, die mich schließlich noch zu einem Germanistikstudium animierte. Sie war die stille Begleiterin meines Studiums, auch nach ihrem Tode. Noch heute ist sie mir Vorbild bei meinen literarischen Arbeiten.

Ich habe sie bewundert um ihrer ausnehmenden Intelligenz, ihres ausgeprägten Gerechtigkeitsinns willen und besonders wegen ihrer politischen Aufrichtigkeit. Sie war kein Freund fauler Kompromisse und hat sich wegen ihrer kritischen Haltung zum Staat im allgemeinen als auch im Hinblick auf die Zensur ihrer Werke mehr Nach- als Vorteile eingehandelt. Meine Freude über Brigittes schriftstellerischen Nachruhm geht einher mit einem Gefühl der Wehmut, daß es ihr nicht vergönnt war, wenigstens »Franziska Linkerhand« zu vollenden, geschweige denn die Veröffentlichung mit den vielen Nachauflagen zu erleben. Ich hätte ihr so sehr die Erfüllung wenigstens einiger ihrer Träume gewünscht, die der Fall der Mauer und die Wiedervereinigung ihr heute ermöglichen würden. Das Honorar für »Franziska Linkerhand« hätte es ihr spielend erlaubt, noch einmal nach Herzenslust einkaufen gehen zu können – und sie gab doch so gern Geld aus. Und ich hätte *mir* gewünscht, mit ihr einmal über die Amsterdamer Grachten zu bummeln, ihr Staunen, ihre kindliche Verwunderung über all das Unbekannte, Ungewohnte, Extreme, über all die Buntheit dieser Stadt zu erleben und aus dem Trödel auf dem Waterlooplein »einen echten Rembrandt« hervorzukramen, so wie ihre Franziska sich das ersehnt hatte.

Unerfüllte Wünsche, unerfüllte Träume!

Meine Zuneigung galt Brigitte in ihrer ganzen Spontaneität, Freude und Herzlichkeit, auch in ihrer Traurigkeit und Verzweiflung, so wie sie eben war mit all ihren Eigenschaften, Eigenheiten und dem Genuß am Leben.

Was bleibt, ist die Erinnerung an einen wunderbaren, tapferen Menschen, an eine Freundin, für die es keine Nachfolge gegeben hat.

Oktober 2002

1 BRIGITTE REIMANN AN IRMGARD WEINHOFEN

Burg, am 23. 8. 56

Liebes Irmchen,
es hat noch einmal eine ganze Woche gedauert, aber jetzt habe ich alles hinter mir, und es ist, unberufen! gut gegangen.

Ich hätte Dir gern ausführlicher geschrieben, aber die Defa hat mir einen unmöglichen Termin aufgehuckt, und jetzt schufte ich, trotzdem mich Günter am liebsten ins Bett stecken möchte, Tag und Nacht, um meine Verpflichtungen zu erfüllen. Ich weiß nicht, ob die Defa sehr streng ist in solchen Terminfragen, unter Umständen riskiert man eine hübsche Konventionalstrafe …

Ich hoffe, ich werde Dich bald wieder einmal sehen, wenn ich in Berlin bin oder Du mal nach Burg kommst. Ich schicke Dir heute mein neues Buch mit; von der »Frau am Pranger« konnte ich leider kein Exemplar mehr auftreiben, aber wenn ich bei der neuen Auflage wieder einige Bücher bekomme, werde ich natürlich gleich an Dich denken.

Mit herzlichen Grüßen
Deine Brigitte

2 BRIGITTE REIMANN AN IRMGARD WEINHOFEN

Burg, am 14. 1. 58

Liebes Irmchen,
ich danke Dir schön für Deine guten Wünsche zum Neuen Jahr – die ich von ganzem Herzen erwidere. Schade, daß wir uns Silvester nicht getroffen haben, aber ich saß zuhaus

und habe gearbeitet, seit Wochen zum ersten Male wieder. Du weißt ja, daß Günter seit Anfang Dezember verhaftet ist, und ich war schrecklich deprimiert und habe keine Zeile schreiben können, weil ich immerfort nur an ihn denken mußte und an die mindestens sechs Monate Gefängnis, die ihn erwarten.

Die Feiertage waren natürlich reizend ohne ihn; am Heiligen Abend durfte ich mal eine Viertelstunde mit ihm sprechen – und das war beinahe noch schlimmer, als wenn ich ihn gar nicht hätte sehen dürfen: kein Kuß, kein liebevolleres Wort möglich, weil die Wache dabeisitzt. Mein armer Junge! Er ist seelisch und körperlich ganz kaputt; er ist ein richtiger Naturbursche, weißt Du, und leidet entsetzlich unter dem Freiheitsentzug.

Dafür hab ich jetzt die absolute Freiheit, die mir sonst fehlte – bloß, sie macht mir keinen Spaß mehr. Es ist einfach reizlos, wenn man alles tun und lassen darf und nicht darum kämpfen muß. Ich bin sehr brav und treu und gehe selten aus dem Haus; ich staune selbst über meine Tugend. Jetzt hab ich mich wieder einigermaßen gefangen und bin fleißig; ich schreibe an einem neuen Roman, für den mir der Verlag einen sehr kurzen Termin gesetzt hat. Es wird auch Zeit, daß ich mal wieder was rausbringe; zwei Jahre habe ich mit einem Film verplempert und mit zwei Büchern, die mir abgelehnt wurden – das eine war angeblich »konterrevolutionär«, das andere »dekadent«. Na, da kann man nichts machen – der Kampf gegen die Dekadenz ist große Mode, und leider schießen die Verlage dabei weit übers Ziel hinaus. Neulich hatten sie eine hübsche Geschichte genommen, die die Liebe zwischen einem verheirateten Mann und einem jungen Mädchen schildert; nach dem Referat von Abusch schickten sie sie mir zurück. Urteil: »morbid-erotisch.« Weil es ja in der DDR nicht mehr vorkommt, daß ein verheirateter Mann und ein junges Mädchen ... Na, Du verstehst – wir sind ja alle schon so moralische Sozialisten.

Da bleibt einem nichts übrig, als die Zähne zusammenzubeißen und den Kopf oben zu behalten und was Neues anzufangen.

Du machst ja ganz schön Karriere in Berlin; hast es schon zur Dozentin gebracht. Mußtest Du da vorher nicht studieren? Ich freue mich für Dich, daß Du eine Wohnung bekommen hast – wenn ich mal wieder in Berlin bin, muß ich Dich unbedingt besuchen. Du hättest ruhig mal zu mir kommen können; ich habe auch eine süße Bude, ganz modern und ein bißchen verrückt.

Ich wünsch Dir alles Gute und Schöne und grüße Dich herzlich –

Deine Brigitte [...]

3 Brigitte Reimann an Irmgard Weinhofen

Burg, am 21. 2. 59

Liebes Irmchen,
ich danke Dir herzlich für Deinen Brief, den ich nun allerdings recht verspätet beantworte. Du hast inzwischen meine Hochzeitsanzeige erhalten und wirst Dir denken können, was so in den letzten Monaten bei uns los war. Das kann man schon als Entschuldigung gelten lassen, nicht wahr?

Freilich kann ich Dir nur einen verhältnismäßig kurzen Brief schreiben, denn ich arbeite zur Zeit wie ein Kettensklave, um meinen Termin wenigstens annähernd zu schaffen (inzwischen bin ich mit meinem Roman beim Aufbau-Verlag gelandet, und das darf schon als Beweis für eine gewisse Qualität gelten – kein Vergleich mit meinen ersten Büchern, Tatsache!)

Zunächst muß ich Dir sagen, daß ich mich sehr, sehr gefreut habe zu hören, daß Du nun endlich einen Gefährten hast, mit dem Du Dich für immer zusammentun willst. Du mußt doch froh sein, aus dem bedrückenden Verhältnis mit

Deinem verheirateten Freund herausgekommen zu sein. Wenn ich auch überzeugt bin, daß er die besten Absichten hatte – solche Geschichten gehen meist recht unglücklich aus; das weiß ich – leider! – aus eigener Erfahrung.

Ich will versuchen, Dir so kurz wie möglich meine Geschichte zu erzählen: Ich hatte voriges Jahr im Schriftstellerheim einen jungen Schriftsteller kennengelernt, einen hochbegabten Burschen, der momentan [an] einem großartigen Buch über die Schwarze Pumpe schreibt (er war als Betonarbeiter dort). Ich war damals ziemlich runter, ich hab gesoffen und mit allen möglichen Idioten geflirtet, ich kam mit meinem Buch nicht weiter und war ganz hoffnungslos und abscheulich allein. Na, und da kam Siegfried – die ganz große Liebe, verstehst Du? Er war auf demselben Tiefpunkt wie ich, und wir haben uns aneinander aufgerichtet, wir konnten wieder arbeiten – und besser als jemals zuvor. So lächerlich und unglaubwürdig das klingt, aber wir beschlossen am ersten Abend, zusammen zu bleiben. Wir haben uns von da ab nicht einen Tag getrennt. Als mein Mann aus dem Gefängnis zurückkam, sagte ich ihm sofort die Wahrheit, und wir trennten uns (er hat sich übrigens die ganze Zeit, auch bei der Scheidung, fabelhaft anständig benommen, obgleich es ein großer Schmerz für ihn war).

Du weißt vielleicht, wie sehr ich an Günter hing, trotz unserer verschiedenen Bildung und Lebensart und trotzdem wir überhaupt keine geistige Gemeinschaft hatten, und Du kannst mir glauben, daß es auch für mich wahnsinnig schwer war, von ihm wegzugehen. Ich war verrückt vor Kummer und vor allem vor Mitleid, aber gegen die Liebe zu Siegfried kam nun mal nichts anderes auf. [...]

Unsere Scheidungen zogen sich ziemlich lange hin und waren mit tausend Schwierigkeiten verbunden; ich bin dann im November, er ist im Dezember geschieden worden. In der Zwischenzeit lebten wir illegal zusammen. Wir hatten beide keinen Pfennig Geld (wir stecken heute noch bis über die Ohren in Schulden), und es ging und geht uns verdammt schlecht. Wir haben buchstäblich trocken Brot gegessen – aber ich finde es nur gut, wenn man auch mal solch Elend teilt; das schmiedet zusammen. Außerdem macht es uns nicht viel aus, wir sind bescheidene Leute, und ich bin Gott sei Dank nicht eitel, so daß ich ruhig mal ein Jahr ohne neues Kleid auskommen kann. Überdies sind wir beide fanatische Schriftsteller und meinen, daß man für die Literatur auch mal hungern können muß.

Na, im Juni liefere ich mein Manuskript ab, dann gibt es Moneten. Siegfried hat jetzt ein Förderungsstipendium vom Ministerium für Kultur bekommen, wo man begeistert ist von seinem Buch. Allmählich kriegen wir Luft.

Im Februar konnten wir nun endlich heiraten. Vorläufig hausen wir noch in meinem Zimmer, aber das stört unsere Arbeit nicht – im Gegenteil. Wir helfen und kritisieren uns gegenseitig – es gibt wirklich nichts Schöneres, als wenn zwei denselben Beruf haben und sich ergänzen.

Schade, daß ich kein gutes Bild von Siegfried habe. Er ist vier Jahre älter als ich und eigentlich gar kein Frauentyp: schmal und schmächtig wie ein Junge und keine Schönheit, aber er hat wunderbare Augen – und vor allem ist er ein echter Dichter, bis in die Fingerspitzen. Du kannst mir glauben, daß ich trotz aller Liebe objektiv bin, wenn ich Dir sage, daß er einer der begabtesten Autoren in der DDR ist. Na, Du wirst es ja selbst sehen, wenn sein Buch rauskommt.

Im Sommer gehen wir auf zwei Jahre in die Schwarze Pumpe; vielleicht hast Du davon im ND gelesen. Leider macht man schon in verschiedenen Zeitungen Reklame für uns, ehe wir noch dort sind.

So, das wär's. Nun habe ich doch mehr geschwatzt, als ich eigentlich wollte, und ich muß langsam wieder umschalten auf meinen Roman, der mir viel Sorge macht. Ich hab ein diffiziles Thema – Rückkehr eines Kriegsverbrechers –, und ich leide geradezu darunter, denn ich muß dazu Bücher lesen wie »SS im Einsatz«, und das ganze Grauen dieser Zeit kann einen fast um den Verstand bringen.

Schreibst Du mir wieder mal, Irmchen? Ich muß doch wissen, ob es bei Dir auch ein happy end gegeben hat.

Sei recht, recht herzlich gegrüßt

von Deiner Brigitte

4 Brigitte Reimann an Irmgard Weinhofen

Burg, am 9. 3. 59

Liebes Irmchen,

[...] Ich habe mir diesen Sonntagnachmittag freigenommen für ein paar Zeilen an Dich; eigentlich ist der Sonntag seit langem für uns ein Arbeitstag wie jeder andere, und wir freuen uns schon auf die Zeit, wo unsere Bücher im Druck sind und wir endlich einmal den Sonntag genießen können wie andere normale Menschen (sogar zum Lesen kommen wir immer erst nach Mitternacht; Du kannst Dir vorstellen, wie es bei den paar Stunden Schlaf um unsere strapazierten Nerven bestellt ist).

Apropos Bücher: Es hat mich sehr interessiert, zu hören, daß Dein Frederic auch an einem Buch arbeitet. Kannst Du mir mal andeutungsweise schreiben, was für ein Thema er hat? Ich glaube, Du wirst ihm eine gute Kritikerin sein – eine gescheite Frau ist allemal der beste und nützlichste Lektor, und Du hast soviel gelesen, daß Du strenge Maßstäbe anlegen wirst. Du fragst, ob der Verlag für Nationale Verteidigung noch besteht. [...] Ich denke aber, es ist besser, zu einem anderen Verlag zu gehen – falls es sich um ausgesprochene Belletristik handelt. Der Verlag f. N. V. ist bekannt für seine Herausgabe von Militärschriften. Ich würde Euch raten [...], zum Verlag Neues Leben zu gehen [...]. Dort gibt es junge und sehr aufgeschlossene Lektoren, bei denen man wirklich Rat und Hilfe findet. Ich habe die besten Erfahrungen mit ihnen gemacht, und ich wäre jetzt noch bei diesem Verlag, wenn nicht durch Siegfried die Verbindung zum Aufbau-Verlag geknüpft worden wäre.

Ich schicke Dir Ersatz für das verlorengegangene Buch; ich habe noch ein paar Exemplare. Übrigens: das Honorar für die neue Auflage ist gleich beim Verlag geblieben, bei dem ich noch mehr als 5 000 Mark Schulden hatte.

Du hast auch nach Siegfrieds Arbeit gefragt: Er hat vor sechs Jahren eine Erzählung im Aufbau herausgebracht und dafür den Anna-Seghers-Preis bekommen. Seitdem hat er nichts mehr veröffentlicht; er hat eine Menge Sachen angefangen und nichts beendet (sogar diese Fragmente sind großartig, und es ist jammerschade um die Themen) […].

Er hatte gerade die ersten Seiten seines neuen Buches weggeworfen und wollte endgültig aufgeben. Er las mir daraus vor, und ich war hingerissen […]. Es war in der ersten Zeit verflucht schwer, ihm ein bißchen Selbstbewußtsein wiederzugeben, und manchmal war ich verzweifelt über seine Unsicherheit, seine Zweifel an sich selbst. Nun, nachdem wir die häßlichen Scheidungsgeschichten hinter uns haben, hat er sich endlich gefangen und arbeitet konstant. […] Zum 10. Jahrestag der DDR soll das Buch rauskommen […].

Du schreibst, ich sollte nicht böse sein, wenn Du uns gelegentlich mal mit einer Kleinigkeit überraschst. Das darfst Du auf keinen Fall, Irmchen! Es ist sehr, sehr lieb von Dir, daß Du auf einen solchen Gedanken kommst, aber wir können nicht das Geringste annehmen. Wir haben uns auch schon ganz gut an unsere miserable Lage gewöhnt, weißt Du, und ich halte eine Schulung im Verzichten für recht nützlich. Wir haben den Wert des Geldes jetzt erst richtig kennengelernt. Außerdem wird Siegfried bald durch seinen Vertrag mit dem Ministerium für Kultur eine monatliche Beihilfe von fast 200 Mark bekommen, und in einer Kleinstadt wie Burg kann man mit 200 M. schon auskommen. Unsere Mägen sind nicht verwöhnt, und wir haben inzwischen gelernt, neidlos an vollen Schaufenstern vorbeizugehen. Natürlich träumen wir auch von neuen, eleganten Kleidern und tausend anderen Annehmlichkeiten, aber das haben wir ja alles noch vor uns. Na, Schluß mit diesem unerfreulichen Thema!

Wir werden also tatsächlich in die Schwarze Pumpe gehen. Mich graust es schon beim Gedanken an die Rennerei wegen einer Wohnung und an den Umzug. Aber die »Basis« ist für einen Schriftsteller von heute wirklich unerläßlich, und eine Großbaustelle ist die beste Erziehungsanstalt. In unseren Verlagen und in unserer ganzen recht bürgerlichen oder vielmehr kleinbürgerlichen Umgebung merkt man ja noch nicht allzu viel vom Sozialismus, wohl aber unter Arbeitern – wenn man ihnen auch die Sozialisten nicht gleich an der Nasenspitze ansieht. In der Schwarzen Pumpe kriegt man mehr Mut und Schwung als sonstwo – und die Geschichten liegen auf der Straße. Das sehe ich an Siegfried, der vollgestopft ist mit den tollsten Geschichten und Schicksalen, die er dort kennengelernt hat. Wir wollen Material sammeln und dann beweisen, daß man auch Betriebsromane schreiben kann, die nicht stinklangweilig oder verlogen sind, sondern so bunt und spannend wie ein Abenteuerroman.

Ich muß zu meinem Buch zurück, das mir im Moment mal wieder zum Hals raushängt. Aber das passiert einem jede Woche einmal, daß man am liebsten alles in die Ecke werfen möchte. [...]

Mit den herzlichsten Grüßen
immer Deine Brigitte

5 BRIGITTE REIMANN AN IRMGARD WEINHOFEN

Burg, am 29. 3. 59

Liebes Irmchen,
ich danke Dir herzlich für Dein Paket und Deinen lieben Brief. Mir war zum Heulen zumute, als ich ausgepackt

habe. Wir hatten uns so von Gott und aller Welt verlassen gefühlt, weißt Du, und allein die Tatsache, daß jemand an uns gedacht hatte, genügte, uns wieder froher zu stimmen. Morgens war die letzte Fleischbüchse, die wir als eiserne Reserve aufgehoben hatten, alle geworden, und ich hatte zu Siegfried gesagt, wir könnten uns jetzt also zum Sterben hinlegen, um unseren Hungertod zu erwarten. Wenn man wochen- und monatelang ohne einen Pfennig Geld dasitzt und sich recht und schlecht durchs Leben borgt, geht einem doch mal der Heroismus flöten, und man möchte einfach kapitulieren. Wenn wir nicht solche verdammten Narren wären und so an unsere Arbeit glaubten, würden wir es wahrscheinlich wie viele unserer Kollegen machen und irgendwelche blöden Kurzgeschichten oder Artikelchen schreiben, die kein Mensch ernstnimmt und die eben nur zum Verdienen verzapft werden.

Am meisten ärgert es uns, daß alle möglichen Stellen sich für Siegfrieds Buch interessieren und uns mit Briefen zudecken, wir sollten Durchschläge schicken und ihnen zur »Auswertung« überlassen – bloß materielle Hilfe bietet niemand. Das Ministerium für Kultur hat […] das Stipendium noch immer nicht geschickt. Na, vielleicht erinnern die sich jetzt nach Ostern an uns. Ich kriege schon die Wut, wenn ich daran denke, daß dieses Stipendium, das für fünf Monate reichen muß, insgesamt einem Monatsgehalt eines Abteilungsleiters im Ministerium entspricht.

Aber wir trösten uns mit der Hoffnung auf die Zeit, wenn unsere Bücher rausgekommen sind. Mein Buch wird sich sicher sehr gut verkaufen, und Siegfried wird Preise bekommen, davon bin ich überzeugt. […]

Entschuldige, bitte, daß ich Dir nicht schon eher geantwortet habe, aber meine Schwiegereltern waren gekommen, um mich endlich kennenzulernen, und Du kannst Dir ja vorstellen, wie aufregend eine solche Premiere ist.

Zur Hochzeit darf ich Dir vorher ja noch nicht gratulieren, aber wenigstens kann ich Dir ein schönes, harmonisches Fest wünschen. Ich sage Dir nochmals schönsten Dank und grüße Dich und Deinen Frederic (auch in Siegfrieds Namen) recht herzlich – Deine Brigitte

6 Brigitte Reimann an Irmgard Weinhofen

Burg, am 19. 6. 59

Liebe Irmgard,

sei mir, bitte, nicht böse, daß ich solange nichts von mir habe hören lassen. Wir waren – und sind es heute noch – in einer scheußlichen Situation mit unseren Büchern, und ich kann Deinem Gatten nur wünschen, daß er es leichter haben möge mit seinen Lektoren.

Wir kommen wirklich aus dem Unglück nicht raus, und ich kann nicht umhin, Dir wieder etwas vorzujammern. Freilich ist es diesmal ernster als irgendwelche Alltagssorgen; mein Buch ist in Gefahr, und wenn ich Dir sage, daß ich zwei Jahre schon daran gearbeitet habe, dann wirst Du ermessen können, was es für mich bedeutet, wenn mir jetzt alles zerschlagen wird.

Vor vier Wochen war ich – allerdings nur auf ein paar Stunden – in Berlin, um mit meinem Cheflektor zu reden, der mir eröffnete, daß seiner Ansicht nach mein Buch schiefläuft. Ich habe zwar nicht ganz begriffen, wieso – wahrscheinlich stört es ihn, daß meine Helden ihre Entscheidungen individualistisch fällen, das heißt, sie machen ihre Konflikte mit sich selbst, in ihrer eigenen Brust ab, statt sich von der sozialistischen Umgebung beeinflussen zu lassen. Außerdem sind sie seelisch angeschlagene Existenzen – als ob es bei uns bloß innerlich gesunde, unbelastete, strahlend optimistische Menschen gäbe!

Ich bin grundsätzlich anderer Meinung als der Chef, und wir haben uns nicht einigen können. Andererseits will er mir [...] meinen Vertrag nicht zurückgeben, so daß ich vorläufig nicht zu einem anderen Verlag gehen kann. Das alles ist sehr verwickelt und verfahren, und ich habe theoretisch nur die Wahl, entweder mein Buch wegzuschmeißen (nach 450 Seiten!) oder es nach den Ideen des Verlags umzuschreiben. Zu beidem habe ich keine Lust, schließlich schreibe ich das Buch und möchte mir nicht reinpfuschen lassen. Auch ein Lektor ist nicht unfehlbar (leider bilden die meisten sich das ein), aber er ist der Stärkere, weil er eine finanzielle Macht hinter sich hat.

Man ist einfach ein Idiot, wenn man sich mit Gegenwartsbüchern abquält; andauernd eckt man irgendwo an. Meinem Mann geht es jetzt genau so; er ist auf einer öffentlichen Sitzung des Verbandes diffamiert worden – obwohl man gleichzeitig sein großes Talent hervorgehoben hat – wegen seiner angeblich ›harten Schreibweise‹. Aber die Schwarze Pumpe ist nun mal keine idyllische Rosenlaube, und es gibt gewisse Dinge, die man, wenn man bei der Wahrheit bleiben will, so schonungslos und realistisch unzart aussprechen muß, wie sie nun mal in Wirklichkeit sind. Wahrscheinlich haben die großfressigen Kritiker niemals auf dem Bau gearbeitet, sonst wären sie nicht so maßlos erstaunt und entrüstet darüber, daß Arbeiter gelegentlich mal so unfeine Worte wie ›Scheiße‹ sagen.

Wir sind beide ganz schön fertig, und es nur ein schwacher Trost, daß die anderen Autoren im Bezirk ähnliche Sorgen und Ärgernisse haben. Es ist verdammt schwer, sich erstmal durchzusetzen, und wenn man nicht ungeheuer zäh ist und seine Arbeit fanatisch liebt, kann man gleich einpacken.

Als ich von Berlin zurückkam, hatte ich einen soliden Nervenzusammenbruch, und wenn ich Siegfried nicht gehabt hätte, dann hätte ich wahrscheinlich Schluß gemacht, aber ein für alle Male. Immerhin hatte diese Zerschmetterung auch ihre positive Seite: aus lauter Trotz und Wut setzte ich mich hin, nachdem ich mich einigermaßen wieder erholt hatte, und schrieb in sehr kurzer Zeit eine Erzählung, an der auch meine strengen Lektoren nichts auszusetzen haben werden (unberufen!). Gestern habe ich sie an den Verlag geschickt, und ich bin ziemlich sicher, daß sie in der ›Reihe‹ veröffentlicht wird. Mit dem Honorar könnten wir unsere dringendsten Schulden abzahlen und noch eine Weile ganz gut leben – was wir so unter ›gut‹ verstehen. Du kannst den Daumen für mich drücken; nächste Woche erwarte ich den Bescheid.

Das sind so unsere Probleme. Hoffentlich geht es bei Euch leichter und reibungsloser mit dem Manuskript Deines Mannes. Habt Ihr schon einen Vertrag oder wenigstens eine bindende Zusage? [...]

Im übrigen leben wir glücklich und friedlich miteinander und verstehen uns wunderbar. Seit ich mit Siegfried zusammen bin, geht mir kein Unglück mehr unter die Haut, ich tröste mich rascher und komme über alles Unangenehme leichter hinweg. Es gibt wirklich nichts Besseres als gemeinsame Arbeit, und ich denke manchmal mit einem wahren Grauen an meine erste Ehe zurück, die mich auf eine niederdrückende Art zur Einsamkeit verurteilt hatte. Übrigens habe ich meinen ersten Mann lange nicht mehr gesehen; vermutlich hat er sein altes Leben wieder aufgenommen und widmet sich dem Sport und den Mädchen und vielleicht auch wieder dem Alkohol. Es ist ein bißchen erschreckend und beschämend, festzustellen, wie schnell man einen Menschen innerlich überwinden kann, mit dem man fünf Jahre lang zusammengelebt hat. Aber Siegfried füllt mich so vollkommen aus, daß ich an niemanden anders mehr denken kann. Ich wünschte, Du könntest ihn mal kennenlernen – selbst wenn er nicht Dein Typ ist, wirst Du sicherlich zugeben müssen, daß er der ideale Lebensgefährte ist. Wir haben schon soviel Elend miteinander geteilt, daß mir eigentlich vor nichts mehr bange ist.

Ich muß jetzt Schluß machen; wir haben eine Unmenge Korrespondenz zu erledigen, die während meiner wilden und verbissenen Arbeit an der Erzählung liegengeblieben ist. Vor allem müssen wir uns endlich an die Schwarze

Pumpe wenden, um unsere Übersiedlung vorzubereiten, denn die Wohnungssuche wird bestimmt lange Zeit in Anspruch nehmen. [...]

Entschuldige, bitte, daß ich mit der Maschine geschrieben habe; meine Handschrift ist ja einfach eine Zumutung. Und entschuldige auch die Tippfehler; ich bin immer noch ziemlich nervös und durchgedreht und kann mich nicht richtig konzentrieren.

Die herzlichsten Grüße – auch von Siegfried – schickt Dir und Deinem Mann Deine Brigitte

7 BRIGITTE REIMANN AN IRMGARD WEINHOFEN

Burg, am 11. 7. 59

Liebe Irmgard,
in dieser Woche ist Deine Mutter bei uns gewesen, und wir haben wieder einmal Grund, Dir von ganzem Herzen zu danken für Deine Hilfe gerade im rechten Augenblick. Ich bin schon ganz beschämt

Beinahe hätte ich Deine Mutter verfehlt; sie verließ eben das Haus, als ich vom Zahnarzt zurückkam. Ich mußte mir zwei Zähne rausreißen lassen, und wahrscheinlich habe ich bei der Unterhaltung leicht beschränkt gewirkt, denn ich war noch halb betäubt von Spritzen und Tabletten. Durch Deine Mutter habe ich endlich mal ein bißchen mehr von Dir und Deinem Mann erfahren, von Euren Schwierigkeiten wegen des Zuzugs und von dem wunderbaren Plan für eine große Auslands-Reise. (Wir drücken Euch die Daumen, daß es mit den Pässen klappt.) Ich glaube, Deine Mutter ist sehr froh, daß Du einen älteren und ernsthaften Menschen gefunden hast, der einen guten Einfluß auf Dich ausübt und zu dem Du richtig gehörst. Ich weiß ja von mir zuhaus, daß Mütter sich über die Sorgen ihrer Töchter mehr grämen als die Töchter selbst.

Am Montag werden wir in Berlin sein, und ich hätte Dich sehr gern mal besucht, aber die Zeit wird bestimmt nicht reichen, weil wir sowohl vom Verband als auch vom Verlag mit Beschlag belegt werden. Montag steigt nämlich endlich die große Aussprache über das Buch meines Mannes. [...] wir hoffen, daß die ganze schmutzige Angelegenheit jetzt in Ordnung kommt, nachdem wir uns bei Strittmatter beschwert haben. Strittmatter hat Siegfrieds Buch gelesen und sagt, er sei eine außergewöhnlich große Begabung. Das macht uns natürlich wieder Mut; vielleicht kann das Buch nun doch in der vorliegenden Fassung erscheinen.

Auch mit meiner Erzählung, die ich zwischendurch geschrieben hatte, werden wir wahrscheinlich Glück haben. Unser Cheflektor sagte uns am Telefon, daß er sie so schnell wie möglich rausbringen will. Nun kann ich ihn am Montag mit gutem Gewissen auf die Zehen treten und Geld fordern. Nun muß ich mich bloß noch mit ihm über meinen Roman einigen, dann sind wir seelisch und finanziell aus dem dicksten Dreck raus.

Auch der Gedanke an die Übersiedlung nach Hoyerswerda nimmt feste Formen an. Mein Mann war vor ein paar Tagen zu einer Verbands-Sitzung in Cottbus und hat sich mit der Partei in Verbindung gesetzt. Es gibt nur ganz wenige Schriftsteller im Bezirk Cottbus, deshalb ist man dort sehr interessiert daran, daß wir möglichst bald kommen. Wir können im Kulturhaus oder in einer Bibliothek arbeiten und von dem Gehalt leben; es ist zwar bescheiden, aber immerhin doch eine Sicherung.

Sogar eine Wohnung ist uns versprochen worden, aber ich bin noch skeptisch. Allerdings wird in H. sehr viel gebaut, es entsteht praktisch eine ganz neue Stadt. Die Häuser sind großartig, bunt und modern und mit allem Komfort eingerichtet, mit riesigen Fenstern, Fernheizung, fließend heißem Wasser und, zum Teil wenigstens, mit eingebauten Kühlschränken in den Küchen.

Wir werden wahrscheinlich eine Zweieinhalb-Zimmer-

Wohnung bekommen, und das, nachdem wir jahrelang in einem Zimmer gehaust haben. Du kannst Dir vorstellen, wie wir uns darauf freuen, endlich kultiviert wohnen zu können. In Gedanken richten wir unsere Zimmer schon ein; freilich müssen wir noch eine Menge Geld verdienen, ehe wir unsere Ideen verwirklichen können. Vor allem möchte ich mal ein richtiges Schlafzimmer haben; eine Schlafcouch ist ja ganz hübsch und praktisch, aber auf die Dauer nicht das Ideal. Bei uns in Burg gab es neulich ein entzückendes französisches Schlafzimmer, Du kennst diese Sorte ja sicher. Von H. haben wir es dann nicht weit nach Hellerau, und da man im Werk selbst bestellen darf, kann man sich die schönsten Sachen gleich an Ort und Stelle aussuchen.

Im Herbst ziehen wir um, und wir laden Euch jetzt schon dringend ein – falls ihr mal in die Nähe von H. kommt, uns zu besuchen. Freilich liegt es so ziemlich am Ende der Welt, aber die Eisenbahn-Verbindungen sind ganz ordentlich. Es tut mir bloß leid um meine Eltern, daß wir wegziehen; sie werden immer einsamer, und an jedem Ende der Republik sitzt eins ihrer Kinder. Bloß meine kleine Schwester ist noch zwei Jahre zuhaus, dann wird sie zum Studium gehen. Mein zweiter Bruder geht für zwei Jahre zur Volksarmee, bevor er eine Universität bezieht. Mein großer Bruder, der Lutz, ist vorläufig noch in Rostock, wo er seinen Diplom-Ingenieur gemacht hat. Übrigens hat er sich vor ein paar Tagen verlobt, mit einem ungewöhnlich hübschen und charmanten Mädchen – das muß sogar ich, trotz meiner schwesterlichen Eifersucht, anerkennen.

Ich möchte später gern nach Burg zurückkommen, obgleich Siegfried diese muffige Kleinstadt verabscheut; ich kann den Gedanken nicht ertragen, daß meine Eltern auf ihre alten Tage so allein sein sollen. Und sie zu einem Umzug zu bewegen, wird kaum möglich sein, sie haben ihr ganzes Leben hier verbracht und werden sich wohl nicht mehr verpflanzen lassen in eine Gegend, wo sie niemanden kennen. Siegfried ist ungebunden, weil seine ganze Familie drüben im Westen ist. Sie möchten ihn zwar überreden, auch rüberzukommen, aber das ist absurd. Wir als Schriftsteller, ›kommunistisch verseucht‹, haben dort natürlich keine Chance und vor allem keine Aufgabe.

Wenn Du mal Zeit hast, Irmchen, dann schreib mir wieder und erzähl von Eurem Leben und von dem Buch Deines Gatten.

Sei herzlichst bedankt und gegrüßt von Deiner

Brigitte [...]

8 IRMGARD WEINHOFEN AN BRIGITTE REIMANN

Berlin, den 14. 7. 1959

Meine liebe Brigitte!

Hab tausend Dank für Deine letzten beiden Briefe. Du kannst Dir nicht vorstellen, wie sehr ich mich immer über Deine lieben Zeilen freue. Besonders Dein letzter Brief gab Grund für Dich die Daumen zu drücken. Ich wünsche Euch beiden von ganzem Herzen, daß Ihr endlich aus dieser Misere herauskommt und ein wenig freier atmen könnt.

[...] Inzwischen hat Mutti von ihrem Besuch bei Euch berichtet. Sie schrieb, daß sie Deinen Mann sehr, sehr nett findet. Sie meinte, er sei wirklich ein guter Partner für Dich. [...]

Gestern, am Montag haben wir daran gedacht, daß Ihr in Berlin seid. Leider wird wohl die Zeit für einen Besuch nicht gereicht haben. [...]

[...] Wir haben eine hübsche kleine Wohnung, die vollkommen unseren Ansprüchen genügt. Ein großes Zimmer, 20 qm, eine Küche, einen geräumigen Abstellraum [...]. Wenn wir eine größere Wohnung hätten, könnte ich wahrscheinlich die Hausarbeit gar nicht bewältigen. [...]

Lange habe ich davon geträumt, endlich einmal ein bißchen was von der Welt zu sehen. Das wird mit Beginn des

30. Juli geschehen. Unsere Pässe haben wir bereits in der Tasche, das notwendige Geld dazu liegt auf der hohen Kante, also es kann an sich nichts mehr schief gehen. Ich freue mich wahnsinnig darauf, meine Schwiegereltern und damit Amsterdam kennenzulernen. Außerdem will mir mein Frederik vor allem Paris und Brüssel zeigen. [...]

Nun zu unseren ersten Versuchen in der Schriftstellerei. Wenn ich das Wort höre, muß ich an sich lachen. Unser erstes Manuskript schlug natürlich fehl. Aber die Thematik interessierte und so unterbreitete uns der Verlag andere Vorschläge, den Stoff entsprechend zu verarbeiten. Die ursprüngliche Fassung sah so aus, daß die Erlebnisse meines Mannes während der Partisanenzeit in Italien aneinandergereiht waren und mit einer kleinen Liebesgeschichte verbunden wurden. Das war dem Verlag zu konfliktlos. [...] Heute habe ich nun das von [...] Frederik angefertigte Exposé abgeschrieben, um es morgen zum Verlag zu bringen. [...] Außerdem hatte mein Frederik ein Konzept über die holländische Widerstandsbewegung mit einem tollen Konflikt bereits vor mehreren Monaten angefertigt [...]. Liebe Brigitte, bei uns muß sich ja die Schreiberei überhaupt erst entwickeln [...]. Wir haben beide einen guten Beruf und verdienen damit unser Geld. Aber [...] Frederik schreibt gern. Deshalb habe ich ihm Mut gemacht. [...] Ich habe auch schon langsam Gefallen daran gefunden. Nur habe ich beruflich noch andere Pläne. Wenn ich [...] Zeit finde, dann möchte ich gar zu gern auf dem Gebiet Arbeitsökonomik ein Staatsexamen ablegen und vielleicht später promovieren. Aber wie gesagt, das sind ferne Pläne. [...]

Von unserer Reise werden wir Euch ein paar freundliche Grüße schicken, damit Ihr einen kleinen Eindruck vom »kapitalistischen Ausland« erhaltet. [...]

Für heute grüße ich Dich ganz herzlich
in alter Freundschaft als
Deine Irmgard [...]

Burg, am 23. 7. 59

Liebe Irmgard,

[...] bevor ihr, heftig beneidet von uns, zu eurer großen Reise aufbrecht, sollst Du noch ein paar Zeilen von mir bekommen. Ich habe mir eine Abendstunde ergaunert – mein lieber Junge läuft inzwischen in den Feldern herum, betet den Mond an und wird sicher wieder große Abenteuer mit streunenden Igeln und Besoffenen erleben.

Wir haben uns nach Wochen der Stagnation und Krise endlich wieder aufgerafft, etwas zu tun. Ich überarbeite meine Erzählung nach den Vorschlägen meiner Lektoren – obgleich ich sie durchaus nicht alle einsehe und für richtig halte –, und Siegfried schreibt sie für mich in die Maschine. Er ist jetzt sowieso nicht imstande, an seinem eigenen Buch weiterzuschreiben. Wir waren restlos geschafft, als wir an jenem Montag aus Berlin zurückkamen. Die Arbeit von vielen Monaten ist uns zertrümmert worden, und manchmal fragen wir uns, ob es überhaupt noch Zweck hat, unter diesen Umständen zu schreiben. Keiner der prominenten Herren, die bei der Aussprache im Verband anwesend waren, ist jemals in der Schwarzen Pumpe gewesen – aber jeder weiß besser als der ehemalige Betonarbeiter Pitschmann, wie es dort zugeht. Fehler und Mißstände werden einfach wegargumentiert, und unser Hinweis auf die Realität wird erledigt mit dem Satz, daß der Schriftsteller den Massen immer um zehn Schritte vorauseilen muß. Siegfried hat die führende Rolle der Partei nicht genügend gewürdigt, sein Held ist ein Kleinbürger, die Leute arbeiten zu schwer (während Betonschippen doch solch ein nettes Spielchen ist), und die bitteren inneren Auseinandersetzungen seines Helden sind uninteressante Wehwehchen eines Intellektuellen.

Das Buch ist noch nicht einmal fertig, und schon hat man das Verdammungsurteil gefällt. Es wurde zwar mit herzlichen Lobsprüchen über seine große Begabung, seine herrliche Landschaftsschilderung etc. verbrämt, aber das nützt uns verflucht wenig. Am Ende verabschiedeten sich die Herren von uns in der fröhlichen Gewißheit, daß sie uns geholfen und um einen wichtigen Schritt weitergebracht hätten. Siegfrieds Zusammenbruch zuhaus brauchten sie sich ja nicht anzusehen; auch stehen sie selbst nicht vor der schwierigen Aufgabe, ein Gegenwartsbuch über eine Großbaustelle schreiben zu müssen.

Mein Buch ruht ebenfalls. Der Plan zu einer sehr hübschen und interessanten Erzählung ist mir ausgeredet worden; sie ist, sagt man, ein Experiment, ein Leckerbissen für Schöngeister und Literaturästheten – weg damit! Im Verband wirft man uns unseren hochnäsigen Unsterblichkeitsanspruch vor, während wir uns, mit dem Opfer unseres persönlichen Wohlergehens, bemühen, unsere etwas eigenwilligen Vorstellungen von einer neuen, guten Literatur zu verwirklichen. Der Vorsitzende hat uns versichert, ein Schriftsteller, der heute kein Fernsehen habe oder sogar hungere, sei selbst schuld, und bald sind wir soweit, es zu glauben. Gegen alle diese massiven Angriffe wiegen die Ermutigungen unserer Freunde wenig; um so weniger, als wir diese Freunde sehr selten sehen oder überhaupt nur brieflich mit ihnen verkehren können.

Du mußt nun aber nicht denken, daß ich euch mit der Aufzählung von unseren Mißerfolgen die Lust am Schreiben vermiesen will. […] ich bin sehr gespannt auf Frederiks erste Erzählung. Daß der allererste Versuch nicht sofort glückte, war vorauszusehen; ich glaube zwar nicht, daß Schriftstellerei geradezu erlernbar ist, wohl aber gibt es gewisse Gesetze und handwerkliche Fertigkeiten, die man sich durch lange Übung erwerben muß. Wenn man so großartige Themen ›auf der Pfanne‹ hat wie Dein Mann, dann wird man sich gewiß durchsetzen. Wirklich erregende Stoffe machen auch die Frage nach dem Konflikt zweitrangig. Aber der Entschluß, die Schriftstellerei zum Hauptberuf zu machen, muß sehr reiflich erwogen werden; es ist ein Sprung ins Ungewisse, vor dem ich jeden warnen würde. Ich habe immer die bedeutsame Rolle des Geldes geleugnet, aber heute bin ich der Ansicht, daß eine gewisse finanzielle Basis da sein muß, ehe man sich auf das Abenteuer des freien Berufs einlassen darf. Selbst ein paar bereits veröffentlichte Bücher sind noch keine hundertprozentige Garantie.

Wir sind jetzt drauf und dran, irgendeine Arbeit aufzunehmen, wenn wir unsere Ideen nicht verwirklichen können. Wir könnten in die Schuhfabrik oder in die Knäcke-Werke gehen – aber das sind noch sehr unbestimmte Pläne, die zu einem guten Teil von Trotz und Enttäuschung diktiert werden. Wir haben keine Angst davor, irgendwo Hilfsarbeiter zu werden, aber ich bin sicher, daß wir uns todunglücklich fühlen würden ohne unseren geliebten, verhaßten Beruf. Ich bewundere immer wieder Deinen Mut und Elan, mit dem Du Dich ständig auf neue Ziele stürzt: Du willst Sprachen lernen, Du willst vielleicht sogar promovieren, und ich bin überzeugt, daß Du schaffen wirst, was Du Dir einmal fest vorgenommen hast. Dagegen komme ich mir vor wie eine energielose Qualle. Siegfried bildet sich schon lange ein, er sei eine verkrachte Existenz. Und das Verrückte dabei ist, daß er wirklich ein ungewöhnliches Talent ist, und daß zwei halbfertige Bücher von ihm in der Schublade liegen, mit denen er beispielsweise in Westdeutschland Aufsehen erregen würde, schon von der Sprache, vom Stil her. Aber schließlich können wir nicht deswegen in den Westen gehen; das wäre ein Verrat an unserer eigenen Überzeugung, mit dem wir nie fertig werden könnten. Wir müssen eben geduldig auf die Zeit warten, da man bei uns nicht mehr Realismus mit plattestem Naturalismus verwechselt und den Jungen Raum für Experimente gibt.

Bitte, lies nicht Jammer und Hoffnungslosigkeit aus meinem Brief heraus. Wir haben, so lange wir zusammen sind, soviel Unglück und Mißgeschick gehabt, daß jetzt der Umschlag in eine neue Qualität erfolgt ist: wir sind gelassen oder sogar gleichgültig geworden, von einer gewissen sarkastischen Gleichgültigkeit, die ihren Trost aus dem Satz bezieht, daß es ja kaum noch schlimmer kommen kann. Wir haben nichts mehr zu verlieren, aber alles noch zu gewinnen.

Ich schicke Dir ein nicht sehr glücklich gelungenes Bild von uns, auf dem man leider Siegfrieds Spezial-Schönheit, seine wunderbaren Augen, nicht erkennen kann.

Wir wünschen Dir und Deinem Frederik eine schöne, interessante und ganz unbeschwerte Reise. Kommt gesund wieder!

Mit den herzlichsten Grüßen
Deine Brigitte

10 Brigitte Reimann an Irmgard Weinhofen

Burg, am 4. 10. 59

Liebes Irmchen,
über Deinen liebenswürdigen, so überaus informativen und interessanten Brief haben wir uns sehr gefreut. [...] Daß ich Dich beneide um all das Schöne – und auch um das weniger Schöne, aber doch immerhin Neue –, was Du gesehen hast, brauche ich Dir nicht zu versichern. [...]

Wir werden im nächsten Jahr voraussichtlich auch mal ins Ausland fahren. Unsere verehrte polnische Freundin Sonja Marchlewska hatte uns schon für diesen Herbst nach Zakopane eingeladen (Du kennst vielleicht diese großzügige, fast bedenkenlos schenkende Gastfreundschaft der Polen und Russen), aber der schöne Plan hat sich zerschlagen, weil unsere Übersiedelung nach Hoyerswerda unmittelbar bevorsteht. Wir haben uns nun vorige Woche – leider nur für einen Tag – mit Sonja im Schriftstellerheim getroffen, und sie hat ihre Einladung wiederholt. [...] Ich glaube, ich schrieb Dir schon, daß Sonja die Tochter des ehemaligen polnischen Staatspräsidenten und die Gattin des inzwischen verstorbenen deutschen Malers Vogeler ist; sie verfügt also über einige Mittel, die es ihr erlauben, junge Leute bei sich aufzunehmen. Sie schreibt selbst, und sie hat eine wunderbare Art, sich mit jungen Menschen auseinanderzusetzen und ihnen in ihren Zweifeln und in ihrer Arbeit zu helfen und sie zu ermutigen. Eine herrliche Frau! Schön trotz ihres Alters, überaus gebildet und klug, weitgereist und mehrerer Sprachen mächtig. Sie kennt alles, was Rang und Namen hat, ist mit unseren großen Schriftstellern befreundet und kann uns auch hier zu Verbindungen verhelfen, an die sonst für uns kleine Würstchen überhaupt nicht zu denken wäre.

Das Heim hatte mal wieder internationale Besetzung, und im Speisezimmer schwirrten alle möglichen Sprachen durcheinander; wir verstanden freilich leider nur das Englische. Bei solchen Begegnungen wird einem schmerzlich bewußt, wie dumm und provinziell man selber ist, was man für einen lächerlich engen Horizont hat und wie nichtig – im Vergleich zu den dort aufgeworfenen Problemen – die eigenen Sorgen sind, die man sonst für so ungeheuer wichtig hält. Wir haben die ganze Nacht mit Sonja und einem afrikanischen Kollegen, einem Neger aus Angola, verbracht. Er spricht nur französisch, und Sonja mußte dolmetschen. Er las uns Gedichte aus einer Afrikanischen Anthologie vor, herrliche Verse von einer Leidenschaft und einem Zauber, gegen die unsere ›weißen‹, intellektuell gefärbten Gedichte wie fade Milchsuppe schmecken.

Vorher waren wir zwei Tage in Berlin, und wenn wir geahnt hätten, daß ihr schon von der Reise zurück wart, hätten wir lieber mal bei euch einen kleinen Besuch machen können, statt uns mit Dummheiten die Zeit zu vertreiben. Das heißt, die Dummheiten habe nur ich gemacht, nicht mein braver, ernsthafter Mann, der pflichtbewußt und freudig zu Strittmatter stiefelte und mit ihm seine Arbeiten besprach, während ich mich mit meinem geliebten, verhaßten Cheflektoren systematisch besoff (seit langer Zeit die erste Sauftour, das muß ich gleich dazusagen, denn ich bin sonst, unter Siegfrieds gutem Einfluß, eine solide, nüchterne und strebsame Frau). Wir hatten schon den ganzen Nachmittag im Presseclub zusammengesessen und uns mit dem Chef – mehr oder weniger freundschaftlich – gestritten, und als die Zeit heran war, zu der wir bei Strittmatter aufkreuzen sollten, war ich schon so himmelblau, daß ich nicht mehr wagte, mit einer Wodkafahne bei unserem Vorsitzenden anzutanzen (Siegfried hatte natürlich nur Kaffee und keinen einzigen Schluck Alkohol getrunken). Offen gestanden, ich blieb ganz gern, denn ich bin ein bißchen verliebt in unseren Chef – aber nur keusch und platonisch; über die Zeit der verrückten Leidenschaften für außereheliche Männer bin ich hinaus. Er ist übrigens auch verliebt (Siegfried weiß es und lacht darüber), und so haben wir uns denn, um unsere Gefühle zu verstecken, aufs gröblichste beschimpft, bis der Club geschlossen wurde. Günter – unser Chef – hat geschworen, S. sei hundertmal begabter als ich, und ich sollte ihn so schnell wie möglich verlassen, damit ich ihn nicht hemme. Das ist die raffinierteste Walze, die ich jemals gehört habe – andere Männer erzählen einem immer von ihrer Frau, die sie nicht versteht, die nicht Schritt gehalten hat etc. Na, Du kennst ja die üblichen Platten, die bei solchen Gelegenheiten abgespielt werden. Diesmal ging es eben anders rum, und es ist ein ziemlich sicheres Mittel, die Ehe zwischen Schriftstellern zu stören – wo Mann und Frau gleichzeitig ehrgeizige Kollegen sind, besteht immer die Gefahr, daß sie, bei aller Liebe, aufeinander eifersüchtig werden, eifersüchtig auf ihre Arbeit und ihr Vorankommen, meine ich. Ich war wirklich ein bißchen kopfscheu geworden, und Siegfried, dem ich alles erzählt habe, hat den ganzen nächsten Tag predigen müssen, um mir die Flausen unseres verehrten Chefs wieder auszutreiben.

Nein, wir sind schon zu sehr eine Einheit geworden, als daß ich jemals wieder in Versuchung kommen könnte. Der Zug ist durch. Wir arbeiten jetzt auch direkt zusammen – wir schreiben an einem Hörspiel –, und das vertieft die Bindung noch. Wir sind endlich wieder auf einen aufsteigenden Ast geklettert; jedenfalls scheint es so. S. hat sein Pumpenbuch erstmal beiseite gelegt und arbeitet an Erzählungen, die mir sehr gut gefallen (er ist tatsächlich viel, viel begabter als ich, aber er wird es immer schwerer haben als ich, weil er weniger beweglich ist, sorgfältiger und langsamer arbeitet und wochenlang an irgendwelchen Dingen leidet, über die ich in drei Tagen hinwegkomme). Meine Erzählung ist angenommen worden, der Chef hat mir einen unerwartet anständigen Vertrag gegeben, und das Büchlein geht noch diese Woche in Druck. »Die Frau am Pranger« erscheint Anfang nächsten Jahres in einer hohen Auflage, in der neuen Taschenbuchreihe, und ich bekomme dann fünftausend Emmchen, die uns eine gesicherte Arbeit an unseren größeren Vorhaben ermöglichen.

Mit meinem Roman habe ich immer noch Ärger, ich kann mich mit Günter nicht einigen, und wenn ich nicht so an ihm und an seinem seriösen Verlag hängen würde, wäre ich längst abgesprungen, zumal sich jetzt ein anderer Verlag um den Roman bemüht, mit dem ich weniger Schwierigkeiten hätte. Günter hat sich in den Kopf gesetzt, wirkliche Literatur daraus zu machen – und das bedeutet mindestens weitere zwei Jahre Arbeit und Überarbeitung, zu der ich mich nicht entschließen kann. Bei dem anderen Verlag käme ich nächstes Jahr raus – und ich brauche dringend einen Erfolg. Eine große Versuchung! Ich weiß noch nicht, wofür ich mich entscheiden soll – die Vernunft rät mir natürlich, auf Günter zu hören –, und vorläufig lasse ich die Karre eben laufen, bis ich durch irgendein Ereignis zu einer Entscheidung gedrängt werde. Das ist sträflich, ich weiß, aber ich habe den Nervenkrieg mit meinem Roman wirklich bald satt und will das Buch sobald wie möglich von meinem Schreibtisch weg haben. Vorläufig fasse ich dann so ein Riesenvorhaben nicht wieder an, das ist mal sicher. Wir wollen uns lieber für einige Zeit dem Drama oder wenigstens dem Hörspiel zuwenden und in Co-Produktion schreiben.

Im Kombinat sind wir inzwischen angestellt worden. Wir haben zusammen eine Planstelle bekommen und arbeiten drei Tage in der Woche in der Produktion, als eine Art Hilfsarbeiter im zentralen Labor. Außerdem bekommen wir einen Vertrag über Kulturarbeit. Zum eigentlichen Schreiben bleibt uns also nicht allzuviel Zeit, und manchmal habe ich ein bißchen Angst vor den kommenden Jahren und der ganzen Belastung. Aber das Kombinat ist großartig, und man muß schon ein Kretin sein, wenn man dort keine Stoffe findet. Begeisterung genug bringen wir jedenfalls mit. In circa 6 Wochen bekommen wir eine Wohnung in der neuen Stadt, und dann kann der Umzug ins große Abenteuer beginnen. Es wird wirklich ein Abenteuer, davon bin ich überzeugt, und wir werden hoffentlich ein paar gute Erzählungen oder sogar Bücher mitbringen, wenn wir überhaupt jemals in unser Nest zurückkehren.

[...] Drückt den Daumen für uns, daß wir kräftig und mutig genug sind, uns durchzusetzen und mit allen Schwierigkeiten fertigzuwerden.

Für heute habe ich genug geschwatzt. Ich muß schleunigst ins Bett gehen; wir haben den ganzen Tag an unserem Hörspiel-Exposé geschuftet, und morgen geht die eigentliche Szenenarbeit los. Abends habe ich dann noch eine Lesung im Kreisgebiet, von der wir erst um Mitternacht zurückkommen werden ... der bloße Gedanke an eine erschöpfte Heimfahrt ist mir ein Greuel. Ich mache Lesungen sehr ungern – man sitzt wie auf dem Präsentierteller, muß sich trotz Müdigkeit und Publikumsangst nett und freundlich aufführen und sich auf Fragen konzentrieren, die einen manchmal aus dem Konzept bringen können – so klug oder so dämlich sind sie. Anderseits macht dieser direkte Kontakt mit den Lesern Spaß, man nimmt eine Menge Anregungen und nützlicher Kritiken mit und erfährt so nebenbei die interessantesten Geschichten, die einem gewissermaßen über den Tisch hinweg serviert werden.

[...] Wenn uns vor unserer Übersiedlung doch noch einmal der Weg nach Berlin führt, melden wir uns vorher an und besuchen euch – großes Burger Ehrenwort! Siegfried ist sehr neugierig auf Dich, und ich bin neugierig auf Deinen Frederik ... Grüß ihn schön von uns und sei selbst ganz lieb gegrüßt von

Deiner Brigitte

11 BRIGITTE REIMANN AN IRMGARD WEINHOFEN

Burg, am 22. 11. 59

Mein liebes Irmchen,

[...] Wir stecken bis über beide Ohren im Umzug; die Wohnung ist uns endlich zugesprochen worden, und nächste Woche ziehen wir nach Hoywoy. Siegfried ist schon dort gewesen, hat die Wohnung besichtigt und ausgemessen und mit zwei Kästen Bier eine Änderung des Farbanstrichs bei der Malerbrigade erkauft. Wir wohnen im dritten Stock, die Zimmer sind sehr geräumig, und die großen Fenster gehen nach der Südseite. In unserem Block wohnen ungefähr 180 Familien, und ich habe – gewöhnt an ein Zweifamilienhaus – lächerliche Furcht vor dieser Riesen-Bienenwabe. Überhaupt bekomme ich jetzt, da das Abenteuer in so greifbare Nähe gerückt ist, Angst vor meiner eigenen Courage; es wird mir sicher verdammt schwerfallen – obgleich es natürlich nützlich und notwendig ist –, mich in eine Gemeinschaft einzuordnen und auf Vorgesetzte zu hören.

Trotzdem würde ich, wenn ich auch die Möglichkeit hätte, die Sache nicht rückgängig machen; praktische Arbeit und die Einschränkung meiner bisherigen eigenbrötlerischen Freiheit ist wahrscheinlich gerade die Schule, die ich brauche.

Du kannst Dir denken, wieviel Arbeit wir jetzt haben. Siegfried nimmt mir freilich das meiste ab, er rennt von morgens bis abends in der Stadt herum, kauft ein und organisiert. Kisten werden zum unlösbaren Problem, die Jagd nach Wassereimern und anderen Haushaltsgeräten wird zur Tragikomödie. – Zum Glück haben wir auf Intervention des Verbandes einen Vorschuß von meinem Verlag bekommen, so daß wir den ganzen Küchenkram und die tausend Kleinigkeiten, die uns noch fehlen, zusammenkaufen können. Vorerst möblieren wir nur mein Zimmer [...].

Leider bin ich vor drei Wochen auf die Schnapsidee gekommen, noch vor der Übersiedlung ein Hörspiel zu schreiben, und ich habe blödsinnig gearbeitet, um meinen selbstgestellten Termin zu schaffen. Heute abend bin ich fertig geworden – das ist beinahe eine Rekordleistung. Hoffentlich gefällt Rundfunks das Spiel auch so gut wie uns ... Jetzt habe ich nur noch das Bedürfnis, mich hinzulegen und eine Woche zu schlafen, und dabei geht der ganze Umzugsmist erst richtig los! Wenn ich meine Schränke ansehe ... es ist unglaublich, was sich in zehn Jahren ansammeln kann an Manuskripten, Tagebüchern, Andenken, Briefen und dergleichen Krimskrams, der eigentlich wertlos und mir doch ans Herz gewachsen ist.

Nun, das ist alles dummes Zeug, mit dem ich Dich nicht belästigen will. Ich möchte Dir noch einmal ein Lebenszeichen aus meinem lieben, immer bespöttelten Burg senden (ich habe schon im voraus Heimweh, glaubst Du?). Sobald wir aus dem dicksten Dreck raus sind (wir haben uns nämlich wie die meisten Mieter verpflichtet, die Wohnungen selbst sauberzumachen, nachdem die Bauleute sie verlassen haben), schreibe ich Dir wieder, liebes Irmchen. Zur Vorsicht gebe ich Dir heute schon unsere neue Adresse [...]. Hoffentlich klappt die Postzustellung schon; es ist albern und kindisch, aber manchmal habe ich das Gefühl, wir ziehen in die Taiga ... Alles ist noch so unfertig, so im Aufbruch – aber das ist vielleicht das Beste an der ganzen Geschichte.

Mit vielen lieben Grüßen
Deine Brigitte

12 BRIGITTE REIMANN AN IRMGARD WEINHOFEN

Burg, am 1. 1. 60

Liebes Irmchen,

nachdem wir die Feiertage glücklich (nicht allzu glücklich, weil im Hintergrund der Abschied stand) hinter uns gebracht haben, komme ich endlich dazu, Dir meinen herzlichen Dank für Dein liebes und so bezaubernd zartes Weihnachtsgeschenk zu sagen. Schade, daß Du nur einen Tag in Burg sein konntest; ich hätte Dich gern noch einmal gesehen [...].

Ich will Dich nicht langweilen mit unseren Umzugsschwierigkeiten, die sich allmählich zu einer Komödie ausgeweitet haben; jedenfalls ist es nach all den Irrungen und Wirrungen nun endlich und endgültig soweit: am 6. 1. morgens geht die Reise los. Momentan sitzen wir zwischen Kistenbergen; hoffentlich kommst Du nicht mal in die verzwickte Lage, mehr als tausend Bücher und hundert Schnurrpfeifereien zu verstauen, wenn Dir als Kisten-Ersatz bloß ein paar wacklige Latten zur Verfügung stehen ... Aber nein, das ist wirklich langweilig. Themawechsel!

Freilich gibt es bei uns kein anderes Thema mehr, zum Arbeiten kommen wir kaum, und unsere Korrespondenzen mußten wir sträflich vernachlässigen. Was meinst Du, wie ich mich nach meinem Schreibtisch sehne ...

Ich kann mich jetzt nicht einmal zu Nachrichten in Schlagzeilen aufraffen; zu allem Unglück ist Daniel noch krank geworden, und ich muß mich um ihn kümmern. [...]

Tausend gute Wünsche für das neue Jahr!

Deine Brigitte

Hoyerswerda, am 18. 1. 60

Liebes Irmchen,

hab schönen Dank für Deinen langen Brief. Jetzt sind wir also endlich in unserer neuen Heimat gelandet [...], und ich kann nicht behaupten, daß ich irrsinnig glücklich wäre. Die ersten Tage habe ich immerzu geheult vor Heimweh; der Abschied von Zuhause und von meinen Eltern und Geschwistern ist mir verdammt nahe gegangen. Außerdem sah es in der ersten Woche natürlich grauenhaft in der Wohnung aus, und diese ungemütliche Atmosphäre, das Durcheinander von Kisten und Kartons und verstreuten Möbelstücken trug nicht gerade dazu bei, unsere Stimmung zu heben. Nun, inzwischen sind wir über das Schlimmste hinweg, wir haben zehn Tage lang gewischt und gebohnert – die Zimmer waren schauderhaft verdreckt und verstaubt –, und nun ist bis auf Daniels Zimmer alles in Ordnung. (Daniel ist Siegfried, mußt Du wissen; ich habe ihn umgetauft, weil mir sein Rufname mißfällt.) Die Möbel für ihn wollen wir in Hellerau kaufen, sobald wir Geld bekommen; hoffentlich zahlt die ›Wochenpost‹ bald mein Honorar für den Vorabdruck – bis jetzt hüllt sich die Redaktion in der Finanzfrage noch in vornehmes Schweigen, und ich bin zu schüchtern, um zu mahnen.

Eigentlich sieht es ganz reizend bei uns aus; die Wohnung ist komfortabel und sonnig und für uns groß genug. Aber ein richtiges Zuhausegefühl haben wir noch nicht, und manchmal kommen wir uns noch vor wie Gäste. Anderen Leuten gefällt es schon sehr gut bei uns – es gibt hier noch einen Schriftsteller, mit dem wir ein bißchen geselligen Verkehr aufgenommen haben –, und sicherlich wird es später auch uns selbst gefallen. Wir haben nicht das Talent, uns rasch irgendwo einzuleben und warmzuwerden, und vorläufig bedrückt uns noch das Riesenhaus mit den vielen fremden Menschen. Das ist kein Wunder, wenn man aus der Burger Stille kommt, aus einem Haus, in dem man bloß einen Stock höher zu steigen brauchte, um in allen kniffligen Fragen bei Mutti Rat zu holen. Ich glaube, Mutti vermissen wir beide am meisten – aber dieses Gefühl wirst Du ja noch aus der Zeit kennen, als Du selbst in eine andere Stadt gegangen und allein gewesen bist. Daniel hat sich mächtig abgeschunden; man kann nämlich keinen Nagel in die Betonwände schlagen, sondern muß sie einbohren, und das ist eine körperliche Strapaze. Er hat mir überhaupt die meiste Arbeit abgenommen und sich dabei als ein geschickter Handwerker, Tischler und Elektriker entpuppt. Ohne ihn wäre ich niemals zurechtgekommen.

Ich denke schon, daß Du entzückt wärst von unserer Wohnung, den Bildern und Blumenwänden. Vielleicht findet sich doch mal eine Gelegenheit für Dich, bei uns reinzuschauen. Wir werden vorläufig bestimmt nicht nach Berlin kommen können; am ersten März nehmen wir die Arbeit im Labor auf (wir haben bei der Kaderleitung noch einen Monat Aufschub rausgeschunden), und bis dahin müssen wir hart arbeiten an unseren Geschichten, für die wir die Termine längst überschritten haben. Mir wird schon angst, wenn ich an den Besuch unseres Lektors denke, dem ich nur ein paar klägliche Zeilen vorlegen kann.

Morgen kommen drei Kulturleute zu uns, um den Vertrag wegen unserer Kulturarbeit zu besprechen. Wahrscheinlich werden wir einen Zirkel schreibender Arbeiter leiten, der vor ein paar Wochen gegründet worden ist, und gelegentlich Buchbesprechungen und Lesungen machen. Zuerst war ich ein wenig erschrocken über die vielen Pläne, die man mit uns hat, und über all die hochgespannten Erwartungen; schließlich möchten wir niemanden enttäuschen – nur, wo bleibt da noch Zeit für unsere Romane? Wir werden mit einem gewissen Egoismus manches absagen und zurückweisen müssen, sonst läßt man uns auf jeder Hochzeit tanzen, und wir werden hauptamtliche Kulturfunktionäre. Ich hatte jedoch den Eindruck, daß man hier einiges Verständnis für unseren Wunsch hat, möglichst viel Zeit zum Schreiben zu behalten, und sicherlich wird alles nur halb so schlimm. Der Ansturm so vieler neuer Menschen und neuer Aufgaben kann einen natürlich verwirren und sogar entmutigen, aber im Lauf der Zeit wird sich das klären und einordnen lassen. Du siehst, ich rede mir selbst Mut zu – ich habe es nötig. Daniel nimmt alles viel gelassener auf, vielleicht, weil er sich von früher her besser hier auskennt, weil er innerlich weniger labil und überempfindlich ist und weil er sich verpflichtet fühlt, als mein Beschützer eine gewisse überlegene Ruhe zu zeigen – selbst wenn sie nicht ganz echt ist.

Daß sich Dein Frederik gerade das Briefmarken-Hobby zugelegt hat, scheint mir dafür zu sprechen, daß er von großer Geduld und ruhiger Gemütsart ist. Natürlich werden wir gern für ihn sammeln. [...] Wir bekommen ziemlich häufig Briefe aus Polen, von unserer verehrten Sofia, und in letzter Zeit auch aus der Sowjetunion, wo mein Buch erschienen ist und mit großem Interesse gelesen wird. Mein Übersetzer schrieb mir, das Buch sei innerhalb eines Monats vergriffen gewesen, und der Verlag bekäme eine Menge Anfragen nach einer Fortsetzung der Geschichte. Auch Leser haben mir schon geschrieben, Fragen gestellt und um Bilder gebeten – und obgleich ich ein bißchen stolz auf die Übersetzung bin, beschämt es mich gleichzeitig, daß ich noch immer von meinem ersten, fünf Jahre zurückliegenden Buch lebe. Nichts zustande gebracht seitdem … Es ist eine Schande! Dabei habe ich geschrieben und geschrieben – na gut, das ist Lehrgeld, und um diese Bezahlung kommt man nicht herum. Jede mißglückte Geschichte ist ein Baustein zu einer gelungenen. Die Erzählung in der ›Wochenpost‹ ist übrigens auch nicht gerade zauberhaft, darüber bin ich mir klar, und wenn ich jetzt die Fortsetzungen hernehme und lese, möchte ich aus jeder Seite mindestens die Hälfte rausstreichen. Wenn bloß mein Roman gedruckt wird! Ich könnte verrückt werden bei dem Gedanken, daß der Verlag ihn mir nach all den Jahren der aufreibenden Arbeit an den Kopf wirft – mein Buch, von dem ich immer noch glaube, daß es der Durchbruch für mich werden wird, das große Sprungbrett in die richtige Literatur. Genug davon! Ich werde immer wehleidig, wenn ich auf das Thema ›Verlag‹ komme – die Lektoren sind das Fegefeuer für die Schriftsteller. [...]

Liebes Irmchen, schreib bald wieder, drück den Daumen für uns, daß wir bald Boden unter den Füßen haben, und sei (natürlich ist auch Frederik eingeschlossen)

ganz herzlich gegrüßt von

Deiner Brigitte

14 Brigitte Reimann an Irmgard Weinhofen

Hoy, am 10. 4. 60

Liebes Irmchen,

hab recht herzlichen Dank für Deinen Brief! Wenn ich noch nicht eher geantwortet habe, so geschah das nicht aus Faulheit oder gar Gleichgültigkeit – ich war einfach überlastet mit hundert Arbeiten für das Kombinat, so sehr, daß ich während der letzten zwei Wochen nicht einmal zu meinem Buch gekommen bin. Ich bin in einem Zustand äußerster Gereiztheit und heftigen Überdrusses – der Verlag drängt, und ich muß auf [...] blöden Sitzungen und Konferenzen herumhocken, von denen ich gar nichts habe.

Ich weiß nicht, ob ich Dir schon schrieb, daß ich meinen Roman vorerst beiseite gelegt und ein Jugendbuch begonnen habe, mit dem ich wieder – man kehrt immer zu seiner alten Liebe zurück – beim Verlag Neues Leben bin. Ich arbeite mit Lewerenz, dem Lektor, der auch bei meinem ersten Buch Pate gestanden hat, und ich bin sehr zufrieden mit ihm. Er kümmert sich in der freundlichsten Weise um mich und setzt große Erwartungen in mein Buch, und meine Sorge ist nur, daß ich diese Erwartungen nicht erfüllen werde, daß die folgenden Kapitel nicht so gut sind wie das erste. Nach Ostern werde ich hoffentlich einen Vertrag bekommen [...]. Von dem Gehalt des Kombinats (das man bis jetzt ohnehin zu zahlen vergessen hat) kann nicht einmal eine Feldmaus existieren, aber daran denkt hier natürlich niemand; wahrscheinlich erwartet man, daß wir unsere großen Werke des Nachts schreiben. Ich hab's wirklich ganz schön satt, mich andauernd herumjagen zu lassen, und ich muß versuchen, in Zukunft härter zu werden und gewisse Forderungen einfach abzulehnen.

Das einzige, was mir wirklich Freude macht, ist die Arbeit mit meiner Brigade. Es sind dreißig Rohrleger und Schweißer, und der Meister ist ein wunderbarer Mensch, klug und gut, immer geduldig, immer humorvoll und in der vertracktesten Situation nicht um seine herrliche Ruhe zu bringen. Ich verstehe mich gut mit ihm, er hilft mir, wo er kann, zeigt mir so nach und nach das ganze Kombinat und antwortet auf die dämlichsten Fragen – ich stelle, glaube ich, eine Menge dämlicher Fragen, denn von Technik habe ich vorerst herzlich wenig Ahnung. (Übrigens spielt mein Buch in der Brigade, und der Meister ist, was er allerdings noch nicht weiß, einer der Haupthelden). Ich habe auch schon praktisch gearbeitet, Ventile geschliffen, und werde, wenn es sich irgend einrichten läßt, jede Woche einen Tag in der Werkstatt arbeiten. Es macht mir riesigen Spaß, und ich verstehe die Schriftsteller nicht, die sagen, man habe wunders was für Schwierigkeiten an der ›Basis‹. Schwierigkeiten machen einem höchstens einige Funktionäre und die lieben Kollegen, aber mit den Arbeitern kommt man großartig aus, wenn man sich so natürlich gibt wie immer. Vermutlich schaffen sich viele Kollegen erst künstlich ihre Probleme, wenn sie so ein Theater aus ihrer Verbindung mit der Arbeiterklasse machen.

Allerdings habe ich eine sehr gute Brigade erwischt, in der die Kollegen hilfsbereit und freundschaftlich sind und keine Schweinereien erzählen. Es kommt auch mal vor, daß ein Mann aus einer anderen Brigade sich ranmacht und anfängt zu zoten, aber dann muß man eben, wenn nichts anderes hilft, auch mal grob werden. Neulich habe ich es mit einem von dieser Sorte verdorben, der mich wohl für eine neue Arbeiterin hielt (ich habe ihn natürlich nicht über seinen kleinen Irrtum aufgeklärt); schließlich nannte er mich eine ›Giftnudel‹ und schob wütend ab, und er wird bestimmt nicht ein zweites Mal frech werden. Aber das sind so kleine Betriebsunfälle, die nicht ins Gewicht fallen – in meiner Brigade, wie gesagt, werde ich anständig und sogar mit einem gewissen Respekt behandelt; ich hatte ihnen am ersten Abend aus meinem neuen Buch vorgelesen, und es hat ihnen gefallen. An meinem ersten Arbeitstag hatte ich furchtbare Angst, ich könnte mich gar zu ungeschickt anstellen und mich lächerlich machen, aber dann ging doch alles gut, ich kapierte ziemlich rasch und hatte am nächsten Tag nur einen winzigen Muskelkater.

Ich war ordentlich stolz auf meine dreckigen Hände … Das ist albern, ich weiß, aber gerade diese Schmierpfoten und die Schlosserklamotten geben einem ein Gefühl von Zugehörigkeit. Es ist ein schwer zu beschreibendes Gefühl von Stärke und Beschütztsein, man wird selbstbewußter, empfindet sich nicht mehr als Außenseiter – eine Rolle, in die man als Schriftsteller nun mal gedrängt wird. Ich möchte viel öfter bei meiner Brigade sein; wenn mir nur nicht der ganze andere Quatsch soviel Zeit wegfräße! […]

Abgesehen von dem Übermaß an Arbeit, geht es uns ganz gut; Herzfehler, starke Kopfschmerzen und dergl. sind wohl unerläßliche Begleiterscheinungen, an denen früher oder später die meisten Schreibtisch-Athleten eingehen. Gelegentliche Intrigen anderer und kleine Mißerfolge können uns nicht mehr umwerfen, seit wir zusammen sind. Was kann man sich Besseres wünschen als einen Menschen, mit dem man sich zurückziehen kann in eine selbstgewählte zeitweilige Isolation, an die Fremde nicht herankommen? Ich begreife immer besser, daß der Tag, an dem ich Siegfried kennenlernte, der schönste meines Lebens war; unsere Ehe ist, unter anderem, eine herrliche Arbeitsgemeinschaft, einer ist des anderen Lektor und Kritiker, und es gibt genug Kollegen, die uns um dieses Verhältnis bitter beneiden – mit Recht. [...]

Schreibst Du mir bald wieder, Irmchen? Ich freue mich immer über einen Brief von Dir, und ich wünschte, wir würden bald einmal Zeit haben, Euch zu Hause zu besuchen (ich kenne ja noch immer nicht Deinen Frederik!). Na, auch das wird sich einrichten lassen, sobald wir aus dem Gröbsten raus sind – jetzt mußt Du mir erstmal ganz fest den Daumen für mein Buch drücken!

Mit den herzlichsten Grüßen für Dich und F. –
Deine Brigitte

15 BRIGITTE REIMANN AN IRMGARD WEINHOFEN

Hoy, am 5. 6. 60

Mein liebes Irmchen,
ich brauche gar nicht erst anzufangen, Entschuldigungen zu stammeln: es ist immer das alte und leider ewig neue Lied. Keine Zeit, keine Zeit ... In der Tat ist mir noch nirgends so erschreckend schnell die Zeit verflogen wie hier und jede Art von Tätigkeit reimt sich auf ›Kombinat‹. Aber das ist gut so, und wir sind glücklich in unserem Wirbel und wünschen uns nicht wieder weg. Ich benutze diesen Pfingstsonntag, um Dir ein paar Zeilen zu schreiben, während Mutti und Siegfried in der Küche Schweinsfilet braten; mich hat man rausgeschmissen – wahrscheinlich wegen mangelnder Fähigkeiten im Kochen.

Eine schöne Nachricht, Irmchen: Wir – S. und ich – haben in der nationalen Runde des Internationalen Hörspielwettbewerbs das beste Hörspiel geschrieben und den 2. Preis bekommen (der 1. Preis wurde nicht vergeben), und die Geschichte scheint sich zu einer kleinen Goldgrube auszuweiten. Der Vertrag über die Senderechte ist inzwischen gekommen, der Aufbau-Verlag will das Hörspiel drucken, die NDL wird vielleicht einen Vorabdruck bringen, und das Kombinat hat uns vor lauter Ehrfurcht eine größere Wohnung angeboten, die wir freilich abgelehnt haben – nicht nur aus edler Bescheidenheit, sondern aus Grauen vor einem neuen Umzug. Außerdem waren wir bei Rundfunks eingeladen, wo uns der Vorsitzende, Professor Ley, empfing – kurz, man ist auf uns aufmerksam geworden und erwartet weitere Hörspiele. Das Stück ist jetzt in Prag, zur internationalen Auswertung, und Du kannst uns fest die Daumen drücken, daß wir noch einen kleinen Preis erwischen – dann wird unser Kredit hier ins Ungeahnte steigen. Du kannst Dir ausmalen, wie glücklich wir waren, als das Telegramm kam: ich habe gelacht und geweint, wir sind rumgehüpft wie die Irren und haben uns, mit einem Wort, höchst unseriös benommen. Wir hatten aber auch ganz schön an dem Stück geschuftet; es war unsere erste Kollektivarbeit, und natürlich ging es dabei nicht ohne heftige Streitereien ab, die sich einmal sogar zu einem zwei Tage anhaltenden soliden Ehekrach auswuchsen. Aber dann hatten wir uns endlich aufeinander eingestellt und kamen unter einen Hut (wir sind ja in Stilfragen so ganz verschieden) – und nun also dieser Erfolg ... Freust Du Dich ein bißchen mit uns? Auch finanziell sind wir dadurch auf die Beine gekommen, wir haben Daniels Arbeitszimmer bestellen können und leben ein wenig üppiger als vorher.

An ein neues Hörspiel ist freilich vorerst nicht zu denken, obgleich wir eine gute Idee auf Lager haben. Jetzt müssen wir erst unsere Bücher zuende schreiben, und danach beginnt die Arbeit an einem Schauspiel für das Arbeitertheater der Schwarzen Pumpe, das uns zwar kaum Geld, dafür aber, hoffen wir, einige Ehren eintragen wird. Mein höchster Ehrgeiz besteht augenblicklich darin, die Medaille für ausgezeichnete Leistungen zu bekommen, die schon ein paar besonders verdiente Erbauer unseres Kombinats tragen. Wenn unser Stück gelingt, wird man wohl nicht umhin können, und auf jeden Fall werde ich einigen meiner Freunde hier einen zarten Wink geben. Das Stück schreiben wir [...] zusammen mit dem Leiter unseres Kabaretts, einem jungen, begabten Burschen, der von Ideen sprüht.

Vielleicht kannst Du Dir gar nicht so recht vorstellen, was das Kombinat für uns bedeutet. Ich hätte früher auch nicht geglaubt, daß ein Betrieb – eine Anhäufung von Schornsteinen, Kraftwerken und Baukränen – einem so zum Lebensinhalt werden kann, und daß man Anteil an ihm nimmt wie an einem geliebten Menschen. Wir kennen schon sehr viele – und zum größten Teil liebenswerte und interessante – Leute hier, wir kennen die einzelnen Betriebsteile und ihre Schwierigkeiten, und wir haben unsere Brigaden, denen wir uns ganz zugehörig fühlen. Wir jammern und schimpfen, wenn die Brikettfabrik einmal wieder stehenbleibt, und wir sind stolz, wenn wir in der Zeitung über Schwarze Pumpe lesen. Wenn man von außerhalb zurückkommt und sieht von weitem die Schornsteine mit ihren roten Positionslampen – Teufel, das ist schon eine tolle Sache! Man bekommt Herzklopfen ... Aber ich sehe, ich fange an zu schwärmen, und man sollte sich nicht durch übersteigerte Gefühle den Blick trüben lassen. Auf dem Gebiet Kultur ist noch eine Menge Arbeit zu leisten, es gibt hundert kleine und manchmal kleinliche Kämpfe, es gibt – neben sehr viel Freude – auch viel Ärger. Aber dies alles zusammen macht eben unser Leben aus, und ich weiß nicht, wie es in Burg weitergegangen wäre ohne das große Erlebnis Schwarze Pumpe. [...] ich wette, Ihr wärt auch begeistert von unserer romantischen Landschaft (wobei ich unter ›Landschaft‹ eben das gewaltige Industriegebiet verstehe, das innerhalb von vier Jahren aus der Heide gewachsen ist).

Was uns beide angeht, so sind wir glücklich und vergnügt

wie am ersten Tag und wünschten uns nur, wir hätten mehr Zeit für unsere schriftstellerische Arbeit. Mein Jugendbuch [...] kommt seit Wochen nicht recht voran, obgleich mir das Thema soviel Freude macht. [...] S. arbeitet weiter für den Aufbau-Verlag, zu dem ich eines Tages auch zurückkehren werde. Im Oktober muß ich mein Buch abliefern, und bis jetzt ist es mir noch schleierhaft, wie ich diesen Termin schaffen soll. Ich nehme mir immer wieder vor, alle anderen Verpflichtungen einfach beiseitezuschieben, aber [...] alles, was wir hier tun, ist gleichzeitig Studium und Lehrmaterial für unsere Bücher.

Ich muß mich schon wieder von Dir verabschieden, denn es liegen noch ein gutes Dutzend Briefe da, die beantwortet werden sollen, und außerdem muß ich eine Stellungnahme für die »Wochenpost« schreiben. Ich hatte dort neulich eine Art Leitartikel unter dem Titel ›Der Abiturient‹ veröffentlicht, der ziemlichen Staub aufgewirbelt hat. Eine Menge Oberschüler fühlten sich auf den Schlips gelatscht und schickten böse Briefe an die WP, gegen die ich mich nun zur Wehr setzen muß. Wieder so ein zusätzlicher Ärger ...

[...] Übrigens sind wir am 17. in Berlin zu einer Autorenkonferenz; wir werden schon einen Tag früher antanzen, und wenn es klappt, besuchen wir Euch, ja? [...]

Herzlichst Deine Brigitte

16 Brigitte Reimann an Irmgard Weinhofen

Hoy, 11. 9. 60

Mein liebes Irmchen,
hab schönen Dank für Deinen lieben, langen Brief, in dem Du so eindringlich Deine Erlebnisse und Eindrücke von der Moskauer Reise schilderst. Wir haben große Lust bekommen, ebenfalls sobald wie möglich in die SU zu reisen;

allzu teuer würde es nicht für uns – lediglich die Reisekosten –, denn wir haben nach meiner Schätzung ein paar Tausend Rubel drüben stehen. Ich schrieb Dir wohl schon, daß die ›Frau am Pranger‹ in Kiew erschienen ist. Allerdings bekommt man keine Abrechnung und offiziell nicht einmal ein Honorar, weil die SU der Berner Copyright-Konvention nicht angeschlossen ist, aber sie machen auch kein Theater, wenn man angereist kommt und Geld haben will. Vor einiger Zeit war der Verlagsleiter vom Komsomol-Verlag bei uns, weil er von meinem neuen Jugendbuch gehört hatte und Interesse hat, es auch bei sich rauszubringen; er riet uns, für die anfallenden Rubelchen einen Moskwitsch zu kaufen. Der Pferdefuß dabei: Ein Moskwitsch muß wenigstens zwei Jahre vorher bestellt werden …

Schade, daß Du unser Hörspiel noch nicht hören konntest; Deine Meinung dazu würde mich sehr interessieren. Hier in Pumpe ist es sehr gut angekommen; in meiner Brigade gab es sogar etliche Schluchzer am Ende. – Der Preis hat uns ganz schön vorwärtsgeholfen, es gab Interviews mit uns und Reportagen in der Zeitung, und Rundfunks winken uns mit einem Jahresvertrag, der uns ein festes Monatseinkommen garantiert. Dafür müssen wir zwei Stücke liefern – und um Stoff ist uns nicht bange. Augenblicklich liefern wir – um zu beweisen, daß der ›Mann vor der Tür‹ nicht eine Eintagsfliege war –, unser Gesellenstück. Eine verfluchte Schinderei! Wir schreiben ein Hörspiel über einen jungen Meister, der sich gegen hundert Widerstände in seiner Brigade durchsetzen muß. Das ist so ein trockener, spröder Stoff, daß ich manchmal beinahe am Verzweifeln bin. Diesmal ist es Siegfried, der vorwärtsdrängt und mir Mut macht, und natürlich bin ich sicher, daß wir es zum guten Ende bringen werden. Aber es ist wirklich hundertmal schwerer als eine Privat- oder sogar Liebesgeschichte, wo Du in Poesie und Romantik und schönen Gefühlen schwelgen kannst. Das Stück soll zur Woche des Gegenwartshörspiels aufgeführt werden, aber bis jetzt haben wir nicht mal die Hälfte geschafft, obgleich wir seit fünf Wochen an der Arbeit sitzen. Anderseits wartet mein Buch [...].

Ich hatte jetzt zum erstenmal Gelegenheit, meine Meinung über Lektoren – wenigstens in einigen Punkten – zu revidieren. Wir arbeiten an unserem Stück mit dem Chefdramaturg von Rundfunks, und das ist wirklich die erfreulichste Sorte von Zusammenarbeit, die ich bisher kennen gelernt habe. Rentzsch ist ein reizender Bursche, klug, witzig, tolerant – und jung, und vielleicht ist das sogar das Wichtigste. Wir verstehen uns sehr gut, wir sind die einzigen Autoren, mit denen er höchstpersönlich arbeitet, unter anderem wohl deshalb, weil er auf diese Weise mal das ›Leben‹ kennen lernen will. Anerkennenswert. Die meisten Lektoren ziehen es vor, an ihrem Schreibtisch sitzen zu bleiben. Nun gehören wir freilich zu den ganz wenigen Schriftstellern, die an die Basis gezogen und sogar dort geblieben sind. (Allerdings schmeicheln wir uns auch, daß der Chef uns außerdem gern hat und deshalb alle Nase lang angerauscht kommt). Wir sprechen die geringste Zeit über das Stück und stundenlang über alle möglichen anderen Dinge – es ist jedesmal ein Tag voll blühender Heiterkeit. Ich glaube, wir sind beide – S. und ich – auf unsere Art ein bißchen verliebt in Rentzsch, und wir freuen uns tagelang vorher auf seine Besuche. Er schreibt selbst ausgezeichnete Stücke, und man kann ungeheuer viel bei ihm lernen.

Eben fällt mir auf, daß ich mich andauernd vertippe. Bitte, entschuldige das Geholper! Erstens bin ich ganz hübsch nervös, und zweitens scheint mir die wundervolle warme Herbstsonne gerade auf die Tasten, so daß ich immerzu danebengreife. Es wäre herrlich, wenn man ein Auto hätte – und die Zeit, sich ohne große Vorbereitungen reinzuklemmen und irgendwohin ins Blaue zu fahren, um diese schönen Tage auszunützen. Aber das sind Träume, die sich noch nicht verwirklichen lassen. Nächste Woche wollen wir zur Bezirksleitung fahren und um Freigabe eines Wagens bitten, und wenn wir viel Glück haben, bekommen wir ihn billig und schnell. Man braucht hier unbedingt ein Auto wegen der weiten Wege zur Stadt und ins Kombinat – und irgendwann wollen wir ja auch mal einen greifbaren Lohn für unsere aufreibende Arbeit haben. Nun ist auch noch der Busverkehr nach Berlin eingestellt worden, und die Fahrerei ist problematisch geworden. Ansonsten streben wir nicht nach materiellen Gütern, wir leben bescheiden, kaufen eine Menge Bücher und Bilder und sind für die nächsten Jahre vollauf zufrieden mit unserer Zweizimmer-Wohnung. Ein Baby werden wir ja vorläufig doch nicht haben …

Der Brief ist nun wieder recht kurz und trocken ausgefallen, aber ich kann mir nur mal eine Stunde am Sonntagvormittag stehlen, um meine privaten Korrespondenzen – die ich ohnehin auf ein Minimum beschränkt habe – zu erledigen. Jetzt plagt mich schon wieder die Unruhe wegen unseres Stückes, und sobald S. das Mittagessen fertig hat, stürzen wir uns in die Arbeit.

Wir müssen Euch unbedingt mal besuchen kommen, und ich hoffe, im Oktober wird es was werden. Wir müssen zur Verlagskonferenz, und da wir wegen der schlechten Reiseverhältnisse einen Tag eher in Berlin ankommen, haben wir bestimmt ein paar Stunden übrig für einen Ausflug in die Linienstraße (falls Ihr dann noch dort wohnt). Ich freue mich sehr, daß Deine Eltern nun auch nach Berlin ziehen; sie sind sicher überglücklich, Dich in ihrer Nähe zu haben.

Schreib mir bald wieder, Irmchen, und sei nicht böse, wenn nicht postwendend eine Antwort kommt; der einzige Grund, Dich zu vernachlässigen, ist und bleibt immer wieder die verfluchte, geliebte Arbeit, die einen so langsam aber sicher auffrißt.

Mit vielen lieben Grüßen
(auch von S. und auch an Deinen Frederik)
bleibe ich Deine
Brigitte

Hoy, 3. 7. 61

Liebes Irmchen,

hab schönsten Dank für Deinen langen Brief, in dem Du von eurer herrlichen Reise erzählst. Am meisten bewegt hat mich Deine Schilderung der Familie auf Rhodos, wo niemand lesen und schreiben konnte.

Am nächsten Tag

Gestern mußte ich mich unterbrechen – mein Buch kam, eher sogar, als wir gerechnet hatten. Es sollte erst Ende Juli erscheinen. Vor Freude bekam ich gräßliche Kopfschmerzen – eine sympathische Art, auf frohe Botschaften zu reagieren, was? – und dann beschlossen wir, einen Faultag einzulegen, um die ›Ankunft im Alltag‹ würdig zu begehen. Ich habe mein Buch noch einmal gelesen, obgleich es mir längst zum Hals raushängt.

Jetzt nütze ich die kurze Zeit, während Daniel unser ›Kind‹, den Kanarienvogel Hänschen, versorgt, um Dir noch ein paar Zeilen zu schreiben. Und Du bist mir nicht böse, nicht wahr?, daß es gar kein richtiger Brief wird. Eigentlich hätten wir uns diese sträfliche Bummelei gestern nicht leisten dürfen, und nun müssen wir heute mit Volldampf nachholen. Wir stecken mal wieder in einer Terminarbeit, diesmal für den Fernsehfunk. Weißt Du schon, daß wir die ›Frau am Pranger‹ zu einem Fernsehspiel umarbeiten? Es soll im Januar gesendet werden, und da wir einige Filmmeter brauchen, die draußen bei der Getreideernte abgedreht werden sollen, müßten wir unbedingt Anfang August fertig sein – und selbst dann ist es vielleicht schon zu spät. Den Vertrag haben wir schon länger, aber bis jetzt hatten wir uns mit der Dramaturgie nicht über den Schluß einigen können, der ein bißchen anders als im Buch sein soll. Jetzt endlich haben wir nachgegeben und schreiben seit einer Woche an den ersten Szenen. Es macht Spaß, wieder zusammen an einem Stoff zu arbeiten, und diesmal zanken wir uns auch nicht wie damals bei den Hörspielen, wo wir manchmal ziemlich heftig aneinandergerieten.

Zu allem Unglück haben wir auch einen Vertrag mit dem Rundfunk, haben schon einen Haufen Geld bekommen und sind mit der Dramaturgie verkracht, weil jeder andere Vorstellungen von dem neuen Hörspiel hat. Auch dieser Stoff müßte spätestens im August abgeliefert werden ... Der Wahnsinn zu Pferde! Außerdem schreiben wir beide an Erzählungen, an deren Ablieferungstermin ich gar nicht zu denken wage. [...]

Wir waren schon ewig nicht mehr in Berlin, sonst wären wir längst mal bei euch vorbeigekommen. Aber im August werden wir endlich, endlich einen Wagen haben (dank dem Literaturpreis fühlte sich unsere nette Bezirksleitung bemüßigt, uns unseren Hauptwunsch zu erfüllen), und dann sausen wir in der Republik herum (einschränkender Stoßseufzer: so es unsere Zeit erlaubt!) und natürlich oft nach Berlin.

Liebes Irmchen, ich werde meinen Brief abschließen – es wäre jetzt einfach unhöflich, weiterzukritzeln, weil ich in Gedanken schon wieder bei meiner Katrin bin und weil Daniel mit gespitztem Kugelschreiber im Sessel herumrutscht und auf mich wartet.

Ich wünsche Dir ein bißchen Spaß bei dem Buch und bleibe mit den herzlichsten Grüßen – auch für Deinen F. – Deine Brigitte

18 Brigitte Reimann an Irmgard Weinhofen

Hoy, 13. 6. 62

Liebes Irmchen,
diesmal werde ich meinen Brief nicht mit Entschuldigungen wegen meiner Versäumnisse anfangen – Du weißt ja auch so, wie es bei uns zugeht. Hab herzlichen Dank für

Dein (euer) Telegramm [...]. Ich nehme jetzt wieder, wie im vorigen Jahr, Gratulationscouren ab (mit roten Ledermappen und Blumenkörben) – im nächsten Jahr bin ich bestimmt nicht wieder dabei, denn ich habe den finsteren Verdacht, daß ich mit meinen ›Geschwistern‹ auf wenig Gegenliebe stoßen werde.

Wir sind erst vorige Woche aus unserem Heim zurückgekommen, wo wir zwei Monate waren und beinahe so etwas wie Ruhe hatten. Kaum zuhaus, füllt sich der Terminkalender wieder, und man muß selbst saubermachen und das Essen kochen. Ich sitze ziemlich in der Tinte, weil meine Geschichte immer länger wird und kein Ende abzusehen ist, und mein Treatment für die Defa drängt (ich glaube, ich schrieb Dir schon, daß die ›Ankunft‹ verfilmt werden soll), und ich gehe mit großer Skepsis an diese Arbeit ran. Es ist blöd, ein Buch zu einem Drehbuch umzuarbeiten, und ich freue mich jetzt schon auf meinen Roman, den ich dann im nächsten Jahr anfangen will – obgleich ich heute schon weiß, daß ich zwei Jahre lang dem armen Daniel den Nerv töten werde mit meinem Gejaule, daß es ja doch nichts wird und der ganze Stoff nichts taugt ... Aber das gehört wahrscheinlich dazu und geht den meisten Schriftstellern so.

Ich bin gespannt auf eure neue Wohnung. Sobald wir wieder in Berlin zu tun haben, werden wir euch heimsuchen – mit Voranmeldung. Wenn ich neue Wohnungen sehe, kriege ich immer Appetit, auch umzuziehen, aber Daniel schreit Zeter und Mord – ihm reicht noch die Erinnerung an unseren Umzug vor zwei Jahren. Wenigstens darf ich ab und zu die Möbel ein bißchen herumrücken ... Ich freue mich, daß euch Daniels Buch gefallen hat, er schreibt wirklich eine sehr schöne Prosa, und ich setze große Hoffnungen in seinen Roman, den er auch im nächsten Jahr beginnen will. Einmal muß ihm ja der Durchbruch gelingen – leider geht sein Band sehr schlecht, es braucht eben immer Zeit, ehe sich ein neuer Name durchsetzt.

Und jetzt kommt doch eine Entschuldigung, weil ich nämlich schon Schluß machen muß. Wir wollen noch ins Kino gehen, heute wird ›Schlacht unterwegs‹ gespielt. Der Film soll aber viel schwächer sein als das Buch. Ich habe es gelesen – ein großartiger Roman! Falls Du ihn noch nicht hast, sieh bloß zu, daß Du ihn bald bekommst, er ist wirklich mutig, und die Liebesgeschichte ist wunderschön und traurig und widerlegt das ganze Gequatsche darüber, daß es im Sozialismus keine Tragik mehr gibt.

Auf Wiedersehen, liebes Irmchen, auf bald!

Sei ganz herzlich gegrüßt [...]

Deine Brigitte

19 Brigitte Reimann an Irmgard Weinhofen

Petzow, 5. 10. [62]

Liebes Irmchen,

ihr seid viel gescheitere Leute als wir: wir haben natürlich dieses Jahr wieder keinen Urlaub gemacht, und so etwas wie Ruhe gab es nur, als Daniel krank geschrieben wurde (irgendwelche vegetativen Zusammenbrüche) und zwei Monate lang im Halbschlaf durch die Wohnung wankte. Zum Glück hat er dadurch sein Fernsehspiel aufgeben müssen – und ich muß dazu sagen, daß ich kräftig dabei geschoben habe –, denn er hätte bloß seine kostbare Zeit verplempert, und das Ganze wäre ein Abklatsch von ›Schlacht unterwegs‹ geworden. Du kannst Dir vorstellen, wie begierig Fernsehfunks auf diese Thematik waren, nachdem nun einmal das Eis gebrochen war – plötzliche Anwandlungen von Kühnheit, die mir ziemlich auf die Nerven gingen. Ich finde das Buch großartig, mutig und Mut machend, aber die Nikolajewa hat Maßstäbe gesetzt, und die kleinen Gemetzelchen, die ihr auf den Fersen folgen, sind nicht gerade umwerfend. Ich selbst habe die Vorarbeiten zu einem ähnlichen Thema weggeschmissen; wenn man nichts Neues zu sagen hat, soll man lieber den Mund halten. Aber die Liebesgeschichte … na, weißt Du! Wir haben uns hundertmal die Köpfe heiß geredet über Tina und Bachirew, und ich kann und kann mich mit dieser Lösung nicht befreunden. Ich finde sie spießig und ungerecht, und die Reaktion der Umgebung ist einfach widerlich. Hier müßte man noch mal anknüpfen, und ich möchte es auch in meinem nächsten Buch versuchen – unter dem Thema ›das Recht auf Glück‹ … Aber das liegt noch in weitem Felde.

Wie Du siehst, sitze ich wieder in meinem geliebten Schriftstellerheim, diesmal ohne Daniel, den ich schon jetzt, am zweiten Tag, schrecklich vermisse. Er ist zuhause und beginnt seinen Roman. Ich bin ganz aufgeregt, wenn ich daran denke, ich habe so sehr auf diese Arbeit gewartet; der Plan dafür spukt ja schon seit Jahren durch unsere Träume und Gespräche. Du weißt, wie er schreibt – wenn er jetzt den geistigen Bogen findet, wenn er es versteht, seine vielen Figuren richtig aufzubauen und miteinander zu verknüpfen, kann es eine fabelhafte Sache werden. Er führt seinen Helden durch fünfzehn Jahre, vom Zusammenbruch bis in die Gegenwart, und ich kenne schon Dutzende von Gestalten und verrückten Geschichten, die ihn begleiten. Ich rechne mit drei bis vier Jahren für diese Arbeit. Es ist natürlich bitter für ihn, daß er während der ganzen Zeit keinen Pfennig verdienen wird, aber dafür habe ich die Arbeit bei Defas angenommen. Ich habe auch anderthalb Jahre ohne Vertrag gearbeitet – ein ziemlich scheußliches Gefühl. Aber ich hab es geschafft, meine ›Geschwister‹ sind fertig und liegen beim Ministerium. Es hat einen hübschen Krieg mit den Lektoren gegeben – wegen einer freundlichen Szene mit der Staatssicherheit und wegen (das klingt so lächerlich) einiger Liebesszenen, die ich selbst ganz harmlos finde. Ein junger Mann küßt seiner Liebsten Brust und Hüften – Aufstand im Verlag! Wie kann man nur! Montag haben wir nochmal die halbe Nacht durch deshalb gestritten, aber es ist doch dringeblieben. Lieber Himmel, wenn ich meinem keuschen Lektor mein neues Buch serviere, in dem es wirklich heiß zugeht … Ich glaube, er haut mir das Manus um die Ohren.

Liebes Irmchen,
gestern habe ich mich unterbrochen und bin ein bißchen wandern gegangen, und inzwischen ist der Brief zerknittert, entschuldige! Also, ich bin wieder bei Defas, das Ganze zieht sich schon seit Monaten hin, Besprechungen, künstlerische Beiräte, Umänderungen, neue Vorschläge … Keine vernünftige Arbeit. Ich kriege schon Komplexe, wenn ich ein Blatt weißes Papier sehe, solchen Appetit habe ich darauf, wieder etwas Richtiges zu schreiben, aber man kann sich auf nichts konzentrieren, weil man ewig auf neue Nachrichten von der Defa wartet. Ab morgen kommt der Regisseur – Michel E[…], er war bis jetzt Regieassistent bei Conny Wolf – jeden Tag nach Petzow raus, und wir erarbeiten einen Fahrplan, und wenn der endlich angenommen wird, stürze ich mich ins Drehbuch. Ich habe ein wahres Grauen vor der Arbeit, aber anderseits kann ich nicht einfach hinschmeißen.
Du fragtest wegen einer eventuellen Mitarbeit an Freddys Stoffen. Ich kann mir gut vorstellen, wie schwer diese Umsetzung in eine andere Sprache ist (ich habe viele Berichte der Emigranten gelesen, die den Boden ihrer Muttersprache unter den Füßen verloren hatten), und ich glaube schon, daß der Daniel sich dafür interessieren würde, aber man wird ihn jetzt bestimmt nicht aus seiner Romanarbeit rausreißen können. Gestern, am Telefon, berichtete er mir atemlos von seinen Notizen, er ist so selig, daß er endlich die Möglichkeit hat, in Ruhe und ohne finanzielle Sorge und andere Verpflichtungen schreiben zu können. Und er braucht ja auch den literarischen Durchbruch und eine Bestätigung – […] Du verstehst schon, was das für ihn bedeutet, der bis heute immer noch gewissermaßen in meinem

Schatten steht – alle Einladungen gehen an mich, fast alle Besuche gelten mir, immer heißt es: die Reimann und ihr Mann. Es muß ziemlich schlimm für ihn sein, und manchmal gibt es deswegen auch kleine Auseinandersetzungen. Bei vielen Kollegen allerdings wird er viel höher geschätzt als ich, und das ist auch gerecht, obgleich es mich ein ganz klein bißchen wurmt. Bitte, sei also nicht böse, wenn ich ihm vorläufig nichts von Deiner Anfrage sage; vielleicht wird er selbst mal eine Pause machen, meistens stellt sich dieses Bedürfnis nach einer ablenkenden anderen Arbeit nach einem Jahr Schufterei ein.

Wir wollten schon ein paarmal zu euch kommen, wenn wir beim Verlag waren, aber der liebe Caspar läßt uns nie vor drei Uhr nachts weg (meist müssen wir ihn dann noch in etwas angegriffenem Zustand nach Hause schleppen), und um diese Zeit kann man bei Menschen, die nicht so schludrig leben wie wir, kaum noch Besuch machen. Ich bin ja sehr gespannt auf eure neue Wohnung. Ich richte mich auch neu ein, nachdem ich endlich einen Tischler gefunden habe, der mir Bücherwände und Schreibtisch nach meinen Angaben baut; ich bin fast zwei Jahre danach rumgerannt. [...]

Grüß Deinen Freddy von mir und sei selbst herzlich gegrüßt

von Deiner Brigitte

20 Brigitte Reimann an Irmgard Weinhofen

Petzow, 26. ii. [62]

Mein liebes Irmchen,
auch ich wollte Dir sofort antworten, aber Du siehst ja ...
Dabei habe ich noch immer keine solide Arbeit, placke mich bald mit diesem, bald mit jenem Quatsch, schreibe Artikel (weil mir meine Gutmütigkeit nicht gestattet, Re-

dakteure wegzuschicken) und bastele an den Vorarbeiten für mein Fernsehspiel. Ein toller Stoff, aber er hat eine Menge Klippen: drei Begegnungen zwischen zwei Liebenden, aber zwischen jeder Begegnung liegen fünf bis zehn Jahre, die sich zwar in einer Erzählung geschickt überbrücken lassen, schwerlich jedoch in einem Spiel.

Morgen ist endlich in meiner Produktionsgruppe die Diskussion über mein Treatment. Wenn es abgelehnt wird, marschiert mein Team geschlossen zum Fernsehfunk.

Eigentlich wollten wir in der vorigen Woche zu euch kommen und anschließend in den Friedrichstadt-Palast gehen, aber natürlich hat sich das wieder zerschlagen, weil der Verlag seine Ansprüche anmeldete. Inzwischen wird das Ballett gar nicht mehr da sein, fürchte ich. Nur in der ›Aktuellen‹ habe ich einen Ausschnitt gesehen. Nackte schwarze Brüste – shocking. Bei uns im Heim erzählte jemand, es sei in der Tat eine Delegation vom Kulturministerium zu den Afrikanern gewallfahrtet und habe gebeten (oder gefordert), die Damen möchten sich obenrum bekleiden. Worauf der Ensembleleiter erwiderte, sie verlangten ja auch nicht, wenn eine weiße Delegation in ihre afrikanische Heimat kommt, daß sich die Damen obenrum ausziehen …

»Rocco und seine Brüder« habe ich mir gar nicht erst angesehen, nachdem ein Freund mir die Geschichte erzählt hatte. Ich hätte diese Vergewaltigungsszene nicht überlebt, ich kenne mich. Ich erinnere mich noch mit Grauen an eine ähnliche, viel dezentere Szene in einem Fernsehspiel, die heute noch durch meine Träume spukt. Daniel hält mir immer die Augen zu, wenn es solche Scheußlichkeiten im Film oder Fernsehen gibt, weil er weiß, daß ich sonst wieder stundenlang heulen oder nachts schreien würde. Ich habe eben ein empfindsames Gemüt. Ernsthaft: ich habe in meiner Kindheit, in einem durchaus ungeeigneten Alter, zu viele und zu arge Bücher gelesen, die meine Phantasie vergiftet haben. Ich bin ganz sicher, daß ich bei einem Horrorfilm einen Herzschlag bekommen würde. – Ich sah aber neulich einen sowjetischen Film, den Du auf keinen Fall versäumen darfst: ›Neun Tage eines Jahres‹. Der erste moderne Film, den ich kenne – ohne modernistische Mätzchen, ohne Kameratricks und dieses ganze krampfige Zubehör, mit dem man drüben und manchmal auch schon bei uns die Filme als ›Neue Welle‹ aufputzt. Aber wahrscheinlich kennst Du ihn auch schon, und ich brauche Dir nichts vorzuschwärmen.

Neulich habe ich mir die Illustrationen zu meinen ›Geschwistern‹ angesehen. Das Buch muß schwer zu illustrieren sein, denn zwei Zeichner sind schon daran gescheitert. Jetzt hat es Horst Bartsch übernommen (Du kennst ihn sicherlich aus dem ›Sonntag‹), und auch seine Zeichnungen, die er uns zuerst zeigte, entsprachen nicht dem Stil der Geschichte, und dann legte er ein Schabblatt auf den Tisch, an das der Verlag nicht ranwollte (sie sind ein bißchen konservativ, und die Arbeit war ihnen vermutlich zu kühn), aber Daniel und ich waren begeistert: es ist eine wirkliche künstlerische Umsetzung, sehr eigenwillig, ich bin bloß nicht sicher, ob er diese Technik durchhalten kann, denn er hatte sich für das Probeblatt die attraktivste Szene, in Westberlin, ausgesucht. [...]

Ich mache gelegentlich ein paar Notizen zu meinem Roman, den ich im Herbst anfangen will. Inzwischen hat er sich auch zu einem Entwicklungsroman ausgeweitet (ich weiß aber nicht, ob ich das schaffe), und ich habe meinen lieben Chef darauf vorbereitet, daß es eine höchst unmoralische Geschichte wird mit einem sexuell verkorksten Mädchen, mit verrückten Malern und ein paar bitteren Szenen aus dem Jahre 56 ... Aber das ist natürlich nicht ganz ernst gemeint, in Wahrheit ist meine Franziska ein liebenswertes Mädchen, dessen Irrwege ich nachzuzeichnen versuche – und wer von uns ist diese Irrwege nicht gegangen? Ich werde auch Probleme aufgreifen, die lange Zeit bei uns tabu waren und zum Teil es heute noch sind, und ich bin bestärkt worden durch ein Gespräch, das wir neulich beim

ZK hatten, wo die jungen Leute sehr offen und kritisch ihre Meinung sagten – durchaus nicht zum Vergnügen der älteren Generation. Aber davon werde ich Dir lieber mal mündlich berichten. Ich glaube, wir müssen lernen, umzudenken, tiefer zu denken; wir sind – auch das wurde ausgesprochen – jämmerlich verflacht, provinziell und anspruchslos geworden.

So, jetzt muß ich schließen, unser Landbriefträger kann jeden Augenblick kommen, und ich möchte ihm den Brief noch mitgeben. Grüß Deinen Freddy von mir und sei selbst sehr herzlich gegrüßt von

Deiner Brigitte

21 IRMGARD WEINHOFEN AN BRIGITTE REIMANN

Berlin, den 15. 11. 63

Meine liebe Brigitte!

Hab tausend Dank für Dein Buch. Es hat uns sehr gefreut, daß Du uns nicht vergessen hast. Das Buch kam gerade an einem Tag, an dem ich ständig an Dich dachte. Alle Tage wollte ich Dir schon schreiben, aber es geht bei uns ziemlich turbulent zu und so blieben eben nur die Gedanken. [...]

Hoffentlich hast Du Deine Operation gut überstanden?! Unser Urlaub war den Umständen entsprechend. Hinzu kamen noch ziemliche Unzulänglichkeiten in der Betreuung, so daß wir enttäuscht von dannen zogen. Inzwischen sind viele Wochen vergangen, die mit Warten u. ä. angefüllt waren. Nun wissen wir Bescheid. Freddy ist im Moment auf dem Polizeirevier, um alle Paßangelegenheiten zu regeln. Ab 17. November können wir fahren. Unsere schöne Wohnung gleicht einer Rumpelkammer. Obwohl wir keine Möbel mitnehmen, haben wir doch soviel persönlichen Kram, daß wir ständig neue Koffer dazuholen müssen, nachdem die vorhandenen noch nicht reichten. Wir hoffen, mit allem zwischen 10.–12. Dezember fertig zu sein, um dann abfahren zu können.

Seit 14 Tagen kann ich schon nicht richtig essen, all die Dinge sind mir wohl auf den Magen geschlagen [...]. Hinzu kommen noch ständig Besuche, Abschiedsfeiern u. ä. und ich kann keinen Schluck trinken.

Solltet Ihr in der nächsten Zeit noch einmal in Berlin sein, würden wir uns sehr freuen, Euch noch einmal zu sehen. Damals besuchtet Ihr uns, als wir in diese Wohnung einzogen und diesmal wird es dann der Auszug sein.

Meine seelischen Tiefs [...] habe ich überwunden. Jetzt freue ich mich auf Holland und auf unseren neuen Aufbau. Die Arbeitsaussichten sind außerordentlich günstig und [die] Schwiegereltern erwarten uns schon mit Freuden.

Meine liebe Brigitte, sollten wir uns nicht mehr sehen, so werde ich Dich nicht vergessen und sobald wir in Holland unsere feste Bleibe haben, schreibe ich Dir ausführlich über unser Ergehen.

Für heute grüße ich Dich, sowie Deinen Mann, ganz, ganz herzlich in alter Freundschaft

als Deine Irmchen und Mann

22 Brigitte Reimann an Irmgard Weinhofen

Hoy, 21. 11. 63

Mein liebes Irmchen,
hab schönsten Dank für Deinen Brief – obgleich er eine so traurige Nachricht brachte. Wir waren wieder mal für einen Tag geschafft … Später wird man über das alles schreiben können (später – und dabei sollte es doch heute geschrieben und gelesen werden, heute, da es vielleicht noch nützen und verändern könnte). Obgleich wir uns in den letzten Jahren selten gesehen haben – viel zu selten, daß weiß

ich jetzt, wenn es zu spät ist –, verbindet mich mit Dir eine so tiefe und herzliche Sympathie (ganz zu schweigen von meiner Hochachtung, weil Du so schnurgerade Deinen Weg gemacht hast), daß mir nun zumute ist, als bröckele wieder ein Stückchen von meinem Leben ab, auch von diesem Teil des Lebens, der Vergangenheit und Erinnerung ist, denn Dein Name war mir immer verknüpft mit Burg, mit Schulzeit und der kleinen Inge.

Hol's der Teufel, das klingt ja beinahe wie eine Grabrede, und dabei sollte ich Dir etwas Heiteres und Freundliches schreiben, um Dir Appetit auf Holland zu machen. Du mußt mir schreiben und von Deiner neuen Welt erzählen, hörst Du?, und natürlich hast Du ein Dauerabonnement auf meine Bücher. Ich hoffe sehr, daß ich Anfang Dezember nochmal nach Berlin komme, aber das ist nicht sicher, denn morgen beginne ich mein neues Buch, und Gott weiß, was dann wieder auf mich zukommt. Schon jetzt bin ich vor Aufregung ganz außer mir, habe Angst, freue mich und zittere und denke die ganze Zeit, daß ich keinen Satz mehr an den anderen fügen kann. Und das Theater wird sich wieder über ein, zwei Jahre hinziehen ...

Gestern habe ich in meinen Tagebüchern nachgelesen über die Arbeit an den ›Geschwistern‹. Ich habe meine ganze Umgebung langsam gemordet. Mein lieber Daniel [...] ist vorsorglich schon ins Exil gegangen und sitzt auf Schloß Reinsberg.

Für den Fall, daß wir uns nicht mehr sehen, nimm schon jetzt alle meine guten Wünsche entgegen. Versuch, Dich auf all das Neue zu freuen, und – Du hast ja Deinen Frederik.

Ich umarme Dich herzlich
Deine Brigitte

Schöne Grüße für Frederik!

13. 12. 63

Meine liebe Brigitte!
Vielen Dank für Deine lieben Zeilen. Wir stehen nun rest-
los auf Abriß. Alles sieht trostlos aus. Es gab noch viel
Rennerei u. Aufregung.

Da ich nicht über Westberlin u. W[est] D[eutschland]
fahren darf (da ich dort Verwandte habe, die ich eventuell
noch besuchen könnte), müssen wir über Schönefeld flie-
gen. Bis alles mit dem Gepäck klar ist, das kostet jetzt noch
die letzten Nerven. Am 20. 12. 9⁵⁵ ab Schönefeld verlassen
wir Berlin.

Inzwischen brachte mir ein guter Freund noch ein Buch
»Der Stellvertreter« von Rolf Hochhuth. Da bei uns sehr
viel drumherum geschrieben wird, jedoch nicht konkret,
was er geschrieben hat, dachte ich, daß es Dich sicher interessieren wird, denn das Buch ist bei uns nicht erhältlich.

Es ist großartig geschrieben und beweist den ungeheuren
Mut und die Größe des Schriftstellers. [...]

Meine liebe Brigitte, gute Weihnachten und ein hoffnungs-
volles Jahr wünscht Dir und Deinem Mann von Herzen
Deine Irmi u. Freddy

Amsterdam, den 22. 2. 1965

Meine liebe Brigitte!
Was wirst Du wohl von mir denken, dass ich Dir bisher
nicht geschrieben habe. Eine Entschuldigung zu stammeln,
halte ich für sinnlos, da ich in Gedanken sehr oft bei Dir war
[...]. Wenn ich Dir den ehrlichen Grund meines bisherigen
Schweigens sagen soll, (und ehrlich waren wir bisher immer
zueinander) so ganz einfach deshalb, weil ich eigentlich bis

heute noch immer nicht den Uebergang von Berlin nach Amsterdam verkraftet habe. Und ich hatte absolut keine Lust, Dir nur zu schreiben, es ginge mir gut (obwohl dem gar nicht so war), sondern wenn ich Dir schreibe, dann muss es auch ein bisschen gründlicher sein, um Dir zu erzählen, wie ich mich eingelebt habe und was wir in dieser Zeit alles erlebt haben.

Ab und zu hörte ich etwas über Dich im Rundfunk, da wir hier morgens mit dem Deutschlandsender aufstehen und abends mit ihm schlafen gehen – wie z. B. von Deinem Westberlinbesuch.

Aber nun zu uns: [...] Als wir im vorigen Jahr, eigentlich genauer im Dezember 1963, nach Amsterdam kamen, da gab es für uns erstmal die Frage des Unterkommens. Wir wohnten die ersten drei Wochen bei den Schwiegereltern, aber ich war heilfroh, als wir zwei kleine Zimmer gefunden hatten [...]. Wir wohnen also zur Untermiete, [...] die Zimmer waren leer, schrecklich verwohnt und so mussten wir [...] erst einmal [...] die ganze Bude renovieren lassen. [...] unsere paar Spargroschen schmolzen dahin. Mein Freddy kannte sich hier natürlich auch nicht mehr aus und wusste nicht mehr, [...] was es heisst, nach allen Seiten aufzupassen, um nicht betrogen zu werden. (Inzwischen haben wir es bestens gelernt, frech zu sein und gut aufzupassen [...].) Mit dem Einkaufen war es [...] dasselbe. [...] Heute weiss ich natürlich, wo ich gut und preiswert einkaufe [...]. Inzwischen hatten wir uns ein bisschen eingelebt und auch eingerichtet und [...] Freddy machte die ersten Uebersetzungen. [...] Freddy wollte nun, [...] ich sollte auf keinen Fall wieder arbeiten, aber ich sah sehr schnell, dass es ohne meine Hilfe nicht gehen würde. Nun, so suchte ich mir eine Stelle als deutsche Sekretärin – und fand sie auch sehr schnell [...] in einer Lackfabrik. Aber was ich da erlebt habe, Kapitalismus in Reinkultur. Nach 4 Wochen schied ich aus, denn ansonsten wäre ich dort verrückt geworden und meine Nerven waren ohnehin schwer angeschlagen. So begann ich dann

1 Woche später in einem grossen Zigarettenkonzern zu arbeiten. Und jetzt sitze ich hier in der ökonomischen Abteilung, [...] und alles verläuft ohne Aufregung. Im April vorigen Jahres begann mein Freddy auf einmal Beschwerden an seinen Augen zu bekommen [...] und nach langem Hin und Her und nach gutem Zureden ging er dann zum Augenarzt. Na – und was glaubt Ihr, [...] Freddy hatte »Grünen Star« und musste sofort operiert werden. [...] Ich dachte, die Welt geht unter. [...] Glücklicherweise verlief die Operation günstig, mein Freddy behielt sein Augenlicht [...]. Im Sommer vorigen Jahres lud uns Freddys Schwester, die in England lebt, ein, um dort unsere Ferien zu verbringen. [...] Der erste Lichtblick bei all den Kämpfen. Nach den Sommerferien ging es dann langsam mit uns bergauf.

[...] heute bin ich froh, dass wir diesen Uebergang hinter uns [...] haben. Auf jeden Fall würde ich niemandem raten, einen solchen Schritt zu tun, wenn nicht, wie es bei uns leider der Fall war, zwingende Gründe vorhanden sind. In der ersten Zeit war es auch ideell sehr schwierig, sich der Denkweise hier anzupassen [...] und dahinterzukommen, warum die Menschen hier so unbesorgt in den Tag hineinleben. Inzwischen begreift man sie besser, weil man die Umstände und Verhältnisse selber kennt [...].

Inzwischen [...] haben wir wieder ein geregeltes Mass an Einkünften und können alles gut einrichten, so dass wir uns, bleiben wir gesund, in kurzer Zeit auch gänzlich erholt haben werden. [...]

Hier herrscht eine so unvorstellbare Wohnungsknappheit, dass ich immer laut lachen muss, wenn sich hier so ein Schreiber in der Zeitung wagt, etwas über die schreiende Wohnungsnot in Ostdeutschland zu berichten. [...] Wenn Familien und junge Ehepaare gar keinen Rat mehr wissen, um unterzukommen, dann bauen sie ein Zelt auf der Strasse auf – und dann kommt die Polizei – und dann muss ja irgendwie Abhilfe geschaffen werden. Es ist hier üblich, Wohnungen, 3 oder 4 Zimmer, *zu kaufen*. Dafür muss man so 50–60 000 hfl. auf den Tisch legen. Oder aber mit einer hohen Hypothek abzahlen. Also ein Durchschnittsverdiener ist einfach nicht in der Lage, zu einer schönen Wohnung zu kommen […]. Im allgemeinen verdient ein Arbeiter hier im Durchschnitt 100–125 hfl. in der Woche. Frauen natürlich ein Drittel weniger, auch bei gleicher Arbeit. Ausserdem bestehen weitere Differenzierungen nach Altersgruppen. […] Die Besteuerung ist hier ein weiteres Problem. Da wir beide arbeiten, Freddy und ich, müssen wir […] rund 35% Steuern zahlen. […] Also durch seiner Hände Arbeit wird hier niemand reich […]. Auf der anderen Seite steht natürlich, dass der Wert des Geldes bedeutend höher ist, auch der des Gulden gegenüber der Westmark. Die Lebensmittel sind dem Lebensstandard im allgemeinen angepasst und nicht zu teuer. Nur die Fleischpreise sind genauso hoch wie in Berlin, bzw. in der DDR. Kleidung und Schuhe sind schön und sehr preiswert. Dagegen ist Fahrgeld, Licht, Gas und Heizung ein ganzes Stück teurer, als wir es bisher gewohnt waren.

Wir arbeiten hier 5 Tage in der Woche und meine Arbeitszeit beträgt 41 Stunden. Die Atmosphäre in dem Unternehmen ist sehr angenehm […]. Andererseits gilt die Frau […] im Arbeitsprozess nicht viel. Man kann an ihr mehr verdienen als an männlichen Arbeitskräften und darum ist die Nachfrage nach weiblichem Personal auch in Holland sehr gross. Ausserdem werden sehr viele Ausländer beschäftigt, die vor allen Dingen aus Italien, Spanien, Griechenland und der Türkei kommen. Die sozialen Leistungen bei Krankheit betragen bis zu 6 Wochen 100%, wobei allerdings auch ein Unterschied zu den Frauen besteht. Sie bekommen nur 80%. Aber hier krank zu machen ist nicht so einfach. Am gleichen Tag oder einen Tag später kommt ein Kontrolleur ins Haus und schickt dich schnell zum Kontrollarzt und der schreibt dich schon gesund […]. Auch die Ärzte sind hier hauptsächlich aufs Privatverdienen eingestellt. Um zu einem vernünftigen Medikament zu kommen, geht man also lieber privat zum Arzt und dann kann man auch mit einer guten Behandlung rechnen. [...] Die schönsten Tage in der Woche sind für uns immer Sonnabend–Sonntag. [...] am Sonnabend-Nachmittag gehen wir oft in die Stadt bummeln oder einkaufen [...]. Amsterdam ist eine architektonisch sehr hübsche Stadt [...]. Einen Fernseher haben wir wegen Freddys Augen nicht und ausserdem ist das Programm auch grösstenteils so flach und abgeschmackt, dass es wenig lohnenswert ist. [...] Auch was das Lesen angeht, bin ich unserem bisherigen Geschmack doch viel mehr zugetan als dem westlichen. Vieles ist mir so unverständlich und wird es auch bleiben, weil man gar nichts mehr findet, um den Unterschied zwischen »Gut« und »Böse« zu erkennen. Vieles wird so verworren dargestellt, dass mir selbst die Lust ins Kino zu gehen vergeht. Aber [...] wenn es sich lohnt, dann sehe ich mir doch gern mal einen Film an. So sah ich [...] einen sehr hübschen mit Sophia Loren »Gestern, heute und morgen«. Gegenwärtig läuft hier in einem Kino »Nackt unter Wölfen«. Es ist eine grosse Ausnahme, dass man hier einen Film aus der DDR findet. Sowjetische Filme werden [...] nur ab und zu gezeigt.

[...] Wirklich trostlos ist auf dem Gebiet der Kultur, dass es keine Oper und so herrliche Theater gibt. Oh, was waren wir doch verwöhnt – und es war eine Selbstverständlichkeit. Als wir Weihnachten in Berlin waren, wären wir am liebsten von einem Theater ins andere gerannt, aber wir haben es nur zum Berliner Ensemble geschafft – und das war für uns auch das Wichtigste. Mein Gott, ich hab in meinem Leben noch kein Stück so genossen, wie die »Dreigroschenoper«, obwohl ich sie zum 5. Mal gesehen hatte. Karten haben wir glücklicherweise noch mit Hilfe von Zigaretten erstehen können. [...]

[...] Ist von Dir bzw. von Euch mal wieder etwas erschienen? Wenn ja, schickst Du es mir dann? Alles kommt gut an. Wird zwar kontrolliert, aber das tut man in der

DDR ja auch. [...] Wenn Du kleine Wünsche hast, erfülle ich [sie] gern. Ich verdiene nicht schlecht und Du schickst mir dafür Kultur. [...]

Für heute [...] grüsse [ich] Dich
sowie Deinen Mann
herzlichst in alter Verbundenheit
als Deine Irmchen

Auch mein Mann lässt Euch auf das herzlichste grüssen.

PS. Liebe Brigitte, entschuldige manchmal den Satzbau, aber das kommt vom vielen Holländisch – man beginnt automatisch auch etwas in die eigene Sprache zu übernehmen.

25 BRIGITTE REIMANN AN IRMGARD WEINHOFEN

Hoyerswerda, 5. 3. 65

Liebes Irmchen,
das war wirklich eine Überraschung – ich dachte schon, Du habest mich vergessen, und desto mehr freue ich mich jetzt über Deinen Brief. Ich kann schon verstehen, daß Du nicht schreiben mochtest, solange ihr in einer so scheußlichen Klemme stecktet – aber ihr gehört ja nicht zu denen, die aus freien Stücken und mit strahlenden Hoffnungen in ein Land gegangen sind, in dem Milch und Honig fließt. Ich bin so froh, daß ihr das Schlimmste hinter euch habt und daß es Deinem armen Freddy besser geht; es muß auch arg für ihn gewesen sein, daß seine eigentliche Heimat ihn so unmütterlich empfangen hat.

Weißt Du, das Leben in einem solchen Lande, wie Du es schilderst (und Du hast ja einen klaren und sicheren Blick für gesellschaftliche Zustände), ist für uns schwer vorstellbar, trotz vieler Bücher und Berichte. Aber – und damit will ich gleich meinen ›Lagebericht‹ beginnen – bei uns ändert sich auch einiges, man spürt, daß so etwas wie Konkurrenzkampf auf uns zukommt, immer mehr wird die Leistung das Entscheidende, und die Leute, die auf lautstarke politische Überzeugung reisten, verlieren den Boden unter den Füßen. Das Leben wird rasanter (und leider auch, wie mir scheint, etwas oberflächlicher), wir haben Soziologie und Meinungsforschung entdeckt, allenthalben steigen die Ansprüche an Qualität, Nutzeffekt … Das bekommen auch die Schriftsteller zu spüren; zweit- und drittrangige Bücher, die vor Jahren noch durchaus ihre Abnehmer fanden, bleiben liegen, die Maßstäbe haben sich geändert. In den letzten zwei Jahren sind sehr viele Werke ausländischer Schriftsteller herausgekommen, Franzosen, Amerikaner, Engländer – jetzt erscheinen Sartre und Camus (hättest Du das geahnt?), Salinger, die Memoiren von Ehrenburg … Man wird wählerischer beim Bücherkaufen. Sogar das ND ist interessanter geworden, stell Dir vor, bringt bessere Informationen und jeden Monat eine dicke Literaturbeilage.

Wir sprechen oft über diese Entwicklung, die von dem, der Schritt halten will, Tüchtigkeit, Fleiß, aber auch, das deutet sich schon leise an, so etwas wie Rücksichtslosigkeit verlangt, und einiges will uns gar nicht gefallen. Wir waren neulich in Leipzig und wohnten in einem stinkfeinen Hotel, wo man erst unsere Kleidung musterte, ehe man uns ein Zimmer gab (offiziell war alles belegt), wo die Kellner höflich und leider auch servil waren und mich ›gnädige Frau‹ nannten, was mir zuwider ist. Nun gehören wir freilich zu denen, die unbesorgt ihre Kleider mustern lassen können, trotzdem fühlten wir uns scheußlich und benahmen uns vor Wut selbst mies, indem wir die befrackten Affen von oben herab behandelten. Der »Exquisit«-Laden hat ein riesiges neues Haus bekommen, in dem aufgedonnerte Puten herumlaufen und die Kleider nach dem Firmenzeichen bezahlt werden. Mein lieber Mann sah rot. Er hat eine unnachahmliche Art, sich Kleider vorführen zu lassen und zu sagen: Was, so billig? Das kann ja nicht viel taugen. Worauf die Puten vor Respekt erstarren. Ach, das ist zum Kotzen! Weißt Du noch, wie wir uns ganz früher den Sozialismus vorgestellt haben: Menschwerdung, Bildung, schöne Gesittung ... Aber vielleicht muß man eine Zeitlang im Westen gelebt haben, um zu sehen, daß wir mit der Menschwerdung doch schon ganz hübsch vorangekommen sind. Wenn ich denke, was mein Hamburger Bruder erzählt ... dagegen fühlt man sich hier geborgen wie in Abrahams Schoß.

Aber Du weißt ja noch nichts von meinem Mann. Von Pitschmann bin ich im Oktober geschieden worden, wir haben uns freundschaftlich und in gegenseitiger Achtung getrennt, schreiben uns auch noch (er wohnt im Schriftstellerheim, bis er seine Wohnung in Rostock bekommt). Einen Monat später habe ich meinen Geliebten geheiratet, der schon seit zwei Jahren geschieden war und solange geduldig gewartet hatte; wir waren nämlich schon seit vier Jahren zusammen – eine schlimme Zeit mit schlechtem Gewissen, Verstecken vor den Leuten, Einmischung von allen Seiten, sobald die Liebesgeschichte rausgekommen war – und man verrät sich ja schnell –, Beschimpfungen und so fort. Wir sind hundertmal auseinandergegangen und bald daran gestorben, und es nützte alles nicht ... Dagegen kann man nichts tun. Es fiel mir sehr schwer, mich von Pitschmann zu trennen, obgleich wir seit Jahren wie Geschwister lebten: ich wollte ihn nicht allein lassen, er ist so unbehilflich, verdiente auch fast gar nichts. Endlich, als er mit seinem Buch vorankam und auch ein nettes junges Mädchen kennen lernte, konnte ich mich mit einigermaßen ruhigem Gewissen von ihm verabschieden. [...]

Hatte ich Dir nicht doch schon von meinem Jon erzählt? Ein schwieriger Mensch, äußerst unbeliebt wegen seiner Aufrichtigkeit und scharfen Ironie – aber zu mir ist er gut und sanft, obgleich in Diskussionen unerbittlich: denken, denken! Er gestattet mir keine Oberflächlichkeit, kein schlaues Drumherum, mit dem ich mich so gern aus der Schlinge ziehe. Er hat Philosophie studiert, arbeitet aber im Tagebau, zuerst als Kipper, jetzt als Bandwärter, und schreibt nebenbei sein erstes Buch. Lange Zeit erlaubten meine Eltern nicht, ihn zu Hause vorzustellen; sie liebten Pitschmann wie ihren Sohn. Endlich, Weihnachten, durften wir kommen; sie wußten nicht mal, daß wir schon verheiratet waren. Aber es ging alles gut, er gefiel ihnen gleich (vielleicht bloß wegen der Ähnlichkeit mit meinem Bruder, dem häßlicheren von beiden), und nun haben sie schon einen Narren an ihm gefressen, weil sie finden, er übe einen guten Einfluß auf ihre schreckliche Tochter aus.

Wir sind sehr glücklich und so leidenschaftlich verliebt wie am ersten Tag, wahrscheinlich auch deshalb, weil wir unsere Ehe mit aller Klugheit und Vorsicht eingerichtet haben: wir wohnen getrennt, jeder führt seinen Junggesellen-Haushalt allein und arbeitet ungestört (zwei Bücherschreiber in einer Wohnung – das ist Mord!), wir laden uns gegenseitig zum Essen ein und sehen uns jeden Tag ein paar Stunden, je nachdem, wann es die Arbeit erlaubt. Wir haben ein paar Abmachungen, die uns ein möglichst hohes Maß an Freiheit zusichern, und das ist ungeheuer wichtig für uns. Und der Erfolg: wir haben Herzklopfen wie früher, wenn wir aufeinander warten … Aber ich will mich nicht in Schwärmereien verlieren, sonst kriege ich den Brief heute nicht mehr fertig.

Nur noch etwas über meine Arbeit: Letztes Jahr war ich in Sibirien, habe danach im Auftrag des FORUM eine Reportage, eigentlich mehr ein Tagebuch, geschrieben, das jetzt zur Messe auch als Buch erscheint. Ich glaube, es wird im Mai ausgeliefert (und wenn es Dich interessiert, bekommst Du eins – Sibirien ist herrlich!) Vorher hatte ich mich ein Jahr lang mit Architektur beschäftigt und überhaupt so allerhand gesammelt und gespeichert, ehe ich an meinen ersten Roman ranging. Ich schrieb auch die ersten Kapitel, etwa hundert Seiten, und dann kam Sibirien dazwischen, und als ich nun endlich im Januar mir das liegengebliebene Roman-Manuskript beschaute, gefiel es mir nicht mehr. Ich warf alles weg, war zwei Wochen lang todunglücklich und dachte, ich könne gar nicht schreiben, und manchmal war mir nach Gashahn zumute. Kein Mensch – außer Jon natürlich – verstand, warum ich das Zeug weggeschmissen hatte, aber ich wußte genau, daß ich den Faden nicht hatte, daß ich [einen] ganz anderen Punkt suchen mußte, von dem aus ich meine Geschichte erzählen kann, und so fing ich denn wieder von vorne an, und jetzt macht es mir auch wieder Spaß. Das will freilich gar nichts besagen – wer weiß, wie ich in einem halben Jahr darüber denke. Jedenfalls schufte ich nun von morgens bis abends und bin nach acht oder zehn Stunden so erschöpft, als hätte ich drei Tage lang Steine gekarrt. Zwei Jahre werde ich mindestens brauchen (optimistisch geschätzt), und vielleicht wird überhaupt alles ganz anders, als ich denke. Wenn man bloß mehr Ruhe hätte! Immer noch tobt der Sitzungsteufel durchs Land, man wird mit Einladungen zugedeckt – lauter verdrießlicher Kram, der nur stört. Na, Du kennst das ja noch. Alles furchtbar wichtig – und hinterher faßt man sich an den Kopf und fragt sich, warum man nicht lieber gearbeitet hat. Ein Glück, daß ich nicht in Berlin wohne! Und ein Glück, daß wir eine Weile eingeschneit waren, da brauchte man wenigstens nicht aus dem Haus und konnte auf die unpassierbaren Straßen verweisen. Nun will ich aber doch Schluß machen, ich bin schon wieder todmüde und brabbele bloß noch so vor mich hin.

Wenn Du irgendwelche Bücherwünsche hast, schreib sie mir bitte. Ich werde Dir schicken, was Dich interessiert.

Alles Gute für Dich, liebes Irmchen, und für Deinen Freddy, bleibt gesund, haltet die Ohren steif, schreib mir wieder – ich freue mich drauf – und seid ganz herzlich gegrüßt

von Brigitte

Amsterdam, den 19. 5. 1965

Meine liebe Brigitte,

ich wollte eigentlich gleich auf Deinen lieben und ausführlichen Brief antworten, so sehr habe ich mich darüber gefreut, aber dann kamen wieder ein paar Probleme dazwischen [...]. (Aber keine Angst, sie sind nicht so gemein wie
im vorigen Jahr!) Zunächst erst einmal mein grosses Erstaunen über Deine dritte Heirat! Mich hast Du ein paar
mal mit guten Ratschlägen versorgt, als ich ab und an [...]
mit einem anderen Mann antanzte, aber Du schlägst jeden
Rekord. Na jedenfalls herzlichen Glückwunsch, tausend
gute Wünsche und einen grossen Haufen Glück, meine
Liebe. [...] Ich habe ja manchmal eine so grosse Sehnsucht
nach Berlin, nach allem was mir lieb und teuer war, aber ich
wage nicht, viel darüber zu sprechen, denn ich weiss, dass
Freddy darunter sehr leidet, sowie ich von Berlin beginne
oder heule, wenn ich einen Brief aus Berlin erhalte, oder
eine Berliner Weise im Deutschlandsender höre. Ich hatte
eigentlich geglaubt, nach all den Niederträchtigkeiten
würde ich kein Verlangen mehr haben, an meine Heimat zu
denken, aber weit gefehlt. Vielleicht ist es gut, dass ein
Mensch das Schlechte doch verhältnismässig leicht über-
windet, wenn auch nicht vergisst. Was gibt es doch für Idioten, die ehrlich denkende Menschen so vor den Kopf stossen
und der Sache damit schaden. Aber was ist schon ein einzelner Mensch in dieser Welt gewaltiger Umwälzungen?
Und doch gilt ein Mensch bei Euch mehr als hier. Hier gibt
es keine Instanz, die dir hilft. Alles muss man allein austüf-
teln und ohne jede Rücksicht durchboxen. [...] Auch [...]
hier in der Firma [...] spielt nur der Gewinn eine Rolle.
Der Mensch ist nothing. Mach das mal einem klar, der nur
im »wir« gedacht hat. Langsam, ganz langsam, mache ich
hier und da mal einen Versuch, um mein »Ich« zu präsen-
tieren – und es gelingt. Ich werde mich nie in diese Mentali-

tät hineinfinden – auch wenn ich unter diesen Verhältnissen ständig leben muss. […]

Ich schrieb zu Beginn des Briefes, dass wir wieder ein Problem haben – und das ist jetzt das Wohnungsproblem. […] Wir wohnen gegenwärtig noch als Untermieter in zwei kleinen unmöblierten Zimmern mit Küchenbenutzung. Obwohl diese Zimmer völlig apart gelegen sind, gehören sie doch zu einer Wohnung. Nun ist es diesen Leuten eingefallen, nach Südafrika zu emigrieren. Kein normal denkender Mensch würde so einen Schritt tun, aber schöne vielversprechende Zeitungsannoncen haben dafür gesorgt, diesen Leuten den Verstand zu nehmen. Nun wissen wir natürlich nicht, ob wir diesen Teil der Wohnung behalten, ob wir vielleicht diese Wohnung ganz bekommen können oder eine andere zugewiesen bekommen. […] Diese jetzige Wohnung ist […] nach unserem Einkommen zu billig, da wir beide verdienen, werden wir sicherlich mit einer Wohnung so um die 200,– Gulden bedacht werden. […]

Inzwischen hat sich Freddy mit seinen Übersetzungen hier einen Namen gemacht und übersetzt gegenwärtig ausschliesslich aus dem Russischen. Es ist ja bekannt, dass Holland in der SU ein paar Fabriken grösseren Ausmasses baut […]. Er verdient gut dabei und ich brauchte eigentlich nicht mehr zu arbeiten. Nun bin ich hier aber schön eingearbeitet und äusserst selbständig, so dass ich noch ein Weilchen ganztags bleiben möchte. Für all mein Geld kann ich entweder was Hübsches kaufen oder sparen. Und was das Kaufen betrifft, sind die Versuchungen hier sehr gross.

In meiner Freizeit lese ich sehr viel. Wozu ich in Berlin keine Zeit mehr hatte, das hole ich jetzt nach. […] Ausserdem gehen wir jetzt öfter aus. […] Gegenwärtig wird hier, von einem Holländer auf die Bühne gebracht, die »Dreigroschenoper« gespielt. Das wird unser nächstes Ziel sein. Muss doch unbedingt sehen, wie sie das hier inszeniert haben. Wenn es ein Reinfall ist, dann schreibe ich dem Regisseur, er soll nach Berlin fahren und dort lernen. Hier in der

Presse schrieb man von »Dreimillionenopera«, weil die Inszenierung so teuer gewesen sein soll. [...] Wenn die Leute hier was für Kultur ausgeben sollen, dann stöhnen sie, dass es teuer wäre.

Von Deiner Sibirienreise waren wir besonders überrascht und erfreut. [...] In diesem Zusammenhang möchte ich Dir einen Vorschlag machen: wenn unsere Wohnungsgeschichte in Ordnung ist, hättest du nicht mal den Mut, eine Reise nach Amsterdam zu beantragen? Wir würden uns unbeschreiblich freuen!

[...] In diesem Jahr sitzen wir mit unseren Ferien fest, da wir erst die Wohnungsgeschichte in Ordnung bringen müssen. Auf alle Fälle wollen wir ein paar Tage nach England und nach Berlin fahren. Freddy's Schwester wohnt in Ramsgate an der Küste. Es ist dort sehr schön und hinzukommt, dass man sich mit den Leuten prima unterhalten kann. [...] Ich kenne hier wirklich niemanden, mit dem man richtig plaudern und streiten könnte. [...] Schreib mir bald wieder und schick mir ein Buch, was lesenswert ist. Auch Deine Sibirienreise interessiert mich sehr. Ich habe für Dich ein paar Zigaretten abgeschickt und sei bitte nicht erstaunt, wenn Du Zoll bezahlen musst. [...]

In alter Verbundenheit grüsse ich Dich ganz herzlich als Deine Irmchen

Auch mein Freddy schickt Dir herzliche Grüsse.

27 BRIGITTE REIMANN AN IRMGARD WEINHOFEN

Hoy, 1. 6. 65

Liebes Irmchen,
heute habe ich Dein Päckchen bekommen, und ich will meinen herzlichen Dank für Deine liebe Aufmerksamkeit mit einem Brief verbinden, der freilich kurz ausfallen wird,

weil ich krank bin, Fieber und Husten habe. Der Brief soll Dich auch noch in Deiner Wohnung erreichen – für den bösen Fall, daß ihr im Juni ausziehen müßt. Es tut mir so leid, daß ihr jetzt wieder neue Sorgen habt, und ich wünsche von Herzen, daß ihr schließlich auch um diese Klippe herumkommt.

Ich wollte Dir soviel erzählen, wollte Dir zu jedem Absatz Deines Briefes etwas sagen, weil mich das alles stark beschäftigt (die Ich-Welt, die mein Hamburger Bruder immer vertritt –), aber ich bin wie benebelt von den vielen Tabletten und tippe mich nur mühsam durch die Zeilen. Vom Internationalen Schriftstellertreffen in Weimar wollte ich Dir erzählen, wo ich so viele wunderbare Schriftsteller gesprochen habe, und wo ich wieder mächtig stolz auf meinen Beruf war, um all dieser Leute willen, die mutig ihren Standpunkt vertreten haben, auch solche, denen Repressalien drohen, wenn sie in ihre Länder zurückkehren. Ich hoffe, es wird ein Büchlein darüber erscheinen, das möchte ich Dir dann gern schicken (Anmerkung für Briefschnüffler: kein kommunistisches Propagandamaterial!) Wir hatten Gäste aus 52 Ländern – ich weiß nicht, ob eure Zeitungen darüber berichtet haben –, hatten also endlich mal die große weite Welt im Hause, und Du kannst Dir vorstellen, wie aufregend das für uns junge Provinzdachse war. Eine tolle Geschichte habe ich erfahren, über die ich Dir brieflich leider nichts erzählen kann, aber ich möchte sie schreiben, um jeden Preis, und der Mann, der sie erlebt hat, ist auch bereit, mit mir nach Frankreich zu fahren, wo sie zu einem großen Teil spielt. Wenn Du wüßtest, wie ich Dich darum beneide, daß Du schon soviele Länder gesehen hast! Ich bin verrückt danach, Paris zu sehen – nicht nur wegen dieser story – aber ich habe kaum Chancen, ins Ausland zu kommen. Du lädst mich nach Amsterdam ein …

Ach, Irmchen, das wär herrlich, ich bin so begierig, fremde Städte zu sehen und für mich zu entdecken, und ich weiß auch, wie wichtig es für meine Arbeit wäre, über die eng gesteckten Grenzen zu kommen, weltläufig zu werden, eine andere Gesellschaft nicht nur aus zweiter Hand, aus Büchern zu kennen. Aber Du weißt ja, welche Schwierigkeiten sich in den Weg stellen – es ist immer noch dasselbe Lied. Ich hätte einen netten Österreicher heiraten sollen, aber dazu ist es nun zu spät. Übrigens bin ich entschlossen, die Reisen, die ich mir vorgenommen habe, doch durchzusetzen, beim Kulturministerium oder sonstwo. Mein Bruder hat mich auch eingeladen, und ich habe keine Lust, mein Rentenalter abzuwarten, ehe ich den Hamburger Hafen und die Große Freiheit besichtigen darf. Hoyerswerda ist gut und schön, aber auf die Dauer nicht sehr anregend, und wenn ich mein Buch fertig habe, reiße ich hier aus.

Für heute will ich lieber Schluß machen, einen Grog trinken und ins Bett gehen. Ich schreibe Dir von Ahrenshoop, denn, siehe, morgen fahre ich in die Ferien, zum erstenmal seit fünf oder sechs Jahren (und es regnet, was vom Himmel runter will, verdammt!); hoffentlich überstehen wir Einsiedlerkrebse, der Jon und ich, die drei Wochen in einem gemeinsamen Zimmer.

[...] Ich glaube, ich schrieb Dir schon, daß auf dem DDR-Büchermarkt nicht viel los ist; die Bücher, die ich Dir empfehlen kann, haben schon vor einem Jahr Aufsehen erregt: Christa Wolf, ›Der geteilte Himmel‹, Max Walter Schulz, ›Wir sind nicht Staub im Wind‹, Strittmatter, ›Ole Bienkopp‹, Neutsch, ›Die Spur der Steine‹. Kennst Du sie? Möchtest Du sie haben?

Alles Gute für Dich, liebes Irmchen, und für Deinen Freddy.

Ich grüße Dich herzlich –
Deine Brigitte

Amsterdam, den 11. 6. 65

Meine liebe Brigitte!

Recht herzlichen Dank für Deine »Sibirienreise«. Ich habe sie natürlich gleich gelesen und eine unbeschreibliche Freude daran gehabt. Mein erster Kommentar dazu: »Het boek is een verademing!« (Auf deutsch: Das Buch ist eine herrliche Erfrischung, aber »Erfrischung« ist noch nicht gut genug übersetzt, nur ich finde kein besseres [Wort]). Das Büchlein strahlt soviel Frische und Optimismus aus und viele Schilderungen erinnerten mich an unsere SU-Reisen. Man muß erst einmal hier im K[apitalismus] gelebt haben, um zu begreifen, wo sich die wahre Menschwerdung vollzieht. [...] Außerdem ist der Stil so herrlich locker, gelöst und fließend – und ich hatte das Gefühl, als ob ich mit Dir zusammensäße und Du erzähltest. Du besaßest schon immer einen großen Gefühlsreichtum, aber dies ist fast eine Offenbarung für diejenigen, die Dich kennen. [...]

Wenn ein Kritiker schreibt, es wäre besser gewesen, mehr über Sibirien zu erfahren als über Deine Empfindungen auf dieser Reise, dann ist das ein Idiot! Wenn man richtig liest, dann gibt es soviel Neues oder besser gesagt, Fakten, die Du von Deinen 14 Tagen mitgebracht hast. Jedenfalls mein Kompliment zu diesem Tagebuch [...]. –

[...] Eine mehr als leidige Geschichte ist unser Wohnungsproblem geworden. [...] Nach dem 30. Juni will uns der Hauswirt auf die Straße werfen lassen. Grund dafür: Er will ein Geschäft mit dieser Wohnung machen. [...] Man muß das hier alles erst einmal mitgemacht haben, um wieder einen kräftigen Schritt nach links zu tun. –

[...] In der letzten Woche haben wir nun die »Dreigroschenoper« gesehen. War sehr interessant, wie es sich in holländischer Fassung anhörte. Manche Teile waren etwas verwässert, etwas komödienhaft, dann wieder eine Reihe von Elementen aus der Berliner Aufführung übernommen,

aber im großen und ganzen für holländische Verhältnisse
ganz nett. –

[...] ich möchte Dich bitten [...] jetzt auf unsere neue
Anschrift zu warten [...]. Die Postverhältnisse sind [...]
häufig nicht so vertraubar, denn es gibt in den meisten Fällen nur einen Briefschlitz für das ganze Haus und da liegen
die Briefe einfach so lose im Treppenhaus herum. [...]

Für heute grüße ich Dich ganz lieb –
in alter Verbundenheit Deine Irmchen. [...]

29 BRIGITTE REIMANN AN IRMGARD WEINHOFEN

Ahrenshoop, 12. 6. 65

Liebes Irmchen,
vorläufig hat mich mein Weltreise-Verlangen nur bis an die
Küste geführt, die aber auch ganz hübsch ist. Ich mache
hier erstaunliche Erfahrungen, von denen ich Dir im Brief
berichten werde, sobald ich wieder zu Haus und im tätigen
Leben bin. Hier bin ich unsäglich faul, trotz des wolkigen
Himmels. Wünsch mir Sonnenschein! Alles Gute für Dich
und Freddy – Deine Brigitte

30 IRMGARD WEINHOFEN AN BRIGITTE REIMANN

A'dam, den 20. 6. [65]

Liebe Brigitte,
vielen Dank für Deinen lieben Brief u. Karte aus Ahrenshoop. Ich mußte daran denken, wie wir uns 1956 dort [...]
trafen und Du Dein erstes Geld für die »Katrin« bekommen
hattest.

Für heute nur einen kleinen Gruß – und unsere neue
Adresse: P. O. Box 4248, Amsterdam-Oost. Wir mußten

nochmals ein Zimmer nehmen, bekommen aber in einigen Wochen eine Wohnung.

Schreib bald und erzähl mir von Deinen Eindrücken.

Herzlichst Deine Irmchen.

31 BRIGITTE REIMANN AN IRMGARD WEINHOFEN

Hoy, 2. 7. 65

Liebes Irmchen,

vor ein paar Tagen sind wir aus Ahrenshoop zurückgekommen, braungeschmort und, wie wir uns einbilden, ungeheuer kräftig und ausgeruht. Du hast recht, auf einmal fiel es mir auch wieder ein: wir sind uns ja damals in A. begegnet; ich war mit meinem ersten Mann da (übrigens hatte ich seitdem keinen Urlaub mehr), und ich habe keine allzu schönen Erinnerungen daran. Mit Jon ist es viel besser; es könnte auch drei Wochen lang regnen, und wir würden uns nicht langweilen, obgleich wir bald fünf Jahre zusammen sind. Wir waren öfter mit Wolfgang Schreyer zusammen (sicher kennst Du seine Bücher), er hat ein Haus in A. Er sagte, Jon sei der sympathischste meiner Ehemänner, und ich habe diese Bemerkung genossen wie ein Kompliment. Übrigens fand Jon wiederum, Wolfgang sei der sympathischste unter meinen Freunden, und das ist er tatsächlich – einer der wenigen, die keine ›Macke‹ haben, trotz seiner hohen Auflagen […]. Die meisten Männer sind ja nicht imstande, mit einer Frau Freundschaft zu halten, ohne erotische Basis (und nach einer Liebesgeschichte erst recht nicht), aber mit Wolfgang verbindet mich schon zehn Jahre lang eine ungetrübte Freundschaft, seit wir uns als junge Dachse beim Schriftstellerverband kennen gelernt haben. […]

Inzwischen habe ich Deine Tulpenkarte mit der neuen Adresse und den Brief bekommen, in dem Du mir schreibst, daß euch der Hauswirt mit Exmittierung droht. Das freilich gäbe es bei uns nicht (falls man nicht jahrelang hartnäckig seine Miete versäuft – die Wohnungsverwaltung hat in diesem Punkt beinahe etwas zu viel Geduld), aber mit Wohnungen sieht es bei uns auch nicht besser aus. In Hoy bekommen wir das nicht so zu spüren, weil sich das Werk seine eigene Stadt baut und die Leute nur ein bis zwei Jahre auf eine komfortable und relativ billige Wohnung warten müssen. Aber in den Großstädten ist es arg. Mein kleiner Bruder, der nächstens seinen Diplom-Ingenieur macht, hat sich ein Kellerzimmer reserviert, und mein Schwesterchen – sie ist ein wunderhübsches Mädchen geworden, hat ein Baby und einen begabten jungen Wissenschaftler zum Mann – hat dieser Tage nach jahrelangen Bemühungen eine Art Wohnung bekommen, in einem verwahrlosten Haus, das genau Zimmerbreite hat. Eine ulkige Bude; zum Glück fehlt es ihnen sowieso noch an Möbeln. Als Schriftsteller mit gewissen Privilegien – und noch dazu in einer Stadt, deren Leben doch schon sozialistische Züge trägt – vergißt man leicht, wieviel schwerer es andere Leute haben, und wie oft sie machtlos gegen Bürokraten und Vorgesetzte sind. Ich habe keine Vorgesetzten, und mit Bürokraten werde ich ziemlich schnell fertig, dank freundlicher Ausweise. Ich bin immer wieder erschrocken und wütend, wenn mir meine Geschwister erzählen, mit was für Kram sie sich herumschlagen müssen – na, Du erinnerst Dich ja noch dieser zermürbenden Alltagssorgen, die einem das Leben im Sozialismus so oft sauer machen und die ihren Grund wahrscheinlich in Passivität, Schlamperei und mangelndem Verantwortungsgefühl haben. Ich werde schon fuchsig, wenn ich einkaufen gehe – heute gibt es dies nicht, morgen jenes nicht …

A. hat mir nicht sehr gefallen. Der Strand schon, weil er still ist, und die Landschaft ringsum, und die irrsinnigen Preise nimmt man auch hin, es ist halt Intelligenzbad, und ich habe nichts dagegen, daß man die Intelligenz ausnimmt. Aber die Leute sind ziemlich widerlich, hochmütig und eitel, und haben ein schlechtes Benehmen, sie behandeln die Kellner von oben herab, sagen nicht ›bitte‹ und nicht ›danke‹, und die erste Zeit durften wir nicht Ball spielen und nicht laut lachen, weil es ihre zarten Nerven belastete. Auto und Konto ... Wir hatten ein paar abscheuliche Zusammenstöße; einmal sagte ein Herr entrüstet zu mir: »Und ich dachte, Sie gehören zur besseren Gesellschaft.« Eine in diesem Kreis typische Bemerkung. Meinen Nietenhosen und Zöpfen sah man allerdings die ›bessere Gesellschaft‹ nicht an. Zum Kotzen! Manchmal hätte ich heulen können vor Wut: dafür arbeiten wir seit zwanzig Jahren, daß sich wieder eine Wohlstandsgesellschaft etabliert ... Und die dicken Bäuche, die wabbligen Schenkel am Strand! Selbst die jüngeren Leute wirkten schon satt und selbstzufrieden – wir haben uns niemals so jung gefühlt wie dort (was schließlich auch ein Gewinn ist), weil wir noch soviel Unruhe und Ehrgeiz in uns haben und Spaß an Faxen und Spielerchen. Am schlimmsten sind die hauptberuflichen ›Gattinnen‹ ... Ich war heilfroh, als meine Geschwister und ein paar Freunde zu Besuch kamen, junges Gemüse, das noch träumt und große Pläne hat und nicht schon mit dreißig Jahren dem Rentenalter entgegenwartet.

Ich freue mich sehr, daß Dir das Sibirienbuch gefallen hat. Ich habe Lust bekommen, mehr Reportagen zu schreiben; wahrscheinlich werden sie ganz anders ausfallen, das kommt ja immer auf den Gegenstand an. Damals in Sibirien war ich so von Heiterkeit und Lebensmut erfüllt, daß diese Gefühle noch während der ganzen Arbeit am Tagebuch angehalten haben. Irgendwann, ich sagte es Dir schon, werde ich über Paris schreiben oder – was mich außerordentlich interessiert – über Israel. Aber jetzt ist erst das Buch dran. Ich habe mächtigen Appetit auf die Arbeit, obwohl ich manchmal beinahe einen Schreck bekomme, wenn ich mir vorstelle, daß ich da einen ganzen Roman zusammenbasteln will, von dem ich noch nicht mal weiß, welche Wege die Personen gehen werden. Es ist ein Experiment, ich habe mich bemüht, alles Gelernte zu vergessen, alles ›Handwerkliche‹ meine ich, was man uns eingetrichtert hat, über Fabel und Bau und alle möglichen Gesetze, und ich bin auch entschlossen, mich von irgendwelchen Dogmen und Vorgedachtem zu befreien und unbekümmert zu schreiben, was und wie ich sehe und empfinde. Vielleicht geht es furchtbar ins Auge, aber das muß man riskieren. [...]

Grüß Deinen Freddy [...]. Ich wünsche euch beiden von Herzen alles Gute, vor allem ein bißchen mehr Sicherheit.

Immer Deine Brigitte

Was ist eine »Box«? Das klingt verteufelt nach Pferdestall.

32 Irmgard Weinhofen an Brigitte Reimann

Amsterdam, den 16. 7. 1965, 10.00 Uhr

Meine liebe Brigitte!

Heute ist Freitag. Das bedeutet hier Wochenende mit Wochenendstimmung und wenig Arbeitslust. [...] Zunächst herzlichen Dank für Deine lieben Zeilen vom 2. 7. Ich freue mich immer sehr darüber, weil sie so lebensbejahend sind [...].

Wir haben nun inzwischen wieder mal ein Zimmer bezogen. Es ist nicht so gross wie auf unserer früheren Adresse, aber es ist verhältnismässig billig [...]. Im Moment sitzen wir ganz gut, wenn auch nicht komfortabel – und haben ein Dach über dem Kopf. Andererseits stehen die vielen Hotels und Pensionen leer, denn die Deutschen sind wegen des schlechten Wetters ausgeblieben und sie machen den grössten Teil der Touristen aus, die die Holländer mächtig auszunehmen verstehen. –

Die Holländer und die Deutschen sind ein Problem für sich. Ich habe damit auch schon trübe Erfahrungen machen können. Wie Du selbst weisst, hat Holland während der deutschen Besetzung sehr viel zu leiden gehabt. Holland hat sich dem sehr stark widersetzt und Amsterdam hat mit seinem berühmten Februarstreik im letzten Krieg ein ruhmreiches Stück Geschichte geschrieben. Und das alles haben die Holländer (vor allem die 40-, 50-jährigen u. älter) nicht vergessen. Und dieser gewisse Hass der Aelteren hat sich zum Teil auch auf die Jüngeren übertragen. So gibt es für Deutsche hier ein Schimpfwort aus jener Zeit: Een Mof (Ein Deutscher – im abfälligen Sinne). In der Wohnung, wo wir zuletzt wohnten, hätten wir lt. Wohnungsverwaltung bleiben können, wenn der Hauseigentümer nicht ein Deutschenhasser gewesen wäre. Ich musste nämlich einmal eine Bescheinigung abholen und obwohl ich prima holländisch spreche, hört man es doch an der Aussprache, bekamen wir die Wohnung nicht, weil ich eben ein Mof bin. […] in Zukunft regelt Freddy eben alle diese Dinge. Da wir gerade bei dieser Deutschenfrage sind, ein Beispiel das in Holland viel Staub aufgewirbelt hat. Die Kronprinzessin Beatrix (Holland ist noch ein Königreich und Juliana ist die reichste Frau der Welt – Reichtümer rühren noch aus der Kolonialzeit her, wo das heutige Indonesien die schönste Perle in den holländischen Besitzungen war) hat sich mit einem deutschen Diplomaten verlobt. Na, ich kann Dir sagen, was hier los war, ist nicht zu beschreiben. Inzwischen haben sich die Gemüter beruhigt, weil dieser Mann »bildhübsch« ist und die Schlagzeilen verkünden »Wie hätte Beatrix diesem Mann widerstehen können«. Die Holländer sind ein komisches Völkchen. Auf der einen Seite: stark ausgeprägter Nationalstolz, auf der anderen Seite: deutsches Geld stinkt nicht. Mit anderen Worten: Sie verdienen das meiste Geld an den Deutschen. Ich möchte Dir das alles noch viel ausführlicher erzählen, mit Dir durch die Stadt laufen, Dir alles zeigen, angefangen von den alten Bauten der Innenstadt, den Grachten, den kleinen jahrhundertealten Brücken, Dich in das Gefühl der Rembrandtschen Zeit versetzen (was mich besonders anzieht) und andererseits die krassesten Gegensätze der viel zu kleinen

Strassen und dem Verkehr mit den grossen »Schlitten« (mir
fällt das Aequivalent in Deutsch für die grossen Autos
nicht ein – in holl. slee = Schlitten), die Handelsmärkte
und modernen Kaufhäuser usw. geniessen lassen. Und dabei immer der Duft des Meerwassers. Obwohl die Luft hier
stark verschmutzt ist, hat man doch immer das Gefühl, rei-
nen Sauerstoff einzuatmen »door de geur van het water«
(durch den Geruch des Wassers). Jetzt höre ich aber auf
mit dem Gefasel, sonst mache ich Dich noch ganz wild und
Du vergehst vor Fernweh. Also auf jeden Fall, meine liebe
Brigitte, Du und Dein Mann, Ihr könnt immer kommen!
Die Hotels sind nicht teuer, [...] und finanziell geht es uns
nicht schlecht. Besorg Dir mit Deiner Autorität eine Genehmigung – und ich werde Dir oder auch Euch – ein paar
unvergessliche Tage bereiten. –

Inzwischen haben wir es uns auch in unserem Zimmer
wieder gemütlich gemacht, ich habe einen Haufen Beruhi-
gungsmedikamente geschluckt und bin wieder auf dem Posten. Da wir doch in diesem Jahr noch keine Ferien hatten
[...], haben wir beschlossen, Ende August nach Berlin zu
kommen. Liebe Brigitte, hättest Du Lust mit Deinem Mann
für einen Tag zu einem ordentlichen Klatsch nach Berlin zu
kommen????? Ich würde mich riesig freuen! [...]

Liebe Brigitte, bei all Deinem hochzuschätzenden Ar-
beitseifer habe ich mich immer gewundert, dass du so wenig Urlaub machst. Darum wird Dir diese Erholung besonders gutgetan haben. Was Du von der Verbürgerlichung der
Intelligenz schreibst, ist ja nicht neu – und die horrenden
Preise dazu. Weisst Du, was mich immer so beschäftigt:
Warum sind in den soz. Ländern bloss die Konsumgüter
(ich meine nicht alle) so furchtbar teuer? Hübsche Kleidung ist doch eigentlich kein Luxus! Z. B. was holl. Kon-
fektion betrifft, ist bekannt, dass sie besonders preiswert
und dabei gut ist. Hübsche Blusen, Kleider und Schuhe
sind wirklich für wenig Geld (im Verhältnis zur DDR) zu
haben. Warum ist das eigentlich dort nicht möglich? Viel-

leicht reicht mein Verstand nicht so weit, um zu begreifen, dass die lebensnotwendigen Dinge eben nur darum so billig sein können, dass jene Artikel teuer sein müssen. Was Einkaufen betrifft, liebe Brigitte, würde Dir hier das Herz im Leibe lachen. [...]

Uebrigens, wie ist das bei Dir mit Literatur aus dem Ausland? [...] Vielleicht schicke ich Dir erst einmal ein Büchlein über Amsterdam in deutsch. [...] Du bekämst einen kleinen Eindruck vom Aeusseren der Stadt – sozialökonomisch kannst Du natürlich darin nichts finden. [...]

Nun noch zu Deiner Frage: »Was ist eine Box? Klingt verteufelt nach Pferdestall!« Brigitte, das war der Witz des Jahrhunderts! [...] Keine Angst, es ist kein Pferdestall, in dem wir wohnen, sondern ein normales Haus, Ende des 19. Jahrhunderts gebaut. Eine »Box« ist einfach ein Postschliessfach und da wir bei unserer Umzieherei nicht wussten, wie wir am besten unser Postproblem lösen, hat Freddy ein Postschliessfach [...] gemietet und holt dann seine Post jeden Tag selbst ab. So kommt obendrein nichts weg.

[...] Mir fällt noch etwas ein: Deine Bücher hatte ich von Berlin unter besonderer Obhut mitgenommen und Deine Katrin benutzt Freddy für den Deutsch-Unterricht. Er gibt ab und zu, hauptsächlich 2 x in der Woche, Unterricht in Deutsch, Englisch und Russisch. Eine Sekretärin von hier fand das Buch so hübsch, dass sie nur immer darin lesen wollte, bis sie es mit nach Hause nahm und dann auslas. Wir haben hier auch eine Buchhandlung, die ausschliesslich Bücher, Zeitungen und Zeitschriften, auch Schallplatten aus soz. Ländern vertreibt. Aber Deine Bücher habe ich noch nicht gefunden. Deine Katrin und Deine Sibirienreise fände ich dafür besonders geeignet – und glaub mir, dort wird viel gekauft.

Nun aber genug. In der Hoffnung bald wieder von Dir zu hören, verbleibe ich mit vielen lieben Grüssen als
    Deine Irmchen.
Auch die besten Grüsse von meinem Freddy.

Hoy, 8. 8. 65

Liebe Irmchen,

da hast Du mir wieder einen so langen und interessanten Brief geschrieben, und tatsächlich, ich bekomme Fernweh, wenn ich ihn jetzt wieder lese. Na, vielleicht kann ich später mal über die Grenze, mit meinem Jon, wenn ich ein Buch geschrieben habe, das auch im Westen erscheint, denn natürlich bleiben – neben den Visumsschwierigkeiten – die fast unüberwindlichen Devisenschwierigkeiten. Oder ich muß warten, bis ich in den PEN-Club aufgenommen werde, der sicher irgendwann auch mal in Amsterdam tagt.

Aber es gibt ja im Osten eine Menge zu sehen, erst in der Nähe: Prag und Warschau (man kann jetzt Dreitagefahrten im Auto und ohne Paß machen), und dann weiter weg: Sibirien, Turkmenien, die Märchenstadt Samarkand, von der mir ein Oxforder Professor Wunderdinge vorschwärmte, und Peking, dessen Verbotene Stadt die schönste und harmonischste Architektur der Welt haben soll, wie mir Architekten versicherten. Also ein Riesen-Reiseprogramm, mit dem man für die nächsten zehn Jahre ausgelastet ist, falls wir in diesen zehn Jahren mal wieder Urlaub machen. Ahrenshoop ist gestorben – nie wieder, jedenfalls nicht in diesem blöden Kurhaus. Vielleicht fahren wir mal drei Wochen lang auf einem Kahn die Wolga runter; solche Reisen sind nicht mal sehr teuer. Entweder wird man bei diesem Unternehmen verrückt oder man bekommt eiserne Nerven und eine Gemütsruhe, die das ganze Jahr anhält. Außerdem gibt es bestimmt zentnerweise saure Sahne, so daß man nach den drei Wochen als Kugel mit Beinchen vom Schiff kullert.

Ist es sicher, daß ihr Ende August nach Berlin kommen werdet? Vielleicht könntest Du mir vorher nochmal schreiben, damit ich ›planen‹ kann. Denn siehe, ich bin auch ein Planer geworden, mit Terminkalender und all solchem Zeug, das ich verabscheue. Sitzungen, Kommissionen, Autorenabende und die berühmten Stellungnahmen, in denen kein Mensch einen neuen Gedanken äußert ... Als junger Autor stellt man es sich herrlich vor, bekannt zu sein – später ist es bloß noch eine Last. Nicht mal das Gefühl befriedigter Eitelkeit hilft darüber hinweg: denn je länger man schreibt, desto strenger und unzufriedener wird man mit sich selbst, und man sieht, daß man durchaus keinen Grund zur Eitelkeit hat.

Dieses Jahr haben wir Kommunalwahlen, also bekomme ich Briefe mit der Bitte um Stellungnahme zu der Frage »Wie regiere ich mit?«, und unsere Zeitung teilt den ›bezirklichen Schriftstellern‹ mit, daß Romane ja ganz gut und schön seien – aber nun sollen wir die Romane mal sein lassen und zu aktuellen Tagesfragen schreiben. Dies garniert mit einem aktuellen Gedicht über die Bonner Verbrecher und unsere Errungenschaften, in dem sich Frieden auf siegen reimt ... Na, unser Bezirk hat mit den Musen noch nie auf gutem Fuß gestanden.

Manchmal habe ich es doch satt, hier zu wohnen. Wir haben kaum jemanden, mit dem wir sprechen können (ich meine, über das, was uns ganz speziell interessiert) und führen das Leben von Einsiedlerkrebsen. Allerdings ist mein Jon so gescheit und interessant, daß er mir eine ganze Gesellschaft ersetzt, und die meiste Zeit arbeiten wir ja. Theater vermisse ich nicht sehr, ich war noch nie ein Theater-Fan, ich weiß auch nicht warum. Es wäre schön, wenn ein paar Künstler hier wohnen würden, mit denen man sich ab und zu treffen könnte, in Ateliers rumschnuppern, in einer Bar zusammensitzen und ein paar Wodka trinken. Aber wer hat schon Lust, in eine Stadt zu ziehen, die einem halbwegs anspruchsvollen Menschen keine Abwechslung bietet? Unser Chefarchitekt, mit dem wir ein bißchen befreundet sind (er kommt aus Berlin, ein Henselmann-Schüler, und fühlt sich hier auch ziemlich einsam, obgleich er rasend viel Arbeit hat) schmiedet große Pläne für ein Zentrum mit Ladenstraße, Bars, Theater, Kultursaal, Kino –

aber wenn man sechs Jahre in dieser Retortenstadt wohnt und nur Versprechungen für übermorgen hört, wird man langsam mißtrauisch. Immerhin, der Mann hat Format und setzt mehr durch als alle seine Vorgänger. Er plant sogar eine kleine Künstlersiedlung in dem Dörfchen, das nächstens von den neuen Wohnkomplexen eingekreist wird. Vielleicht kommt dann doch jemand her, jedenfalls werben wir schon eifrig unter den jungen Malern, die wir kennen. Habe ich Dir eigentlich geschrieben, daß ich eine phantastisch begabte junge Malerin entdeckt habe? Auch ihr Mann, Bildhauer, soll ein Talent sein. Sie hatte mich irgendwo in Berlin gesehen und schrieb mir, weil sie mich malen wollte. Nach zwei Sitzungen war das Porträt fertig und so interessant, daß wir das Original kauften (die Kopie ging an eine Bibliothek). Ich habe auch noch eine sehr schöne Landschaft von ihr und ein paar Radierungen, die alle meine Gäste bewundern. Dabei ist sie ein schüchternes, sehr verschlossenes und eigenwilliges Mädchen, beinahe männlich kühl. Ein toller Typ, sage ich Dir, genau das Gegenteil von mir, und trotzdem haben wir eine ›Antenne‹ füreinander. Diese beiden, denen es ziemlich schlecht geht (wer kauft heutzutage schon Originale?) wollen wir nach Hoy locken; hier hätten sie Aufträge noch und noch, denn alle die neuen Bauten, Schulen und so, werden ja mit Fresken, Gemälden und dergleichen geschmückt; das ist sogar Vorschrift – eine sympathische Vorschrift –, und ein bestimmter Prozentsatz der Bausumme steht dafür zur Verfügung.

Wir gestatten uns also ab und zu, vom Künstlerdörfchen zu träumen, von einem Bauernhaus mit allem Komfort – aber wir werden wohl alt und grau darüber werden.

Um nochmal auf ›mein Malmädchen‹ zurückzukommen: […] Sie ist sehr modern, versucht sich auch – auf intelligente Weise – in abstrakter Kunst und wunderschönen Farbstudien: sie setzt Musik in Farbe um, zum Beispiel Debussy.

Entschuldige, das war eine lange Abschweifung. Aber

das Thema bringt mich immer wieder in Rage – die Stadt, die Stadt. Übrigens spielt ja mein neues Buch in so einer Satellitenstadt, deshalb kreisen meine Gedanken andauernd um diese Probleme. Also, kurz und gut: ich muß planen, denn ich möchte Dich sehr gern einmal wiedersehen, und mein Jon ist auch mächtig gespannt auf Dich, weil ich von Dir erzählt habe, von der Zähigkeit, mit der Du Dich durchgebissen und studiert hast, und auch davon, wie ihr die Republik verlassen mußtet. Sein Weg war ja ähnlich; er ist Arbeiterkind, hatte Volksschule, dann ABF, dann Studium, Geschichte und Gesellschaftswissenschaften, dann allerdings Exmatrikulation und zertrümmerte Existenz.

Du schreibst mir noch, nicht wahr? [...] Grüß Deinen Freddy von mir und sei selbst ganz herzlich gegrüßt von

Deiner Brigitte

34 BRIGITTE REIMANN AN IRMGARD WEINHOFEN

Hoy, 25. 1. 66

Liebes Irmchen,

zunächst – wenn auch mit arger Verspätung – die herzlichsten Wünsche zum Neuen Jahr. Hab schönen Dank für Deine Karte, ich war sehr froh, endlich wieder von Dir zu hören – und dann gleich noch mit der frohen Botschaft, daß ihr endlich eine Wohnung bekommen habt [...].

Für heute nur die Karte – ich bin schon wieder auf dem Sprung, heute tagt unser Aktiv für bildende Kunst, aber da gehe ich gern hin, weil ich das für mein Buch brauche. Nächstens werde ich Dir erzählen, was uns so in letzter Zeit zugestoßen ist.

Inzwischen wünsch ich Dir und Freddy alles Gute und grüße euch herzlich – Brigitte

(mein lieber Herre schließt sich an)

Amsterdam, den 31. 1. 1966

Meine liebe Brigitte!

Hier ist nun endlich mein versprochener Brief. [...] Wie ich
Dir schon auf der Karte angedeutet hatte, haben wir endlich eine Wohnung bekommen. Wir hatten schon alle Hoffnung aufgegeben, lebten in einer unbeschreiblich miesen
Wohnungssituation [...] – und da erhielten wir unerwartet
einen sogenannten Aufruf, eine Wohnung zu besichtigen.
Wir stellten ja überhaupt keine Ansprüche, wären mit allem zufrieden gewesen [...]. So waren wir sehr überrascht,
die Wohnung (in der wir schon seit November wohnen)
liegt im alten, aber vornehmen Stadtteil von Amsterdam.
[...] Es ist eine Zweizimmerwohnung mit Küche, Bad und
Korridor. Unser Aufgang ist sogar mit Teppich belegt. Jedes Zimmer gleicht einem grossen Berliner Zimmer. Da wir
nur zwei Räume haben, haben wir auf ein Schlafzimmer
verzichtet und jeder hat sein eigenes. [...] Nun wohnen wir
schon 3 Monate hier, aber ich kann es immer noch nicht
glauben, dass man uns [...] nicht so bald wieder rausjagt.
Ein komisches Gefühl, diese gewisse Unsicherheit, mit der
man hier zu leben lernen muss. [...] Die Miete ist natürlich
den Verhältnissen entsprechend. Als wir einzogen, mussten wir erst 3 Monate Miete für nichts bezahlen [...]. Da es
hier im wesentlichen nicht üblich ist, dass die Frau mitar-
beitet, kannst Du dir etwa vorstellen, wie hier eine Frau bei
einem durchschnittlichen Verdienst der Männer von
400–500,– Gulden für ihre Familie ganz schön rechnen
muss. Lebensmittel und das, was der Mensch zum Leben
täglich braucht, steigt rapide im Preis, [...] bei den täg-
lichen Dingen können die meisten Steuern gezogen werden
und das ist ja schliesslich der Sinn der Sache.

Nun sitze ich schon wieder mittendrin in der Oekonomie. Ich habe doch eine verdammt gute Schule gehabt [...].
Sollte man nicht glauben! Ich kann es mir darum auch sehr

gut vorstellen, dass sich viele DDR-Bürger z. B. in WD nur schwerlich zurechtfinden können. [...]

Was das Lesen betrifft, habe ich in letzter Zeit [...] wenig Animo verspürt. [...] Bei Euch dagegen gibt es kulturell sicherlich viel Neues und vielleicht auch Verwirrendes. Ich habe hier einige Auszüge vom letzten Plenum von E. Honecker gelesen u. a. auch die Kritiken an einigen Schriftstellern. Leider habe ich mir kein ND besorgen können, dann hätte ich das ganze Referat studiert. Bestimmt gründlicher als früher. [...]

Wir machen gegenwärtig ein paar Reisepläne. Ich will bereits im Mai meinen Urlaub nehmen und dann kommen wir für eine Woche nach Berlin. Die anderen zwei Wochen möchten wir vielleicht an einem ruhigen Fleck in den Ardennen oder in Luxemburg verbringen. [...] So verläuft unser Leben bis auf den Existenz[kampf] (einmal mehr oder minder stürmisch) ziemlich eintönig. Gute und echte Freunde fehlen uns sehr. Obwohl wir nun schon über 2 Jahre hier sind, fühle ich mich doch noch mehr oder weniger zu Besuch. Ob das Gefühl wohl ganz verloren geht? Ich weiss es nicht. Ich weiss nur, dass mein Herz an Berlin hängt und an all den Menschen, die mir dort lieb und teuer waren. Mein Freddy, glaube ich, fühlt sich ein Stück besser, denn es ist sein Zuhause, obwohl ziemlich entwöhnt.

Für heute [...] verbleibe [ich] mit den herzlichsten Grüßen als Deine Irmchen. [...]

UND SCHREIB MIR BALD WIEDER!

36 BRIGITTE REIMANN AN IRMGARD WEINHOFEN

Hoy, 19. 2. 66

Liebes Irmchen,
für Deinen langen Brief sei herzlich bedankt. Er hat mich ein bißchen traurig gestimmt, trotz der Nachricht von eurer

Wohnung und dem Gefühl von Sicherheit, das ihr jetzt endlich habt – aber aus jeder Zeile klingt Heimweh, wenn Du auch mit Deinem fröhlichen Mut damit fertig zu werden versuchst. Verzeih mir, daß ich Dir nicht – wie ich eigentlich wollte – sofort geantwortet habe; der Brief wäre wohl ziemlich bitter ausgefallen. Aber davon nachher.

Weißt Du, was mir immer durch den Kopf geht, wenn ich Deine Briefe lese? Ich möchte einmal eure Geschichte schreiben, zum Nutz und Frommen meiner lieben Landsleute. Ich frage mich, wie über eine Million DDR-Bürger es geschafft haben, ›drüben‹ heimisch zu werden, und ob sie es überhaupt geschafft haben. Selbst mein Bruder, der ›Ellbogen-Mann‹, hat noch seine Rückfälle, obgleich er sich großartig assimiliert hat und uns verabscheut. Die Bücher, die bei uns über die geteilte Welt geschrieben werden, bleiben ja bloß an der Oberfläche (einschließlich natürlich meines eigenen Buches), wahrscheinlich weil wir nicht genug von ›drüben‹ wissen, und, da uns der Vergleich fehlt, nicht mal genug über uns selbst. In gewisser Weise seid ihr beiden ›Sonderfälle‹ (das dürfte man in der Geschichte nicht verschweigen – ich meine diese ganze bittere und ungerechte Vorgeschichte), aber gerade darum würde das deutlich sichtbar, was ich dazu sagen möchte. Du siehst, Schriftsteller sind die schamlosesten Ausbeuter … im Ernst, ich denke öfter über so ein Buch nach, und das ist auch ein Grund, weshalb ich gern nach Amsterdam käme, lieber als nach Hamburg […]. Vor allem verlasse ich mich tausendmal mehr auf Deinen Blick, auf Deine Art zu prüfen und Erscheinungen auf den Grund zu gehen.

Vielleicht wird man mich doch mal westwärts ziehen lassen, wenn ich sogar nachweisen kann, daß ich Stoff sammele. Außerdem haben wir einen neuen Kulturminister, der seine Sympathien für mich hoffentlich bewahrt hat, die er mir bezeigte, als er noch Verlagsleiter beim Aufbau war. Aber vorläufig bin ich noch mit meinem Roman ausgelastet […].

Also, warum ich so down war: Nach dem 11. Plenum dachte ich, mein Buch wäre so gut wie gestorben – aber ich wäre auch ohne diesen mich betreffenden Verdacht nicht imstande gewesen, an dem Manus weiterzuschreiben und überhaupt guter Dinge zu sein. Ich bin regelrecht krankgeworden an der Angelegenheit, mit Herzattacken und allem, was so dazugehört. Sei froh, daß Du das ND nicht bekommen hast – die Reden waren in einem Ton gehalten, über den Du errötet wärst. Gewiß gibt es in der Kunst einige Erscheinungen, die kritikwürdig sind – die Krimi-Schwemme, das Kokettieren mit Westveröffentlichung und dergleichen –, aber darüber hätte man auch maßvoll sprechen können, ohne Beschimpfungen und Bausch-und-Bogen-Urteile und ohne den oft genug strapazierten ›Volkszorn‹. Da wetterte es gegen Sex und Brutalität, gegen Revisionisten und Aufweicher bei uns und in den soz. Bruderländern – und die Folgen waren: eine Welle von Prüderie, verbotene Filme, abgesetzte Theaterstücke und Fernsehspiele, hilflose Programmgestalter, -zig umbesetzte Funktionen … Ach, ich mag gar nicht mehr daran denken, es war wahnsinnig deprimierend. Es geschah aber noch etwas: ein tiefes, tiefes Schweigen der Schriftsteller, und Schweigen kann beredter sein als das lauteste Geschrei. Man kann an den Fingern einer Hand abzählen, wieviele mitmachten, Stellungnahmen schrieben (das kennst Du ja noch), sich distanzierten von den Haupt-Sündenböcken Heym und Biermann. Das Schlimmste bei alledem war, für mein Gefühl, die Unmöglichkeit, zu protestieren, öffentlich seine Meinung zu sagen, die grellen Ungerechtigkeiten und Überspitzungen zurückzuweisen oder wenigstens coram publico zu diskutieren. Ich habe es übrigens auch versucht, und der Aufsatz wurde nicht gedruckt, und die Zeitung kam sich noch nett dabei vor, weil ›ich mir nur geschadet hätte‹. Ich platzte bald vor Wut – ich finde es widerwärtig, wenn andere mir meine Verantwortung abnehmen wollen und mich für unmündig erklären. Seit Wochen wird im SONNTAG ein Aufsatz von

Heym diskutiert, kommentiert und verrissen – der Witz ist bloß: keiner der Diskutanten kennt den Aufsatz, außer dem Chefredakteur, aber alle schelten fleißig mit; das ist der Gipfel der Lächerlichkeit.

So, für heute mache ich Schluß; ich bin gerade in einem Kapitel, das mich gewaltig aufregt. Das nächste Mal erzähle ich Dir von meinem Roman. Schreib bald wieder. Inzwischen wünsche ich Dir und Freddy von ganzem Herzen alles Gute

immer eure Brigitte

37 Irmgard Weinhofen an Brigitte Reimann

Amsterdam, den 20. 9. 1966

Meine liebe Brigitte!
Hier ist nun endlich meine Antwort auf Deinen lieben Brief vom Februar dieses Jahres. [...]

Zunächst erst einmal zu Deinem Brief, der mich damals ein wenig erschrecken liess. Ich verstärkte meine Bemühungen, um das 11. Plenum in [die] Hände zu bekommen, aber es glückte nicht. Auf alle Fälle hatte ich an meine Eltern geschrieben und gefragt, ob irgend etwas von Dir bekannt geworden sei. Als sie verneinten, war ich erst einmal beruhigt. Inzwischen werden sich die Wellen ja geglättet [...] und Dich hoffentlich keine allzu grossen Stürme erneut erschüttert haben. [...] Ich habe in der letzten Zeit eigentlich nur 2 Bücher gelesen. Angeregt durch den »Stern«, in dem der »Werner Holt« veröffentlicht war, liess ich mir beide Bücher von Zuhause schicken und habe sie mit dem grössten Vergnügen gelesen. Der erste Teil ist natürlich der weitaus stärkere, während der zweite häufig ein bisschen unwirklich erscheint. Aber ich glaube, aus der Vergangenheit zu schreiben, ist wesentlich leichter, als aus der Gegenwart. Ich wollte Dich eigentlich mal fragen, meine liebe Brigitte, warum gehst Du nicht mal ein Stück zurück? Es gibt doch dort auch viele interessante Themen und ausserdem werden sie weniger Kopfzerbrechen bereiten [...]. Ein zweites Buch las ich mit dem Titel »Lady L.«. Vielleicht hast Du schon mal etwas davon gehört. [...] Du siehst, meine literarischen Bemühungen sind äusserst mager. Dafür hatte ich eine schreckliche zurückliegende Zeit. Ich war nicht krank, aber doch irgendwie gemütskrank. Ende März begann es. Ich konnte schlecht schlafen und meine Gedanken [...] kreisten immer um bestimmte Dinge, ich bekam Herzbeschwerden, na und ich jammerte Freddy was vor. Endlich ging ich zum Arzt, bekam Beruhigungsmittel, aber meine Beschwerden wurden nicht besser. Nun dachte ich, vielleicht wird es besser, wenn wir nach Berlin fahren und Urlaub machen. Freddy machte noch den Vorschlag, 8 Tage nach Polen zu fahren, um meine frühere Heimat zu besuchen [...].

Um den 20. Mai fuhren wir nach Berlin zu den Eltern. Wir hatten ein paar schöne Tage, aber ich kam nicht zur Ruhe. Ich ging dort dann noch einmal zur Aerztin und bekam einen Haufen Medikamente, die ich [...] in meiner Verzweiflung alle schluckte [...]. Erst in Polen kam ich dann etwas zu mir. Dort in dieser ländlichen Stille, ohne den Gestank der Autos und Brummer [...].

Von Polen glaube ich Dir nicht viel erzählen zu müssen. Die Verhältnisse sind Euch bekannt und für mich war es fast ausschliesslich eine Reise in die Vergangenheit. Die Schulen, in denen ich gebüffelt habe, der Kindergarten, in dem Inge spielte und viele andere Plätze hatten sich nicht verändert. Manchmal hatte ich das Gefühl, die Zeit sei stehen geblieben und das Gefühl trat noch viel stärker hervor, als wir einen 18 km langen Marsch zum Geburtsort meines Vaters machten. Oh, meine liebe Brigitte, von all meinen Empfindungen habe ich meinen Eltern ganze Romane geschrieben und ich weiss, dass sie dabei manche Träne vergossen haben. Ausserdem hatte ich fast 70 Fotos gemacht, um alles noch zu illustrieren. [...]

Wie ist die Lage bei uns [...]? Freddy hat mehr Uebersetzungen und wenn er keine hat, macht er etwas anderes.
Das ist hier nunmal nicht anders, obwohl er sich sehr
schwer daran gewöhnen konnte. Ich gehe noch stets in
meine Zigarettenbude, in der ich es bestimmt nicht schwer
habe. Freitags arbeite ich nicht mehr. [...] Ausserdem will
ich nun endlich ein Diplom in Englisch machen, damit ich
gezwungen bin, mir die letzten Uebel und Grammatika
einzutrichtern. [...]

Meine Liebe, wenn es etwas Lesenswertes gibt, denkst
Du da an mich? Ich würde mich sehr darüber freuen. [...]

Sei recht lieb gegrüsst in alter Verbundenheit

Deine Irmchen u. Freddy. [...]

38 Brigitte Reimann an Irmgard Weinhofen

Hoy, 24. 10. 66

Liebes Irmchen,

endlich, endlich hast Du also geschrieben – und endlich
komme ich dazu, Dir zu antworten. Wir sind seit Wochen
ausgelastet mit Buchwoche und Vorbereitung der Jahreskonferenz unseres Schriftsteller-Verbandes (eine ganz
große Schaffe, vier Tage Reden etc.), und zwischen den
Konferenzen und Lesungen habe ich jede Stunde genutzt,
um an meinem Buch zu schreiben, denn ich hatte einen
Termin, gewissermaßen Zwischenablieferung, von der allerhand für mich abhing, vor allem ein Stipendium. Für das
nächste halbe Jahr werde ich also monatlich 400.– bekommen, um halbwegs gesichert an dem Roman zu arbeiten.
Zu meinem Erstaunen ist mein Geld doch so allmählich alle
geworden – immerhin kritzele ich an dem Buch schon seit
drei Jahren (allerdings habe ich die Arbeit von einem Jahr
wieder weggeschmissen), und es sieht ganz so aus, als
brauchte ich noch mindestens ein weiteres Jahr. Es wird ein

abendfüllender Wälzer von wenigstens 600 Seiten. Ist das nicht eine schreckliche Vorstellung (vor allem, wenn man erst auf Seite 270 ist)? Na, hundert Seiten wird der liebe Lektor streichen.

Den Brief werde ich wohl mit Unterbrechungen schreiben müssen (in einer Stunde werde ich schon wieder zu einer Lesung abgeholt), aber da vor Mitte November sowieso keine Ruhe ist ... Du schreibst, daß ihr in Polen wart, und setzt voraus, daß ich weiß, wie es heute in Polen aussieht. Aber ich weiß nicht mehr als das, was man so durch die Literatur erfährt, und allzu viele polnische Bücher erscheinen bei uns nicht, jedenfalls gemessen am Angebot, und was man ab und zu in der Zeitung liest, ist doch recht mager. Wenn wir wieder Geld haben, wollen wir auch mal rüberfahren, denn für Jon ist es auch ein Stück Heimat; er ist zwar in Berlin geboren, aber seine Familie stammt aus Masuren, und er hat dort seine Kinderjahre verbracht, genug, um sich für sein ganzes Leben eine hübsche masurische Malaria zu holen, die ihn zuweilen heimsucht (dort gibt es viele Sümpfe und die dazugehörigen Mücken, nicht wahr?) Es muß für Dich sehr merkwürdig gewesen sein, nach so vielen Jahren noch einmal dorthin zurückzukehren, wo Du Deine Kindheit verbracht hast. Ich weiß nicht, ob es besser oder schlimmer ist, wenn man alles so ganz unverändert vorfindet ...

Ich hoffe sehr, daß Du Deine seltsame Krankheit überwunden hast – so weit das überhaupt möglich ist, denn manchmal habe ich das Gefühl, Du hast die Übersiedelung nach Holland niemals innerlich ganz bewältigt. Vielleicht kommt in diesen Angstgefühlen und Herzbeschwerden ein verdrängtes Heimweh zum Ausbruch, oder Dir fehlt – so glücklich ihr beide seid – doch etwas, vielleicht, wer weiß, ein Kind. Ich denke oft darüber nach, und dann scheint es mir, als ob man als Frau eben doch bloß halb ist, wenn man kein Kind hat, als ob einem gewisse Gefühlsqualitäten fehlen. Ich weiß nicht, ob die Arbeit Ersatz dafür ist – selbst dann, wenn man einen so schönen, schweren und, ziemlich großartig gesagt, schöpferischen Beruf hat wie ich. Kann sein, daß es einem später bitter leid tut, aus welchen Gründen auch immer auf diese Sorte von Glück verzichtet zu haben. Wenn ich sehe, wie glücklich meine Geschwister sind …

6. ii.

Liebes Irmchen, Du siehst, es hat eine große Pause gegeben. Vorgestern nacht bin ich erst wieder nach Hause gekommen, ganz zerschlagen, und habe mich einen Tag lang durch Reinemachen erholt. Erst die Woche des Buches, jeden Tag in einer anderen Stadt; im allgemeinen sind die Lesungen sehr erfreulich, und ich bin immer wieder überrascht, wieviele Leute meine Bücher lesen. Nur einmal gab es einen unangenehmen Zwischenfall mit einer Dame von der SED-Bezirksleitung, so einem dogmatischen Überbleibsel, die meine Geschichte völlig verdrehte und allerlei Verdächtigungen ausspie – aber da verteidigten mich die anderen Zuhörer, die jungen Leute. In einer Medizinischen Schule bin ich so vielen klugen und hübschen Mädchen begegnet, daß ich ganz glücklich war. Ach ja, es lohnt sich schon, zu schreiben, wenn man spürt, wie die Arbeit bei anderen ein Echo findet, und obgleich ich vor jeder Lesung eine Heidenangst ausstehe, bin ich hinterher immer ermutigt und zuversichtlich.

Gleich hinterher war der große Jahreskongreß vom Schriftsteller-Verband. Drei Tage Reden … Na schön, sehr ergiebig war das Ganze nicht; die interessanten Schriftsteller meldeten sich nicht zu Wort. Mir scheint, daß die Parteiführung versuchte, wieder in Übereinstimmung mit den Künstlern zu kommen, ohne die Linie des ii. Plenums zu verlassen. Das sind diffizile Dinge, über die man schwer schreiben kann, weißt Du – als kleinbürgerliches Element schwanke ich ständig zwischen Ablehnung und Bejahung der Parteistandpunkte, vielleicht deshalb, weil ich hier an der Basis die Auswirkungen mancher Beschlüsse und Reden auf widerliche Weise zu spüren bekomme. Anderseits muß ich der Partei in einigen ›Grundfragen‹ Recht geben, das ist nicht anders möglich für jemanden, der den Sozialismus bejaht. Nur über die Machart, bitte sehr, möchte ich nachdenken und streiten und streitend schreiben dürfen. Was hindert uns, frage ich mich, wahnsinnig aufregende Bücher über unser Land zu schreiben, die auch im Westen gelesen werden? Oft vergißt man über tausend Ärgernissen, was für ein kühnes Unternehmen es ist, eine Gesellschaftsordnung nach Plan und wissenschaftlichen Überlegungen aufzubauen – aber diese Ärgernisse sind nun mal da und drohen einen aufzureiben. Man kann revolutionären Elan noch so oft von Tribünen verkünden – im Alltag, heute, wirkt er anachronistisch, beinahe komisch. Warum? Ich weiß nicht. Du mußt bloß mal zuhören, wenn Leute meiner Generation zusammensitzen und auf die ersten Jahre zu sprechen kommen: dann verklären sich sogar die Härten und Entbehrungen jener Zeit und wir blicken darauf zurück wie auf große Abenteuer – während wir in einem Interhotel sitzen, satt und gut angezogen, Westzigaretten rauchen und einen französischen Kognac trinken. Für jemanden, der nach zehn Jahren wieder in die DDR kommt, ist es sicher beeindruckend, zu sehen, was für einen Lebensstandard wir erreicht haben – zumal wenn er Geld hat, im Exquisit oder HO ›delikat‹ zu kaufen, wo es Westkaffee, Dujardin und Oliven und Gott weiß was gibt. Aber die sozialen Unterschiede sind krasser geworden, und sozialistische Tugenden verkümmern. Vielleicht haben wir uns damals ein illusionäres Bild zurechtgemacht … Wer trennt sich schon gern von seinen Idealen? Für mich ist Schreiben auch eine Sache des Gewissens, und mein Gewissen sendet jetzt Alarmzeichen. Ich gehöre zu beiden Welten, sitze im Interhotel (wenn auch, zur Zeit, ohne französischen Kognac, weil ich von einem mageren Stipendium lebe) und wohne in einem Mietshaus neben Arbeitern, den sogenannten einfachen Menschen. Da beobachte ich vieles, was mich bedrückt, womit ich nicht fertigwerde. Aber das ist ein weites Feld, und ich fürchte immer, mich mißverständlich auszudrücken, wenn ich das alles auf ein paar Sätze reduziere. In einem Buch, anhand einer Geschichte, kann man das erst richtig untersuchen und abwägen. Vor allem muß man versuchen, selbst auf anständige Weise zu leben: man kann eben nicht zur Honorarkasse gehen und hinterher herumsitzen und auf den Staat und seine Intoleranz in künstlerischen Fragen schimpfen.

Ich habe schon immer mehr in der Stille gelebt, d. h. weit weg von Berlin und in dem Alltag meiner Stadt, ich habe mich auch nicht an Diskussionen beteiligt oder Stellungnahmen geschrieben. Wozu auch? Was ich zu sagen habe, sage ich in meinem Buch. Diese Zurückgezogenheit dient zwar nicht der publicity, aber der Besinnung, und das ist entschieden besser. Vielleicht werde ich in der nächsten Zeit ein paar Szenen aus dem Buch zum Vorabdruck geben; im Dezember lese ich auch mal im Rundfunk, aber das ist schon alles. Das Buch macht mir jetzt furchtbare Schwierigkeiten, weil der Verlag wunder was erwartet, und ich weiß, daß ich diese Erwartungen einfach noch nicht erfüllen kann. Vielleicht im nächsten Roman ...

Du fragst mich nach Büchern, liebes Irmchen. Sicher meinst Du doch Bücher von uns, über uns – französische, schweizerische, englische Literatur bekommst Du ja gewiß in Holland. (Wir werden seit einiger Zeit mit Belletristik aus dem Ausland sehr gut versorgt – das Angebot ist vielseitig, ich kann nicht mal alles kaufen, obgleich ich wenigstens ein Drittel meines Stipendiums für Bücher ausgebe). Bei uns ist im letzten Jahr nichts Bemerkenswertes erschienen außer Hermann Kants ›AULA‹, die Furore gemacht hat, leider kaum eine durchdachte Kritik bekommen hat, sondern bloß Lobeshymnen. Ich finde, daß es dem Buch – so bestechend es ›gemacht‹, so gescheit und witzig es ist – an Tiefe und an Schärfe in der Auseinandersetzung mit allen möglichen Problemen unserer Vergangenheit und Gegenwart fehlt, aber das wirst Du selbst sehen, weil Dir die Zeit, in der der Roman spielt, noch genau erinnerlich ist, nehme ich an. Ich werde Dir das Buch in den nächsten Tagen schicken. Hast Du schon Strittmatters ›Ole Bienkopp‹ und ›Die Spur der Steine‹ von Erik Neutsch? Schreib mir das bitte, ich werde dann versuchen, noch Exemplare für Dich zu bekommen (die Auflagen sind immer wieder sehr schnell vergriffen).

So, und nun will ich endlich schließen und mich wieder an mein Buch ranpirschen, das ich in den letzten aufregenden Wochen ein bißchen aus dem Auge verloren habe. Schreib mir bald wieder! Inzwischen wünsche ich Dir von Herzen, daß Du ganz gesund wirst. Mein lieber Herr Jon läßt Dich und Freddy grüßen.

Mit vielen herzlichen Grüßen
Deine Brigitte

39 BRIGITTE REIMANN AN IRMGARD WEINHOFEN

Hoy, 22. 11. [66]

Liebes Irmchen,
hier ist auch von mir ein »Zwischengruß« – mit schönem Dank für Deine Karte. Ich wollte Dir nur melden – damit Du Dich nicht über meine Saumseligkeit wunderst –, daß die Bücher, die ich aufgezählt hatte, vergriffen sind (trotz ihrer hohen Auflagen). Du mußt Dich also ein bißchen gedulden. Die »Aula« soll vor Weihnachten wieder zu haben sein; ich habe sie auf jeden Fall bestellt.

Auch die anderen wird mir meine Buchhandlung aufheben, wenn sie kommen.

Inzwischen herzliche Grüße für Dich und Freddy –
Deine Brigitte

Amsterdam, den 20. 1. 1967

Meine liebe Brigitte,

Es ist eine Schande, Dich solange warten zu lassen. Vor mir liegt Dein lieber Brief vom 24. 10., den ich auch noch aus-führlich beantworten will. Aber erst einmal der Reihe nach:

Recht herzlichen Dank für Deinen lieben Weihnachts-gruss mit dem Buch. Ich habe mich sehr darüber gefreut, dass Du so schnell auf meinen Wunsch reagiert hast. [...] In Ermangelung vernünftiger Literatur habe ich mich jetzt einmal richtig mit [dem] »Stillen Don« beschäftigt. Jetzt bin ich beim zweiten Band. Erst will ich alle 4 ausgelesen haben und dann werde ich zur »Aula« greifen. Viel lieber hätte ich wieder etwas von Dir gelesen, in Deinem leichten flüssigen Stil. Wenn ich etwas in Deinen Büchern lese, dann höre ich Dich immer sprechen – und manchmal muss ich ein wenig schmunzeln, wenn ich so besonders typische Dinge lese. In Deinen Büchern finde ich Deine Seele wie-der.

Bevor ich nun von allen anderen Dingen schreibe, will ich erst vorweg eine Frage an Dich richten, die Du aber bitte nicht wieder unbeantwortet lassen darfst. Ich möchte Dir nämlich auch etwas schicken, sei es etwas Nützliches oder ein Souvenir, je nach Deinem Geschmack. Ich wollte schon [...] etwas aussuchen, aber ich weiss, dass Du an-ständigen Zoll für diese Waren zahlen musst. Und in anbe-tracht Deiner jetzigen finanziellen Situation will das doch ein bisschen überlegt sein. Ausserdem hast Du nicht eine Rentner-Adresse??? Schreibe bitte auf beide Fragen.

Nun zu unserem Ergehen: [...] Wenn alles weiterhin gut geht, will ich zu den Ferien mit der Arbeit hier aufhören. Ich weiss nicht, wie lange ich es zu Hause aushalten werde, aber ich glaube, ausgiebige Ferien würden mir nicht scha-den und ich könnte dann alles tun, wofür ich bisher wenig oder gar keine Zeit hatte. [...]

Im allgemeinen ist es mit der Oekonomie hier nicht gut bestellt. Zählt Westdeutschland etwa 500000 Arbeitslose, hier sind es auch schon 100000. Und das ist für das kleine Holland eine ganze Menge. Am schlimmsten ist es für die Ausländer, die auch eine Zeitlang Arbeitslosenunterstützung bekommen und nun in der Stadt herumlungern. Einbrüche, Diebstähle, Raubmorde und Ueberfälle sind an der Tagesordnung, ja besser gesagt, der Boden der Arbeitslosigkeit. Es ist hier eben so, dass man nie weiss, wie lange man Arbeit hat. Auf einmal wird man auf die Strasse gesetzt und weiss nicht, wie es möglich war. Aber das ist die Bestätigung der marx. Theorie. – [...]

Nun, meine Liebe, will ich noch ein paar Eindrücke über Polen schildern. Ehrlich gesagt, beschäftigt mich diese Reise noch immer sehr [...].

Ach Brigitte, meine Gefühle kannst Du Dir gar nicht vorstellen, als ich vom Bus aus die Silhouette dieser kleinen Stadt meiner Kindheit erblickte. Wir stiegen am Bahnhof aus und ich dachte, die Zeit sei stehengeblieben. Alles war wie einst. Der Bahnhof, der Vorplatz, die Schule, die ich bis zuletzt besucht hatte – und ich konnte es einfach nicht fassen, dass inzwischen 21 Jahre vergangen waren. Ein früherer Deutscher brachte uns ins Hotel und man hielt uns für Deutsche. (Nebenbei sei bemerkt, dass dort auch viele Deutsche hinfahren, besonders aus Westdeutschland, die dort einmal gelebt haben. Und darüber sind die jetzt dort lebenden Polen sehr empfindlich). Freddy unterstrich im Hotel sofort, dass wir keine Deutschen wären, sondern Holländer – und das Eis taute. Ausserdem spricht Freddy prima russisch und die gesamte Verständigung verlief demnach in dieser Sprache. Die Leutchen in dem Hotel waren zu uns besonders freundlich – und wir am Pfingstsonnabend ohne einen [...] Zloty!!!! Wir haben viel gelacht, wir hatten die Taschen voller Dollar und konnten keine Zloty bekommen, denn die Banken waren geschlossen. Aber man half uns aus, und später gaben wir sie zurück. Das eigenartige ist, man kann dort im Hotel nichts zu essen und zu trinken bekommen. Wir mussten uns also alles in der Stadt besorgen bzw. in einem Restaurant essen.

Der erste Weg, die Stadt besichtigen [...]. Wie ich schon sagte, einige Plätze und Gebäude (hauptsächlich alle öffentlichen Gebäude, wie Post, Bank, Schulen, Kasernen) wie einst, völlig unverändert. Dagegen alle grösseren Wohnhäuser und Brücken zerstört. Die Brücken waren in den letzten Tagen gesprengt [...] und die grösseren Wohnhäuser von den Polen aus Hass selbst angesteckt worden. So auch das Haus, in dem [...] ich meine Kindheit verlebte. Als wir diese Strasse besuchten, blieb mir doch fast das Herz stehen, denn ich konnte nur noch die alten Steine der Hofeinfahrt entdecken. In manche Häuser und vor allem auch in die Schule, die ich zuletzt besuchte, wäre ich am liebsten hineingelaufen, hätte meinen alten Lehrern die Hand geben [...] oder Schulfreundinnen guten Tag sagen wollen. Aber was für ein Irrsinn. Inzwischen war die Zeit nicht stehengeblieben, dort wohnten andere Menschen eines anderen Volkes, in der Schule lernten andere Kinder – und ich fühlte, dass ich nicht mehr Zuhause war. Trotzdem habe ich mich dort wohlgefühlt. Wir blieben [...] eine Woche, sind oft dieselben Wege langspaziert, z. B. an dem Krankenhaus, in dem Inge zur Welt kam, wo sie in den Kindergarten ging, haben an der Warthe gesessen, wo ich schwimmen lernte usw. Ausserdem besuchten wir noch Gorzow (früher Landsberg) und Poznan. Auf dem Wege nach Gorzow sind wir unterwegs ausgestiegen und durch ein paar kleine Dörfer gelaufen, wo meine Gross-Eltern wohnten und mein Vater zur Schule ging. Es war ein wunderbarer Tag – trotzdem ich meine Gefühle kaum beherrschen konnte und ab und zu ein paar Tränen über mein Gesicht rollten. Freddy war ein wunderbarer Begleiter. Für alles zeigte er Verständnis und Interesse, bei den belanglosesten Dingen, die ich aus meiner Erinnerung hervorkramte.

Nun genug der Gefühlsduselei. Wir haben eine Menge

Fotos gemacht und meine ganze Verwandtschaft hat regen Anteil an meinem Besuch genommen.

Die Polen selbst, wir haben sogar mit einem Paar Freundschaft geschlossen, sind freundlich und zugänglich. Für Ausländer zeigen sie besonderes Interesse. Und die Frauen und Mädchen für die Kleidung. Ich habe mich doch ein bisschen geschämt, dass ich zu gute Kleidung an hatte. Mit Textilien ist es in Polen noch sehr im Argen. Es ist wie damals um 1950 in der DDR. Essen und Trinken sind reichlich und gut. Aber die Verdienste liegen viel niedriger als in der DDR. Polen ist eben ein Agrarland und hat wenig Industrie. [...] Dagegen sind die Strassen in einem ausserordentlich guten Zustand, ein Paradies für den Autofahrer und obendrein kann man [...] überallhin sehr schnell und bequem mit Autobussen gelangen. [...] Ausserdem fiel uns besonders auf, dass jedes Stückchen Land mit Sorgfalt bebaut ist. Das sind die Freien Spitzen für die Bürger, daher die besondere Aufmerksamkeit.

Ich könnte noch stundenlang darüber erzählen, wie man uns z. B. in Poznan in einem erstklassigen Restaurant übers Ohr hauen wollte, wie uns frühere Deutsche ansprachen, wie ich mit Freddy in Schwerin die Kirche besuchte, in der mein Vater Schnitzarbeiten ausgeführt hat, die heute noch zu sehen sind, wie man noch sehr häufig alte deutsche Aufschriften findet, wie wir auf dem unbenutzten deutschen Friedhof waren und ich vor lauter Angst meinen Freddy schnell wieder weggezogen habe, so unheimlich war mir, wie dort an der Obrabrücke im vorigen Jahr ein holländischer Bus auf dem Wege nach Poznan in Schwerin in die Obra gestürzt war ... usw. ...

Jetzt höre ich davon auf, Du hast einen kleinen Eindruck von unserer Reise [...] bekommen [...]. Auf alle Fälle will ich nicht vergessen, dass man viel und schön in Polen baut. [...]

Für heute grüsst Dich recht herzlich in alter Verbundenheit – Deine Irmchen. [...]

Hoyerswerda, 8. 4. 67

Liebes Irmchen,

ist es wirklich so lange her, seit ich Dir nicht geschrieben habe? Ich bekam einen Schreck, als ich Deine Osterkarte las. Mir war so, als seien nur ein paar Wochen vergangen, dabei bekam ich Deinen Brief – eben habe ich das Datum nachgelesen – tatsächlich Ende Januar, und nun haben wir schon Anfang April, und ich weiß nicht, wo die Zeit geblieben ist. Da kann einem bange werden ... [...] Deine Briefe, in denen Du von Reisen und von Amsterdam und dem Leben dort erzählst, sind so fesselnd, daß man sie gesammelt als Buch herausgeben könnte; ich hebe sie mir alle auf und denke öfter darüber nach, ob man nicht eines Tages Deine Geschichte aufschreiben sollte – in so einen Roman könnte man ganze Seiten von den Briefen aufnehmen, Deine Beobachtungen, die Art, wie Du Erscheinungen siehst und durch sie hindurchsiehst, kritisch wie ein Wissenschaftler und zugleich sensibel wie ein Schriftsteller. Deine Polen-Reise habe ich richtig miterlebt.

Dagegen habe ich, wie gesagt, gar nichts Interessantes zu bieten, und wenn ich so auf die vergangenen Wochen und Monate zurückblicke, kommt es mir vor, als habe ich immer nur geschrieben, geschlafen, geschrieben, und die einzigen Einschnitte sind die Sonntage, die ich immer mit meinem lieben Jon verlebe; ich habe eine richtige Abonnementskarte, die ich beim Betreten seiner Wohnung vorzeigen muß, und Anrecht auf Mittagessen (er kocht ausgezeichnet) und Kaffee mit Schokoladeneis und Schlagsahne. Früher habe ich mich immer vorm Sonntag gefürchtet und ihn durch Arbeiten besiegt, aber jetzt freue ich mich schon die ganze Woche darauf. Sonst sehen wir uns sehr wenig, Jon arbeitet in Schichten; manchmal essen wir zusammen Abendbrot, fahren zu einer Schriftstellertagung oder besuchen Freunde, und das ist schon alles. Wir haben nur zwei feste Freunde hier in der Gegend, beide sind Maler, begabte Leute und, wie die meisten Maler, ungeheuer lebendig, an allem interessiert, nachdenklich und streitlustig und so unkonventionell, daß man sich bei ihnen wie in der eigenen Wohnung bewegen kann; leider wohnen sie ein bißchen weit weg, in einer anderen Stadt, deshalb sehen wir uns höchstens einmal die Woche. Ich mag Maler überhaupt lieber als Schriftsteller, in gewisser Weise auch ihre Arbeit lieber als unsere – es ist immer noch mein Traum: ich möchte anfangen zu malen, nur so für mich, sobald ich mir mit meiner Schreiberei etwas mehr Ruhe gönnen kann. Jetzt ist alles Hetzerei, immer mit Angst im Hintergrund, vielleicht habe ich mich übernommen mit meinem Roman. Er wird endlos lang, fürchte ich, und Jon und ich überlegen schon, ob wir ihn nicht besser in zwei Bände aufteilen. Mal sehen, was mein Verlag dazu meint. Es ist auch deshalb, weil es mich auf die Dauer verrückt macht, daß ich so ins Leere schreibe, jahrelang ohne Echo; ein Schriftsteller ohne Leser ist wie tot. Mich wundert bloß, daß ich noch nicht völlig in Vergessenheit geraten bin und immer wieder Einladungen zu Lesungen bekomme; dabei habe ich seit mehr als vier Jahren nichts veröffentlicht. Auch aus dem neuen Buch, diesem Riesen-Roman, ist noch kaum was bekannt – zwei Lesungen im Rundfunk, ein kleiner Vorabdruck in der ›Wochenpost‹, das ist alles. Ich schrieb Dir wohl schon, daß unsere Literaturzeitschrift, die NDL, einen geplanten Vorabdruck nicht gebracht hat, weil das Buch ›problematisch‹ sei. Mit dem ND ist es mir auch schlecht ergangen. Sie wollten Anfang März einige Seiten bringen, stießen sich aber an einem Absatz, in dem – übrigens in ironischem Sinne – das Wort ›Cowboys‹ vorkommt und die Anspielung auf einen amerikanischen Film (›Zwölf Uhr mittags‹ – den kennst Du sicher, nicht wahr?). Ich protestierte, allerdings höflich – offen gestanden: weil ich auf das Honorar sehr angewiesen wäre –, aber trotz Höflichkeit ziemlich erbittert, und seitdem höre ich nichts mehr vom ND. Das Manuskript haben sie nicht zurückgeschickt, sondern, wie's scheint, auf

Eis gelegt. Wenn man in der Tinte sitzt, geht einem alles schief … Falls Du gelegentlich unsere Zeitungen liest, wirst Du gemerkt haben, daß von neuem der Kampf gegen Amerikanisierung und westliche Tendenzen angehoben hat. Solange er sich gegen idiotische Schlager richtet, habe ich auch nichts dagegen, aber ich werde sauer, wenn es lächerliche und peinliche Überspitzungen gibt und der Verdeutschungsfimmel so weit geht, daß man von mir verlangt, ich solle das Wort ›City‹ rausnehmen, also ein Wort, das unter Städtebauern – und das sind die Leute in meinem Buch – zur Berufssprache gehört. Nun ja, das sind so kleine Ärgernisse, kaum der Rede wert, trotzdem verderben sie einem Stunden, manchmal Tage. Dazu dann die Fragen und Zweifel, ob das Buch jemals fertig wird, und wenn ja, ob es gedruckt wird … Nein, sehr glücklich bin ich nicht, und es kommt auch vor, daß ich in wahre Panikstimmung gerate und ans Sterben denke. Aber vielleicht ist das eine ›normale‹ Reaktion aufs Schreiben, jedenfalls haben mir andere Schriftsteller gesagt, daß sie während der Arbeit an einem Buch oft Todesgedanken haben, eine verrückte Mischung von Selbstmordlust und Angst vorm Sterben, bevor das Buch fertig ist. Man denkt ja immer, das, was man gerade schreibt, sei besser als Voraufgegangene, müßte also unbedingt abgeschlossen werden und an die staunende Öffentlichkeit (als ob nicht jedes Jahr Tausende von Büchern erscheinen!) –

Liebes Irmchen, der Brief ist bis zum Abend liegengeblieben, inzwischen habe ich tüchtig an meinem Manuskript geschafft, bin zwischendurch eine Stunde in der Sonne herumgewandert, habe sogar meinen lieben Mann getroffen – nun sieht alles gleich heiterer aus, ich verzeihe sämtlichen ND-Redakteuren, und wegen Geld ist mir auch nicht mehr bange. Irgendwie wird man schon durchkommen, und außerdem kann ich Geld sowieso nicht zusammenhalten. Neulich habe ich mein halbes Monatsstipendium für ein Bild ausgegeben – dabei war schon allein der Rahmen mehr wert – also ein herrlicher Gelegenheitskauf aus Privathand:

ein Pastell in der Manier von Graff, spätes Rokoko. Meine Maler haben Stielaugen bekommen, aber ich geb's nicht wieder her. Wirklich ein Glücksfall: der alten Dame lag mehr daran, das Bild zu niedrigem Preis an einen Liebhaber abzugeben, als für mehr Geld an einen, der seine Moneten in wertbeständiger Kunst anlegt. Sowas gibt es nämlich auch wieder, und ich könnte Dir groteske Geschichten von Leuten erzählen, die einem ihre Biedermeiermöbel mit genauer Preisangabe vorführen. Da sich aber das Verlangen, alten Kram zu besitzen, schon längst nicht mehr auf Künstlerkreise beschränkt, scheint mir doch, daß etwas Ernsteres als Modelaunen, Besitzgier und Snobismus dahintersteckt: vielleicht ist es ein Versuch, die Monotonie zu durchbrechen, die die wachsende Standardisierung mit sich bringt – oder das ästhetische Vergnügen an Möbeln, die schön sind, nicht bloß zweckmäßig – oder der unterbewußte Wunsch, etwas vom Alten festzuhalten, in einer Zeit der Technisierung, der […] man sich eben doch noch nicht gewachsen fühlt. Die rasende Schnelligkeit, mit der die technische Revolution voranschreitet, stellt die Menschen ja nicht nur vor ökonomische, sondern auch vor psychologische Probleme, die, fürchte ich, bei uns noch viel zu wenig beobachtet und behandelt werden. Natürlich sehe ich solche Probleme auch ein bißchen einseitig, also vor allem als Literat, und trage ungeordnet meine Beobachtungen zusammen, solche scheinbar unwichtigen und nebensächlichen z. B. wie die, daß es ein Riesenangebot an Kerzenhaltern und Schmuckkerzen (bis zur Größe von Altarkerzen) gibt, und daß man oft Leute bei Kerzenlicht versammelt findet, in einer traulichen Dämmerung ohne Glühbirnen. Na, das nebenbei. Ich wollte bloß sagen, daß meine große Nase mir verrät, daß eine Menge interessanter Dinge auf uns zurollen; um Stoff sollte den Schriftstellern heute nicht bange sein.

Du fragst, ob ich einen Wunsch habe, und was ich gebrauchen könnte. Weiße Wolle z. B. – aber noch lieber, weißt Du, wär mir, wenn Du ein bestimmtes Buch für mich besorgen könntest, Walsers ›Einhorn‹. Bei euch gibt es doch sicher deutschsprachige Bücher, nicht wahr? Walser hat zwar bei uns im Rundfunk aus dem ›Einhorn‹ gelesen, bis jetzt habe ich aber noch nichts davon gehört, daß das Buch bei uns herauskommen wird. Ich habe seine ›Halbzeit‹ gelesen; mein Urteil ist natürlich ganz subjektiv, aber ich halte ihn für den bedeutendsten Schriftsteller in Westdeutschland. Ich kann nicht einmal genau sagen, warum er mich so fasziniert, ich weiß nur, daß ich selten beim Lesen eines Buches so sehr gewünscht habe, den Autor selbst kennenzulernen, zu sehen, sprechen zu hören. Also, über das ›Einhorn‹ würde ich mich mächtig freuen. Eine Rentner-Adresse habe ich auch – die meiner Mutter (es kommt mir immer merkwürdig vor, daß meine Mutter schon im Rentenalter ist – sie sieht wie fünfzig aus), aber wahrscheinlich werden Bücher nicht verzollt, und es ist sowieso sicherer, wenn Du es an den Schriftsteller-Verband schickst [...]. Der Verband hat eine Sondergenehmigung für Buchimport (oder wie immer das nun heißt), und die Kollegen dort wissen Bescheid und schicken mir das Buch zu. Das ist ein ganz legaler Weg. Wir können sogar über den Verband West-Literatur bestellen, müssen dann aber nachweisen, daß wir sie für eine bestimmte Arbeit brauchen; auf diese Weise habe ich einige Fachbücher über Architektur bekommen (mein Roman-Mädchen ist ja Architektin).

Leider herrscht auf dem Büchermarkt immer noch Flaute – was unsere eigene Produktion betrifft; nach der ›Aula‹ ist nichts mehr erschienen, was jemanden zum Diskutieren hinreißen könnte. Dabei steigt das Lesebedürfnis, trotz Fernsehen; mein Verlag hat auf der Messe restlos alles abgesetzt, sämtliche Nachauflagen und auch die ›Ladenhüter‹. Allerdings scheint einiges Interessante im Kommen zu sein – aber davon schreibe ich Dir ein andermal. Morgen bin ich in Berlin zur Sitzung; da werde ich versuchen, den Neutsch für Dich zu bekommen. Ein anderes Buch geht in den nächsten Tagen ab, Goethes und Christianes Briefwechsel (die erste vollständige Ausgabe der Briefe), ich hoffe, es wird Dir soviel Vergnügen machen wie mir.

Bis bald! Inzwischen alles Gute für euch. Grüß Deinen Freddy von mir und sei selbst ganz herzlich gegrüßt von

Deiner Brigitte

42 Brigitte Reimann an Irmgard Weinhofen

Ahrenshoop, 20. 6. 67

Liebes Irmchen,

seit vier Tagen sind wir hier in A., bei meinem Freund und Kollegen Schreyer […]; er hat neben seinem Haus – früher Domizil von Regisseur Maetzig – noch ein kleineres Gästehaus eingerichtet, in dem den ganzen Sommer über Schriftsteller und Literaturwissenschaftler wohnen. Mein Traum für später: viele – und möglichst interessante – Leute einladen. Von uns hat er freilich nicht viel Anregung; wir sind in desperatem Zustand hier angekommen und beginnen jetzt erst, uns ein bißchen zu besinnen und unsere lädierten Nerven auszuheilen – und in vier Tagen, wenn wir vielleicht halbwegs soweit sind, amüsante Gesellschafter zu werden, müssen wir schon wieder abreisen. Außerdem sind wir beide ziemlich schüchtern; mag sein, wir sind auch etwas beklommen durch die fremde Atmosphäre, obgleich ich mit Sch. schon seit mehr als zehn Jahren befreundet bin und regelmäßig Briefe wechsele. Aber Schreiben und Zusammensein sind eben zwei verschiedene Dinge; in den Briefen geht es immer um unsere Arbeit, und hier sind halt Ferien, Familie, häusliches Leben, das sich von unserem Leben sehr unterscheidet, und ich komme mir ein bißchen wie in einer fremden Welt vor. Sch. ist ja einer unserer Erfolgsautoren, also auch wohlhabend: zwei Häuser, zwei Autos, Exquisit-Kleidung und so, das prägt wohl in gewisser Weise auch das Verhalten, die Umgangsformen. Bei uns geht es ungezwungener zu, zumal bei Jon, der ein ganz unkonventioneller Mensch ist; Gespräche über Lebensstandard sind unerwünscht oder einfach uninteressant, dafür gibt es immer Streit um Literatur und Malerei, und die Leute, die zu uns kommen, sind engagiert, sie quälen sich ... ich weiß nicht, wie ich das anders ausdrücken soll. Natürlich mögen sie's, wenn sie Geld verdienen mit ihrer Arbeit, aber das ist zweitrangig, und wenn einer kein Geld hat, hilft der andere aus, und manchmal sind wir alle pleite, ohne daß es uns an den Lebensnerv geht. Aber das ist schon wieder ein anderes Thema. Der etablierte Künstler: darüber möchte ich auch mal schreiben. Jedenfalls sperre ich hier die Augen und Ohren auf; A. ist das Bad der Intelligenz, und Du kannst allerlei spannende Dinge beobachten, die symptomatisch für einen bestimmten Teil unserer Gesellschaft sind, sogar – mit Variationen – für unsere ganze Gesellschaft.

Ansonsten ist es hier sehr schön, wir wohnen direkt hinter der Düne, vom Fenster sehen wir das Meer, die Sonne scheint, und wir sind in den paar Tagen braun und faul und dickbäuchig geworden.

16. 7.

Liebes Irmchen, *wie* faul – das siehst Du daran, daß nicht mal der Brief fertig geworden ist. Inzwischen sind wir natürlich längst wieder zu Hause, ich habe sofort zu arbeiten begonnen und hatte Schwierigkeiten, wieder ›reinzukommen‹, und obgleich ich den ganzen Tag schufte (wir waren trotz der Hitze noch nicht einmal zum Baden), geht es schrecklich langsam voran, und auf meinem Schreibtisch häufen sich die Briefe, die ich einfach nicht beantworte. Die eine Ferienwoche hat nicht viel ausgerichtet, ich bin wieder so lädiert wie vorher, außerdem quälen mich seit Wochen Kopfschmerzen, und abends bin ich wie betäubt von den Tabletten. Zum Glück gibt es in diesen Sommermonaten keine Sitzungen, Kolloquien und dergleichen Zeug, womit man sonst soviel Zeit vertut.

Jetzt muß ich erstmal einiges nachholen: erstens schönen Dank für den reizenden Holländerpantoffel (den mir ein Maler gleich ausspannen wollte, aber natürlich hat er ihn nicht bekommen), zweitens Dank für Deine Karte, auf der Du mir das ›Einhorn‹ ankündigst, das ja nun dieser Tage kommen wird, denn auf den Verband ist Verlaß; Du kannst Dir gar nicht denken, was für eine Freude Du mir damit machst. Und drittens muß ich nachträglich um Entschuldigung oder Verständnis bitten dafür, daß ich so blöde war an dem Tag, als wir uns in Berlin sahen, blöde und langweilig und zerstreut, das habe ich selbst gemerkt, ohne etwas dagegen tun zu können.

In Wahrheit bin ich viel kaputter, als ich mir oder gar anderen zugeben mag. Der Jon hat sich schon daran gewöhnt, daß ich öfter abwesend bin, aber auf andere wirke ich vermutlich wie ein Idiot. Wenigstens versuche ich, niemanden zum Zeugen von Depressionen zu machen. An alldem hat nicht so sehr die jahrelange Arbeit an dem Buch schuld, samt den zerstörerischen Zweifeln, denen man beim Schreiben immer ausgesetzt ist, und auch nicht die unsichere Finanzlage – denn ich weiß, daß es mir im Verhältnis zu vielen anderen Leuten noch gut geht, und daß man sich sowieso nicht alle Wünsche erfüllen kann, falls man nicht die Tochter von Rothschild ist, also kommt es auf ein paar unerfüllte Wünsche mehr oder weniger nicht an. Nein, was mich am meisten bedrückt, ist unsere kulturelle Situation, um es trocken zu sagen. Wir hatten ja leider viel zu wenig Zeit, um über solche Dinge sprechen zu können; zu Weihnachten, wenn ihr wieder in die DDR kommt, müssen wir das unbedingt nachholen. Vielleicht könnt ihr dann mal einen Tag für Neubrandenburg abzwacken (bis dahin, hoffe ich, werden wir eine Wohnung in N. bekommen und den Umzug überstanden haben). Es fällt mir schwer, über das zu schreiben, was mich – und natürlich nicht nur mich – bedrückt. Unbestreitbar sind die Leistungen bei allem, was die Herausgabe oder Aufführung klassischer Werke betrifft; wir haben gute Opernhäuser und schöne Museen, und eine Zeitlang waren wir auch mit ausländischer Literatur ganz wohl vertraut. Aber wo es um Gegenwartskunst geht, walten Starrheit und Ängstlichkeit, die Zensur greift ein – oder eine Brigade, die im Namen der Arbeiterklasse entrüstete Briefe schreibt. International berühmte Filme, auch solche aus sozialistischen Ländern, werden nicht aufgeführt, und selten wird ein zeitgenössisches Buch aus Polen oder der ČSSR gedruckt. Man schämt sich, wenn man mit Kollegen aus anderen Ländern zusammenkommt und immerzu sagen muß: nein, das kennen wir nicht und jenes nicht ... Aber ich will nicht ausführlich werden, schon deshalb nicht, weil mir der Gedanke mißhagt, irgendjemand anders als der Adressat könnte so einen Brief lesen. Und wir sind ja so einsichtig, so schrecklich einsichtig, daß wir vor anderen selbst das noch verteidigen, was uns zermürbt ... Wenn Du nicht so lange hier gelebt hättest und Bescheid wüßtest, würde ich es sogar vorziehen, mich in loyales Schweigen zu hüllen. Ich las jetzt gerade – bei Musset, glaube ich –, daß ein einzelner nichts ausrichten kann, wenn ihn nicht seine Zeit trägt. Dh., daß es hohe Leistungen in der Kunst nur dort gibt, wo auch Breite ist, und eine große Begabung aus einer Vielzahl von Talenten erwächst. Allgemeine Plattheit erstickt auch den außergewöhnlichen Einzelnen. Dagegen kann eine lebendige, kunstfreudige, streitbare Atmosphäre dazu beitragen, daß auch ein mittelmäßiges Talent mehr leistet, als man von ihm erwartete. Ich schrieb Dir schon ein paarmal darüber, wie spannend unser Land, unsere Zeit ist, wie reich an Konfliktstoffen – Stoff genug für Dutzende interessanter Bücher. Aber was spiegelt sich davon in unserer Literatur? [...] Und die Filme, die die DEFA dreht, sind zum Gotterbarmen, meist Musicals, sog. heitere Sommerfilme, Indianerreißer oder dergleichen. Du könntest heulen, wenn Du siehst, womit wir internationale Filmfestivals beschicken.

Verstehst Du, wie sich das alles auf die eigene Arbeit auswirkt? Und wie begierig man auf Bücher wartet, die einem Mut machen könnten? Und wie deprimierend es ist, wenn man sich mit solchen absurden Argumenten auseinandersetzen muß, das Buch sei ›grau in grau‹ (weil in einem Kapitel ein Regentag beschrieben wird) oder es ziehe unser schönes Leben in den Schmutz (weil die Helden über eine schlammige Baustelle waten)? So unglaubhaft das klingen mag – ich zitiere, ohne zu überspitzen. Aber genug davon!

Beim nächsten Mal werden wir länger miteinander sprechen können – natürlich nicht bloß über solche ärgerlichen Dinge. Übrigens habe ich meinen Lektor an diesem Nachmittag doch noch erwischt; er war oben im Presse-Club und zog sich gerade den Mantel an, weil er dachte, ich habe ihn versetzt. Wir hatten dann noch einen mächtigen Krach im Club, und ich war drauf und dran, ihm einen Blumentopf auf den Schädel zu hauen. Inzwischen haben wir uns wieder versöhnt: er zieht bei unseren Streitereien sowieso immer den Kürzeren, weil sie ihm auf den Magen schlagen, seit er Chef geworden ist. Wem Gott ein Amt gibt, dem gibt er auch die Magengeschwüre.

Noch ein Wort zu der ›Frau am Pranger‹. Du erinnerst Dich sicher, wir sprachen von einer eventuellen Übersetzung. Für den Fall, daß ihr diesem Gedanken nähertretet, wie man so sagt, würde ich Dir ein Exemplar schicken, das nach 61 gedruckt worden ist. Du hast sicherlich nur eine von den ganz frühen Ausgaben; in den späteren habe ich nochmal stilistisch gejätet und die ärgsten Sentimentalitäten beseitigt, auch eine neue Szene eingefügt.

Falls Dich der Brief noch erreicht, bevor ihr nach Schottland abreist (auch eines der Länder, das ich gern mal sehen möchte), wünsche ich euch viel Vergnügen und gute Erholung und freundliches Einvernehmen mit den schottischen Gespenstern. Grüß Deinen Freddy von mir (und auch von Jon, der euch endlich kennen lernen möchte) und sei selbst ganz herzlich gegrüßt von

Deiner Brigitte

Amsterdam, den 23. 7. 1967

Meine liebe Brigitte,

Hier ist nun endlich mein versprochener Brief. Ich hoffe, dass Du inzwischen das Buch von Martin Walser über den Schriftstellerverband erhalten haben wirst? [...]

Seit wir in Berlin waren, sind schon wieder fast 3 Monate vergangen und wir schauen [...] dem nächsten Berlin-Besuch zu Weihnachten entgegen. [...]

Seit etwa 5 Wochen arbeite ich nun nicht mehr in der Zigarettenfirma. In der ersten Zeit konnte ich es gar nicht fassen, dass ich nicht mehr arbeiten muss. Ich dachte stets, ich hätte ein paar freie Tage. Aber nun dringt es doch langsam zu mir durch, dass ich mich ausruhen kann. Im Moment finde ich es sehr schön, zu Hause zu sein. Natürlich weiss ich nicht, ob sich meine Meinung später ändern wird. Auf alle Fälle langweile ich mich nicht ein bisschen. Im Gegenteil. Manchmal habe ich noch zu wenig Zeit, und bevor Freddy von der Arbeit kommt, muss ich mich noch beeilen, um das Essen auf dem Tisch zu haben. In der ersten Zeit meines Zuhauseseins habe ich viel Zeit für unsere Wohnung verwendet, um alles einmal richtig sauberzumachen, alles ein bisschen [...] zu verschönern. [...] Ganz in unserer Nähe gibt es einen legendarischen Markt, Waterloo-Plein genannt, auf dem alles gehandelt wird. Angefangen vom verrosteten Nagel, zerschlissenen Schuhen, alten Kleidungs- und Uniformstücken bis zu den wertvollsten Zink- und Kupfergegenständen. Hier ist es auch schon des öfteren passiert, dass man zwischen allem möglichen Zeug, ein echtes Gemälde von Rembrandt, Rubens oder anderen holländischen Meistern gefunden hat. In der vorigen Woche schaute ich mich einmal zwischen einer Unmenge von Büchern um, auch vielen deutschsprachigen, da entdeckte ich noch »Mein Kampf« in holländischer Sprache. Ich fragte, was das Ding denn kosten solle: 25,– Gulden. Besonders bei diesem herrlichen Touristenwetter ist dort Hochbetrieb und wenn ich mit allem fertig bin, was ich mir so tagsüber vorgenommen habe, dann bummele ich da ein bisschen herum. Es herrscht dort eine echte, lebhafte und anziehende Marktatmosphäre mit lautem, anpreisendem Marktgeschrei der Kaufleute, mit herrlich duftenden Imbissbuden usw. [...]

Eine weitere Beschäftigung ist mein geliebtes Lesen. In diesem Zusammenhang will ich mich nochmals für das Goethe-Buch bedanken, was Du mir bei unserem Berlin-Besuch geschenkt hast. Es hat mir viel Freude gemacht, zumal ich über Goethes Privatleben noch so gut wie gar nichts wusste. [...] Weiterhin bekam ich kürzlich einen Artikel über einen der progressivsten und erfolgreichsten Schriftsteller der Niederlande in die Hände, den ich übersetzt habe und da habe ich gleich eine Kopie mehr mitgeschrieben, damit Du einmal ein paar Gedanken von einem modernen niederländischen Schriftsteller [...] lesen kannst. Ausserdem habe ich auch den Artikel mitausgeschnitten und Du siehst ihn auf dem Bild selbst. Übrigens ist es derjenige, mit dem Freddy im März Bekanntschaft machte. – [...]

Nun, meine Liebe, [...] will ich noch eine Stunde Englisch lernen, damit ich während unseres Urlaubes nicht nur so herumstottere.

Für heute sei recht lieb gegrüsst
von Deiner Irmchen u. Mann [...]

44 Irmgard Weinhofen an Brigitte Reimann

Amsterdam, den 31. 7. 1967

Meine liebe Brigitte,
vielen Dank für Deinen lieben und zum Nachdenken veranlassenden Brief vom 20. 6. bzw. 16. 7. Das ganze Wochen-

ende war ich in Gedanken bei Dir und in einem ruhigen Stündchen am Freitagabend haben wir viel von Dir gesprochen. Vielleicht hattest Du sogar »Ohren klingen«. Unsere Briefe haben sich gekreuzt [...].

Es ist Montagmorgen 10.30. Ich habe Kaffee getrunken, wie das hier zu dieser Zeit üblich ist und jetzt will ich ein bisschen mit Dir plaudern, um einige meiner Gedanken loszuwerden.

Es hat uns sehr gefreut, dass Ihr ein paar Tage Urlaub gemacht habt. Als Du von Ahrenshoop schriebst, gingen meine Gedanken unwillkürlich bis 1956 zurück und ich sah Dich in Gedanken, braungebrannt, eines Morgens in dem kleinen Häuschen die Fensterläden aufmachen. Und das ist nun schon 11 Jahre her! Wie unbeschwert war man doch damals noch! [...] Sag, warum machst Du bzw. Ihr nur 8 Tage Ferien? Du hättest mindestens vier Wochen in A. bleiben müssen! Ihr seid noch nicht einmal zur Besinnung gekommen und dann schon wieder abreisen! Ich glaube sogar, dass Du nicht bloss vier Wochen Urlaub gebrauchen könntest, sondern bestimmt ein halbes Jahr. Ich verstehe Deinen Ehrgeiz, aber Du hast mit diesem Buch schon soviel Zeit gebraucht, dass es vielleicht auf ein paar Monate mehr oder weniger gar nicht ankommt. Was will ich damit sagen: Versuche mit dem Geld auszukommen, was Du augenblicklich hast, für Essen, Trinken und Miete wird es reichen – und dann ruhe Dich doch bloss erst einmal aus! Du tust Dir, Deinem Mann und [den]jenigen, die von Dir interessante Bücher erwarten, gar keinen Gefallen, wenn Du in Kürze auf der Nase liegst! Und Du bist so dünn geworden, dass ich fürchte, Deine Widerstandskraft wird auch nicht allzu gross sein. [...]

Ich begreife Deine Gedankengänge sehr gut und weiss alles, wenn es auch unausgesprochen bleibt. Die Frage ist nur, was will ein einzelner dagegen tun? Ich glaube, das Ärgste von allem ist die Begrenztheit auf die DDR und einige sozialistische Länder. Gäbe es die Möglichkeit, seinen Horizont einmal nach der anderen Richtung zu erweitern, wären viele Probleme aus dem Weg geräumt. Ich selbst empfinde es als herrlich, andere Länder, andere Sitten und auch andere Sprachen, andere Kulturen, andere Mentalitäten kennenzulernen. Das ist natürlich für mich ein enormer Vorteil, den die meisten von Euch nicht haben. [...] Aber ich will auch ehrlich sein, meine Liebe, trotz dieses enormen Vorteils, um den man mich begreiflicherweise sehr beneidet, trotzdem wir es nun hier »geschafft« haben, wie man so sagt, bin ich hier nicht zu Hause. Natürlich kommt man den Menschen näher, natürlich gewöhnt man sich an das unproblematische Einkaufen und alle anderen Möglichkeiten – – – aber zu Hause bin ich hier nicht! [...] wenn ich aus dem Bahnhof Friedrichstrasse komme, wenn ich die Weidendammer Brücke, das Schifferbau[er]damm-Theater [sehe], die Berliner Luft rieche, wenn ich meinen Vater auf die Dummheiten seines Betriebes verantwortungsbewusst (dessen ist er sich aber nicht bewusst) schimpfen höre, dann schlägt mein Herz höher, meine Augen füllen sich mit Tränen und ich weiss, ich bin wieder zu Hause! [...] Natürlich kann ich nicht vergessen, warum wir damals fortgegangen sind, aber je mehr man vergleicht, desto mehr ist man geneigt, zu entschuldigen und [es] auf die Dummheit einiger Dummköpfe, die nicht weiter denken können, abzuschieben. Hier aus der Ferne und mit einigem zeitlichen Abstand sieht man natürlich vieles mit anderen Augen an, aber diese Erkenntnis ist eben ein Resultat der eigenen Erfahrungen. Und diese Erfahrungen sind Euch eben leider verschlossen, obwohl sie bei denkenden Menschen ungeheure Resultate im positiven Sinne für das soz. Deutschland erbringen würden, die ungezweifelt in literarischen Werken ihren Ausdruck finden könnten. Die Situation in Deutschland und die Verschiedenartigkeit der beiden deutschen Staaten bringen es leider mit sich, dass so furchtbar viele Menschen davon die Leidtragenden sind. –

Dass Dir das Delfter Blau Freude gemacht hat, wird Anlass sein, Dir bei nächster Gelegenheit wieder etwas davon mitzubringen. Ich weiss noch, als ich noch in Berlin war, konnte ich davon nicht genug bekommen [...]. Aber jetzt interessiert mich handgeschliffenes Kristall aus der DDR mehr als Delfter Blau. Verrückt, nicht wahr? Dieses Kristall wird hier zu unwahrscheinlichen Preisen verkauft. [...]

Das holländische Exemplar will Freddy dann mit Hilfe von Jan Wolkers [...] versuchen, an den Mann zu bringen. Nur eines, liebe Brigitte, ist wohl notwendig. Du müsstest eine von einem Rechtsanwalt oder Notar beglaubigte Bescheinigung anfertigen lassen, dass Du Freddy oder mir oder beiden, wie Du willst, das Recht überträgst zur Übersetzung. Ansonsten könnte es vielleicht problematisch sein, wenn wir das Buch einem Verlag vorlegen. Und dann hoffen wir, dass uns das Glück hold ist. Du weisst ja, Deine Katrin ist noch immer mein Lieblingsbuch [...]

So, meine Liebe, nun will ich zum Schluss kommen. Wir fahren am 19. August nach Schottland und vielleicht kannst Du bis dahin noch die beiden Exemplare schicken?? [...]

Grüss Deinen Mann schön von uns und Du selbst sei lieb gegrüsst von Deiner

Irmchen u. Freddy.

Schreib bald wieder, wenn Du Zeit hast. I.

45 Brigitte Reimann an Irmgard Weinhofen

Hoy, 9. 8. 67

Liebes Irmchen,

heute habe ich Deinen zweiten Brief bekommen, und ich will Dir ganz rasch antworten, damit Du noch vor Deiner Abreise Nachricht hast. Aber zuerst meinen schönsten Dank für den Walser, der wohlbehalten hier angekommen ist. Natürlich habe ich ihn schon gelesen und finde ihn großartig, aber manchmal bedrückend: er wuchert gar zu sehr mit seinem Pfund, dh. mit seiner Sprachgewalt, die hier schon stellenweis zur Geschwätzigkeit wird, und er erschwert einem das Verständnis noch dadurch, daß er ganze Seiten in Englisch, Holländisch, Schwyzerdütsch und Mittelhochdeutsch schreibt; auch scheint mir, er war im ersten Band, der ›Halbzeit‹, politisch engagierter – trotzdem: für mich ist er Nummer Eins unter den deutschen Schriftstellern. Schönen Dank auch für den Artikel über Jan Wolkers, der mir schon deshalb sympathisch ist, weil er malt […]. Vieles von dem, was er dem Interviewer sagt, hat mich sehr berührt, verwandte Empfindungen, obgleich man in zwei verschiedenen Welten lebt (man kann auch so sagen: Schriftsteller sind weniger originell, als sie selbst von sich annehmen).

Ich bin froh, daß Du mit soviel Verständnis auf meinen Brief geantwortet hast, und sicher hast Du recht, wenn Du sagst, man müßte zum Vergleich andere Länder kennen, genauer: die Länder westlich von uns, um gerecht urteilen zu können. Aber was ich so an Klagen vorbringe, bezieht sich wirklich fast ausschließlich auf die Gegenwartskunst – doch darüber, wie ausgemacht, später und mündlich. Du wunderst Dich, daß wir nur eine Woche Urlaub gemacht haben. Weiß Du, das ist unter anderem auch eine Geldfrage; im Moment geht es halt ein bißchen knapp her. Allerdings bin ich nicht sicher, daß ich länger Urlaub nehmen würde, wenn ich es mir leisten könnte – es sei denn, mein Buch ist fertig (und das nächste nicht schon angepeilt). Ich bin schrecklich geizig mit meiner Zeit, und wenn Du mal nachliest, was der Wolkers über die Angst vorm Tode sagt, dann verstehst Du, warum. Diese ganze Schreiberei ist wirklich eine Art Wettlauf mit dem Tod – was man nicht wörtlich nehmen muß. Vielleicht lebt in jedem Menschen der Wunsch, sich selbst zu überdauern, sei es durch ein Kind, sei es durch ein Werk, und der bleibt auch, wenn man in ein Alter kommt, wo man begreift: man wird nie das schaffen, was man früher mal von sich erwartet, wenigstens erhofft hat. Da ist auch immer noch ein Fünkchen Hoffnung, man käme doch mal übers Mittelmaß hinaus … So geht es mir auch, und obgleich ich mit meinem Verstand weiß, daß der Menschheit durchaus nichts verloren geht, wenn mein Buch nicht fertig wird, passe ich mehr auf mich auf als vorher, bevor ich das Buch zu schreiben begann. Früher liebte ich es, unsinnig schnell zu fahren – jetzt bin ich ängstlich, weil ich denke, es könnte etwas passieren … und vielleicht sind in meinem Buch drei schöne Sätze, ein neuer Gedanke, um den es schade wär.

Aber ich fange schon wieder an zu schwätzen und wollte doch nur ganz fix Bescheid geben, daß ich Dir morgen die ›Frau am Pranger‹ schicke. Leider besitze ich nur noch ein einziges Exemplar. Ich lege Dir das gewünschte Zettelchen bei, betreffs Übersetzer-Rechte. Das Copy-Right ist ja bei mir. Wenn der Verlag – falls das Buch jemals soweit gelangt – Bedenken haben sollte, kann er ja bei mir direkt nachfragen. Schön wärs schon, wenn's klappen würde – vielleicht würden ein paar Tage Amsterdam dabei herausspringen. Um die Ausreise-Genehmigung ist mir nicht so sehr bange … aber darüber will ich gar nicht erst nachdenken, um nicht nachher desto enttäuschter zu sein, wenn kein Verlag anbeißt. Vorhin habe ich nochmal in dem Büchlein geblättert – zum erstenmal wieder seit, ich weiß nicht wievielen Jahren, und ich finde nun auch, daß es eine schöne Geschichte ist, vom Aufbau her, von der Geschlossenheit das Beste, was ich je geschrieben habe (und damals war ich so blutjung! nicht zu fassen, woher ich wußte, wie man eine Geschichte baut), aber der Stil – du lieber Gott! Am liebsten würde ich gleich wieder anfangen zu jäten.

Aber nun Schluß, sonst kommt der Brief heute nicht mehr weg. Für die Reise wünsche ich Dir und Freddy alles Gute. Erhol Dich ordentlich und kommt frisch und gesund und mit stählernen Nerven zurück.

Mit vielen herzlichen Grüßen

Deine Brigitte

Beinahe hätte ich vergessen: Du schreibst da von Kristall
... Wenn Du sowas magst: ich habe da eine noch unbe-
rührte Kristallschale (handgeschliffen – ich habe eben auf
dem Etikett nachgesehen), ein Export-Stück, denn ich
habe sie aus einem berühmten Glaswerk mitgebracht, als
ich dort zur Lesung war. Die gebe ich Dir, wenn wir uns
Weihnachten sehen, ja? – B.

46 Irmgard Weinhofen an Brigitte Reimann

Amsterdam, den 23. 9. 1967

Meine liebe Brigitte,
Nun sind wir schon [...] zwei Wochen von unserer Reise
zurück und haben den alten Rhythmus wieder angenommen. Du wirst Dir sicherlich vorstellen können, dass eine
Menge Eindrücke auf uns einstürmten und alles neu, interessant und sehenswert war. England selbst hatten wir ja 1964
schon kennengelernt, aber zwischen Schottland und England besteht doch ein enormer Unterschied, obwohl beide
Länder zum United Kingdom gehören. Unser erstes Reise-
ziel war Edinburgh. Ich kann Dir sagen, das war vielleicht
ein Ende. Wir haben die ganze Reise mit dem Auto meiner
Schwägerin [...] und Familie zurückgelegt. Logischerweise
musste man erst durch England fahren, bis man an die
schottische Grenze kam. Und davon nun ein paar Eindrücke: Landschaftlich einmalig schön. Man fährt meilen-
weit durch die Gebirgslandschaft ohne ein Haus, eine An-
siedlung zu sehen, von einer Ortschaft ganz zu schweigen.
Dagegen grasen die Schafe seelenruhig an den Strassenrän-
dern und man staunt nicht schlecht, dass sie sich fast bis zu
den Berggipfeln hinaufgrasen. Sie beherrschen natürlich das
Bild der Landschaft in einem gewissen Masse – und ausserdem sehen sie ganz anders aus, als wir es vom Flachland her
gewohnt sind. Besonders an der Grenze zwischen Schott-

land und England ist die Gegend ausserordentlich dünn besiedelt. Die Gründe dafür rühren noch aus der Zeit her, als sich die Engländer mit den Schotten bekriegten und bis heute noch besitzen die Schotten einen unerhörten Nationalstolz. Die Engländer betrachten sie als Ausländer. Je mehr man nach Norden fährt, desto höher wird auch das Gebirge. Man spricht deshalb im Süden von den Lowlands und im Norden von den Highlands. Edinburgh gehört noch zum südlichen Teil. Eine interessante Stadt, die vor allem durch die Geschichte von Maria Stuart geprägt wird. Wir haben viele Museen und historische Denkmäler besichtigt und da während unserer Zeit das Festival stattfand, auch einiges gesehen.

[...] Natürlich schaut man sich nicht nur die kulturelle Seite an, sondern probiert auch mit dem alltäglichen Leben der Einwohner Bekanntschaft zu machen, was allerdings als Tourist sehr schwierig ist. Wir haben darum des öfteren Gespräche mit den Menschen in Snackbars geführt, um so einen kleinen Eindruck zu bekommen. Problem Nr. 1 ist die enorme Arbeitslosigkeit, die in Schottland noch grösser ist als in England. Natürlich wird alles der soz. Regierung in die Schuhe geschoben, die von den Kapitalisten wo nur irgendmöglich sabotiert wird. Ich sage Dir, der Wilson hat's nicht leicht. Die Konservativen haben die Karre in den Dreck gefahren und nun freuen sie sich noch über die vergeblichen Anstrengungen der Sozialisten, sie wieder herauszuziehen. Ökonomisch ist England meines Erachtens sehr heruntergewirtschaftet. Kein Vergleich zu Holland, obwohl die Schulden des Staates auch hier stets höher werden. Dann das Problem der Studenten, die wegen des grossen Mangels an Unterkünften als Protest auf den Strassen schlafen. – [...]

Nach dem Aufenthalt in Edinburgh ging's in die Highlands. [...] Das ist der schönste Teil Schottlands. Kraterlandschaft, Schluchten, eine Vielzahl von Gebirgsbächen schlängelt ins Tal und dann die vielen sagenhaften Seen, die in den Bergen eingebettet liegen. Wir besuchten auch Loch Ness, aber das Ungeheuer liess sich nicht blicken [...]. Alte Burgen und Schlösser beherrschen gleichfalls diese Landschaft. Noch einmal auf das Ungeheuer zurückzukommen: Auf dem Platz, wo es angeblich einmal gesehen [worden] sein soll, steht eine Beobachtungsstation, die Tag und Nacht besetzt ist. Für denjenigen, der das Ungeheuer fotografiert, ist eine Belohnung von 5000 Pfund Sterling ausgeschrieben. Na ja, alles ist dort auch auf ein bisschen Touristik abgestimmt, aber im allgemeinen trifft man nicht viele Touristen aus dem Ausland. Meistens sind es Engländer, die dort umhertouren. [...]

Schreib bald wieder, wenn es Deine Zeit erlaubt, meine Liebe. [...] Ich hab' noch einen Wunsch in diesem Zusammenhang, und zwar »Geteilter Himmel«. Hab soviel drüber gehört und möchte es gern lesen. Schreib mir zurück, was ich für Dich tun kann. [...]

Für heute soll es dann genug sein.

Ich grüsse Dich sowie Deinen Mann in alter Verbundenheit als

Deine Irmchen [...]

47 BRIGITTE REIMANN AN IRMGARD WEINHOFEN

Hoy, 8. 11. [67]

Liebes Irmchen,
verzeih mir, daß ich noch immer nicht geantwortet habe. Die Karte ist ein Vorbote für den Brief, der folgt, sobald ich hier wieder zum Luftholen komme. Ich bin seit Wochen, ja seit Monaten immerfort auf Reisen (muß Geld verdienen), bewältige ein irres Arbeitspensum und bin in entsprechender Verfassung – einfach groggy. Jetzt kommen noch zwei oder drei harte Wochen, Arbeit mit der Defa, dann kann ich endlich wieder an meinen Roman zurück. – Die notarielle

Beglaubigung habe ich noch nicht, aber keine Sorgen, es gibt keine Schwierigkeiten. Schrieb ich Dir, daß der »Geteilte Himmel« im Augenblick nicht zu bekommen ist? Wegen Weihnachten: ja, ihr seid bereits »eingeplant«. Über den Tag einigen wir uns dann später. Bis bald! Entschuldige die Eile; in einer halben Stunde muß ich wieder losstürzen, zu einer Architektur-Diskussion. Viele Grüße an Freddy!

Herzlich
Deine Brigitte

48 BRIGITTE REIMANN AN IRMGARD WEINHOFEN

Hoy, 15. 12. 67

Liebes Irmchen,
hier ist nun endlich die Beglaubigung vom Staatlichen Notariat. Aus dem versprochenen Brief wird wieder nichts, aber das ist ja nicht so schlimm, weil wir uns zwischen Weihnachten und Neujahr in Berlin sehen werden, zwecks ausführlicher Bekakelung von allem, was so anliegt. Hast Du den ›Geteilten Himmel‹ bekommen? Weshalb ich wieder in Eile bin: ich habe einen Anruf aus Neubrandenburg bekommen, daß meine künftige Wohnung frei geworden ist, und morgen früh reisen wir ab, für ein paar Tage nach N., um uns die Wohnung anzusehen und auszumessen und Handwerker zu bestellen (großer Gott, ich darf gar nicht dran denken, was das für ein Theater werden wird!) Ich bin gerade dabei, mich von meiner Defa-Arbeit zu erholen – drei Wochen Schwerarbeit, jeden Tag so an die vierzehn Stunden, zusammen mit zwei jungen Regisseuren. Dabei hat's mir viel Spaß gemacht, auch hätte ich, wäre es bis zum Film gediehen, das Geld verdienen können, um halbwegs in Ruhe mein endloses Werk zuende schreiben zu können. Leider war die Defa von unserem Exposé nicht so entzückt wie wir, und der Film ist so gut wie gestorben. Die ›Erho-

lung‹ besteht darin, daß ich wieder an dem Roman schreibe, an der Ballszene – ein Ball, auf dem meine Heldin (endlich!) ihren zukünftigen Liebsten kennenlernt –, und die ersten Tage war es ein bißchen merkwürdig, wieder allein zu arbeiten, sich allein zu freuen, allein wütend oder verzweifelt zu sein, ohne meine beiden Compagnons, mit denen es trotz der harten Arbeit immer lustig und anregend war. Teamwork hat schon was für sich.

Es ist doch ganz sicher, daß Du nach Berlin kommst, nicht wahr? Ich schreibe Deinen Eltern, wann wir dort eintrudeln. Heute kann ich es noch nicht sagen, weil ich nicht weiß, wie die Arbeitszeit meines lieben Herrn ist, der jetzt als Technologe in Boxberg arbeitet – mit einer Leidenschaft, als ob er [das] ganze Kraftwerk allein aufbauen will.

Also, bis dann! Grüß Deinen Frederik und sei selbst ganz herzlich gegrüßt von

Deiner Brigitte

49 IRMGARD WEINHOFEN AN BRIGITTE REIMANN

Amsterdam, den 14. 2. 1968

Meine liebe Brigitte,

[...] Es sind schon wieder mehr als sechs Wochen vergangen, seitdem wir in Berlin waren. Die Zeit rennt – und wir sparen und arbeiten für eine neue Reise. [...]

Was gäbe es nun wohl von uns Interessantes zu berichten: Da wäre zuerst Dein Buch, was unsere freien Abende und Wochenenden ausfüllt. Freddy schreibt erst die Übersetzung in [eine] Kladde, ich schreibe sie dann mit Maschine ins reine – und anschliessend wird korrigiert – und nach dieser Korrektur hoffen wir, das Manuskript als solches abliefern zu können. Du kannst Dir überhaupt nicht vorstellen, was diese Arbeit uns beiden für Spass macht. Freddy sitzt dann häufig mit typisch deutschen Ausdrücken wie »Schmalzbrot, Specksauce, Pellkartoffeln, Befehl ist Befehl, Busenfreundin« und anderen Redewendungen. Dann gibt er immer seine Kommentare wie: Brigitte, Du musst es mir aber nicht so schwierig machen. [...] So lese ich praktisch noch ein viertes Mal Dein Buch, Wort für Wort mit einer solchen Intensität, wie ich es bisher noch bei keinem Buch getan habe. Übrigens in diesem Zusammenhang ein Gedanke: Neulich brachte man hier ein Fernsehspiel über den Prozess mit zwei russischen Schriftstellern, die ihre Bücher im Westen illegal herausgegeben haben. Ich war doch ein bisschen neugierig geworden und dachte, musst doch mal etwas davon lesen. Na und ich las von Daniel: »Hier ist Moskau«. Aber Brigitte, ich sage Dir, so ein Mist, so eine verlogene, individualistische, die Sowjetunion beschmutzende Geschichte ... nichts von beissendem, aufbauenden Spott, nichts von objektiver Kritik ... und wenn das Richterkollegium diese Schreiberei auch als literarisch »nichts wert« bezeichnete, so ist das wirklich nicht zuviel gesagt. Logisch, dass sich der Westen auf solche Machwerke stürzt. Und wenn man dann Dein Buch als Gegenstück zu gleicher Zeit übersetzt, dann ist das »een Verademing« (eine Wohltat).

[...] Neulich fand hier ein Konzert mit Ella Fitzgerald statt, und da ich sie nur von Platten her kannte, lotste ich [...] Freddy dort mit hin. Ich war natürlich voller Erwartung und versprach mir einen ausgezeichneten Abend. Haben sich die Menschen in der DDR um die Karten geschlagen, hier war der Saal nur etwa halb ausverkauft. Die Preise waren für die Verhältnisse hier auch entsprechend. 25,– Gulden für einen Platz gibt hier doch so schnell keiner aus. Nachher hat es mir auch leidgetan. Der Beginn: viel Krawall von einer sie begleitenden Rhythmusgruppe und sie selbst war überhaupt nicht zu hören. Du kannst Dir vorstellen, wie mich der erste Eindruck enttäuschte. Später [...] sang sie nur mit Pianobegleitung und diese Vorträge waren dann auch die, die mir am besten gefallen haben. Sie [ging] sehr sparsam mit ihrer Stimme [um], keine Leidenschaft, so wie man sie von Fotos her kennt – und dann nicht einmal nach der Pause die Garderobe gewechselt – also absolut kein Höhepunkt als Konzert. […] Ich hoffe, dass Dich der Brief bei guter Stimmung und Gesundheit erreicht – und Du inzwischen auch die Hose bekommen hast. Ich habe extra die Rechnung reingelegt, damit sie Dir nicht soviel Zoll abknöpfen können. Schreib mir doch bitte mal, was das gekostet hat.

Wie gedeiht Dein Buch? Ist das Ende endlich in Sicht? […]

Für heute sei ganz lieb gegrüsst und herzlich umarmt Dich

Deine Irmchen […]

50 Brigitte Reimann an Irmgard Weinhofen

Hoy, 20. 2. 68

Liebes Irmchen,

Du wirst Dich sicher gewundert haben, daß ich mich so lange in Schweigen gehüllt habe. Zuerst lag es – wie so oft – an dem verfluchten Buch; nach einem prächtigen Anlauf im neuen Kapitel blieb ich auf einmal hoffnungslos stecken, und statt einfach zwei oder drei Tage aufzuhören, spazieren zu gehen oder Enten zu füttern, blieb ich Tag für Tag stur vor dem Manuskript sitzen, mit völlig verkeiltem Kopf, heulend, sobald mich jemand anzusprechen wagte – also genau die falsche Methode. Aber mach was dagegen! Inzwischen wuchsen auf meinem Schreibtisch Berge von Post – und da liegen sie heute noch. Ich hoffe, einige haben sich gewissermaßen von selbst erledigt, zumal viele Bekannte denken, ich sei schon nach Neubrandenburg umgezogen. Na, und nun werden sie wohl dort nach mir fahnden.

Als ich glücklich über die Klippe im Buch hinweg war, passierte etwas anderes. Ich entdeckte eine Neuerwerbung meines armen Körpers, ein gewisses häßliches kleines Gewächs. Du kannst Dir vorstellen, daß ich vor Angst fast verrückt wurde; ich sah mich schon zerschnitten, verstümmelt, tot – was weiß ich. Ich habe erstmal drei Tage lang meinem unseligen Mann die Ohren vollgeplärrt, ehe ich mich zum Arzt traute. Nun habe ich also eine Reihe Untersuchungen hinter mir, die zwar noch nicht abgeschlossen und ausgewertet sind, aber doch darauf hindeuten, daß es sich um ein ›gutartiges‹ Gebilde handelt, das ständig kontrolliert werden muß, falls es eines Tages doch noch böse werden sollte. Schließe mich in dein Gebet ein, Ophelia! Merkwürdigerweise habe ich gerade während dieser Zeit, als ich mit dem Schlimmsten rechnete, am meisten geschafft. Ein richtiger Wettlauf. Aber vielleicht ist es ganz natürlich, daß man in solchen Fällen erst recht versucht, um jeden Preis noch eine Arbeit zuende zu bringen. (Du erinnerst Dich ja, was Jan Wolkers dazu gesagt hat und was mich so sehr beeindruckte).

– – – – – – Liebes Irmchen, das war eine Einkauf-Pause, und während dieser Post (Fehlleistung!) – während dieser Pause, meine ich, ist die Postfrau gekommen, und Dein Brief war dabei. Ich freue mich sehr, daß ihr solchen Spaß an der Übersetzung habt, und ich drücke euch – und auch mir – die Daumen, daß sich wirklich ein Verlag findet, der bereit ist, das Buch zu bringen. Wenn ich so lese, was Du mir über die Katrin schreibst, dann bekomme ich manchmal fast Angst, daß Dir mein neues Buch nicht gefallen könnte. Die Leute darin sind so kompliziert und manche richtig zerquält, es fällt ihnen schwer, ohne Vorbehalte zu lieben, und manche sind belastet durch Vergangenheit – ich meine eine Vergangenheit nach dem Krieg. Aber Du weißt ja, daß diese zwanzig Jahre kein Zuckerlecken waren, daß wir vieles falsch gemacht haben (auch wenn wir nachher sagen, mit mehr oder weniger Recht, daß es ›historisch richtig‹ war), und daß eine ganze Anzahl Leute dabei auf der Strecke geblieben sind. Na, Du wirst ja sehen – wenn auch erst in einem oder zwei Jahren (du lieber Gott, so eine Durststrecke noch vor mir!)

Was Du von der dicken Ella schreibst, hat mich enttäuscht. Hier waren die Leute ganz hin, sie hat sich mächtig geschafft und tüchtig geschwitzt. Und weißt Du, was ich ganz ulkig und merkwürdig finde? Daß Dir aufgefallen ist, daß sie nach der Pause kein anderes Kleid trug. Vielleicht hat sich da doch schon so ein bißchen ›westliche‹ Denkart eingeschlichen oder eine gewisse Verwöhnung des Auges. Ich weiß nicht, wieweit ich dabei von mir auf andere Leute (hierzulande) schließen darf, aber ich glaube, die meisten hätten das sowenig bemerkt wie ich. Uns fällt ein Kleid oder sowas eigentlich bloß auf, wenn so ein Schlagersternchen in einer extravaganten Robe erscheint, die in keinem Verhältnis zu dem schwachen Stimmchen steht (einmal fiel bei einer das Mikrophon aus, und plötzlich war nichts mehr zu hören, kein Tönchen drang bis in den Saal – es war zum Totlachen, oder zum Weinen, wenn man an die Gagen dieser kleinen Heulsusen denkt).

Diese Daniil-Geschichte kenne ich auch; das ist doch die vom ›Tag des Mordens‹, nicht wahr? Der Satire ist ja allerhand erlaubt, aber das fand ich denn doch zu scheußlich und unwürdig. Übrigens ist in der SU ein Buch von Katajew erschienen, das sehr, sehr gut und klug zu sein scheint. Hoffentlich kommt es auch hier bald raus, dann schicke ich es Dir – das mußt Du unbedingt lesen. Ich kenne erst ein Stückchen daraus, das in der Zeitschrift ›Sowjetliteratur‹ abgedruckt war, und das versprach allerhand. Möglicherweise gibt es auch zur Frühjahrsmesse ein paar DDR-Neuerscheinungen.

Es ist sehr lieb von Dir, daß Du mir die Hose besorgt hast. Bis jetzt ist sie allerdings noch nicht angekommen, aber ich kann mir nicht denken, daß sie irgendwo ›hängengeblieben‹ ist, und warte mit Spannung und Vorfreude drauf. So, und jetzt will ich Schluß machen, damit der Brief noch in den Kasten kommt, bevor das Postauto durch ist.

Laßt es euch gut ergehen, ihr beiden, und seid ganz herzlich gegrüßt von

eurer Brigitte

Wenn Du erlaubst, erwidere ich Freddys »Küßchen« – natürlich ganz keusch auf seine Übersetzerstirn …

51 Brigitte Reimann an Irmgard Weinhofen

Hoy, 19. 3. 68

Liebes Irmchen,

hab schönen Dank für Deine Karte. Nein, die Hose ist leider bis heute nicht nach Hoyerswerda gelangt; nach so langer Zeit wirst Du Dir wohl erlauben dürfen, die zuständigen Behörden »anzumahnen«. Ich hatte ja schon lange den Verdacht, daß jemand anders Gefallen daran gefunden hat … Ich bin erst gestern aus dem Krankenhaus gekommen (nichts Ernstes übrigens), deshalb konnte ich Dir noch nicht die »Italienischen Märchen« von Gorki schicken, die ich Dir natürlich besorgt habe; das einzig Hübsche auf dem Büchermarkt. Wenn Du den Messe-Katalog gesehen hättest, wären Dir die Tränen gekommen. Das einzige DDR-Buch, auf das ich sehr neugierig bin (de Bruyns »Buridans Esel«) erscheint erst im August. Ansonst ist Ödnis weit und breit. Aber davon erzähle ich Dir ein andermal; jetzt bin ich noch etwas angeschlagen und soll eigentlich im Bett liegen. Ich warte auf Deinen Brief. Inzwischen herzliche Grüße für Dich und Freddy.

Deine Brigitte

Amsterdam, den 16. 4. 68

Meine liebe Brigitte!

Nun wird es höchste Zeit, Dir ausführlicher zu schreiben. Aber ich hatte immer noch gehofft, endlich zu hören, dass Du die Hose doch noch bekommen hast. Doch vergeblich. Es ist das erstemal während meiner jahrelangen Schickerei, dass so etwas vorgekommen ist. Eigenartigerweise hatte ich beim Aufgeben so ein blödes Gefühl und habe es ›einschreiben‹ lassen, was ich sonst gar nicht mehr mache. Sollte sich bis Ende Mai nichts geklärt haben, dann bringe ich Dir eine neue mit – und sollten wir uns nicht sehen können, dann schicke ich sie Dir von Berlin aus ab.

Was gibt es nun zu berichten: In der letzten Zeit, d. h. in den letzten Wochen und Monaten war ich sehr fleissig, wieder das Nötige dazuzuverdienen, um unsere Extras bestreiten zu können. Aber zwischendurch überfiel mich – besonders in den letzten drei Wochen – eine dermassen starke Depression, die ich einfach nicht beschreiben kann. Mit allen Mitteln habe ich versucht, davon loszukommen. Trotz Pillen gar nicht so einfach. Aber die Spaziergänge während der beiden Osterfeiertage draussen in der Natur, [...] weg von dem überfüllten und verstänkerten Amsterdam, haben mich erfrischt.

Es gäbe [...] wieder soviel zu erzählen, so dass ich eigentlich gar nicht weiß, wo ich zuerst anfangen soll. Die letzten Wochen waren ja erfüllt von Ereignissen (der Tod von Martin Luther King und der Anschlag auf Rudi Dutschke), die natürlich auch ihren Stempel auf die Situation in Amsterdam drückten. Allerdings war es ruhig, obwohl eine Demonstration die andere ablöste, denn es gab ja für Holland keinen unmittelbaren Anlass, Krawalle zu schlagen, obwohl diese beschissene Gesellschaft es nicht anders verdient hätte.

Nun ein paar Dinge unter uns, worauf Du bitte bei der

Beantwortung nicht eingehen möchtest [...]. Im letzten Jahr hatte sich das Leben für uns ein wenig von der Sonnenseite gezeigt – und auch bei Freddy war arbeitsmässig alles in bester Ordnung. Auch nach Weihnachten bis Ende Februar war alles gut, obwohl die Schufterei bei ihm schon fast unerträgliche Formen angenommen hatte. [...] Bereits nach Weihnachten gehörte Freddy nicht zu denen, die eine Gehaltserhöhung bekamen – und das machte mich nachdenklich. [...] Also Anfang März wurde ihm eröffnet, dass es doch besser wäre, sich nach einer anderen Stelle umzuschauen, da man den Betrieb verjüngen wollte. (Also mit 45 ist man abgetakelt, obwohl die [...], die so etwas ausführen, viel älter sind).

Nun ging die Stellensuche wieder los, aber überall ohne Ergebnis – zu alt. Freddy war schon alles egal – und ich hatte fast ein bisschen Angst um ihn. Rausgeschmissen haben sie ihn nicht, denn dann müssten sie für ihn Arbeitslosenbeiträge zahlen, die das Doppelte von seinem Gehalt ausmachten (sind so besondere Regelungen) – also arbeitet er noch stets auf dieser Stelle. Eine Zukunft hat Freddy hier absolut nicht mehr. Nun haben wir uns überlegt, was man noch machen könnte ... Weisst Du, liebe Brigitte, das Blöde an der ganzen Sache ist, dass eine Frau, wie ich, überall Arbeit bekommt, natürlich wird sie geringer bezahlt und die Abgaben von seiten der Betriebe sind für Frauen auch viel geringer, [...] es ist nicht so sehr die Frage des Geldes an sich [...]. Aber die moralische Seite ist viel schlimmer ... Und das ist an sich auch das Problem. [...]

Nun, meine Liebe, wie geht es Dir? Wir sind froh, dass Dich nichts mit ernsterem Charakter ins Krankenhaus trieb. Hoffentlich hast Du Dich in der Zwischenzeit wieder richtig erholt?

Ausserdem hatte mir eine Bekannte den Sonntag geschickt, in dem einiges von Deinem Buch veröffentlicht war. Nach meiner Meinung verspricht es ein interessantes

Buch zu werden – und ich drücke Dir beide Daumen, dass
das Ende nun bald in Sicht ist [...].

Für heute sei recht herzlich gegrüsst und umarmt als
Deine

Irmchen u. Freddy. [...]

53 BRIGITTE REIMANN AN IRMGARD WEINHOFEN

Hoy, 5. 5. [68]

Liebes Irmchen,

Du hast mir einen so bekümmerten und bekümmernden
Brief geschrieben, daß ich Dir gern mit einem langen und,
wenn's möglich wär, ein bißchen tröstenden Brief geantwortet hätte. Aber ich bin jetzt als Tröster ganz ungeeignet: morgen muß ich wieder ins Krankenhaus; seit ein paar Wochen
bin ich schon krankgeschrieben wegen Depression, also halb
verrückt, trau mich nicht mehr über die Straße, kann nicht
arbeiten, mich auf nichts konzentrieren, heule mir die Augen
aus – weiß Gott, warum. Wenn ich aus dem Krankenhaus
zurück bin, schreibe ich Dir, und wenn ihr nach Berlin
kommt, werde ich hoffentlich wieder fit sein [...].

Ich wünsche euch beiden von Herzen, daß es euch gut
geht, daß ihr gesund seid und arbeiten könnt.

Also, bis später! Schließt mich in eure Gebete ein.

Mit vielen herzlichen Grüßen Deine, resp. eure Brigitte

54 BRIGITTE REIMANN AN IRMGARD WEINHOFEN

Hoy, 17. 5. [68]

Liebes Irmchen,

nun sollst Du aber endlich die Italienischen Märchen bekommen (heute gehe ich zum erstenmal wieder aus dem

Haus und schnurstracks zur Post). Vor ein paar Tagen bin ich aus dem Krankenhaus gekommen, fühle mich aber noch ziemlich angeschlagen. Hoffentlich kann ich nächste Woche wieder halbwegs arbeiten; ich habe schon richtig Sehnsucht nach meinem blöden Manuskript.

Wann kommt ihr nach Berlin? Ich dachte, ich könnte euch schon in Neubrandenburg bewirten, aber in meiner Wohnung sitzt ein illegaler, aber zäher und [...] unverschämter Bursche und will die Stellung nicht räumen. Na, nächstens wird man ihn rausschmeißen. – Hoffentlich geht es euch gut, und ihr seid gesund. Ich drücke euch beide Daumen. Bis bald!

Mit vielen herzlichen Grüßen (natürlich auch für Freddy)
Deine Brigitte

55 IRMGARD WEINHOFEN AN BRIGITTE REIMANN

Amsterdam, den 4. 7. 1968

Meine liebe Brigitte!

[...] Inzwischen sind wir schon in Berlin gewesen [...]. Freddy war ziemlich angeschlagen, da es wieder um Existenzfragen ging, die sich kurz vor unserer Abreise noch lösten. (Inzwischen arbeitet er in einem anderen Unternehmen, wo es ihm noch gar nicht so recht gefällt). Wir sind auch deshalb nicht in Berlin geblieben, sondern waren zwei Wochen draussen in Grünheide b. Erkner. Das Wetter zeigte sich nicht von der schlechtesten Seite und so konnten wir stundenlange Spaziergänge machen, den herrlichen Wald-Seen-Duft in uns aufnehmen – und ich muss sagen wir haben uns dort sehr gut erholt. [...] Natürlich haben wir viel von Dir gesprochen und an Dich gedacht, aber wir wollten Dir wirklich nicht zumuten, dahin zu kommen, zumal Du doch viel Ruhe nötig hast. Inzwischen hat sich aber eine Situation ergeben, die uns ein baldiges Wiedersehen möglich macht. Mein Vater wird am 25. August 65 Jahre und aus diesem Anlass lässt mich mein ansonsten so ängstlicher Gatte sogar einmal allein nach Berlin fahren. Und diese Woche wäre äusserst günstig, wenn Du dann nach Berlin kommen könntest. Vielleicht kannst Du über Nacht bleiben, dann hat man noch mehr Zeit füreinander. [...] Schreibe mir, wie Du darüber denkst. Schreib aber bitte nicht an meine Eltern, denn mein Vater soll durch meinen Besuch überrascht werden.

Bei dieser Gelegenheit bekommst Du dann endlich Deine Hose. Die Nachforschungen von der Post, von hier aus, sind erfolglos verlaufen und ich bekomme das Geld zurückerstattet. [...] Solltest Du noch andere Wünsche haben, dann schreib sie mir vorher.

[...] Was ist das nur mit Deiner Krankheit? Bekommst Du irgendwelche Medikamente dagegen oder ist das stets mit einer stationären Behandlung verbunden? Ich wünsche mir nur sehr, Dich in der Augustwoche wiederzusehen, und dann musst Du mir darüber erzählen.

[...] Auf alle Fälle werde ich ab Herbst wieder aktiv sein, denn man wird doch zu faul, obwohl ich zu Hause auch etwas gemacht habe. Ich sollte ein Buch übersetzen, hatte auch schon angefangen, aber der Kerl zog und zog die Preisfrage hinaus. Als ich ihn dann endgültig fragte, wollte er für 260 Buchseiten nur etwa 1000,– Gulden bezahlen. Das hätte bedeutet, dass ich für die Hälfte eines Stundenlohnes einer Reinmachefrau hätte arbeiten müssen – und da hab ich den Kerl mitsamt seinem Manuskript rausgeschmissen. Und meine Bemühungen nach etwas anderem hatten noch keinen Erfolg. [...]

Sei recht lieb gegrüsst und umarmt von Deiner
Irmchen (u. Freddy)
Herzliche Grüsse auch für Deinen Mann.

Hoyerswerda, 4. 7. 68

Liebes Irmchen,
seit vielen Wochen habe ich nichts mehr von Dir gehört,
und ich mache mir schon Sorgen, ob nicht etwas Schlimmes passiert ist: daß ihr krank seid oder euch mit den ärgsten Schwierigkeiten herumschlagen müßt.

Warst Du nicht in Berlin, oder hast Du es nur nicht geschrieben, weil Du dachtest, ich könnte sowieso nicht
kommen? Und hast Du meinen Brief und das Buch bekommen? Und wann fährst Du nach Berlin, falls der für
Ende Mai geplante Besuch tatsächlich ins Wasser gefallen
ist? Aber ich hätte mich ja wirklich zu einer Karte aufraffen
können, mal so zwischendurch, ich meine: zwischen Krankenhaus und Reisen und dem ganzen Quatsch, der mir die
letzten Monate vergällt hat. Erst war ich krankgeschrieben
wegen Depression, konnte keine Zeile mehr zustandebrin-
gen, heulte immer und über alles (aber das kennst Du ja, so
eine Zeit hast Du auch gehabt), dann mußte ich zweimal
ins Krankenhaus, zu Operationen (nichts Schlimmes, irgendwelche Durchblutungsstörungen), bin aber immer so
schnell wie möglich entwischt, und nach der dritten – auch
nichts Schlimmes, bloß schmerzhaft: Darmriß – habe ich
mich gleich nach dem Aufwachen von Jon nach Hause fahren lassen. Das alles war natürlich überaus störend; was
mich aber richtig fertiggemacht hat, waren die beiden
›Krebse‹. Krebs heißt nämlich der Hundesohn, der sich
– obgleich ich die Einweisung habe – in meiner Neubrandenburger Wohnung festgesetzt hatte und nicht weichen
wollte. Monatelange Verhandlungen, immer wieder Reisen
nach N., die schließlich kein Katzensprung sind; Zwangs-
exmittierung nicht möglich aus Humanitätsgründen (dabei
hatte man dem Burschen drei andere Wohnungen nachgewiesen, aber er fand immer neue Ausflüchte: mal eine
Schwangerschaft seiner Frau – Kind ist aber nicht vorhan-

den –, mal eine kranke Niere, mal die Masern, mal seine ›Beziehungen‹ in Berlin). Ich wollte den Umzugsplan nun doch aufgeben, nachdem ich drei Jahre auf Abruf hier herumsitze, aber nun ist der Herr Krebs endlich doch raus, die Wohnung wird renoviert, dh. soll renoviert werden, bloß die Finanzfrage ist noch ungeklärt, und bloß die Handwerker fehlen, und ... also, es ist zum Kotzen. Und ich hatte mich so darauf gefreut, den Sommer in N. zu verbringen, in den Seen zu schwimmen, in meinem Garten Blumen anzubauen ... Meine Wohnung hier in Hoy sieht toll aus, weil ich schon Möbel verkauft, andere angeschafft habe, die nicht hierher passen, Kisten stapele, Porzellan schon verpackt habe etc. Was den anderen Krebs betrifft: nach vielem Untersuchen, Beobachten, Röntgen und dergleichen vermutet man, daß es sich doch nicht um etwas Bösartiges handelt, sondern um einen eingekapselten Fremdkörper. Die letzte Untersuchung – am Montag in der Universitätsklinik – steht noch aus, und ich hoffe (und möchte am liebsten wieder wie in Kindertagen den lieben Gott anrufen), daß es wirklich bloß ein harmloser Eindringling ist, der sich fix rausschneiden läßt. Du kannst Dir nicht vorstellen, was für eine Angst ich all die Monate ausgestanden habe; ich glaube, ich war schon halb verrückt. Verständlich, daß die Arbeit darunter gelitten hat und das Buch nicht gediehen ist; ich hatte zu nichts mehr Lust und Laune und wurde immer dürrer.

Dies also die Leidensgeschichte der letzten Monate. Nun fühle ich mich wieder ziemlich fit, von Hoffnung beflügelt, arbeite auch wieder an einem neuen Kapitel und habe mich wieder – auch das ist ein Zeichen von erwachtem Lebensmut – mit meinem Verlag verkracht, wegen meiner Dame Franziska, die immer noch keine strahlende, siegreiche, positive Heldin und Schrittmacherin ist, die sich neue Städte bloß so aus dem Ärmel schüttelt. Manchmal verstehe ich diese Leute einfach nicht. Sie sind ja nicht etwa lebensfremd (wenn sie auch in bestimmten Fachfragen, in diesem Fall Architektur, weniger wissen als ihr Autor, der sich jahrelang damit beschäftigt hat), trotzdem wollen sie es in ihren Büchern, dh. den von ihnen verlegten Büchern, immer ein paar Nummern größer und vor allem viel heller und sauberer und leichter; sie selbst haben ihre Macken, aber die Buchhelden sollen keine haben – oder jedenfalls nur liebenswerte.

Liebes Irmchen, nun sind doch wieder zwei Tage vergangen, ehe ich weiterschreibe. Ich habe mir einen Ferientag gegönnt, draußen in Boxberg, wo Jon arbeitet, und einen Tag bei glühender Hitze an der Kiesgrube gelegen und zwanzigmal gebadet. Eine wüste Landschaft, nur Sand und Sand, aber das Wasser in der Grube ist türkisblau, und man hat immer Gesellschaft, interessante Gesellschaft, nämlich Bauarbeiter aus der benachbarten Grube, wo noch gebaggert wird, und Dumperfahrer – manchmal fährt eine ganze Kolonne von Dumpern vor –, also Leute mit schlechtem Ruf, Goldgräber, moderne Wanderburschen, die mit ihrem Trupp von einer Baustelle zur anderen ziehen und das ungebundenste Leben führen, das in einem durchorganisierten Land überhaupt noch möglich ist. Natürlich pirschten sie sich zwecks rauhem Flirt heran, aber nach dem üblichen Gequatsch fragte ich sie nach ihren Reisen und ihrer Arbeit aus, und sie erzählten und erzählten, lauter spannende Geschichten, und waren rundherum nette und gescheite Burschen, die hart arbeiten und stolz auf ihre Arbeit sind, dabei wirklich harte Männer (das ist nicht nur Pose), denn der reine Spaß ist es nicht, bei jedem Wetter draußen zu schuften, in Baracken oder Wohnwagen zu hausen, oft in Gegenden, wo es bloß eine Kneipe – oder nicht mal das – und keine Frauen, kein Kino und dergleichen Feierabend-Annehmlichkeiten gibt. Jedenfalls Typen, wie man sie bloß auf dem Bau findet. Nachher nahm mich Jon noch auf seine Baustelle mit, wo es aussieht wie in Pumpe vor zehn Jahren, und ich hatte eine verrückte Sehnsucht danach, nochmal so einen Anfang mitzumachen wie damals. Heute ist mir Pumpe ganz fremd geworden, ich meine: ich habe die Beziehung verloren – es ist eben ein moderner Industrie-betrieb wie andere, und die Stadt, von der damals bloß ein paar Blöcke standen, ist eine Stadt wie andere, brav und or-dentlich, und die Leute sind gute Bürger geworden, die für einen ›Trabanten‹ sparen und abends vorm Fernsehapparat sitzen. Vielleicht ist es das, was mich hier wegtreibt: Ferti-ges langweilt mich und gibt mir ein Gefühl von Leere wie ein abgeschlossenes Buch.

Wieder zwei Tage unterbrochen, teils wegen Arbeit, teils wegen Jagd (mit unseren Malern) auf alte Möbel, Porzellan usw., Rundreise durch die Schlösser der Umgebung (vor-wiegend Barockbauten, von August und seinen Nachfah-ren), aber natürlich bekamen wir gar nichts, durften uns ein paar herrliche Sachen nur ansehen, denn die Leute sind schon so schlau, nichts an Jäger und Liebhaber abzugeben, sondern warten auf die Aufkäufer vom Kunsthandel, die natürlich schwer blechen, während wir bloß beschwatzen und möglichst billig irgendwas ›an Land ziehen‹ wollten. Nun ist also Dein Brief gekommen, und ich weiß, daß ihr in Berlin wart und daß Du wiederkommen wirst, und natürlich will ich dann ebenfalls kommen. Es müßte ja mit dem Teufel zugehen, wenn der Umzug [...] ausgerechnet in diese eine Augustwoche fiele. Über Freddys neuen Job mußt Du mir dann genauer erzählen, auch von den Plänen, die Du mit Dir herumträgst (mir ist so, als ahnte ich, worum es geht – Heimkehr vielleicht? Aber ich will noch nicht spekulieren ...) Und wenn sich's so ergibt mit Gele-genheit und Zeit und Lust, können wir das Stück nach Neubrandenburg rauffahren, und ich zeige Dir meine Burg, und Du gibst mir innenarchitektonische Tips. Und die Pflaumen im Garten sind dann auch reif, die sonst bloß die Spatzen ernten würden.

Gut, daß Du wenigstens das Geld zurückbekommen

hast. Ich möchte bloß wissen, wer jetzt ›meine‹ Hose trägt. Aber weißt Du – falls Du noch keine andere gekauft hast, würde ich Dir doch einen anderen Wunsch vortragen. Letzte Woche hat nämlich mein fürsorglicher Jon eine Nietenhose für mich aufgestöbert, schön derb, wie ich sie wollte, (übrigens fand er sie in einem winzigen Dorf-Konsum), und die wird wohl ihre zwei, drei Jahre halten, trotz meiner Gewohnheit, auf der Erde liegend zu arbeiten. Was ich sehr gern hätte (und mir hier leider nicht zulegen kann, aus bekannten Gründen – Exquisitware), wär ein weißer Pullover aus diesem Kunstzeug, Polyester oder sowas. Ich glaube, sie heißen ›Helanka‹, weiß aber nicht, ob das der Firmenname oder die Bezeichnung für das Gewebe ist. Ein paar von meinen Freunden haben solche Pullover und finden sie wunderbar praktisch, wegen Waschen und so. Dies also für den Fall, daß die Dinger nicht sündhaft teuer sind. Und wenn Du ein Anliegen hast, melde es ebenfalls – nicht wegen der Revanche, Du verstehst schon. Sammelst Du noch Kristall? Neulich war ich in Weißwasser, so einem Glasmacher-Städtchen (Jons Baustelle ist ganz in der Nähe) und habe mir Kristall-Gläser gekauft, eine Art Trinkbecher, sehr hübsch, finde ich. Es gibt auch Vasen und Schalen und dergleichen, meistens jedenfalls. Sowas wäre also beschaffbar. Und wenn Du es nicht mitnehmen darfst, und wenn Du wirklich – jetzt fange ich doch an zu spekulieren – etwa an einen Umzug in heimatliche Gefilde, in die Nähe Deines geliebten Brecht-Theaters denkst, nun, dann wartet es eben hier auf Dich.

Schreibst Du mir inzwischen nochmal? Urlaub mache ich nicht, ist nicht drin, wegen Arbeit vor allem, auch wegen Geld, aber das macht nichts, irgendwie werde ich die Zeit schon überstehen, bis das Buch fertig ist, und ab und zu werde ich mir mal einen Tag an der Kiesgrube gönnen und mit den Bauburschen schwatzen (schade, daß Jon nicht eifersüchtig ist – jedenfalls zeigt er es nicht, also macht es auch keinen Spaß, sich mit anderen Männern er-

wischen zu lassen). Grüß Deinen eifersüchtigen Freddy
von einer neidischen Ehefrau!

Laß es Dir gut gehen, liebes Irmchen, bleib gesund und
sei ganz herzlich gegrüßt von
Deiner Brigitte

57 Irmgard Weinhofen an Brigitte Reimann

Amsterdam, den 23. 7. 68
Meine liebe Brigitte,
Vielen Dank für Deinen lieben und ausführlichen Brief
[...]. Ich hoffe, dass sich inzwischen weitere günstige Re-
sultate Deine Gesundheit betreffend ergeben haben und
Du keine Angst mehr zu haben brauchst. Ich kenne diesen
Zustand nur allzu gut und nach einer gewissen Zeit der
Ruhe hatte auch ich mich nervlich schön erholt, zumal unsere Existenzfrage gesichert schien. Aber inzwischen hat
Freddy – wie ich Dir ja schon erzählte – eine neue Stellung
annehmen müssen, in der es ihm gar nicht gefällt. So höre
ich jeden Abend das Gejammer über das Gejage und Ge-
schinde, so dass ich schon gesagt habe, hör auf, dann gehe
ich wieder arbeiten. (Übrigens tue ich das schon im Moment, was Du an der Maschine sehen kannst). Ich habe,
was Arbeit betrifft, wenig bzw. jetzt gar keine Anpassungs-
schwierigkeit mehr. Es glückt mir ziemlich mühelos, selbst
in drei Sprachen zu korrespondieren – und solche Kräfte
werden hier doch sehr viel gefragt. [...]
Arbeitsmässig gibt es von mir folgendes zu berichten:
Nachdem ich den Kerl mit seinem Buch rausgeschmissen
hatte, habe ich mich gleich wieder um etwas anderes
bemüht – und auch gefunden. Deutsche Korrespondenz.
Allerdings ausser Haus. Nach drei Wochen kam der Kerl
mit dem Buch zurück, hat sich entschuldigt und ist nun
mit dem Preis einverstanden [...]. Also, ich bin wieder aus-

gelastet [...]. Ich habe [...] meinen eigenen Stolz und will alles, was ich extra tue, auch extra verdient haben. [...]

Die weisse Helanca-Bluse oder besser gesagt den Pulli bekommst Du. Ist [...] erschwinglich. Ich möchte Dich nur sehr bitten, Dich so einzurichten, dass Du unbedingt kommen kannst und zwar vielleicht am 23. oder 24. August. Und komme so früh als möglich, dann gehen wir beide irgendwo hin, vielleicht in den Presseclub und dann schütte ich Dir mein Herz aus. Denn Du bist die Einzige, die mich begreift. [...] etwas, was ich mir selbst nie haben vorstellen können, ist eingetreten. [...] Jetzt bin ich sogar in Amsterdam verliebt, das ich bis vor einigen Monaten noch mehr oder weniger gehasst habe.

[...] Wenn Du noch einmal vorher nach Amsterdam schreibst, bitte keine Andeutung über meine Seelennot.

Jetzt hast Du wieder einen ganz verdrehten Brief von mir [...].

Sei recht lieb gegrüsst und umarmt

von Deiner Irmchen

58 BRIGITTE REIMANN AN IRMGARD WEINHOFEN

Hoy, 6. 8. [68]

Liebes Irmchen,

schönsten Dank für Deinen Brief – auf den ich jetzt aber nicht eingehen will, u. a. deshalb, weil ich auf dem Sprung bin, ins Krankenhaus zu fahren, wo der Pseudo-Krebs entfernt werden soll. Wir werden alles – Reden und Herzausschütten und Einander-informieren – im Presse-Café nachholen. Denn ich will auf jeden Fall nach Berlin kommen, wie vorgeschlagen am 23. oder 24. August. Meine Umzugskalamitäten werden nun also tatsächlich ausgerechnet in dieser Zeit losgehen, aber das macht nichts. Wahrscheinlich fahre ich dann am nächsten Tag nach Neubrandenburg weiter, um bei den Handwerkern nach dem Rechten zu sehen und überhaupt den ganzen Umbau »anzuheizen«, damit nicht die Hälfte noch ungetan ist, wenn ich mit meinen Möbeln anrücke. Inzwischen wünsche ich Dir und Freddy alles Gute. Habt noch schöne Sommertage. Auf Wiedersehen!

Mit herzlichen Grüßen
Deine Brigitte

59 BRIGITTE REIMANN AN IRMGARD WEINHOFEN

Hoy, 11. 9. 68

Liebes Irmchen,
heute habe ich Deine Karte bekommen. Hab schönen Dank dafür. Ich war auch sehr, sehr froh, mit Dir ein[en] Tag zusammen zu sein, und ich wünschte, wir könnten uns bald wiedersehen. Leider habe ich eine schlechte Nachricht. Heute früh war ich beim Arzt, und er sagte mir, daß ich Krebs habe. Die Heulerei habe ich schon hinter mir; jetzt muß ich mich um tausend ›organisatorische‹ Dinge kümmern, denn der Umzug muß natürlich aufgeschoben werden. Ich dachte, ich könnte ihn noch bewältigen, aber ich soll sofort ins Krankenhaus zur Operation. Dabei hatte ich hier schon alle Zelte abgebrochen ... nun ja, irgendwie muß man durch, und ich werde es schon schaffen. Wie mir zumute ist bei dem Gedanken, daß ich in einer Woche eine halbierte Frau bin – das brauche ich Dir wohl nicht zu schildern. Ich danke Gott, daß ich den Jon habe, der mir beisteht und Mut macht.

Du wirst jetzt also ein paar Wochen nichts von mir hören. Wenn Du mir schreibst, richte den Brief an meine Hoyerswerdaer Adresse; ich gehe ins hiesige Krankenhaus. Und sei nicht bös, wenn ich nicht antworte (vielleicht schreibt Dir der Jon zwischendurch mal ein Kärtchen); ich werde eine Zeitlang den rechten Arm nicht gebrauchen können (und das bei meinem Beruf!). Aber im späten Herbst hoffe ich wieder halbwegs fit zu sein, weil ich den festen Willen dazu habe. Ohne Tränen wird es nicht abgehen, aber ich habe nicht die Absicht, vor Kummer zu sterben. Ach, Irmchen, es ist schon verflucht hart – und so ungerecht, finde ich. Aber das sagen sicher alle Leute, die von einer bösen Krankheit heimgesucht werden: Warum ausgerechnet ich? Also nochmals: mach Dir keine Sorgen, wenn eine Weile kein Brief von mir kommt, denk manchmal an mich und drück mir fest die Daumen.

Und Dir, Irmchen, wünsche ich von Herzen alles Gute. Grüß den Freddy von mir (er soll bald gesund werden) und alle meine unbekannten Bekannten in Amsterdam, einschließlich Herrn van Gogh, dessen Bilder ich mir so gern ansehen würde.

Ich umarme Dich.

Herzlich

Deine Brigitte

60 IRMGARD WEINHOFEN AN JON K[...]

A'dam, den 19. 9. 68

Lieber Jon,

Brigitte schrieb mir einen so traurigen Brief, bitte schreiben Sie mir genau in welchem Krankenhaus sie liegt, dann kann ich ihr von hier aus eine kleine Freude machen – und wie ihre Gesundheit ist – und wie lange sie wohl dort bleiben muß. [...]

Ihnen für Brigitte viel Kraft wünschend, verbleibe ich als Ihre Irmgard Weinhofen.

Berlin, 24. 9. [68]

Liebes Irmchen,
ich wollte Dir nur meine Adresse geben, damit Du mir mal
einen ausführlichen Brief über Amsterdamer Ereignisse
schreiben kannst. Verzeih, wenn ich nicht gleich antworten
kann; nach der Operation geht das nicht mit dem Schreiben.
Ich bin furchtbar unglücklich, Dir kann ich's ja sagen; vor
Jon und meinen Eltern und irgendwelchen fremden Leuten
spiele ich halt, so gut es geht, den Galgenhumoristen. Ein
Glück bloß, daß ich dem gräßlichen Krankenhaus in Hoy in
letzter Minute entwischt und – durch Vermittlung eines
Freundes – hierher gekommen bin, in eine erstklassige Ge-
schwulstklinik. In Hoy wäre ich vor Abscheu gestorben. [...]
   Grüß Freddy und sei herzlich gegrüßt von Deiner
   lädierten Brigitte

62 IRMGARD WEINHOFEN AN BRIGITTE REIMANN

Amsterdam, den 14. 10. 1968

Meine liebe Brigitte,
Ich muss immerzu an Dich denken – und doch ist mir ein
Brief an Dich noch nie so schwergefallen wie dieser. Einerseits bin ich froh, dass Du nicht in Hoyerswerda geblieben
bist (worüber ich übrigens sehr erstaunt war, dass Du Dich
in solch einer kleinen Klinik operieren lassen wolltest), doch
andererseits die Tatsache an sich ... auch in Buch ... Ich
hab Dir in Gedanken die Daumen gehalten, immerzu mit
Freddy darüber sprechen müssen, um meine Gedanken
loszuwerden – und um Dir zu sagen, wie sehr ich an Dich
dachte und denke, Dir einfach ein paar Blumen geschickt.
   Im übrigen danke ich Dir recht lieb, dass Du mich in dieser Situation gleich benachrichtigt hast [...]. Zu Buch habe

ich auch eine Portion Vertrauen, da es doch eine weltbekannte Klinik mit den modernsten Ausrüstungen ist. Vielleicht hast Du schon alles überstanden, wenn Dich dieser Brief erreicht – und wenn nicht, dann weiss ich, dass Du eine tapfere Frau, auch ohne Galgenhumor, bist. [...] Du hast schon andere Schwierigkeiten überwunden und das Eigenartige ist, der Mensch lernt mit allen möglichen Dingen zu leben. [...]

Was gibt es nun von uns zu berichten: Als ich von Berlin zurückkam, stand mein Freddy krank und schweissgebadet am Bahnhof. Im Taxi gestand er mir, dass er sich hundeelend fühle, ihm fürchterlich übel sei – und als wir zu Hause ankamen, legte er sich ins Bett. [...] Erst dachte man, er hätte eine anständige Sommergrippe. Aber nach der Blut- und Urinuntersuchung stellte sich heraus, dass Freddy mehr als drei Prozent Zucker hatte [...]. Er war fast drei Wochen im Krankenhaus und sein Zuckerspiegel wurde zurückgebracht, so dass er jetzt mit Tabletten auskommen kann und nicht spritzen muss. Im Moment arbeitet er schon wieder und wir wollen hoffen, dass alles gutgeht.

[...] Wenn es irgendmöglich wäre, lass den Jon eine Karte an mich schreiben, damit ich weiss, wie es Dir geht und wenn Du irgendetwas haben möchtest, was Dir gerade jetzt Freude macht, dann lass es mich wissen.

Für heute sei von ganzem Herzen lieb gegrüsst und es umarmt Dich

Deine Irmchen [...]

63 BRIGITTE REIMANN AN IRMGARD WEINHOFEN

Hoy, 24. 10. [68]

Liebes Irmchen,
eben ist ein großer Chrysanthemenstrauß gekommen, mit Deinen Grüßen aus Amsterdam, und ich will Dir schönen

Dank dafür sagen. Der Jon hat mir gesagt, daß Du geschrieben hast, aber wie ich ihn kenne, hat er Dir nicht geantwortet. Ehe der sich zu einer Zeile aufrafft, telefoniert
er lieber bis Holland oder Amerika. – Nun also, ich lebe,
ich bin gesund, d. h. der Krebs ist so rigoros weggeschnit-
ten (und leider auch ein wertvoller Teil meines Leibes), daß
ich nicht mal Bestrahlungen brauche. Wie es meiner Seele
ergeht, brauche ich Dir nicht zu schildern. Aber mit der
Zeit wird man sich auch an diesen neuen Zustand gewöhnen; bloß vorläufig bin ich noch ziemlich schüchtern und
gehe nicht gern unter Menschen, obgleich ich schon gelernt habe, mich halbwegs geschickt »auszustopfen«. Bloß
ein Glück, daß ich in einer so guten Klinik war und bei
einem so wunderbaren Arzt wie Prof. Gummel, der ein lieber und mitfühlender Mensch ist und alles tut, einem wieder Mut zu machen. Sonst ist alles gut verlaufen, die Narbe
heilt nach Programm, und ich kann auch schon wieder mit
dem Arm herumwirtschaften (die Achselhöhle ist nämlich
auch liquidiert, und die Muskeln mußten erst wieder zu-
sammenwachsen). Ach, nun erzähle ich Dir lauter medizi-
nisches Zeugs. Wenn ich richtig Maschine schreiben kann,
bekommst Du einen Brief, in dem hoffentlich nicht mehr
gejammert wird. Und inzwischen schreibst Du mir, nicht
wahr? und erzählst mir Neuigkeiten aus Amsterdam. Grüß
Deinen Freddy, und Du selbst, liebes Irmchen, sei ganz
herzlich gegrüßt von Deiner
    Pechvogel-Brigitte

64 Irmgard Weinhofen an Brigitte Reimann

                                        Amsterdam, den 4. 11. 68 22³⁰
Meine liebe Brigitte!
Als ich Freitag Deine Briefkarte bekam, daß Du wieder zu
Hause bist, habe ich erstmal geheult. Ich war ja so froh,

daß Du so schnell wieder zu Hause warst – ein Zeichen, daß alles gut verlaufen ist. Ich hab die ganze Zeit immerzu an Dich denken müssen und stets auf eine Nachricht über Dich oder von Dir gewartet. Wenn Deine lieben Zeilen auch noch etwas wehmütig klingen, so kann ich doch deutlich Deine wiedererwachenden Lebensgeister spüren. [...]

Die Blumen kamen leider viel zu spät, sie waren für das Krankenhaus bestimmt. Ich staune nur, wie lange im Moment die Post geht. Daß die Blumen mehr als 2 Wochen gebraucht haben ... – [...]

Am 1. 10. hat Freddy mal wieder eine neue Stelle angenommen (auch als Korrespondent u. Übersetzer) und ich hoffe, daß er es dort aushält. Im Moment geht es gut. Allerdings ist Freddy sehr geschwächt [...]. Ich dagegen sprühe vor Lebenslust und fühle mich gesundheitlich in einer so guten Verfassung wie seit Jahren nicht (besonders auch in den Jahren hier in Holland) – und komme mir wie eine Verbrecherin vor, daß ich mich so wohlfühle und er in einer nicht beneidenswerten Verfassung ist. [...]

Wegen der Platte von Jimmy Jancey habe ich mich erkundigt und bekomme Bescheid. Sie hatten wohl eine andere von ihm. Nur Deine gewünschten Titel waren nicht drauf. [...]

Ich grüße Dich ganz lieb und weiterhin gute Besserung
Deine Irmchen (u. Freddy) [...]

65 Brigitte Reimann an Irmgard Weinhofen

Neubrandenburg, 11. 12. 68
Liebes Irmchen,
nun endlich komme ich dazu, Dir mal wieder zu schreiben, und Du müßtest bloß sehen, wie ich hier sitze und schreibe: im Rücken eine Heizsonne, und von den Füßen bis zum Bauch in eine Decke eingewickelt. Und dabei ist es

erst fünf Uhr abends, und wir haben hier oben im ›hohen Norden‹ erst fünf bis zehn Grad minus, der Winter fängt also erst an. Meine Wohnung, von der ich Dir so vorgeschwärmt habe, wäre sicher der ideale Sitz der Schneekönigin, und wenn ich noch dringender als jetzt schon ohnehin Geld brauche, verkaufe ich meinen Kühlschrank, denn in der Küche ist sowieso alles tiefgefroren. Verdammte Zivilisation! Zurück zum guten alten Kachelofen! Ich habe Elektro-Öfen in meinen beiden Zimmern, die sich nachts aufladen, morgens eine ganz nette Wärme spenden – vorausgesetzt, es ist draußen sommerliches Wetter –, mittags abkühlen und nachmittags so kalt sind wie eine tote Maus. Und genau das werde ich auch bald sein: eine arme tote Maus. Man sollte auf seine Mütter hören. Meine Mutter hat gleich gesagt, sie hält nichts von dem ganzen neumodischen Kram, und recht hat sie.

Heute früh war eine Kommission da, hat in Mänteln herumgesessen und festgestellt, daß es fast so kalt wie auf der Straße ist. Du siehst, ich habe nicht übertrieben. Nun knobeln sie, wie sie mich vorm Erfrieren retten können, – denn das muß man sagen: die Leute hier sind wirklich nett, jedenfalls die meisten, und kümmern sich um einen. Ich habe manchen Abend gesessen und geheult, und dann habe ich mich doch mal aufgerafft und bin zu meinem Nachbarn gegangen, dem Kreissekretär von N., und der hat auch ohne viel Gerede die Rettungsaktion in Gang gesetzt. Gott, wie schön war es im Sommer hier, als wir uns die Wohnung ansahen! Der Kirschbaum vorm Fenster, das Weinlaub ums Haus, die Terrasse, auf der Gras wucherte, der Garten – mit vier großen Apfelbäumen – verwildert, weißt Du, auf eine so reizende Art verwildert (aber leider darf's im nächsten Jahr nicht so aussehen, sonst beschweren sich die Nachbarn, weil das Unkraut, das doch so hübsch anzusehen ist, sich in ihre Gärten drängelt; schade). Und nun ein nasses Badezimmer, in dem man sich vorm Waschen grault, und ein Schlafzimmer, in dem ich zitternd ins Bett krieche – und noch dazu allein. Der Jon arbeitet noch in Boxberg; er war nur zu Anfang ein paar Tage hier und hat eingeräumt und die Gardinen angebracht und überhaupt gewaltig geschuftet, denn ich kann ja nicht mehr viel ausrichten mit dem rechten Arm. Das heißt, ich soll es nicht – aber als ich dann wieder allein war, mußte ich eben doch eine Menge Schwerarbeit machen und hab es auch zu spüren gekriegt; manchmal hatte ich Angst, die Narbe platzt wieder auf, aber natürlich tut sie es nicht, es schmerzt bloß. Eigentlich habe ich mich an meinen Zustand schon ganz gut gewöhnt, auch ein paar Tricks gelernt, wie man ihn kaschiert, daß andere nichts sehen, und tagsüber denke ich kaum daran, jetzt jedenfalls nicht, wo es viel zu tun gibt und so viele Wege zu laufen (unglaublich, auf [wie] vielen Ämtern ein Staatsbürger registriert ist und wo er sich überall an- und ab- und ummelden muß). Aber abends, wenn ich mich ausziehe … ich weiß nicht, wie ich Dir das erklären soll. Es ist nicht mal eine Art Verzweiflung, eher so ein Gefühl von Fremdheit, als ob ich das gar nicht bin, als ob mir dieses Unglück (und für eine Frau ist es ein Unglück) noch gar nicht richtig ins Bewußtsein gedrungen ist, verstehst Du? Immer noch, jeden Morgen beim Aufwachen, der Gedanke: das ist nicht wahr, das kann doch nicht gerade Dir passiert sein, Du hattest Dein Teil doch schon weg … Ach Irmchen, verzeih mir, daß ich Dir sowas sage; es ist einfach nötig, daß ich es sage. Es gibt Empfindungen, an denen Du erstickst, wenn Du sie nicht einmal aussprechen oder hinschreiben kannst. Und ich weiß keinen anderen als Dich. Mein Arzt? Gott, der hat schon schlimmere Dinge gesehen. Und meine Mutter wäre völlig zerschmettert, sie weint sowieso schon zuviel meinetwegen, und ich spiele vor ihr immer die Unbekümmerte. Und Jon? Das ist nun ganz kompliziert. Er tröstet mich nicht, er sagt einfach, ihm machts nichts aus, und ich solle nicht soviel darüber nachdenken; er hilft ganz selbstverständlich bei diesen gewissen kleinen Tricks, und im übrigen tut er (oder empfindet er es wirklich so?), als sei nichts weiter geschehen. Vielleicht ist es verrückt, soviel darüber nachzugrübeln, ob es ihm wirklich nichts ausmacht. Er ist sehr verschlossen und redet überhaupt nicht viel über Gefühle; dafür tut er, wortlos, irgendwelche Dinge, die seine Gefühle beweisen und gerade wegen seiner Schweigsamkeit desto überraschender und beglückender sind. Ach du lieber Himmel, jetzt fange ich auch noch an, meinen Mann zu analysieren … Aber das kommt sicher, weil ich ihn so vermisse. Wir telefonieren zwar öfter miteinander (und ich gehe dazu ins Interhotel, weil ich noch kein Telefon habe, und sitze in der Hotelhalle, die aber nicht sehr spannend ist, nicht so wie eine in Berlin), aber das ist bloß ein kläglicher Ersatz für seine Anwesenheit. Trotzdem bin ich jedesmal erleichtert und ein bißchen mutiger; er hat eine fabelhafte Art, mit Schwierigkeiten fertigzuwerden, vor denen ich völlig fassungslos stehe. Das heißt, irgendwie werde ich auch mit [ihnen] fertig, weil es eben sein muß, aber nie ohne gejammert zu haben, wenn auch bloß so still für mich. Jedesmal, wenn jetzt die Handwerker hier waren – und sie kommen alle Naselang, weil immer noch irgendwas fehlt oder falsch eingebaut worden oder ein Rohr geplatzt ist –, dann stand ich erstmal eine Viertelstunde todunglücklich vor den Trümmern, ehe ich mich daranmachte, sie zu beseitigen. Wenn ich dann erstmal dabei bin, geht es mir ganz flink von der Hand. Aber jetzt habe ich es allmählich satt, zum hundertsten Mal um- und einzuräumen und immer wieder von neuem die Wohnung zu scheuern. Vorhin, nach der Kommission, war nochmal ein Genosse von der Wohnungsverwaltung da, der den Vorschlag machte, den Elektroofen rauszureißen und dafür einen Gasofen einzubauen. Sicher wäre das eine bessere Lösung, und ich hätte es nicht mehr so kalt. Bloß der Gedanke an die Umstände schreckt mich: da müssen wieder Wände durchgestemmt, Leitungen verlegt und Rohre gezogen werden – und das alles in meinem Arbeitszimmer mit den blütenfrischen Gardinen, den mühselig verstauten zwei- oder dreitausend Büchern (die Bücherwand steht gerade da, wo der Ofen hin müßte). Wieder über Bücherberge steigen wie in den ersten Tagen, wieder Gardinen abnehmen und aufhängen, eine Wand neu verputzen und streichen lassen ... An mein Buch, an meine richtige Arbeit ist dabei gar nicht zu denken, dazu habe ich einfach nicht mehr die Nerven.

Na, nun ist aber genug geklagt. Du siehst, wie einem so eine Wohnung mit ihren im Grund läppischen Schwierigkeiten zusetzen kann, und ich sage Dir das deshalb, weil Du damals geschrieben hast, angesichts solcher Krebsgeschichte kämen Dir andere Probleme klein und unbedeutend vor. Nein, das sind sie nicht, finde ich. Sicher gibt es gewissermaßen Gewichtigkeitsstufen, und bei einem Schnupfen, so unangenehm er ist, weiß man wenigstens, daß man ihn nach einer Woche los ist. Aber für den Betroffenen ist so ziemlich jede Sorte von Problemen schlimm und aufreibend. Merkwürdig, daß andere, die gerade nicht betroffen sind, solche Dinge wie zum Beispiel Zahnschmerzen und Liebeskummer, eher komisch finden. Über nichts werden soviele Witze gemacht wie eben über dies – aber neulich habe ich den Sakowski hier erlebt, meinen Schriftsteller-Kollegen, ein Mann wie ein Baum, doppelt so hoch und dreimal so breit wie ich, – diesen Kerl also mit einem vereiterten Zahn ... Er war halb wahnsinnig und sagte, er könnte verstehen, daß jemand sich nachts aus Verzweiflung über nicht abzutötende Zahnschmerzen aufhängt. Er hatte schon sechs Titretta an diesem Tag gefressen (ungefähr das Stärkste, was es hier an Tabletten gibt), und wie er so dasaß, mehr lallend als sprechend, mußte ich mir immer das Lachen verbeißen, obgleich er mir leid tat. Die Erinnerung an eine bestimmte Sorte von Schmerzen verfliegt zu schnell; erst wenn man sie selbst wieder hat [...], findet man, es gibt nichts Ärgeres auf der Welt. Oder Liebeskummer ... Neulich beim Aufräumen habe ich noch einmal in meinen alten Tagebüchern gelesen, auch denen aus der Zeit, als ich noch mit P. verheiratet war und den Jon liebte. Manchmal habe ich nicht weiterzulesen gewagt. Es muß die Hölle gewesen sein. Jahrelang diese Gewissens-qualen, die Eifersucht, der Zwang, sich zu verstecken, zu lügen, und der tausendmal wiederholte Sturz von Glück-lichsein in Verzweiflung ... Vielleicht haben andere, die es merkten, auch darüber gelächelt (soweit sie nicht empört oder abgestoßen waren), aber für uns war es entsetzlich, nicht weniger entsetzlich als eben die Ahnung und dann das Wissen, daß man Krebs hat. Wie oft habe ich damals ans Sterben gedacht! Ach nein, da ist nichts zweitrangig, was einem an Leib und Seele zustößt (und meist sind noch dazu beide, Leib und Seele, beteiligt). Jetzt erst kann ich mir vorstellen, wie schwer für Dich die erste Zeit in Am-sterdam war – und dabei hattest Du nicht mal eine nette Kommission und einen fürsorglichen Nachbarn Parteise-kretär, und Du warst in einem fremden Land, unter Leuten mit einer fremden Sprache. Kein Wunder, daß Du damals ganz erschöpft warst, obgleich Du doch sonst ein mutiger und lebensfroher Mensch bist.

Und nun was anderes: Kommt ihr über Weihnachten? Ich würde euch so gern hier in Neubrandenburg begrüßen, euch die Wohnung (die bis dahin bestimmt in Ordnung, d. h. warm ist) und die hübsche Stadt mit ihren alten Wäl-len und Türmen und Toren zeigen. Die Zugverbindung ist günstig; das einzige Problem, falls ihr nicht bloß für einen Tag kommt, ist die Übernachtung, denn ich habe bloß ein Bett (die Couch habe ich verkauft, als ich Geld brauchte; übrigens hätte sie auch gar nicht mehr hier reingepaßt). Es gibt zwar ein Hotel, sehr ordentlich und dabei billig (11,50 M. für ein Doppelzimmer), aber es ist ein Interhotel, und ich könnte euch nicht als meine Gäste unterbringen, denn man wird, wenn ihr eure Ausweise vorlegt, darauf bestehen, daß ihr in harter Währung bezahlt. Aber wenn es mit den Zü-gen paßt, hätten wir doch einen langen Tag für uns und könnten nach Herzenslust schwatzen. Überleg's Dir mal; ich würde mich mächtig freuen.

Dieser Tage schicke ich Dir das (holländische!) Buch, von dem ich Dir erzählt habe; ich konnte es jetzt nochmal bekommen. Das Buch von de Bruyn, das Du schon lange bekommen solltest, und auf das ich sehr gespannt bin (es ist sehr gut, glaube ich), ist immer noch nicht erschienen, obgleich seit Juli angekündigt. Jetzt heißt es, es käme Anfang Januar raus. Armer de Bruyn! Übrigens spielt die Handlung ganz in der Nähe von euch, ich meine in Berlin – in der Auguststraße nämlich.

Und damit genug für heute. Laß es Dir gut gehen, liebes Irmchen, sag mir Bescheid wegen Weihnachten, und hab inzwischen eine vergnügte Adventzeit. Grüß Deinen Freddy von mir und sei selbst ganz herzlich gegrüßt von

Deiner Brigitte.

66 Irmgard Weinhofen an Brigitte Reimann

Amsterdam, den 27. 12. 1968

Meine liebe Brigitte,
Das Weihnachtsfest ist vorüber. Wir haben es ruhig und gemütlich verlebt und da Freddy heute wieder arbeiten gehen musste, will ich die Morgenstunden nutzen, um Dir zu schreiben.

Du hast mir einen so wunderbaren, ergreifenden und von tiefer Menschlichkeit erfüllten Brief geschrieben, dass es mir beim Lesen Deiner lieben Zeilen nicht nur warm ums Herz wurde, sondern nach Beendigung eine nur uns Frauen eigene und ganz natürliche Reaktion hervorrief: Ich heulte wie ein Schlosshund. Wie grossartig Du doch Gefühle beim richtigen Namen zu nennen weisst, wie Du mit einfachen Worten so treffend das Richtige zu sagen verstehst, hat mich erneut – und diesmal in ganz besonderem Masse beeindruckt. Lass Dich darum für diesen Brief ganz herzlich umarmen, meine Liebe. [...] Ausserdem bestätigten mir diese Zeilen erneut, wie sehr wir innerlich miteinander verbunden sind und Deine Denkweise und Gefühlswelt mit der meinen so sehr übereinstimmt. Das eigenartige ist, dieses Gefühl hatte ich bei Dir immer, Deine Wirkung auf mich war schon immer so, dass ich Dir alles ohne Hemmungen sagen und anvertrauen konnte (und vonvornherein wusste, verstanden zu werden) – und heute mehr denn je.

Nun sitzt Du in Neubrandenburg und frierst. Während ich beim Schreiben aus dem Fenster schaue, die Strasse und Autos mit Schnee bedeckt sind, hoffe ich nur, dass Dich eine bessere Heizungsart zufriedenstellend erwärmt. [...]

Ich habe ja gestaunt, dass Du so schnell umgezogen bist, es beweist mir aber andererseits Deine sich stets bessernde Kondition. Und das freut mich von ganzem Herzen. Ich hatte Dir noch nach Hoy. geschrieben und zu Deiner Mutter ein kleines Päckchen geschickt. Ich hoffe, dass Du es inzwischen erhalten hast. [...]

Von mir selbst kann ich wohl behaupten, dass ich bisher in meinem Leben noch niemals so bewusst und intensiv erfahren habe, wie herrlich es sein kann, eine Frau zu sein. Mein Gott – und dafür musste ich erst nach Amsterdam kommen, damit mir mein Schorsch – über ferne Länder und Ozeane hinweg – seine Hand reicht, um mich aus der viele Jahre andauernden Depression zu befreien, mir zu sagen, dass das Leben schön ist, dass ich es nur entdecken müsste, mich fühlen lässt, dass ich noch mitzähle, dass ich noch jung bin – und mich glücklich und gesund gemacht hat. [...] Und darum bin ich jetzt glücklich in Amsterdam – sosehr ich diese Stadt in den ersten vier Jahren (wir sind jetzt 5 Jahre in Holland) gehasst habe –, weil sie mir etwas schenkte, was in seiner Einfachheit und Vollkommenheit für mich einmalig ist. [...]

Wie Du inzwischen gemerkt haben wirst, waren wir Weihnachten nicht in Berlin. Einerseits gab es wohl für Freddy nur eine geringe Chance, Urlaub zu bekommen, zum anderen, glaube ich, wollte er nicht fortfahren. Und in diesem

Zusammenhang habe ich ihm am Heiligabend so die Ohren voll geheult, dass ich zu Muttis Geburtstag wieder allein nach Berlin fahren kann, und zwar [...] werde ich vom 21.–28. Februar in Berlin sein. Bei dieser Gelegenheit werde ich [...] bei der Visabeantragung gleich Neubrandenburg mit draufschreiben und dann komme ich Dich für einen Tag besuchen. Du kannst Dich dann schon etwa auf den 25. bzw. 26. Februar vorbereiten. Und alles, was ich Dir noch nicht erzählt habe, können wir dann besprechen. [...]

So, meine Liebe, ich hoffe, dass Dich dieser Brief bei guter Verfassung erreicht und verbleibe für heute mit vielen lieben Grüssen.

Es umarmt Dich

Deine Irmchen

N. S. Vielen Dank für das Buch, liebe Brigitte. Ich bin gespannt – und sage Dir meine Gedanken dazu im nächsten Brief.

67 Brigitte Reimann an Irmgard Weinhofen

Neubg. 31. 12. 68

Liebes Irmchen,

zuerst einmal: hab herzlichen Dank für Dein schönes Päckchen, das auf dem Umweg über meine Eltern hier angelangt ist. Es ist sehr lieb von Dir, daß Du Dir sogar die Zigarettensorte gemerkt hast, die ich mag – und nun sitze ich hier, rauche Caporal, statt gute Vorsätze hinsichtlich des Rauchens (bezw. Nicht-Rauchens) zu fassen, und dabei ist heute der Tag der guten Vorsätze, Silvester. Draußen ballern sie schon mit Feuerwerk rum, und manchmal läuten die Glocken (es ist schön, wieder in einer Stadt zu wohnen, in der es Kirchen und wohlklingende Glocken gibt), und ich bin allein, denn der Jon mußte nach Weihnachten gleich wie-

der nach Boxberg zurück. Aber ich arbeite, ich habe viel aufzuholen, und die Schreiberei hilft einem dabei, in guter Haltung so einen einsamen Abend zu überstehen. Es wäre wunderbar gewesen, wenn ihr hättet herkommen können. Wir
wären ins »Wein-ABC« gegangen (ein Keller mit prächtigem
Gewölbe, Kerzenlicht und dergleichen Gemütlichkeiten)
und hätten uns einen angetrunken. Schade. Hast Du meinen
Brief nicht mehr bekommen? Nun weiß ich nicht mal, ob
ihr in Berlin wart oder gar noch da seid. Schreib mir bald.
Und nochmal: alles Gute im neuen Jahr, Glück, Gesundheit,
Frieden und alles, was Du selber Dir wünschst. [...]
    Mit herzlichen Grüßen
    Deine (resp. eure) Brigitte

68 IRMGARD WEINHOFEN AN BRIGITTE REIMANN

                                    Amsterdam, den 15. 1. 1969
Meine liebe Brigitte,
Da unsere Weihnachts- und Neujahrswünsche für Dich
zurückgekommen sind, hier nochmals unsere allerbesten
Wünsche, besonders gute Gesundheit nach all dem Über-
standenen und ansonsten nur das Allerbeste auf allen Gebieten für 1969. [...]
    Seit Weihnachten sitzt Freddy nun, um Dein Buch fertig
zu übersetzen und bis jetzt hat er es bis auf Seite 100 (im
Buch) gebracht. Ich bin auch tüchtig dabei, alles nochmals
in die Maschine zu übertragen, denn Freddy hat sich vorgenommen, dass ich Dir bei meinem Besuch das holländische Manuskript überreichen kann. Zufällig hatten wir
eines abends mit einem jungen Mann ein Gespräch (er
nimmt bei mir Deutsch-Unterricht) – und wir sprachen
über Dein Buch. Daraufhin erzählte er uns, dass sein Onkel
ein Verleger mit eigenem Verlag ist und so haben wir ihn
bereits für Dein Buch interessiert. [...]

Nun möchte Freddy über folgendes Sicherheit haben: Brigitte, wofür besitzt Du das Copyright bei diesem Buch? Die Übersetzung hast Du uns übertragen, [...] aber wie ist das nun mit dem Verlag? Kannst Du das selbst bestimmen, dass es hier erscheinen kann oder muss »Neues Leben« erst seine Zustimmung geben. Wir haben auch an den Film gedacht. Man kombiniert hier gern Buch mit Film. [...]

Ich hoffe, dass Dich meine Zeilen bei gutem Befinden und guter Laune erreichen mögen – und vor allem Deine Heizungsgeschichte gelöst ist.

Sei recht herzlich gegrüsst und umarmt von Deiner Irmchen. [...]

69 BRIGITTE REIMANN AN IRMGARD WEINHOFEN

Neubrandenbg. 21. 1. 69

Liebes Irmchen,
eben, mit der Frühmorgen-Post, habe ich Deinen Brief bekommen, und ich will Dir ganz schnell und ›geschäftsmäßig‹ antworten, denn nachher kommen die Fernmelde-Leute, um Telefon zu legen (Gott sei Dank, da kann ich wenigstens den Jon öfter anrufen, mir überhaupt eine Menge Wege ersparen), und hinterher wird's wieder arg aussehen ... Und morgen habe ich eine Sendung, Rundfunklesung aus meinem neuen Buch, vorher ein Interview, und davor habe ich solche Angst, daß ich jetzt schon zittere. Überhaupt, mit Terminen bin ich reich gesegnet in meiner neuen Heimat. Manchmal bin ich ganz froh über diese Sitzungen und Verabredungen und Journalisten-Besuche u. dergl., denn abends, wenn ich allein bin, kriege ich öfter die Große Melancholie, aber zur Zeit wird es mir ein bißchen zuviel, weil ich wieder Anschluß an mein Buch gefunden habe und lieber arbeiten möchte. Dieser Tage habe ich endlich das Kapitel fertiggeschrieben, an dem ich zum letzten-

mal damals in der Klinik gekritzelt hatte, um mich ein bißchen von meinem Jammer abzulenken (übrigens sind mir da sogar ein paar ganz hübsche Sätze gelungen, wie ich jetzt feststellte), und nun bin ich beim Abschreiben und Korrigieren, was immer das Schlimmste bei der Dichterei ist – und wenn mein lieber Mann Ende der Woche kommt, wird er wieder ein nervöses Weib vorfinden. Und dabei haben wir uns schon fast drei Wochen nicht gesehen … Scheußlich, sage ich Dir. Offenbar habe ich keine Eignung zur Nonne mit Keuschheitsgelübde …

Eben sind die Telefonburschen gekommen, und das Chaos bricht herein. Jetzt murkeln sie noch draußen herum, mit einem gewaltigen Aufwand an Kabeln und Leitern und Meßinstrumenten. Na, ich bin ja nun nicht mehr so leicht zu erschüttern, nachdem ich dreimal das Theater mit dem Ofen-Umsetzen hatte. Übrigens, der Gasofen ist eine ganz große Wucht. Ein neues Modell, weißt Du, wahrscheinlich ganz anders als der, den ihr damals hattet. Er ist klein (das Zimmer wirkt jetzt beinahe saalartig), die Luftzufuhr und die Luftabgabe wird durch einen Ventilator geregelt, der in die Wand eingelassen ist, so daß man mit der eigentlichen Gasluft gar nicht in Berührung kommt. Er wird automatisch gezündet und kann auf kleine und große Flamme gestellt werden und heizt phantastisch. Ich hatte ihn selbst jetzt bei scharfem Frost immer nur auf kleiner Flamme laufen und konnte sogar die Tür zum Nebenzimmer offen lassen – das hat er auch noch geschafft. Ich bin heilfroh. Natürlich ist es nicht gerade billig, mit Gas zu heizen, aber ehe ich friere … Überhaupt wohne ich hier teurer als in Hoy. Die Miete ist zwar zehn Mark weniger (46.–), aber das ganze Strom- und Gaszeug, das daran hängt – du lieber Gott! Mir graut schon vor der Quartalsrechnung. In Hoy war in die Miete von 56.– alles einbezogen, heißes Wasser, Fernheizung, Straßenreinigung und so. Na ja, dafür habe ich hier den Garten (neulich habe ich tausend Päckchen Blumensamen gekauft, und falls die verdammten

Krähen mir nicht alles aus den Beeten rauspicken, wird der Garten im Sommer ein Blumen-Paradies sein).

Nun aber endlich zum Geschäftlichen. Mir ist mit Entsetzen eingefallen (ich fürchte, ich täusche mich nicht), daß ich euch zum Übersetzen ein älteres Exemplar der ›Frau am Pranger‹ gegeben habe – ich meine: eins, das noch nicht, wie für die späteren Auflagen, überarbeitet ist. Das habe ich jetzt erst gemerkt, als ich für den Verlag noch einmal korrigiert habe. Ich weiß nicht, ob ich Dir schrieb, daß der Verlag in diesem Jahr nochmal die ›Frau‹, zusammen mit der kleinen Erzählung ›Das Geständnis‹ und den ›Geschwistern‹, in einem Sammelband herausgeben will. Bei der Gelegenheit habe ich noch mal tüchtig ›gejätet‹, und da eben fiel mir auf, daß die neueren Ausgaben der ›Frau‹ viel besser sind. Natürlich habe ich an der eigentlichen Fabel nicht herumgebogen, die ganze Geschichte ist so geblieben wie sie war, aber gereinigt von Sentimentalitäten, überhaupt sprachlich überarbeitet; ich habe auch noch einige Szenen neu geschrieben, die die ganze Sache abrunden. Die älteren Fassungen sind – jedenfalls für mich – einfach nicht mehr zu lesen. Übrigens könnt ihr leicht nachprüfen, ob ich euch ein altes oder ein neues Exemplar geschickt habe: in dem neuen ist z. B. so eine später eingefügte Szene (in der Küche der Martens; Katrin schmuggelt abends Alexej ins Haus, der über den kleinen Volksempfänger eine Sendung von Radio Moskau abhört, zum Schrecken Katrins – nicht nur, weil sie Angst hat wegen des verbotenen Hörens von Feindsendungen, sondern, weil ihr Alexej einen Augenblick ganz fremd und fern ist, als er die russischen Worte hört und plötzlich zu weinen anfängt). Also, wenn diese Szene, die ich eben grob skizziert habe, drin ist, habt ihr das richtige Buch. Auf jeden Fall werde ich heute oder morgen den Verlag anrufen und ihn bitten, noch ein Exemplar zu beschaffen (ich habe nämlich überhaupt keins mehr); zur Not muß ich mir eins aus der hiesigen Bibliothek klauen oder legal beschaffen; ich kenne den Bibliotheksdirektor und hoffe, er wird mir behilflich sein. Im Buchhandel – auch über den Suchdienst des Buchhandels – ist einfach nichts zu machen, was mich eigentlich freuen sollte, weil es ein Zeichen dafür ist, daß das Buch, trotz seiner vielen Auflagen, restlos vergriffen ist.

Die Korrekturen, die sich dann ergeben, kann Freddy ja nachträglich einfügen, auch diese neu geschriebene Szene.

Das Fernsehmanuskript existiert auch noch; beim Umzug ist es mir mal wieder in die Hände gefallen. Ich werde nächstens in meinen Schubladen buddeln und es raussuchen. Was noch besser ist: es gibt ja auch diesen Fernsehfilm, der leider nur einmal gelaufen ist (aus Gründen, die ich hier nicht erörtern möchte; vielleicht kennt ihr sie auch), dabei war er gut, soweit ich mich erinnern kann, und selbst hartgesottene Leute haben Tränen in den Augen gehabt. Auch eine vorzügliche Besetzung: Karla Runkehl – Irmchen, Du kennst sie sicher noch: *der* Defa-Star der Anfangsjahre; leider filmt sie kaum noch – und als Alexej der Hilmar Thate vom Brecht-Ensemble. Auch die anderen Rollen waren mit Spitzenreitern besetzt. Ich meine, wenn es wirklich dazu kommt, daß ihr einen Verlag findet, bezw. daß dieser junge Mann anbeißt, dann kann man, falls daran Interesse besteht, die Fernseh-Aufzeichnung besorgen, die in einem Archiv schlummern muß. Und wenn die dann auch noch käme ... aber das wär zu schön, um wahr zu sein. Stell Dir vor, dabei würde ein Besuch in Amsterdam rausspringen ... Gestern hörte ich, daß es mit Ausreisen ein bißchen leichter gemacht werden soll; bis jetzt scheiterte es meist am Travelbord, weil die Unsrigen beleidigt waren, daß Westdeutschland das Visum gibt und dabei unsere Bürger nicht als DDR-Bürger, sondern als Ostdeutsche im Paß bezeichnet.

Ja, und was das Copyright betrifft, da weiß ich nun gar nicht mehr Bescheid. Irgendwann waren die Rechte mal wieder bei mir, weil der Verlag keine Neuauflagen mehr plante, aber da er das Buch nun doch wieder bringt, wird er sicher auf die Rechte pochen, zumal wenn er hört, daß da was Holländisches in der Luft liegt (das riecht nach Devisen).

Aber das ist wirklich das geringste Problem, ich komme sehr gut mit meinem Verlag aus, und sicher werden wir uns ohne Schwierigkeiten einigen. Das können wir alles besprechen, wenn Du hier bist, Irmchen.

Und noch fix etwas zu Deinem Besuch: bitte, plane nicht den 25. 2. ein, denn an diesem Tag ist hier eine große Feier zum zehnjährigen Bestehen des Schriftsteller-Verbandes, bei der ich nicht fehlen kann. Und noch eins: Du kannst hier übernachten, das wär schön, Du brauchtest nicht an einem Tag hin- und herzufahren, und wir hätten mehr Zeit. Wir haben nämlich neulich festgestellt, daß der riesige Ledersessel, den ich mir statt einer Couch zugelegt habe, auszuziehen ist und so lang und breit ist wie ein Bett; man kann bequem darin schlafen, und ich kann Dir also meine Bettcouch abtreten. [...]

Du erwähnst, daß eure Karte zurückgegangen ist. Haben die Postleute wieder mal gespaßt? Das ist jetzt schon ein paarmal passiert, daß richtig adressierte Briefe zurückgeschickt wurden, weil der Empfänger hierorts unbekannt sei. Die meisten kommen aber richtig an. Sehr merkwürdig. Auch Dein letzter Brief hat mich ja erreicht. Hast Du ›Buridans Esel‹ schon bekommen? In nächster Zeit kommen noch ein paar schöne Sachen, auf die ich mich schon freue. Und eine große Entdeckung: Katajew. Kennst Du den noch aus den ersten Jahren? ›Es blinkt ein einsam Segel‹. Irgendeiner unter ›ferner liefen‹ – damals. Aber jetzt! Mit siebzig Jahren fängt der alte Bursche an, ganz große Literatur zu schreiben. Neulich ist der ›heilige Brunnen‹ erschienen (ich werde versuchen, ihn Dir noch zu besorgen), und in diesem Halbjahr kommt das ›Gras des Vergessens‹ raus. Das habe ich schon vor zwei Jahren in der Zeitschrift »Sowjetliteratur« gelesen (es ist ziemlich umstritten – wahrscheinlich hat manche Leute diese moderne Schreibweise schockiert, das Ineinanderfließen von Traum und Wirklichkeit). Wir waren begeistert. Der hat sich wirklich ›an die Spitze‹ geschrieben.

So, und jetzt muß ich schließen, denn jetzt stürmen die Telefoner die Wohnung.

Laßt es euch wohl ergehen, ihr beiden, und seid ganz herzlich gegrüßt von
Eurer Brigitte

Zu Katajew: dafür würde Freddy, wenn er den übersetzt (und wenn K. nicht schon in Holland erschienen ist) bestimmt einen Verlag finden!

70 IRMGARD WEINHOFEN AN BRIGITTE REIMANN

Amsterdam, den 4. 2. 196[9]

Meine liebe Brigitte,
Zunächst herzlichen Dank für Deinen »geschäftlichen« Brief sowie die beiden Bücher. Es ist lieb von Dir, dass Du mich so schön mit lesenswerter Literatur versorgst – und trotz fleissiger Beschäftigung habe ich »Buridans Esel« schon ausgelesen. Wir werden ein wenig darüber sprechen, wenn wir zusammen sind. [...]

Nun etwas anderes: Gestern um 23.00 Uhr war ich fertig mit dem Abschreiben Deiner Katrien. Zwischendurch habe ich doch wieder bei so mancher Szene ein paar Tränen vergossen [...]. Übrigens, was Du über den Film schreibst, den habe ich gesehen und weiss auch, dass die Besetzung sehr gut war. Hoffen wir auf ein bisschen Glück [...].

Nun sind es keine drei Wochen mehr, bis ich wieder Berliner Luft atme [...]. Mein Koffer steht schon neben meinem Bett – und als Freddy das sah, kommentierte er nur: Ist es wieder soweit?

Ich hab Dir auch so'n silbernes Zeug gekauft, allerdings ganz so fein ist es nicht, aber ich denke, Du wirst Dir schon was draus machen lassen können. Mit der Platte und den gefragten Stücken hatte ich absolut kein Glück. Allerdings gibt es von Jimmy Jancey eine andere Platte, wenn Du diese haben willst? [...] Ich hatte Dich ja schon darüber im Weihnachtsgruss befragt, aber die Idioten in Hoyerswerda haben ihn »unbestellbar« und »unbekannt verzogen« zurückgeschickt.

Übrigens, ich habe mich mächtig über Deinen Brief gefreut, beweist er doch, dass Du im Klein- und Grosskram wieder zu Hause bist und für unnötiges Grübeln wenig Zeit ist. Ich freue mich [...] auf unser Zusammensein und dann werde ich, wenn alles gutgeht und das Flugzeug nicht abstürzt (ich habe jedesmal Angst, wenn ich fliege, aber trotzdem finde ich es schön) am Mittwoch, dem 26. 2. in Neubrandenburg eintreffen. [...] Also nimm Dir für den 26. nichts vor, damit ich nicht vor verschlossener Gartentür stehe. Da fällt mir ein, wenn Du etwas an Blumensaat oder so haben willst, Holland ist doch ganz gross auf diesem Gebiet, lass es mich dann noch wissen.

Eben lese ich Deinen Brief, und da will ich noch auf einiges antworten. Du hattest ein neueres Exemplar von der Katrien geschickt, die beschriebene Szene war drin. Ich freue mich für Dich, dass ein Sammelband erscheint – gibt doch auch wieder ein bisschen Geld – und wenn er erscheint, bitte einen für mich! [...]

Für heute grüsst Dich ganz herzlich und umarmt Dich Deine

Irmchen. [...]

71 Brigitte Reimann an Irmgard Weinhofen

Nbg., 14. 2. 69

Liebes Irmchen,

eigentlich brauchte ich nur zwei Worte zu schreiben: Willkommen, willkommen! Alles andere weißt Du ja: daß ich mich mächtig freue, und daß wir einen Ganz Großen

Schwatz-Tag veranstalten werden, und daß ich es sehr lieb von Dir finde, daß Du Dich an den Stoff erinnert hast – na, und überhaupt. Ich werde mich erkundigen, wann ein Zug kommt, der zu einer zumutbaren Zeit aus Berlin abfährt, und Dich dann am Bahnhof in Empfang nehmen und einen roten Teppich auf dem Bahnsteig entrollen. Ehrenjungfrauen werden sich freilich kaum auftreiben lassen.

Und nun bloß noch ›Geschäftliches‹: a) gut, daß ihr das richtige Exemplar habt. Zwar habe ich darin auch nochmal korrigiert, aber das ist nicht so erheblich.

b) wegen Copyright gibt es keine Schwierigkeiten. Falls ihr tatsächlich einen Verlag findet, wird mein Verlag – das ist ausgemacht und versprochen – höflichstes Entgegenkommen bezeigen. Denn leider verhält es sich, wie ich mir schon dachte: weil der Verlag die ›Frau‹ nochmal rausbringt, hat er auch wieder die Rechte an sich gerissen.

c) speziell für Freddy (samt Erwiderung seines Küßchens): soviel ich weiß, braucht man für eine Katajew-Übersetzung keine Genehmigung des Autoren oder seines sowjetischen Verlegers. Die SU ist der Berner Konvention nicht angeschlossen (weil sie damals, 1919, glaube ich, gar nicht für voll genommen, also auch nicht zur Konventionssitzung und -gründung eingeladen wurde). Wahrscheinlich wird das irgendwann nachgeholt werden, denn jetzt lohnt es sich – für die anderen, deren Literatur massenhaft in der SU erscheint (ohne daß die sowjetischen Verlage verpflichtet sind, Honorare zu zahlen), und für die SU, deren Autoren ebenfalls ungeschützt sind und im Ausland nachgedruckt werden können und werden, ohne ihre Zustimmung und ihr Wissen. Eine Anfrage wegen Übersetzung wäre also nur eine Sache der Höflichkeit, nicht des Copyright-Zwanges.

Und damit Schluß, und für Freddy viele Grüße, und für Irmchen: auf bald, auf Wiedersehen!

Herzlich

Deine, eure Brigitte

Nbg., 13. 3. 69

Liebes Irmchen,
ich wollte Dir nur mal schnell sagen, daß ich mit großer
Freude an Deinen Besuch zurückdenke. Es war wirklich
wunderbar von Dir [zu] kommen, und ich hoffe sehr, daß
wir uns bald wiedersehen werden – vielleicht fährst Du im
Frühling nach Berlin?

Ein richtiger Brief folgt demnächst, wenn ich die ärgste
Belastung (Lesungen, Termine etc.) hinter mir habe. Ich
lese jetzt die Fahnen für den Erzählungsband, in dem auch
die »Frau« ist; das Buch wird also bald erscheinen (es war
schon als Blindband auf der Messe), und ich schicke Dir,
resp. euch dann gleich ein Exemplar. Grüß Freddy. Laß es
Dir wohl ergehen, mein liebes Irmchen, ich wünsche Dir
Sonne und Freude und grüße Dich herzlich –

Deine Brigitte

73 IRMGARD WEINHOFEN AN BRIGITTE REIMANN

A'dam, den 18. 3. 1969

Meine liebe Brigitte,
Ich habe mich sehr über Deine lieben Zeilen vom 13. 3. gefreut und zugleich geschämt, dass Du mir im Schreiben
schon voraus warst. Das bedeutet aber nicht, dass ich Dich
etwa vergessen hätte. Ganz im Gegenteil. Aber gleich nach
meiner Rückkehr gab es eine Menge Abwechslung für
mich und ausserdem hatte ich mich auf die Arbeitssuche
gemacht, da meine Finanzen sehr schlecht aussahen.

Inzwischen arbeite ich nun und verdiene meine Kost mit
Steno und Typen in deutsch und niederländisch. Ich bin
den ganzen Tag ausser Haus, nur in der Mittagspause von
12–2 rase ich nach Hause, um für uns das Essen zu machen,

weil Freddy doch mittags warm essen muss. Hier sagt man, dass das keine holländische Frau machen würde. Aber was tut man nicht alles. Auf alle Fälle habe ich so die Aussicht, mir mein Geld wieder selbst zu verdienen und brauche Freddy nicht um jede Kleinigkeit zu betteln.

Meine liebe Brigitte, lass Dir sagen, dass auch mich unser Gespräch sehr froh gemacht hat, zumal ich von ganzem Herzen ehrlich und ohne Heuchelei und Einschränkungen mit Dir sprechen konnte. Ich dachte nur später, als ich im Zug sass, dass ich Dich unnötig mit meinen Problemen belästigt habe, denn Du hast auch so Deine Sorgen – aber trotzdem, in Deinem Hause strahlte es nach Ruhe, Sicherheit und Geborgenheit, fern von allen Weltproblemen.

Ich danke Dir auch nochmals für die hübschen Kristalldinge, die mich sehr erfreuen. Was ich für Dich machen kann, das mache ich auch.

In diesem Zusammenhang musst Du mir Deine BH-Grösse schreiben, sonst kann ich das für Dich nicht erledigen – Du weisst schon, was ich meine.

Was Deine Katrien betrifft, läuft alles in [eine] gute Richtung. Der junge Mann wird das Manuskript an seinen Verlag resp. Verlag seines Onkels abgeben. Nur warten wir im Moment auf die letzte Korrektur, die wir sicherlich Ende des Monats erhalten werden.

Was meinen folgenden Besuch betrifft, da werden wir wohl noch ein Weilchen warten müssen. Erst muss wieder Geld her, zweitens muss Freddy wieder erpresst werden und drittens muss ich erstmal wieder in Amsterdam bleiben. Ich bin ganz froh, dass ich wieder ein bisschen arbeite. Auf diese Weise drücken meine Probleme nicht so sehr und mein Geist wird wieder lebendiger. Wenn man nicht arbeitet, wird auch der Geist träge, finde ich. […]

Ich grüsse und umarme Dich ganz herzlich als Deine Irmchen u. Freddy.

Neubrandenburg, 10. 4. 69

Mein liebes Irmchen,

zum erstenmal habe ich meinen Arbeitsplatz nach draußen verlegt und sitze auf der Terrasse, unter einer beinahe sommerlich warmen Sonne. Endlich, endlich ist es auch hier Frühling geworden, und in meinem Garten sprießt munter das Unkraut, obgleich ich jeden Tag ein oder zwei Stunden buddele und an den verdammten Quecken herumzerre. Vorläufig ist es draußen noch ein bißchen unbequem, die Maschine steht auf einem wackligen Hocker, und ich muß mich erstmal nach Gartenmöbeln umtun. Von meinem zusätzlichen Verdienst durch Lesungen kann ich mir irgend so ein Campingzeug kaufen, Tisch und Stühle und einen Sonnenschirm, und dann fehlen mir bloß noch ein Mann und ein paar Kinderchen zum fröhlichen ländlichen Frühstück in der Morgensonne. Aber für Kinderchen ist es zu spät, und mein Eheliebster ist weit weg, und zu alledem bin ich mit ihm entsetzlich verkracht. Seit Ostermontag, morgens, als er wieder abreisen mußte ... Natürlich bin ich schuld, ich blödes, bockiges Frauenzimmer. Aus lauter Verzweiflung, weil er weg mußte, habe ich ihm eine Szene gemacht und idiotisches Zeug geredet. Du kannst ja nicht schnell genug auf deinen Bau zurück ... Deine Arbeit ist dir wichtiger als ich ... sowas in der Preislage. Als ob ich nicht wüßte, daß es Pflichten und Disziplin und unumgängliche Notwendigkeiten gibt! Er ist ganz stumm und unglücklich aus dem Haus gegangen (und sicher hat er wieder ein paar neue graue Haare bekommen), und ich habe den ganzen Morgen herumgelegen und geheult, am meisten aus Reue. Seitdem hat er sich noch nicht wieder gemeldet, obwohl er sonst jeden Tag anruft. Ich sitze da und starre das Telefon an ... aber wenn's läutet, ist immer ein anderer dran. Die Trennung bekommt uns nicht, mir am wenigsten, denn während Jon von morgens bis abends ganz scharf arbeiten muß und sich mit seinen Computern herumbalgt, kann ich bei meiner Sorte Arbeit eher mal ›abschalten‹, das heißt: nachdenken, Sehnsucht bekommen, traurig werden, zumal ich immer noch seelisch schwer angeschlagen bin.

Seit die Sonne scheint, mustere ich meine Sommerkleider und rangiere unter Tränen aus, was zu großzügige Dekolletés hat. Ach, und meine geliebten Bikinis … Dahin und liquidiert. Wenn wir in der Badeanstalt waren, behauptete Jon immer, ich sei weit und breit die einzige Frau, die sich leisten könnte, einen Bikini zu tragen. Natürlich eine liebevolle Übertreibung, aber man hört's trotzdem gern. Und sowas fällt einem dann im ungeeignetsten Moment wieder ein … Diese Ärzte mit ihren Trostsprüchen: In einem Jahr haben Sie das alles vergessen. Die haben eine Ahnung! Naja, sind eben Männer und haben ihr Lebtag keinen Busen vor sich hergetragen. Entschuldige, jetzt quatsche ich schon wieder davon, aber Du bist eben der einzige Mensch, dem ich sowas vorjammern kann.

Weißt Du, Irmchen, man braucht einfach jemanden, mit dem man, sei es auch bloß im Brief, über alle möglichen Sorgen sprechen kann, und was das betrifft, hast Du ein für allemale grünes Licht bei mir, Du verstehst. Ich meine: weil Du in Deinem Brief geschrieben hast, nachträglich, im Zug, habe es Dir leid getan, daß Du mich mit Deinen Sorgen belästigt hast. Aber das hast Du ja gar nicht, und von Belästigung kann überhaupt nicht die Rede sein, dafür habe ich Dich viel zu gern; eher wäre ich betrübt, wenn Du nicht mehr das Bedürfnis hättest, mit mir zu teilen, was Dich bedrückt oder besonders freut. Bloß jammerschade, daß Du so weit weg bist! Obgleich ich Dich gerade deshalb so sehr bewundere, weil Du auf eine so tapfere und trotz aller Widrigkeiten noch lebenslustige Art in einem fremden Land haust und Dich durchbeißt, wünschte ich doch, Du wärst wieder in Berlin, und manchmal denke ich auch, Du kommst wirklich einmal zurück, wenn ich mir auch noch nicht vorstellen kann, wie und wann und unter welchen Umständen. Wenn ich denke, was für eine aktive Person Du bist, und was Du alles gelernt hast und leisten könntest – und da jagst Du nun herum, plagst Dich mit Steno und solchem Zeug und wirst womöglich noch schief oder wenigstens verwundert angesehen. Freilich, das ist immer noch besser, als zuhaus zu sitzen und in jedem Sinne abhängig zu sein.

Sag mal, würdest Du Dir zutrauen, literarische Übersetzungen zu machen? Du beherrschst die Sprache doch so gut, das heißt, beide Sprachen. Wenn man euren jungen Mann (diesen Verleger-Neffen) für DDR-Literatur interessieren könnte ... Da fände sich bestimmt manches, was zu übersetzen sich lohnt und was in Holland ›ankommt‹. Daß de Bruyn sehr, wahrscheinlich zu schwierig ist, glaube ich gern – bei diesen kunstvoll gebauten Sätzen und einer Sprachbeherrschung, die manchmal schon beinah zu perfekt ist. Morgen schicke ich Dir erstmal den Katajew, ›Das Gras des Vergessens‹, ein sehr schönes Buch, übrigens faßlicher, gewissermaßen irdischer als der ›heilige Brunnen‹, der so zwischen Traum und Wirklichkeit schwebt. Herzlich gern würde ich Dir auch das Buch von der Christa Wolf schicken, das ich Dir, glaube ich, schon vor einem Jahr angekündigt habe. Ich habe es gelesen, lesen können, weil die Christa es mir geschenkt hat (eine Freundschaftsbezeigung, auf die ich sehr stolz bin, denn die Christa ist eine wunderbare Frau, und sicher würdest Du sie auch verehren, wenn Du sie kennenlernen würdest.) Ihr Buch hat zwei Jahre lang »gelegen«, jetzt ist es endlich erschienen, aber nur in einer Auflage von vorerst 3000 Exemplaren. Für die DDR und zumal nach dem Erfolg des ›Geteilten Himmels‹ eine lächerliche Auflage.

Liebes Irmchen,
inzwischen sind fünf Tage vergangen, scheußliche Tage, immerzu Regen, zwischendurch auch mal Schnee, Garten und Terrasse habe ich noch nicht wieder betreten. Ich fühle mich mies, habe Halsschmerzen, kann nicht richtig arbei-

ten und gammele mich so durch den Tag ... Wenigstens habe ich mich mit dem Jon wieder vertragen, Gottseidank; er rief an und sagte, daß er bei einem Gärtner in Hoyerswerda Kletterrosen zum Anpflanzen bekommen könnte. Einer seiner berühmten ›Vorwände‹; schon zu der Zeit, als wir noch illegitim lebten, dachte er sich immer einen Vorwand aus, um zu mir zu kommen und die diplomatischen Beziehungen wieder aufzunehmen, wenn wir uns gezankt oder sonstwie entzweit hatten. Na, Du, ich bin heilfroh ... Und nun will sich auch der Schriftsteller-Verband ernstlich darum kümmern, daß er bald sein Zimmer bekommt und hier arbeiten kann. Sein Programm dort in Boxberg hat er abgeschlossen und verteidigt, und nun möchte er am liebsten zur Erholung ein paar Monate wieder eine Planierraupe fahren, ehe er zur Datenverarbeitung zurückkehrt. Die übermäßige Arbeit hat ihn ziemlich mitgenommen, er ist nervös und eigentlich seit Monaten krank (eine schon chronische Stirnhöhlenvereiterung), nimmt sich aber nicht die Zeit, sich auszukurieren. Aber es hat keinen Zweck, ihm zuzureden – ein richtiger masurischer Dickschädel.

Gestern habe ich – oh Wunder – das Buch von Christa noch einmal bekommen, in unserer Buchhandlung. Es gibt zwar eine Menge Anwärter auf diese Eroberung, aber ich denke doch, ich werde es lieber Dir geben; ich glaube, Du wirst vieles wiederfinden von dem, was unsere Generation in all den Jahren nach dem Krieg gedacht und gefühlt hat, die Begeisterung, auch die Enttäuschungen. Da Du Abstand hast, wirst Du vielleicht gar nicht verstehen, warum man hier so säuerlich reagiert, einen Haufen Bedenken vorbringt (neben hohem Lob für die Sprache und das Anliegen), und warum immer wieder das Wort ›Resignation‹ auftaucht. Natürlich ist die Geschichte nicht gerade lustig: eine junge Frau, die stirbt, bevor sie richtig zu leben begonnen hat ... Aber Du wirst ja selbst sehen. Ich jedenfalls hatte beim Lesen immer das Gefühl, daß das Buch mich persönlich ganz stark angeht.

Du lieber Himmel, es gießt schon wieder in Strömen. Da kann man wirklich trübsinnig werden. Habt ihr auch so einen reizenden Frühling in Holland?

Du fragtest wegen der Größe für so ein Ersatz-Maschinchen, Du weißt schon. An sich habe ich die 3 (stimmen diese Nummern bei euch und bei uns eigentlich überein?), aber man sagte mir, für das Kunstwerk müßte man eine Nummer kleiner nehmen, weil es ja in den BH eingesetzt wird. Also die 2. Kommt mir selber recht lütt vor, wird aber stimmen.

Jetzt schneit es! Diese Wettermacher müssen doch verrückt geworden sein. Und im Steingarten blühen die Veilchen und die blauen Zilla, die armen Dinger ... Ich wollte Dir auch noch sagen, daß Du die Schallplatte ruhig schicken kannst. Ich habe mir vom Zoll und der Deutschen Post bestätigen und beschwören lassen, daß es erlaubt ist, Platten aus dem Ausland zu bekommen; ausgenommen sind nur Westberlin und Westdeutschland.

Schreib mir bald wieder, Irmchen. Am schönsten wär's natürlich, wenn Du in nicht allzu ferner Zeit wieder nach Berlin kämst ... aber das wirst Du ja auch ohne Zureden einrichten, sobald es möglich ist. Bleib gesund; vor allem Freddy wünsche ich, daß sich sein übler Zustand endlich ein bißchen bessert, und daß er wieder die frühere Kraft und Lust zum Arbeiten hat. Grüß alle netten Leute in Amsterdam und sei ganz herzlich gegrüßt und umarmt von

Deiner Brigitte

Jetzt *hagelt* es!

75 Irmgard Weinhofen an Brigitte Reimann

Amsterdam, den 14. 4. 1969

Meine liebe Brigitte!

Zwischendurch ein paar Zeilen. Ich sitze auf der Arbeit, habe heute morgen nicht soviel zu tun und da will ich die

Zeit nutzen, zumal die schematische Arbeit die Gedanken doch stets abschweifen lässt. Heute nacht habe ich selbst von Dir geträumt, wie Du mich beschwörtest, doch wieder nach Hause zu kommen … […]

Wie geht es Dir, meine Liebe? Was macht Dein Buch? Wie geht es Deinem Mann? Kommt er öfter nach Hause oder ist er schon in Deiner Nähe? Sorg dafür, dass Du nicht soviel allein bist – und nicht schwermütig wirst. Dein Buch ist fertig korrigiert, doch leider ist der junge Mann zwei Wochen nicht erschienen […]. Ansonsten entfalte ich andere Aktivitäten. Denk daran und schreib mir Deine BH-Grösse. Ich will Dir doch etwas Entsprechendes besorgen. Hast Du andere kleine Wünsche? Schreib sie mir. Meine Liebe, wäre es Dir möglich, mir das neue Buch von Christa Wolf zu besorgen?? Sicherlich wird es bei der kleinen Auflage schwierig sein. Erzähl mir von Deinem Leben, von Deinen Freuden und Sorgen.

[…] Für heute grüsse ich Dich recht herzlich und umarme Dich als

Deine Irmchen

76 Irmgard Weinhofen an Brigitte Reimann

Amsterdam, den 29. 4. 1969

Meine liebe Brigitte,

Ich habe noch ein Stündchen Zeit, um mit Dir zu plaudern (und hoffe, dass man mich in dieser Zeit nicht stört) und so will ich ein wenig auf Deine lieben Zeilen vom 10. bzw. 15. 4. eingehen. […] Deine Briefe sind die einzigen, die wirklich lesbar sind, von all denen, die ich so bekomme. Doch will ich Dir noch sagen, gegenüber früheren Jahren ist meine Post aus Berlin dünner geworden. Mit der Abnahme der Päckchen schwanden auch die Briefe … Aber so ist es nun einmal – und im Laufe der Zeit kristallisieren sich dann eben die wirklichen Freunde heraus – und das sind nicht viele.

Um erst einmal einen Plauderanfang zu finden, ein weer-praatje (Wetterunterhaltung). [...] Es ist hier nicht nur [...] kalt, sondern auch immer sehr windig – und natürlich das Übermass an Regen nicht zu vergessen. Aber trotzdem, es wird Frühling ... Die Tulpen beginnen zu blühen und die Stadt ist voller Touristen, im Moment hauptsächlich Amerikaner. Man erkennt sie schon von weitem. Ihre Kleidung: sehr billig und sehr grelle Farben. Aber eines muss man den Frauen lassen: Sie sind prima gepflegt – und wenn es auch nur Schminke ist, aber sie sehen nach was aus. [...]

Ich persönlich fühle mich gut. Mit meinem Freddy ist das so eine Sache. [...] das Schlimme [...] ist, dass Freddy am 21. 4. 1969 mit seiner Entlassung nach Hause kam. Glaub mir, meine Liebe, als ich das hörte, wurde es mir ganz schwindelig ... [...] Nun beginnt die Arbeitssuche wieder von neuem. Gut, finanziell sind wir vorläufig gesichert, man bekommt ja Arbeitslosenunterstützung, aber die moralische Seite ... Ein Mann muss doch irgendwo im Beruf seine Aufgabe finden ...

Was Du von mir schreibst, meine Liebe, dass ich mich tapfer durchschlage in einem fremden Land, ist nicht so wild. Jetzt, wo ich die Verhältnisse kenne, ist es nicht mehr so schwierig. Ich kann mich eben gut anpassen, das ist alles – und das muss man hier, weiss Gott, wirklich. [...] Natürlich kann man die Wahrheit erzählen und unsere Ideen überzeugend erklären (und so mancher wird dabei doch nachdenklich), aber absolut gegen den Strom zu schwimmen, und dann noch als einzelner auf verlorenem Posten, [ist] sinnlos. Nicht mal den 1. Mai hat man hier frei, dafür [den] Geburtstag der Königin am 30. 4.

Was Du schreibst, meine Liebe, dass ich irgendwann einmal wieder nach Hause kommen werde, glaube ich auch. Ich weiss nicht wann, nicht wie ... aber irgendwie wird sich dieser Kreis einmal schliessen, denn ich gehöre im tiefsten Innern meines Herzens nicht hierher, trotz aller Anpassungsfähigkeiten. [...]

Du fragtest, ob ich Übersetzungen machen könnte. [...] wenn die Möglichkeiten hier so einfach wären, dann hätte Freddy doch zu Hause arbeiten können wie in Berlin, aber Holland besitzt einen Überschuss an Übersetzern. In diesem kleinen Land spricht fast jeder 1–2 Sprachen ausser seiner Muttersprache – und es gibt genug intelligente Leute, die das perfekter und besser können [...].

Als letztes habe ich eine Reportage von G. Wallraff gelesen. Ein blutjunger westdeutscher Schriftsteller, der die Zustände in den westdeutschen Grossbetrieben schildert. Besonders die geistige Verblödung der Arbeiter am Fliessband.

Und nun zu Deinem Maschinchen. Meine Liebe, es gibt ganz vernünftige, aber frag nicht nach den Kosten. Was wirklich der Mühe wert ist, kostet ƒ 100,–. Ich will es gern für Dich zusammensparen, aber das dauert dann noch ein Weilchen. [...] Und ausserdem musst Du einen BH schicken, dessen Form Du immer trägst, der Dir gut sitzt. Masse weichen doch voneinander ab [...].

Meine Liebe, vorläufig werde ich nicht nach Berlin kommen können. Ich weiss nicht, ob ich Dir erzählt hatte, dass wir erst in Urlaub nach Amerika fahren wollten, doch das hatte ich dann abbestellt und jetzt fahren wir in der grössten Hitze nach Marokko. Freddy wollte es so, na meinetwegen ... aber bis dahin ist noch soviel Zeit. Für diese Reise arbeite ich im Moment und bisher habe ich erst die Hälfte zusammen. [...]

Ach, der junge Mann ist im Moment unauffindbar – komische Manieren haben die Leute hier.

Für heute sei ganz lieb gegrüsst und herzlichst umarmt von

Deiner Irmchen. (u. Freddy) [...]

Neubrandenburg, 24. 5. 69

Mein liebes Irmchen,
eigentlich wollte ich Dir nur eine Karte schicken und einen
Brief für später ankündigen, aber nun habe ich doch noch
eine freie Stunde erwischt oder vielmehr: mir genommen,
weil ich die Hetzerei satt habe und mir den Luxus einer be-
sinnlichen Stunde leisten will – noch dazu im Garten, bei
herrlichem Sonnenschein. Nächste Woche findet unser
Schriftsteller-Kongreß statt, vier Tage lang, und Du kannst
Dir nicht vorstellen, wie viele Sitzungen, Beratungen, Vor-
besprechungen wir deswegen schon gehabt haben. Ein welt-
bewegendes Ereignis. Schade, daß Du unsere Zeitungen
nicht liest. Ohne diese erbauliche Lektüre kannst Du nicht
verstehen, warum ich so aufgeregt bin, mal wütend, mal deprimiert. Es ist auch schwer, darüber zu schreiben. Nur soviel: ganz obenan auf der Liste der kritisierten Bücher steht
die ›Christa T.‹ (Pessimismus, Skeptizismus, Resignation –
kurzum: eine falsche, wenn nicht feindliche Ideologie). Du
hast ja inzwischen das Buch gelesen. Schade, daß wir nicht
– jedenfalls nicht gründlich und in einem richtigen Gespräch – unsere Eindrücke austauschen und vergleichen
können. Ich glaube, ich schrieb Dir schon, daß ich das Buch
zwar traurig finde, weil's halt eine traurige Geschichte ist
mit dieser allzu jung sterbenden Christa, daß ich aber nicht
diese pessimistische, verneinende Lebenshaltung herausle-
sen kann. Nachdenklich, ja, und zum Nachdenken über sich
selbst, über unsere Vergangenheit, unsere Träume und ihre
Verwirklichung (oder Nicht-Verwirklichung) anregend …
aber ist das denn gefährlich? Warum dieses Bemühen, ›unsere Menschen‹, wie es so schön heißt, vor jedem kühlen
Windhauch zu bewahren, vor jedem Hauch von Zweifel, vor
Gedanken an die Begrenztheit unserer Existenz? Als ob der
Tod nicht mehr gültig wär in einer neuen Ordnung! Als ob
nicht immer noch die Möglichkeit bestünde, daß es uner-

füllte Leben gibt! Du verstehst, warum gerade ich mich für das Buch ereifere ... Nun, wie immer, es ist bei der Auflage von dreitausend geblieben, mit dem Erfolg, daß man sich gegenseitig das Buch aus der Hand reißt, für Stunden ausleiht, alle Welt erst recht neugierig darauf ist, wunder was erwartet und heftig enttäuscht oder zu begeistert oder zu empört ist. Dieser Kompromiß mit einer winzigen Auflage war wirklich ein miserables Manöver, psychologisch so ungeschickt wie nur möglich. Neulich hörte ich sogar, daß das Buch schon unterderhand zu fünfzig Mark gehandelt wird. Ist das nicht grotesk? Und all die Gerüchte, die dadurch entstanden sind ... Du lieber Gott! Aber in Westdeutschland und Schweden erscheint es – mit Genehmigung unseres Ministeriums.

5. Juni. Liebes Irmchen, nun ist der Brief doch nicht fertig geworden ... Inzwischen war ich beim Kongreß und bin anschließend, um mich ein bißchen zu erholen, zu meinen Eltern nach Burg gefahren. Gestern abend kam ich zurück und fand hundert Briefe vor, die hunderterlei verschiedene Aufgaben und Arbeiten mit sich bringen ... Ich weiß nicht, wo ich anfangen soll. Nun habe ich nicht mal Zeit, Dir so ausführlich zu schreiben, wie ich gern möchte, aber vielleicht ist das ganz gut so, denn das meiste ist nicht recht geeignet, einem Brief anvertraut zu werden. Überhaupt diese Schreiberei! Ich weiß nicht mal, was ich Dir antworten kann oder darf, wenn Du mir erzählst, was Dich bedrückt oder glücklich macht. Liest F. die Briefe, die Du bekommst? Von den beiden letzten war ich so heftig bewegt, daß ich Dich mehr denn je hergewünscht habe, um mit Dir zu sprechen ... es hat mir einfach das Herz abgedrückt, wie man so sagt. Sei mir nicht böse – ich hab dem Jon davon erzählt, weil ich es unbedingt jemandem mitteilen, ich meine das wörtlich: »mit jemandem teilen« wollte, und der Jon ist der verschwiegenste und zuverlässigste Mensch, den ich kenne. Und nun habe ich so allerhand auf dem Herzen, und einiges davon kann ich nicht einmal meinem Jon sa-

gen, erst recht keinem Freund oder Bekannten. Du bist der einzige, von dem ich weiß, daß er es verstehen würde und nicht weitergibt, sei es auch bloß aus Versehen. Die Wieder-Entdeckung einer ehemals großen Liebe – das wäre eine alte und ganz gewöhnliche Geschichte, selbst wenn es eine schmerzhafte Geschichte ist und mehr als ein Aufwärmen von Erinnerungen. Es war so zauberhaft und so traurig, daß ich jetzt noch verwirrt bin, nicht weiß, ob wir ein phantastisches Märchen erlebt oder Wirklichkeit gespielt haben ... Kannst Du Dir vorstellen, daß ich, die treueste und bravste aller Ehefrauen, im doppelten Sinn meinen lieben Herrn betrogen habe? Und gerade jetzt, wo ich so schrecklich verändert bin. Lieber Gott, und es hat ihm nichts ausgemacht, ich meine: es hat ihn nicht abgestoßen, er hat mir das Gefühl gegeben, als wär ich noch heil und ganz wie damals. Wir haben die dreizehn Jahre zwischen damals und heute einfach übersprungen, ausgestrichen ... Aber das, was die Geschichte außergewöhnlich macht, kann ich eben auch nicht im Brief erzählen, weil es über die Grenzen des Privaten geht. Er ist in diesen vergangenen Jahren ein Großer Mann geworden, er hat Karriere gemacht – um welchen Preis! Und an dieser Stelle muß ich mir selbst schon Schweigen gebieten. Aber irgendwann werde ich Dir davon erzählen, schon um mich selbst davon zu befreien, und, wer weiß, vielleicht erfährst Du dabei die Fabel für ein neues Buch, wenigstens eine Erzählung. Wirklich, das alles beschäftigt mich so stark, daß ich es am liebsten – nicht sofort, sondern irgendwann später – in eine Geschichte umsetzen möchte, durch die sich auch andere betroffen und getroffen fühlen sollen.

Ach, und was müßte ich Dir noch alles berichten! Von unserem friedlichen, wie friedlichen! Kongreß (es gab nicht mal einen Zwischenruf); von vielen interessanten Leuten, von denen ich manche jahrelang nicht gesehen hatte (und es ist oft beglückend, oft aber auch erschreckend, ihre Veränderung zu sehen); von der etwas merkwürdigen Art, wie ich wieder in den Vorstand gewählt worden bin, nachdem ich schon – vor dem Kongreß – von der Kandidatenliste gestrichen war. Es gäbe sicher eine Menge Dinge, die Dich interessieren würden [...]; allerdings, ich gebe es zu, nehmen wir uns allzu wichtig und denken, unsere Probleme, d. h. die Schriftsteller-Probleme, bewegten alle Welt. Trotzdem: warum, zum Teufel, mußt Du ausgerechnet nach Marokko fahren, wenn Berlin und Neubrandenburg existieren, die näher und nicht so heiß sind?

Jetzt muß ich zum Schluß kommen, denn in einer Stunde habe ich eine Veranstaltung in einem mecklenburgischen Dörfchen, auf die ich mich noch vorbereiten muß. Ich habe schon Lampenfieber, obgleich ich aus Erfahrung weiß, daß es auf so einem Dorf sehr viel Spaß macht, eine Lesung zu halten; die Leute sind freundlich und aufgeschlossen.

Was das Maschinchen angeht, dessentwegen Du auf Deiner Karte nochmal anfragst: unter diesen Umständen sage ich energisch ›njet‹. Ganz im Ernst, Du, ich finde den Preis einfach schockierend und unerhört, und ich will auf keinen Fall, daß Du auch nur einen Gedanken und einen Gulden darauf verschwendest. [...]

Also, lassen wir dieses Projekt erstmal fallen. Vielleicht haben wir Glück, und die ›Kathrin‹ wird angenommen – dann können wir weitersehen. Wenn das Buch wirklich gedruckt wird, gibt es vermutlich auch etliche Gulden für den Autoren – und wenn nicht, nun gut, dann warten wir halt bis zum nächsten Buch. Nochmals und mit aller Entschiedenheit: diesen Preis darfst Du nicht zahlen. Ich werde ja auch mit der Zeit immer geschickter darin, den Mangel oder Makel zu kaschieren. Vertrauen wir also auf unser Glück, die Kathrin betreffend. Einverstanden? Also Schluß mit dem Thema. Wenn Du kannst, beglück mich lieber mit Jimmy Yancey, das wär fabelhaft. Und, bitte, wenn Du die Platte abschickst, schreib mir am selben Tag ein Kärtchen, damit ich kontrollieren kann, ob Jimmy wirklich den Weg zu mir findet und nicht etwa irgendwo hängenbleibt, trotz

Versicherungen der Deutschen Post. Und schreib mir, ob Du irgendwelche Wünsche, speziell Bücher-Wünsche hast, und überhaupt: schreib, erzähl mir von Dir und laß nicht solange auf Deinen nächsten Besuch warten ... Und nun ist es wirklich höchste Zeit, daß ich mich präpariere und umziehe. Verzeih mir, wenn ich konfus und durcheinander geschrieben habe; ich bin in etwas merkwürdiger Verfassung, über-spannt im Wortsinn.

Laß es Dir wohl ergehen, mein liebes Irmchen, sei guter Dinge, genieß Dein Leben und grüß Amsterdam und seine zwar noch unbekannten, aber von fern geliebten und mit freundlichen Gedanken bedachten Spezialitäten. [...]

Ich umarme Dich fest.

Immer Deine Brigitte

78 IRMGARD WEINHOFEN AN BRIGITTE REIMANN

Amsterdam, den 29. 6. 1969

Liebe Brigitte,

[...] Es ist Sonntagabend, die Schönwetterperiode ist ohnehin wieder vorbei und nachdem ich so meine Pflichten als Hausfrau erfüllt habe, bleibt Zeit und Ruhe mit Dir ein wenig zu plaudern.

Zunächst herzlichen Dank für Deinen lieben und ausführlichen Brief, der ja schon vor einiger Zeit eingetrudelt war. Ausserdem kam in der letzten Woche Deine Sammelausgabe an, die mir auch vom Äusseren her sehr gut gefällt. [...]

Freddy und ich haben neue Pläne [...]. Wir sind nämlich zu der Überzeugung gekommen, dass wir unserem Geist wieder mehr Nahrung geben müssten, zumal die Gefahr der Verflachung hier besonders gross ist. Aus diesem Grund hat sich Freddy bei der Amsterdamer Universität für Russisch angemeldet und ich für Deutsch. In den ersten Jahren liegt die Sprachwissenschaft als solche mehr im

Vordergrund und dann später Literatur. Aber Freddy muss sich gleichzeitig mit beidem gleichermassen beschäftigen, da er sein Studium auf einem höheren Niveau durchführen muss. Natürlich wird sich das abends abspielen, denn am Tage muss man ja schliesslich irgendetwas für seine Existenz tun. Ich freue mich schon drauf. Auf diese Weise werde ich noch mehr über meine Muttersprache erfahren, die ich über alles liebe. Immer wieder muss ich feststellen, wie schön man etwas in deutsch sagen kann, während man z. B. in holländisch soviel umschreiben muss – und dann klingt es auch noch wie kalter Seewind. Aber trotzdem, auch Holländisch ist ein Stückchen meiner selbst geworden und so muss ich [...] natürlich auch prima Holländisch können – und das wird noch dazugelernt. [...]

Zu dem Buch Christa T. meine Meinung: [...] Das Buch [...] zeigt uns viele Parallelen unserer Generation (selbst die Herkunft der Christa T. aus den Kieferwäldern der alten Mark Brandenburg ist die meinige u. v. m.), zeigt das Hineinwachsen in eine neue Zeit, aber schildert keinen Helden, sondern einen einfachen, liebenswerten Menschen mit seinen Eigenarten und Eigenheiten, individuell, wie jeder von uns ein Individuum ist, auch im Sozialismus hebt sich das Individuum nicht auf, im Gegenteil, die Fähigkeiten, die der einzelne besitzt, können häufig im Kollektiv erst richtig zur Entfaltung kommen, wie aber auch andererseits jeder das Recht hat, sich selbst zu sein. Diese Frage des Sich-selbst-seins kann natürlich unter soz. Bedingungen eine sehr umstrittene sein, aber trotzdem, Christa T. war eine von den Hunderttausenden, die heute in der DDR leben und auch in anderen soz. Ländern. Ich finde, die DDR-Literatur hat es doch nicht mehr nötig, Schablonenhelden zu suchen – und ich hatte beim Lesen des Buches den Eindruck, dass die Autorin auch schon eine bestimmte Menschbildung unter soz. Verhältnissen voraussetzte. Ich konnte absolut nichts darin finden, was der DDR geschadet hätte. (Nebenbei bemerkt, hier auf dem Germanistik

Seminar der Amsterdamer Universität fand ich im Literaturverzeichnis: Christa Wolf mit »Geteilter Himmel« und Erwin Strittmatter mit (rate mal) »Ole Bienkopp«.) [...]

Da wir gerade bei der Literatur sind, zu Deiner Katrien. Wir bekamen einen Anruf von dem jungen Mann und der berichtete uns, dass das Buch noch gelesen wird. Wir warten nun gespannt, wann wir ein Resultat zu hören bekommen werden. [...]

Und jetzt noch eine ganz vertrackte Geschichte: Die Platte von Jimmy Jancey ist im Moment einfach nicht mehr aufzutreiben. Ich bin mir schon die Hacken abgelaufen – und will es am kommenden Wochenende noch einmal versuchen. Damals als ich sie bekommen konnte, habe ich gezweifelt, weil die beiden gewünschten Titel nicht drauf waren – und jetzt ist diese auch nicht mehr zu kriegen. Sollte ich keinen Erfolg mehr damit haben, schicke [ich] Dir eine andere tolle Blues-Platte, die ich in Deiner Sammlung noch nicht gesehen habe, abgemacht?!

Freddy hat inzwischen eine Bücherliste geschrieben und [...] bittet [...] Dich, hier und da von dieser Bücherliste in Abständen was zu schicken, was auftreibbar ist. Teile es Dir aber so ein, dass Dein Geldbeutel nicht zu sehr darunter leidet [...].

Ich grüsse Dich und umarme Dich als Deine
Irmchen. [...]

30. Juni 1969 im Büro

Meine liebe Brigitte!
Noch ein paar Zeilen ohne persönliche Kontrolle. [...]

Was Deine »traurige« Entdeckung einer alten Liebe betrifft, wirst Du mir alles mündlich erzählen. Mach nur keine Sachen, was Deinen Mann betrifft. Ich glaube, wir hätten nicht heiraten sollen. Und ich würde sehr sicher kein zweites Mal mehr heiraten. Ich glaube selbst, echte Liebe bewährt sich ohne Trauschein mehr, als wenn man das Recht hat, mit diesem Ding zu wedeln und dadurch etwas unterdrücken zu wollen.

Ich will nichts weiter darüber schreiben, nur eines: Ich wehre mich dagegen, etwas »schlecht« zu nennen, dem echte Gefühle gegenüberstehen. [...]

Nochmals herzlichst

Deine I.

79 Brigitte Reimann an Irmgard Weinhofen

Ngb., 13. 7. 69

Mein liebes Irmchen,

heute gibt es nur einen ganz kurzen Brief (und nach diesem werde ich mich eine Weile in Schweigen hüllen), denn heute ist gewissermaßen der letzte ›freie‹ Tag, bevor ich mit meiner neuen Arbeit beginne. Na, frei ... mein Archiv muß noch geordnet werden, etwa hundert Briefe sind zu schreiben, ferner muß ich die letzten Seiten eines Kapitels abschreiben, und das alles, damit ich mich ab morgen ohne Unruhe und Gewissenslast der anderen Sache widmen kann. Ein kleiner Fernsehfilm, Thema etwa: eine Straße in einer kleinen Stadt (wir nehmen die Turmstr. in N.), also die Menschen dort, vom frühen Morgen bis in die Nacht, und die Beobachtung von Gesichtern, Verhalten, kleinen Szenen etc. mit verdeckter Kamera. War mal so eine Idee von mir – der Bürgersteig, und was er für eine Stadt und ihre Menschen bedeutet –, und ich hatte bloß so, ohne Absichten (weil es mich für mein Buch beschäftigt) einem Regisseur davon erzählt, und der hat es gleich aufgegriffen, fand, daraus ließe sich ein freundliches Filmchen machen, und plötzlich hatte ich eine Einladung zum Fernsehen, eine Besprechung, einen Vertrag und einen irrsinnigen Termin: Morgen fangen wir an, das Rohdrehbuch muß am 11. August vorliegen, und während der Dreharbeiten werde ich dann noch am ›Feintext‹ arbeiten, weil sich ja durch die Bilder allerlei Änderungen ergeben können. Jetzt habe ich erstmal schreckliche Angst, vor allem wegen des Termins (ich bin doch so ein langsamer Schreiber), und dann, weil die Leute irgendwas Charmantes von mir erwarten, und ich bin bange, ob ich diese Erwartungen erfüllen kann. Jedenfalls gibt es einen 20-Stunden-Tag in der nächsten Zeit ... Weißt Du, ich habe mich darauf eingelassen, weil ich unbedingt eine Pause bei der Bucharbeit brauche, aus verschiedenen Gründen, die ich hier nicht des langen und breiten erörtern will. Daß auch noch ein Honorar dranhängt, ist natürlich eine erfreuliche Zugabe; damit kann ich, wenn ich sparsam lebe, ein paar Monate Arbeit am Roman finanzieren, der ja noch lange nicht fertig wird (aber das hat auch seine Vorteile, weshalb, erzähle ich Dir, wenn wir uns sehen). Das Honorar für mein Buch, das ich euch geschickt habe, ist nämlich längst aufgefressen; ich hatte es im letzten Jahr in Monatsraten bekommen, sonst wäre ich ja ganz mittellos gewesen. Mein Gott, ich möchte mal wieder richtig üppig einkaufen gehen, mit einem vollen Portemonnaie und dem Gefühl, daß ich alle Affen tanzen lassen kann. Na, das wird auch irgendwann mal wieder sein, und wenn nicht, sterbe ich auch nicht dran. Ich finde meine Arbeit so schön und interessant, daß solche äußerlichen (wenn auch nicht ganz unwichtigen Dinge) dahinter zurücktreten.

Nur noch ein paar Bemerkungen (entschuldige, daß ich eilig und oberflächlich schreibe; ich bin einfach zu aufgeregt): Ob ich alle Wünsche erfüllen kann, die Freddy in seiner Bücherliste äußert, weiß ich noch nicht, werde mich aber jedenfalls bemühen. Hier in unserer Buchhandlung gibt es einige russische Bücher (denn so war es doch gemeint, nicht wahr? Bücher in russischer Sprache), aber natürlich nur ein kleines Sortiment. Tolstoi habe ich schon entdeckt und schicke ihn nächstens ab. Anderes wird man in Berlin bestellen müssen oder notfalls, sagte mir meine nette Buchhändlerin, in Moskau; das wird dann freilich eine Weile dauern. Aber da Freddy die Bücher ja sowieso nicht alle mit einem Male haben will, spielen ein paar Wochen oder Monate wohl keine entscheidende Rolle.

Und was die Platte betrifft, Irmchen: wenn Du den Jimmy Yency jetzt nicht gleich bekommst, dann warte halt noch ein bißchen. Es sollte eben gerade dieser sein, obgleich es natürlich noch ein paar alte Blues-Burschen gibt, auf die ich scharf bin. Aber wenn Du Jimmy spielen hörst, wirst Du verstehen, warum ich an ihm einen Narren gefressen habe. x)

Und damit Schluß für heute. Liebes Irmchen, ich hoffe, wir werden uns bald sehen und ausführlich schwatzen können. Inzwischen erhol [...] Dich gut im Urlaub (das wünsche ich auch Freddy, versteht sich), habt Sonnenschein und gute Laune und ein paar nette Leute um euch, falls ihr es nicht vorzieht, allein herumzustreifen, und schickt mal eine Karte aus fernen Landen. Ich umarme Dich und erwidere Freddys Küßchen und grüße euch ganz herzlich. Drückt mir die Daumen, daß ich was Nettes zustande bringe für TV.

Deine, resp. eure Brigitte

x) Und falls Du die Platte bekommst und schickst – unbedingt per Einschreiben; es [ist] mir jetzt erst wieder passiert, daß ein hochinteressantes Buch, das mir ein Freund aus Westdeutschl. schicken wollte, verloren gegangen ist, also vermutlich »einbehalten«.

80 BRIGITTE REIMANN AN IRMGARD WEINHOFEN

Nbg. 19. 9. [69]

Mein liebes Irmchen,
seit wir uns in Berlin verabschiedet haben, sind hier schlimme Dinge geschehen – so schlimm, daß ich jetzt einfach nicht in der Lage bin, Dir einen Brief zu schreiben. Zum Glück – wenn man es so nennen will – laufen jetzt die Dreharbeiten, und ich muß andauernd meine Texte schreiben und bin derart beansprucht, daß ich manchmal ein ge-

radezu körperliches Gefühl habe, meine Nerven könnten jeden Augenblick zerreißen. Aber trotzdem: diese Arbeit hilft über Verzweiflung hinweg. Ich habe mich von Jon getrennt – für immer, weißt Du. Es ging nicht mehr anders. Du kannst Dir vorstellen, was das für mich bedeutet; manchmal denke ich mit Grauen an die kommenden Jahre. Aber das Buch schreibe ich doch zuende, nun erst recht. Liebes Irmchen, sobald ich imstande bin, schreibe ich Dir ausführlich. Ich denke viel an Dich – so eine Freundin wie Du fehlt mir jetzt ganz besonders. Na, man wird schon den Kopf oben behalten … Bis bald! Sei ganz herzlich gegrüßt und umarmt von Deiner

   Brigitte

Schöne Grüße an Freddy und die nettesten Leute von Amsterdam.

81 IRMGARD WEINHOFEN AN BRIGITTE REIMANN

Amsterdam, den 29. 9. 1969

Meine liebe Brigitte,
Zunächst vielen Dank für Deinen Kartengruss. Wenn auch der Inhalt wenig erfreulich war, so hat mich Dein Gruss doch beruhigt. Ich bin froh, dass Dich das Fernsehen so beansprucht – und Du »trotzdem« das Buch fertig schreiben willst, sagt mehr als genug und zeigt, wie stark Du doch bist, auch wenn Dein Herz schreit. Schade, dass Du nicht in meiner Nähe bist, so gut ich könnte, ich würd' Dich aufmöbeln – und ausserdem bin ich davon überzeugt, dass Du nicht lange allein sein wirst. Denk' nicht an kommende Jahre, denk an jetzt! Wir leben heute! Ich probiere mir das auch immer wieder vor Augen zu halten und auch so zu handeln. Aber wenn man das Zukunftsbild so eingetrichtert bekommen hat wie wir, dann ist es schlecht, sich

umzustellen. Darum, ich bewundere diejenigen, die alles viel leichter und unproblematischer nehmen und auch zu lösen wissen.

[...] nun bin ich schon an der Universität angemeldet und fange am 6. Oktober an Germanistik zu studieren. (Freddy macht Russisch an der gleichen Universität.) Aber für ihn ist alles so geregelt, dass er es auch abends machen kann, während ich am Tage zu den Vorlesungen gehe. Ausserdem, es sind ganze 12 Stunden in der Woche. Ich bin ja gespannt, was ich davon zurecht bringe, vielleicht gelingt mir auf meine alten Tage doch noch ein akademischer Grad. Lust und Liebe habe ich dazu. Freddy hat, was das Studieren betrifft, eine viel grössere Ausdauer als ich. Er kann Stunden hinterm Schreibtisch sitzen, während ich nicht mehr als zwei bis drei Stunden lernen kann. Auf diese Weise haben wir uns eine Aufgabe gestellt, die ich in erster Linie als Hobby betrachte – und wenn es dann noch gelingt, will ich doppelt froh sein. [...]

Für heute grüsst und umarmt Dich ganz herzlich
Deine Irmchen. [...]

82 Brigitte Reimann an Irmgard Weinhofen

Nbg., 7. 10. 6[9]
Mein liebes Irmchen,
heute ist der Ganz Große Jubeltag der DDR, und Du kannst Dir vorstellen – oder wahrscheinlich kannst Du's doch nicht mehr –, was sich auf den Straßen tut. Ich kann meine eigene Maschine nicht klappern hören. Fanfaren. Nun ja. Und Böllerschüsse und Schalmeien und zwischendurch mal eine kleine Beat-Truppe. Meine Fernsehleute sind zunächst mal weinend nach Hause zurückgefahren, weil sie einfach nicht drehen konnten: bei jedem Kameraschwenk hat man nur noch Fahnen im Bild, und wir wollen

doch einen Alltags-Film machen. Ich habe meistens an den Dreharbeiten teilgenommen, gewissermaßen aus Selbsterhaltungstrieb; in meiner Wohnung wäre ich verrückt geworden.

Jetzt kann ich schon zurückblicken wie auf die Zeit einer scheußlichen und schmerzhaften Krankheit. Aber damals ... Erinnerst Du Dich, als wir uns in Berlin trennten, hatte ich doch noch Hoffnung, und Jon wollte kündigen und nach N. kommen, und jedenfalls hatten wir uns eine Chance ausgerechnet. Aber prompt an dem Tag, als er seinem Verhältnis kündigen wollte, stellte sich ein Kind ein [...]. Rührend, gewiß, jedenfalls findet Jon es rührend und erhebend und ist [...] benommen von der Aussicht, Vater zu werden [...]. Ich begreife selbst nicht, warum ich ihn nicht ausgelacht [...] habe. Stattdessen bin ich ohnmächtig geworden, und hinterher hatte ich eine Sprachlähmung (das ist nicht bildlich gemeint); bis vor kurzem habe ich noch ziemlich arg gestottert, aber jetzt gehts wieder, und nur meine Freunde merken es manchmal. Mein intelligenter Mann! Aber gerade die Absurdität der ganzen Affäre hat nahezu etwas Tröstliches: er ist nicht mehr der Mann, den ich geheiratet habe. Meinen fröhlichen Anarchisten von den Segnungen einer sicheren Existenz reden zu hören, von Häuslichkeit und Familie und von seinem Alter, das ihm nicht mehr eine so anstrengende Frau wie mich erlaubt ... Du guter Gott, er ist zwei Jahre älter als ich! Und ich – nein, wir passen wirklich nicht zusammen, jetzt nicht mehr. Ich werde vermutlich immer eine Verrückte bleiben, und in meinem Beruf gibt es keine Sicherheit, ich bin von Kopf bis Fuß auf Risiko eingestellt, und momentan platze ich vor Lebenslust (das kann sich allerdings von einem Tag zum anderen ändern, und vielleicht heule ich mir morgen wegen irgendeiner Bagatelle die Augen aus dem Kopf).

Also ein Kind. Wie gesagt, ich war völlig zusammengebrochen, konnte keine Nacht mehr schlafen und sah uralt aus und erwartete jeden Morgen, zu sehen, daß mein Haar grau geworden ist. Aber nein, keine Spur. Ich wollte mich umbringen und hatte mir Schlaftabletten erschlichen. Ich weiß auch nicht, wie ich diese mörderischen Tage und Wochen überstanden habe. [...] Entschuldige, Irmchen, ich schmeiße wieder mal alles durcheinander. Ich wollte bloß mitteilen, daß die Trennung erfolgt ist. Jon wollte sich nicht scheiden lassen, anderseits aber sein Kind behalten und anerkennen oder was weiß ich, und er verlangte, ich müßte mich von Grund auf ändern, damit ein Zusammenleben mit mir möglich ist: ich sollte ruhig und ausgeglichen werden ... [...] Es war einfach unglaubhaft, und eines Tages habe ich allen Mut zusammengenommen und Schluß gemacht. Ich wär ja kaputt gegangen bei dem Gezerre. Also, zum Teufel mit ihm! Natürlich habe ich es ihm höflicher gesagt, aber mit aller Entschiedenheit, übrigens am Telefon, denn von Angesicht zu Angesicht hätte ich es doch nicht fertiggebracht ... und so konnte er auch nicht sehen, daß ich hinterher halb wahnsinnig war. Damals waren meine Fernsehleute schon da, und ich wußte, daß sie an diesem Abend im Theatercafé drehen, und da habe ich, statt mich ins Bett zu legen und zu sterben, mein schickstes Kleid angezogen und bin ins Café gegangen und habe bis in die Nacht hinein mit den anderen getanzt und gelacht, vermutlich etwas zu laut, aber immerhin ... Mein lieber Scharioth – Du weißt ja, mein Regisseur, den Du im Pressecafé kennengelernt hast – war begeistert. Freilich gab's nochmal Rückfälle, einmal so schlimm, daß die Genossen von der Bezirksleitung mir drohten, sie werden mich ins Krankenhaus bringen, wenn ich nicht schlafe und esse, wie es sich gehört, und das hat mir so einen Schreck eingejagt, daß ich seitdem jeden Tag zu Mittag esse, meist mit Scharioth oder mit meinem Freund Jürgen, und ungefähr fünf Pfund zugenommen habe – jedenfalls kommt es mir so vor, wenn ich mich in meine Röcke zwänge – und fünf Jahre jünger aussehe. Ich hätte es selbst nicht für möglich gehalten ... eben wollte ich etwas in der Art schreiben:

daß ich so schnell damit fertigwerde. Aber das wäre zu früh gejubelt. Noch steht die Scheidung bevor, und es wird Widrigkeiten geben, und in Wirklichkeit zittere ich ja, wenn das Telefon klingelt, weil ich mit Schrecken erwarte, Jons Stimme zu hören. Er war halt die Große Liebe, und sieben Jahre kann man nicht austilgen, irgendwas bleibt zurück.

Allerdings stimmt es, daß ich heute in übermütiger Laune bin. Die Sonne scheint, mittags ist es sommerlich warm, ich habe Äpfel und Weintrauben gepflückt, mein kleiner Freund Jürgen sitzt auf der Terrasse und grübelt, wie er seiner Mutter beibringen kann, daß er eine zehn Jahre ältere Frau (nämlich Deine Freundin B.) heiraten will, und ich könnte mich totlachen, denn erstens will ich überhaupt nicht heiraten, sondern nun endlich und endgültig Junggeselle bleiben, und zwar kein grimmiger, vergnatzter, zynischer, sondern ein munterer Junggeselle, und zweitens habe ich mich verliebt – vielleicht nur für ein paar Tage oder Wochen, aber mit einer heftigen Intensität, die eine Reaktion auf die Verzweiflung der letzten Wochen zu sein scheint. Der bekannte Pendelausschlag nach der anderen Seite ... Wie immer, im Augenblick macht es mir Spaß, wieder mal etwas zu empfinden, auf jemanden zu warten und mit Möglichkeiten zu spielen. Schade, daß ich schon von Berufs wegen darauf gedrillt bin, mich zu analysieren und zu durchschauen. Also weiß ich auch, daß diese Beziehung eine Art Flucht ist, ein weiterer Versuch, Herrn K. zu überwinden, und daß daran alles scheitern wird. Macht nichts. Vielleicht werden wir mal gute Freunde, das würde sich lohnen. Er ist intelligent und ein richtiger MANN, ein harter Mann wie aus einem Western, der Typ, weißt Du, der genau im richtigen Moment Takt und Zartgefühl verrät. Um die Wahrheit zu sagen: ich wollte mit ihm schlafen. Aber das ging schief, natürlich, nach diesen sieben Jahren mit meinem Jon ... ich fing an zu weinen, und das ist vermutlich für einen Mann, der seine Liebste endlich im Arm hat, eine scheußliche Situation. Aber er benahm sich fabelhaft – eben wie ein Mann, nicht wie ein üblicher Gockel, und statt gekränkt oder bestürzt zu sein, tröstete er mich wie ein kleines Mädchen, und ich durfte mich endlich mal wieder an einer breiten Brust ausruhen, und das war genau das, was ich brauchte. Er kommt jeden Tag, aber er wartet und läßt mir Zeit. Ach, ich werde mich wohl doch rechtzeitig aus dem Staub machen ... Das ist das Schlimmste bei der K[...]-Geschichte: daß dieser Vertrauensbruch irgendetwas Lebenswichtiges zerstört oder doch auf lange Zeit gelähmt hat ... ich weiß nicht, wie ich es präzise bezeichnen soll ... jedenfalls etwas, was nötig wäre für eine aufrichtige Beziehung zu anderen Menschen. Nun ja, irgendwann wird das verheilen, aber das kann lange dauern, und es ist bloß gut, daß ich im Grunde kein Talent zum Zynismus habe. Vorläufig beobachte ich mich noch mißtrauisch, und wenn ich lache, höre ich die Überspanntheit heraus, Du verstehst: alles, was ich jetzt sage und tue, ist eine Spur zu lebhaft ... Na ja, lassen wir das. Außerdem trinke ich zuviel, das muß ich mir auch wieder abgewöhnen, sonst schlittere ich bald in die schönste Sauferei rein.

Trotz alledem: ich habe meinen Film geschafft. Ich mußte den Text nochmal ganz neu schreiben, weil wir einfach nicht zurande kamen. Die neue Fassung ist eine – im Grunde teuflische – Idee von Scharioth und Sakowski: ein Brief einer jungen Frau an ihren Mann oder Liebsten, der abgereist ist oder sie verlassen hat (das lassen wir offen), und dem sie von ihrer neuen Heimat erzählt, von der Stadt, die sie nun ohne ihn erlebt und erforscht. Der Anfang hat mich allerhand Kraft gekostet, aber dann hat der Schriftsteller über das Weib gesiegt, und nun ist mein Scharioth ordentlich glücklich über den Text, der stellenweise wirklich gut geworden ist, ein bißchen wehmütig allerdings, aber das gehört dazu. Ein merkwürdiger Beruf, in dem man aus seinem Kummer Kapital schlägt! Allerdings, ›Kapital‹ ist übertrieben; leider habe ich an der Fernsehsache kaum was verdient, und es wird höchste Zeit, daß Herr K. mir den Wagen schickt, damit ich ihn hier verkaufen und mein Buch finanzieren kann. Im Moment habe ich sogar ernste Schwierigkeiten und muß mich mal wieder auf den lieben Gott verlassen – ER wird's wohl tun.

Liebes Irmchen, jetzt quatsche ich schon vier Seiten lang … Du fehlst mir, ich würde so gern mit Dir sprechen, und ich hoffe nur, daß Du dieses Jahr noch einmal in Berlin aufkreuzen wirst. Inzwischen laß es Dir gut gehen, trotz Deiner Sorgen, die Du jetzt hast – vor allem Freddys wegen, dem ich von Herzen wünsche, daß sein Gesundheitszustand besser wird. Nächstens schicke ich ihm wieder russische Bücher – und wenn Du irgendwas brauchst für Dein Studium, dann schreib es mir ruhig; irgendwie kommt man ja doch immer mal wieder zu Geld, und Du brauchst Dich wirklich nicht zu genieren. Ich kann gelegentlich eine Nebenarbeit übernehmen, irgend was Feuilletonistisches, das ist sogar gut bei dieser langen Wurstelei an dem Buch, und Sparen liegt mir nicht, also …

Leb wohl, liebes Irmchen, grüß Amsterdam und sei herzlich umarmt von Deiner

Brigitte

83 BRIGITTE REIMANN AN IRMGARD WEINHOFEN

Neubrandenburg, 24. 11. 69

Mein liebes Irmchen,
lange schon habe ich auf einen Brief von Dir gewartet, und heute kam endlich eine Karte, die Dein Schweigen erklärt. Es tut mir schrecklich leid, daß es Freddy so schlecht geht, und obgleich Du sicher viele Sorgen hast, möchte ich wünschen, daß Du zu ihm hältst und Geduld hast. Es gibt kaum was Schlimmeres, als krank und dabei allein zu sein … Mir geht's nämlich schon seit Wochen so, und manchmal bin ich so verzweifelt, daß ich mich am liebsten umbringen

möchte. Ich erinnere mich noch ziemlich genau an meinen letzten Brief an Dich, jedenfalls an die Formulierung ... »ich platze vor Lebenslust«, oder so ähnlich. Ja, das war aber auch der erste und einzige Tag seit dem Zusammenbruch, an dem ich mal wieder die ganze Welt umarmen wollte. Es muß ein sehr schöner Herbsttag gewesen sein ... ich habe eine Erinnerung an die Farben der Blumen vor meinem Fenster. Aber seitdem – du lieber Gott! [...] Inzwischen habe ich es aufgegeben, bei [Jon] im Betrieb anzurufen und auch nur darum zu bitten, [...] mir endlich meine Manuskripte (das Duplikat, leider das einzige, von meinem Buch) zu schicken. Von dem Wagen ist schon keine Rede mehr. Er steht angeblich immer noch in der Werkstatt [...]. Und ich brauche diesen blöden Wagen, zunächst mal, um selbst damit zu fahren, wenigstens ein paar Wochen, bis ich wieder laufen kann, und dann, um ihn zu verkaufen und meine Arbeit finanzieren zu können, denn bis jetzt weiß ich noch nicht, wovon ich im nächsten Jahr leben soll. Im Dezember läuft mein Stipendium ab, und dann wird's düster. Na, das ist nicht meine Hauptsorge – wegen Geld habe ich mir noch nie ernsthaft den Kopf zerbrochen, aber ein bißchen mulmig wird mir nun doch, und ich fange wieder an, auf den lieben Gott zu vertrauen. ER wird's wohl machen. Ärger ist, daß ich körperlich erledigt bin (von der Seele wollen wir gar nicht sprechen; die ist immer noch wund und wird wohl so bald nicht heilen). Seit Anfang Oktober habe ich irgendeine dumme Rückgrat-Geschichte; bis jetzt ist noch nicht festgestellt, warum und in welcher Weise sich die Wirbelchen da selbständig gemacht haben – jedenfalls muß ich immerzu liegen (was ich aber nicht tue, weil ich nicht verrückt werden will), habe scheußliche Schmerzen und kann manchmal keinen Schritt mehr laufen. Ich glaube, es ist mindestens drei Wochen her, seit ich zum letztenmal aus dem Haus gegangen, vielmehr gekrochen bin [...]. Ich bin also auf die Hilfe anderer angewiesen, und das geht mir gewaltig gegen den Strich. Meine

Nachbarin bringt mir manchmal Milch und Brot mit, aber natürlich bleiben tausend Wege unerledigt, die Wohnung sieht zum Erbarmen aus, und meistens bin ich so mürbe von den Schmerzen, daß ich nicht mal an der Maschine sitzen und ein bißchen an meinem Buch kritzeln kann. Es ist zum Kotzen. Meinen armen Eltern habe ich nichts geschrieben; die machen sich so schon genug Sorgen um ihr Unglückskind. Wenigstens habe ich nun aber endlich begriffen, daß ich mich nicht aus eigener Kraft aufrappeln kann, und daß Dickköpfigkeit nicht Energie-Reserven ersetzt; deshalb habe ich mich endlich von der Christa Wolf bereden lassen, in eine Klinik zu gehen, in der man psychisch und körperlich aufpoliert wird. Die Christa ist eine wunderbare Frau – das habe ich wahrscheinlich schon zehnmal geschrieben; macht nichts, ich schreibe es zum elften Mal. Sie hat jetzt selbst soviel Schwierigkeiten, immer noch oder schon wieder (wegen der Christa T., Du weißt), aber darüber will ich Dir hier nichts sagen, obgleich es mich ganz stark beschäftigt und aufregt. Sie ist nun doch soweit – nach zwei Jahren, in denen sie nach außen hin Gelassenheit gezeigt hat –, daß sie auch physisch zusammengebrochen ist, mit Herzkrämpfen und dergleichen, und trotzdem hat sie noch so einen Vorrat an Güte, daß sie sich um andere kümmern kann. Sie bringt mich also in dieser Klinik unter – wahrscheinlich im Januar, und ich hoffe, ich werde danach wieder halbwegs munter sein. Christa ist in der Nähe, vielleicht wird auch mein verehrter Herr de Bruyn dort sein … endlich wieder Freunde und Gesprächspartner! Du kannst Dir nicht vorstellen, wie sehr ich das vermisse. Sicher, ich habe ganz nette Freunde und Bekannte hier, aber so wie mit diesen beiden ist es nicht – oder wie mit Dir, wenn Du hier wärest. Außerdem habe ich mich von den meisten Leuten zurückgezogen, ich weiß auch nicht, warum … irgendwie bin ich seit dieser Jon-Geschichte wie vergiftet, mißtrauisch und unleidlich und voller Scham, als ob ich [das] ganze Unglück und den

Kummer selbst verschuldet hätte. Ich weiß nicht, ob Du verstehst, wie ich das meine ... jedenfalls entwickele ich ein großartiges Talent, alle beginnenden Freundschaften schon im Keim zu ersticken, erst recht, wenn es Freundschaften mit Männern sind. Nur einen einzigen habe ich in der ganzen Zeit kennen gelernt, mit dem ich öfter mal sprechen möchte: ein kluger Mann, Übersetzer; er war lange krank, hat auch allerhand persönliche Schwierigkeiten gehabt und ist bitter in einer Art, die ich sehr schätze. Wir haben uns sofort, nach den ersten Sätzen, verstanden ... die ›Antenne‹, Du weißt. Er ist – wie soll ich das sagen?, also er ist Männern zugeneigt, und das erleichtert die ganze Sache, und offenbar hat er gespürt, daß ich diese Veranlagung sofort und gern akzeptiert habe, und er behandelt mich nicht wie eine Frau, ich meine: wie einen potentiellen Flirt-Gegenstand. Sehr angenehm. Wenn er nicht in einer anderen Stadt wohnte, würde ich wahrscheinlich sehr viel Zeit mit ihm verbringen; so müssen wir uns auf gelegentliche Besuche beschränken, leider. Zu meiner Bestürzung stelle ich fest, daß ich doch zu einem gewissen Zynismus neige. Hätte ich nie für möglich gehalten. Aber worin sich das äußert, schreibe ich Dir lieber nicht, obgleich man sagt, daß Papier nicht errötet. Überhaupt quatsche ich schon wieder zuviel von mir, und ich kann mich nur damit entschuldigen, daß ich sonst zum Schweigen verurteilt bin. Hoffentlich haben sie in der Klinik einen geduldigen Psychiater, bei dem man sich mal den ganzen Dreck von der Seele spülen kann. Das meine ich nahezu wörtlich: manchmal komme ich mir vor wie eine Frau, die mit dem falschen Mann geschlafen hat und schleunigst unter die Dusche gehen möchte (herrje, als ob man Erinnerungen abwaschen könnte!).

Genug davon. Habe ich Dir schon erzählt, daß ich wieder eine Brigade habe? Bau natürlich, die alte Liebe. Als ich das erstemal draußen war, auf dem Baugelände und dann im Wohnwagen, war ich beinahe glücklich. Dabei sieht man noch gar nichts, bloß Lehm und Gräben und ein paar Planierraupen. Trotzdem, mir war zumute wie auf Heimatboden (so sehr identifiziere ich mich schon mit meiner kleinen Dame Franziska, die andauernd auf dem Bau rumläuft und sich begeistert, wenn ein Haus geboren wird). Und dann, gegen Abend, war so ein merkwürdiges Licht über dieser Lehm-Landschaft ... Unvergeßlich. Das werde ich irgendwann mal beschreiben. Du siehst, ich denke wenigstens noch ans Schreiben, und das ist schon viel wert.

Wenn bloß erst die fröhliche, die selige Adventszeit herum ist! Lauter Sentimentalitäten. Zum Glück bin ich Weihnachten nicht allein; ich fahre zu meinem Schwesterchen nach Rostock. Weihnachten ist eine harte Zeit für Junggesellen ... Meine Silvester-Pläne sind leider ins Wasser gefallen oder werden es höchstwahrscheinlich, wenn es meinem Rücken nicht besser geht. Ich wollte nach Warschau und hatte schon die offizielle Einladung von der Marchlewska (die Tochter vom ehemaligen Staatspräsidenten, eine großartige alte Dame, immer noch wie eine Flamme – sicher habe ich Dir schon von ihr erzählt), aber es fehlt an Geld für die Reise, und überhaupt ... Es wäre schön, wenn wir uns in Berlin sehen könnten, Irmchen. Da ihr schon am 19. kommt, kann ich für einen Tag rüberfahren; vorher lasse ich mir eine tüchtige Spritze verpassen, dann halte ich schon durch. Es wär großartig, mit Dir mal wieder zu sprechen und in einem Café zu sitzen und was anderes zu sehen als die ewigen vier Wände, und was anderes zu hören als unsere eigenen ›Huddeleien‹ hier. Ihr kommt doch bestimmt, nicht wahr? Ich bringe dann auch endlich ein paar Bücher für Freddy mit. Und hast Du irgendwelche Wünsche? Wenn ich was hübsches Kristallenes sehe – na, das versteht sich von selbst. Aber bis jetzt habe ich noch nichts gesehen, und meine ›Beziehungen‹ sind ja leider gestört. Na, ich werde schon was finden, was Dir ein bißchen Spaß macht.

Drück mir die Daumen, daß ich bald wieder aufstehen

und wandeln kann, und ich drück die Daumen ganz fest für
Freddy und Dich und auch für unser Buch, obgleich ich in
dieser Hinsicht kaum Hoffnungen habe. Macht nichts, so
ein kleines Restchen Hoffnung kann man doch pflegen. Es
wär auch gut für Freddy – ich meine: als eine Art Bestätigung für ihn. [...]
   Ich umarme Dich fest.
   Deine Brigitte
   Küßchen für Freddy!

Apropos Küßchen (mir fällt gerade ein, wie Du meinen Regisseur auf arabisch geküßt hast): unser Filmchen ist ganz
nett geworden; ich habe es mir neulich am Schneidetisch
angesehen, und in Farbe wirkt es richtig poetisch. Bloß,
wer außer den happy few kann es in Farbe sehen? Asriel
schreibt die Musik, und ev. wird Manfred Krug singen – das
ist dann schon der halbe Erfolg. Oh Gott, den Krug sollte
ich heute abend noch anrufen und beknien, aber ich werde
[...] mich wohl nicht trauen; ich kenne [...] ihn nur flüch-
tig, wir haben mal einen Abend zusammengesessen und
wegen Jazz herumgezankt. Nochmals – ganz herzlich
   B.

Du, damit Du nicht überrascht bist: ich habe meinem Bruder Deine Adresse gegeben, falls er mal meinem kleinen
Bruder oder mir eine Platte schicken will. Ein kleiner Umweg, aber was hilft's?

84 BRIGITTE REIMANN AN IRMGARD WEINHOFEN

Nbg. 22. 12. 69

Mein liebstes Irmchen,
hier ein paar Zeilen, um Dir zu danken für den schönen Tag
in Berlin und das ermutigende, aufmunternde Zusammen-

sein mit euch – und für Nina und Sarah. Du lieber Gott, ich habe eben die Platten abgehört und bin einfach selig. Was für eine herrliche Musik! Du hast genau das Richtige gewählt – ich könnte dieser Nina stundenlang zuhören. – Ein Glück, daß ihr nicht mit nach Lichtenberg gekommen seid. Eine Katastrophe. Der Zug fuhr gegen 9 Uhr, und ich war um Mitternacht zuhause. Na, macht nichts, der Tag in B. wiegt solche kleinen Pannen auf. Ich umarme Dich von Herzen. Küßchen für Freddy!

Deine und eure

Brigitte.

85 IRMGARD WEINHOFEN AN BRIGITTE REIMANN

Amsterdam, den 17. 1. 70 21⁰⁰

Meine liebe Brigitte,

Hab Dank für das Buch »Wanzka«, ein Zeichen, daß Du oft an mich denkst. Ich hab mich nicht bloß über das Buch gefreut, sondern vor allem über die Geste selbst, das Wissen, daß Du mir eine Freude machen wolltest. [...]

Nun sind es schon fast, nein heute, 3 Wochen, seit wir in Berlin waren. Und die nettesten Stunden haben wir zusammen verbracht. (Auch Freddys uneingeschränkte Meinung) [...]

Ab Montag gehen nun die Kollegs wieder los – und ich muß sagen, ich freue mich schon drauf. Wenn ich dann wieder in die Stadt komme, werde ich sehen, wie ich Dich wieder selig machen kann, außerdem ist jetzt Ausverkauf, vielleicht ist doch hier und da etwas billig zu erstehen. Nur Geld müßte man haben! Na gut, auch darüber mache ich mir weiter keine Sorgen. Für den Lebensunterhalt ist gesorgt und das andere kauft man, wenn man Geld übrig hat. –

[...] Meine liebe Brigitte, viel Neues hat sich in diesen Wochen des Zuhauseseins nicht ereignet. Über die Ablehnung der Katrien hatte ich Dir ja schon geschrieben. Die Schufte! Aber Du mußt nicht wegen der Katrien nach Holland kommen, ohne sie ist es ebenso gut!

[...] und nun noch ein paar Bemerkungen zu Schorsch. Es ist ein Elend mit mir – mit uns, eigentlich auch wieder keins, aber wenn wir uns nicht sehen oder hören können, dann fehlt mir etwas – und er hat auch keine Ruhe. Wie das enden soll, ich weiß es einfach nicht. Aber einmal werde ich mit Freddy darüber sprechen und er muß dann entscheiden, ob er geht oder ich gehe oder was wir machen. Aber wenn man weiß, was ich für Freddy bedeute – dann ist es einfach unverantwortlich, ihn allein zu lassen [...].

Für heute will ich nun Schluß machen, laß bald von Dir hören und sei tausendmal lieb gegrüßt u. geküßt

von Deiner Irmchen (u. Freddy)

86 BRIGITTE REIMANN AN IRMGARD WEINHOFEN

Mahlow, 20. 1. 70

Mein liebes Irmchen,

Deine Karte habe ich hier im Krankenhaus bekommen. [...] Schade, daß es mit der Katrin wieder nicht geklappt hat; vor allem ist es mir leid um die Arbeit, die ihr beide an die Übersetzung gewandt habt. Nun ja, da werden wir wohl mit einem tiefen Seufzer das Projekt begraben müssen. Wir sind halt doch altmodische Leute. Na, vielleicht hat das neue Buch mehr Glück. Hast Du den »Wanzka« bekommen? Wär das nicht was zum Übersetzen? Liebes Irmchen, schick mir einen Brief, solange ich noch hier bin (ich hoffe, ich werde am 9. 2. entlassen), im Krankenhaus ist es blöd ohne Post. Bis jetzt geht es mir noch nicht besonders gut, eher schlechter – vielleicht ist die Ruhe etwas, was zuerst nochmal alles Schlimme – seelische und körperliche Schmerzen – desto heftiger aufleben läßt. Ich weine jeden

Tag. Ach, das Beste ist doch die Arbeit. – Küßchen für
Freddy, und alles Gute. Leb wohl, Irmchen, und laß Dich
fest umarmen von
  Deiner Brigitte.

Am Wochenende kommt Jürgen; er schwärmt von Dir, und
das freut mich.

87 IRMGARD WEINHOFEN AN BRIGITTE REIMANN

Amsterdam, den 29. 1. 70
Meine liebe Brigitte,
Soeben erhielt ich Deine lieben Grüße aus dem Kranken-
haus und ich will Dich auch nicht warten lassen, da ich
weiß, wie man sich fühlt, wenn man im Krankenhaus liegt.
Ich hatte Dir noch einen Brief geschrieben, vielleicht hast
Du ihn inzwischen auch nachgeschickt bekommen? –
  [...] Ich wünsche mir nur, daß Dich dieser Aufenthalt
dort ein wenig stärkt – und nicht kränker macht. (Mein
Gott, daß Dich dieser K[...] so angegriffen hat, ist er gar
nicht wert, aber so geht's einem, wenn man *richtig* liebt.)
Hat sich Dein Rücken wieder gebessert? Nimm dann auch
jetzt wirklich die Gelegenheit wahr – und ruhe Dich aus,
wo Du Dich um nichts [zu] kümmern brauchst! Und heul'
nicht so viel! (Aber gerade was das Heulen anbetrifft, bin
ich auch kein schlechter Vertreter). Und doch, glaube ich,
daß Heulen erleichtert. Vielleicht sind wir gerade deshalb
solche Steh-auf-Männchen, weil wir unseren seelischen
Schmerz äußern können. Ich hoffe, daß Dich der Jürgen-
Besuch aufgemuntert hat und er Dich in besserer Verfassung wieder aus dem Krankenhaus abholen kann.
  Nun zu mir: Meine Grippe hab ich endlich überstanden
und seit dem 20. laufen wieder die Vorlesungen. Wie gesagt,
macht mir riesigen Spaß. [...] Gotisch macht mir noch das

meiste Kopfzerbrechen, aber wenn ich es in diesem Jahr nicht schaffe, lege ich es im nächsten Jahr ab. –
[...] ich grüße und küsse Dich herzlichst als
Deine Irmchen. [...]

88 BRIGITTE REIMANN AN IRMGARD WEINHOFEN

Neubrandenburg, 27. 2. 70
Mein liebes Irmchen,
sicher hast Du schon auf eine Antwort gewartet, aber ich hatte ›Haftverlängerung‹ bekommen und bin erst seit ein paar Tagen wieder zu Hause. Die Wohnung kam mir sehr bunt und lustig vor nach fast zwei Monaten in einem weißen Krankenzimmer, und natürlich lagen hundert Briefe da, auch allerhand Ärgerliches betreffend, aber diese ärgerlichen Briefe habe ich mit einer großen Geste in den Papierkorb geworfen, um mir selbst zu beweisen,

2. 3.
Mein liebes Irmchen, neulich bin ich unterbrochen worden, und soviel ich weiß, wollte ich gerade mit meiner erstaunlichen Nervenkraft und Gelassenheit prahlen – leider verfrüht, wie sich jetzt zeigt. Das heißt, allerdings hat mich Mahlow ganz schön aufgemöbelt, und in den ersten Tagen hier in N. haben sich alle meine Freunde und Bekannten gewundert, wie ruhig ich geworden bin, und wie dick (12 Pfunde zugenommen!, mir paßt kein Rock und keine Hose mehr), und daß ich nicht mehr rauche. Tatsächlich, seit nahezu zwei Monaten keine Zigarette. Wie findest Du das? Da ich aber meiner Energie nicht allzusehr vertraue, fürchte ich, daß ich irgendwann doch wieder der Versuchung erliegen werde; sobald ich mich an die Schreibmaschine setze, verspüre ich im ganzen Körper diese scheußliche Unruhe, die man nur mit einer Zigarette beschwichtigen kann (bildet man sich ein), und dabei bin ich noch gar nicht mal richtig

zum Arbeiten – ich meine: zum Dichten – gekommen. Es ist geradezu eine Qual für mich, wenn ich arbeiten will und wirklich Appetit auf das Buch habe und trotzdem nicht dazu komme, weil ich weiß, daß ich in den nächsten Tagen doch schon wieder unterbrechen muß. In M. hat man auf einem Röntgenbild entdeckt, daß ich eine Geschwulst im Bauch habe, und möglicherweise ist dieses verdächtige Ding schuld an den Schmerzen, die mich seit Monaten plagen. Jedenfalls muß ich wieder in die Rössle-Klinik und bin bei meinem Prof. Gummel angemeldet. Diese Woche ist die erste Untersuchung. Je näher der Tag rückt, desto nervöser werde ich und kann mich auf nichts mehr konzentrieren. Warten ist schlimmer als Gewißheit. Wenn ich erstmal weiß, worum es sich handelt – schlimmstenfalls also wieder um Krebs –, dann werde ich auch, hoffe ich, einigermaßen gefaßt in die Klinik marschieren und versuchen, so schnell wie möglich mit der ganzen Geschichte fertig zu werden. Mein kleiner Jürgen hat mehr Angst als ich; gestern nachmittag hatten wir mal wieder ein langes ernstes Gespräch über Beruf und Zukunft und Pessimismus und Hoffnungen, und plötzlich kriegte er das Heulen, weil er sich vorstellte, seine Freundin B. könnte ihm wegsterben. Er ist schon ein merkwürdiger Junge, und wenn mich jemand über den Kummer und Ärger mit Herrn K. trösten kann, dann ist er es, Gott weiß warum. Eines Tages wirst Du uns noch als Paar oder gar Ehepaar treffen, und das Lustigste – wir werden auch dann noch nicht über einen gelegentlichen keuschen Kuß hinausgekommen sein. Von dieser Kleinigkeit abgesehen, leben wir tatsächlich schon nahezu wie Eheleute. Übrigens, da ich ja nun wieder eine Weile weg bin, wird Jürgen es übernehmen, die Bücher für Freddy zu beschaffen und euch zu schicken, und mir bleibt nur, klein und demütig um Entschuldigung für meine Saumseligkeit zu bitten, aber durch diese lange Krankenhauszeit konnte ich wirklich nichts besorgen, und auch seit ich wieder zu Hause bin, war ich noch nicht einkaufen, weil ich vor Schmerzen nicht laufen kann.

Für morgen habe ich endlich mal ein Taxi bekommen und kann die notwendigsten Wege erledigen, Miete bezahlen, Steuersachen regeln, Krankengeld holen und dergleichen, was man eben selber machen muß. Herr K[...] erfindet nach wie vor die erstaunlichsten Vorwände, weshalb er mir den Wagen nicht bringen kann – vielleicht hat er ihn schon verkauft, vielleicht zieht seine Freundin das Autofahren dem Zufußgehen vor, was weiß ich denn –, und wenn ich ungeduldig werde, gibt er mir den Rat, mit dem Taxi zu fahren, – als ob wir in Paris wären, wo man (nach Filmen zu urteilen) bloß an der Straße mit dem Finger zu schnippen braucht, um ein Taxi zu stoppen.

Liebes Irmchen, mir scheint, ich quassele einen Haufen überflüssiges Zeug zusammen; also werde ich lieber schließen. Übermorgen erfahre ich, was mit mir los ist, und falls ich gleich ins Krankenhaus muß, schicke ich Dir ein Kärtchen mit der Adresse, damit Du mir mal einen Brief schreiben und mich moralisch aufrüsten kannst. Inzwischen laß es Dir gut ergehen, werde wieder ganz gesund, grüß Deinen Freddy und sei selbst herzlich gegrüßt und ganz fest umarmt von Deiner

alten Brigitte

Eben kommt die Sonne raus, Gottlob! Hoffentlich fängt es endlich an zu tauen. Jeden Tag Schnee – man kriegt ja einen Klaps.

89 JUERGEN AN IRMGARD WEINHOFEN

Neubrandenburg, d. 16. 4. 70

Liebes Irmchen,
ich weiß nicht, ob ich Sie so ansprechen darf, aber ich tu's einfach. Ja, warum schreibe ich eigentlich? Es ist nicht gerade der angenehmste Anlaß, aber es hilft ja nichts. Die

Brigitte ist krank. Kurz vor Ostern ist sie schon in die Neubrandenburger Klinik gekommen, sie hatte so wahnsinnige Schmerzen im Rücken, hat eine ganze Nacht wie am Spieß geschrieen, ich war [...] gerade in Rostock, und als ich dann zurückkam lag sie schon in der Klinik. Ich habe die Brigitte besucht, sie war schon wieder ganz guter Dinge, und trug mir auf, Ihnen zu schreiben, da sie irgendwie nicht konnte. Nun, [...] seit gestern [...] ist die Brigitte in Berlin. Es wird sicher ein wenig länger dauern, wie ich vermute, denn, und das habe ich so hintenrum erfahren, in der Wirbelsäule soll sich eine Bandscheibe verschoben haben, die einen Nerv einklemmte. Daher auch die starken Schmerzen. Nun bekommt sie Bäder und Massagen und die Ärzte hoffen, daß sie es wieder so einigermaßen hinkriegen. Ich habe gestern abend gleich mit der Brigitte telefoniert, sie hatte ausgezeichnete Laune, aber will dort schnell wieder raus. Sie sagte, daß sie in Neubrandenburg ein Einzelzimmer bekommen hatte und dort eine Menge Arbeit geschafft hat, sie hat endlich wieder Lust zum Schreiben. In der letzten Zeit war sie nämlich nicht auszustehen. Durch die Schmerzen war sie so mit den Nerven fertig, daß ihr überhaupt nichts gelang. Sie kroch fast auf allen Vieren durch die Wohnung und hätte bei jeder Bewegung brüllen mögen. Aus dem Hause gehen konnte sie gar nicht, so das Nötigste habe ich ihr dann immer besorgt. [...] Sie wollte ja auf keinen Fall in eine Klinik, aber ich denke es ist jetzt besser für sie. Denn die Ärzte machten in Neubrandenburg überhaupt nichts mit ihr, sie mußte nur dann und wann einmal zur Massage, aber richtige Diagnosen stellten sie auch nicht. Nun, die Klinik in Buch hat ja ein paar Spezialisten und ich denke, daß die ihr schon wieder auf die Beine helfen werden. Am kommenden Wochenende werde ich nach Berlin fahren und sie besuchen, ich freue mich schon richtig darauf, habe ich sie nun doch schon fast drei Wochen nicht mehr gesprochen.

Sie hatten der Brigitte ja eine Osterkarte mit allen guten

Wünschen für das Fest geschickt, nun, daraus ist ja nun nicht viel geworden. Aber es wird schon wieder werden. Das Fest wird dann eben zu einem späteren Zeitpunkt nachgeholt. Weihnachten haben die Brigitte und ich ja auch erst im März gefeiert, weil wir aus Zeitgründen einfach nicht dazu kamen, uns die Geschenke gegenseitig zu über-reichen.

[...] Schöne Grüße an Sie vor allen Dingen und auch an den Freddy

sendet der Juergen aus Neubrandenburg [...]

90 BRIGITTE REIMANN AN IRMGARD WEINHOFEN

Berlin, 22. 4. 70

Mein liebes Irmchen,
Du bist mir nicht böse, weil ich so lange nicht geschrieben habe, nicht wahr? Sicher weißt Du von Jürgen, daß ich schon ewig lange krank bin, immer noch an dieser blöden Wirbelsäule, und seit Wochen von einem Krankenhaus ins andere geschleppt werde. Es war ziemlich scheußlich, und alles, was man mit mir anstellte, half nicht. Jetzt bin ich wieder bei Prof. Gummel, in meinem ehemaligen Krebs-zimmer, und obgleich mir allerhand böse Erinnerungen ka-men, war ich in den ersten Tagen geradezu glücklich, weil ich endlich wieder arbeiten konnte, denn ich habe ein Ein-zelzimmer bekommen, kann rauchen (leider, das Rauchen habe ich mir wieder angewöhnt), und da ich viel Zeit zum Nachdenken hatte, hat sich eine Menge »angestaut«, ich meine: ich wußte, wie es mit dem Buch weitergeht; außer-dem – das heißt, eigentlich ist das sogar das Wichtigste – habe ich die schlimme Geschichte mit Jon K[...] soweit überwunden, daß ich ihn nicht mehr andauernd in meiner Hauptperson, dem Geliebten Franziskas, sehe. Kurz bevor ich in N. ins Krankenhaus kam, hatte ich mich endlich ent-

schlossen, einen Rechtsanwalt zu bitten, daß er all dieses Zeug übernimmt: die Scheidungsklage einzureichen, einen Trick zu finden, damit ich nicht selbst nach Hoyerswerda reisen und Jon vor Gericht treffen muß (ich fürchte, ich wäre in Ohnmacht gefallen), und schließlich, das Auto zu beschaffen oder »herauszuklagen«, wie man das nennt. [...] Aber über all das will ich nicht mehr nachdenken und mich grämen. Der Anwalt ist ein cleverer Mann, und da er nicht belastet ist von irgendwelchen Gefühlen, wird er meine Sache energisch vertreten.

Du kannst Dir gar nicht vorstellen, wie ich mich darauf freue, wieder laufen zu können, in ein Café zu gehen, Menschen zu sehen. Fast ein halbes Jahr bin ich nun in meine vier Wände verbannt; daß wir uns damals in Berlin treffen konnten, war ein schieres Wunder. Oh Gott, ich bin so hungrig aufs Leben! Aber hier habe ich endlich das Gefühl, beinahe die Gewißheit, daß ich geheilt werde. In Buch sind großartige Ärzte (und was für den Patienten wichtig ist: sie sind sehr liebenswürdig und höflich und erklären einem alles; es ist eine Klinik der Akademie, in der ein ganz anderer Geist herrscht als in den üblichen Krankenhäusern – ein demokratischer Geist, weißt Du, die Ärzte sind keine Halbgötter, bzw. sie spielen sich nicht so auf). Offenbar hat man endlich die Ursache für die ewigen Schmerzen gefunden: ein Wirbel ist im Begriff, sich gewissermaßen aufzulösen, ich weiß nicht, warum, und nun wird er wieder aufgebaut durch Kalkzufuhr und durch Bestrahlungen. Manchmal habe ich noch so leise Angst, daß irgendwas Böses im Gange ist, denn diese Tiefenbestrahlungen werden ja im allgemeinen bei Krebs im Frühstadium angewandt. Aber das würde man mir bestimmt sagen, Prof. G. weiß ja, daß ich nicht hysterisch werde, wenn er mir die Wahrheit sagt. Ich werde also mit so einer Kobaltkanone beschossen, was allerdings ekelhafte Nebenerscheinungen hat: man kriegt einen sog. »Strahlenkater«, der wie ein richtiger Kater ist, mit Übelkeit, Kopfschmerzen und so. Ich muß jeden Tag ein paar Gläser Kognac trinken; merkwürdigerweise hilft das gegen diese Strahlenwirkungen. Dazu eine Menge Vitamine und Milch und dergleichen. Mir wurde ja ein bißchen schwach, als ich die Anweisungen las. Mit der Zeit stellen sich leichte Verbrennungen ein (so ähnlich wie bei Atomkrankheiten), im schlimmsten Fall kann ein dauernder Hautschaden entstehen, aber dem kann man vorbeugen, indem man die bestrahlte Stelle jeden Tag mehrmals pudert und manchmal mit Ölen betupft. Man darf sie einige Monate lang nicht waschen – eine komische Vorstellung, monatelang ungebadet herumzulaufen. Na, Hauptsache, es hilft. Lieber werde ich für einige Zeit ein schnapstrinkendes Ferkel sein, als weiter wie bisher auf allen Vieren herumzukrauchen.

Entschuldige, Irmchen, daß ich mich so ausführlich über den ganzen medizinischen Kram verbreite; er ist eben zur Zeit der wesentlichste Bestandteil meines Daseins, und diese Kanone hat mich wirklich sehr aufgeregt. Beim erstenmal bin ich vor Angst fast gestorben: die anderen linsen hinter ihren Bleischürzen hervor, und man selber liegt nackt und bloß unter so einer unbekannten Maschine. Aber das ist ja das Übliche: Angst hat man immer nur vor dem, was man nicht kennt und durchschaut hat. Und damit genug von diesen Klinik-Geschichten.

Meine Liebe und Gute, wann kommst Du wieder mal nach Berlin? Ich wär so glücklich, Dich wiederzusehen. Mitte oder spätestens Ende Mai bin ich wieder gesund, meint Prof. Gummel. Aber früher kommst Du ja sowieso nicht, nicht wahr? Wir könnten dann bummeln gehen und in stinkfeinen Lokalen rumsitzen und den Männern schöne Augen machen (aber mehr als Blicke kriegen sie nicht, die Hundesöhne!) Mit Dir würde ich mich sogar in verruchte Bars trauen – Du hast sowas Souveränes, irgendwas von »Welt«, verstehst Du?, während ich nur noch eine schüchterne Provinz-Gans bin.

[...] Grüß [Freddy] von mir (mit keuschem Küßchen) –

ich wünsche ihm Gesundheit und Kraft zum Arbeiten.
Und Du, mein liebes Irmchen, bleib gesund und guter
Dinge und laß Dich fest umarmen
von Deiner Brigitte, die Dich von Herzen lieb hat.

91 Juergen an Irmgard Weinhofen

Neubrandenburg, d. 6. 5. 70

Liebes Irmchen, einen schönen guten Tag sage ich,
heute morgen habe ich Ihren lieben Brief bekommen, er ist
erst ein paar Stunden alt und nun schreibe ich gleich die
Antwort darauf. [...]
Liebes Irmchen, ich will Ihnen es so sagen, wie ich es
empfinde, natürlich weiß ich es nicht genau, aber es steht
um die Brigitte ganz, ganz schlimm. Nach außen hin gibt
sie sich ziemlich munter, aber das ist alles nur Fassade. [...]
jetzt liegt sie auf einer anderen Station, bei dem berühmten
Professor Gummel, bei dem sie ja schon mal in Behandlung
war. Ja, Irmchen, es ist schlimm. Sie bekommt die Kobalt-
Kanone. Jedes kleine Kind bei uns in der Schule weiß, daß
damit in der Hauptsache Krebs behandelt wird. Brigitte
glaubt, daß es nur eine »normale« Behandlung ist. Nun,
man wird ihr ja auch nicht alles auf die Nase binden.
Bei dem letzten Besuch war ja auch ihre Schriftsteller-
kollegin Christa Wolf dabei. Wir gingen nach der Besuchszeit gemeinsam zur S-Bahn und unterhielten uns über die
ganze Geschichte. Die Christa vermutet auch nicht das Beste. Brigitte konnte ja teilweise nicht mal einen Bleistift in
der Hand halten, solche Schmerzen hatte sie bei jeder Bewegung.
Eben habe ich versucht mit ihr zu telefonieren, aber sie
durfte nicht ans Telefon geholt werden. [...] Am Telefon
sagte mir Brigitte vor ein paar Tagen, daß sie 20 Bestrah-

lungen mit der Kobalt-Kanone bekommt. Das wird ungefähr bis nach Pfingsten abgeschlossen sein. Danach will man das Blut untersuchen, ob es nicht zu Schaden gekommen ist. Mir kommt diese Prozedur ziemlich unwahrscheinlich vor, denn, falls etwas mit dem Blut sein sollte, kann man nach den vielen Kobaltbestrahlungen auch nichts mehr ändern. Jedenfalls müßte [sie], so sagte sie, danach noch ein Weilchen im Krankenhaus bleiben und hofft so gegen Ende Mai, Anfang Juni wieder zu Hause zu sein. So, wie ich aber die Dinge sehe, wird es wohl mit diesem Termin nichts werden. [...] Ich glaube, daß man sie noch einige Zeit dort zur Beobachtung dabehalten wird, bloß dann wird es von mal zu mal schwerer werden, sie von einem Termin auf den anderen zu vertrösten. Die Schwestern sind am Telefon auch so sonderbar. Als ich heute fragte, wie es ihr denn ginge, sagten sie Na ja, den Umständen entsprechend. Welchen Umständen denn bloß?

Ich habe inzwischen tausend Freunde und Bekannte aufgehetzt ihr zu schreiben oder sie anzurufen, damit sie ein bißchen Abwechslung hat. Jetzt, das nächste Wochenende fahre ich wieder nach Berlin. [...] Hoffentlich ist das Wetter einigermaßen, daß wir uns etwas in den Park setzen können. Der Frühling kommt nun bei uns mit Macht. Seit 3 Tagen nur Sonnenschein und fast 20 Grad plus. Und die arme Brigitte muß dort in der Krankenhausluft liegen. Nun, Irmchen, wir können nichts weiter tun als abwarten. Vielleicht wird doch noch alles gut. Aber wenn auch, irgendwie, glaube ich, wird Brigitte einen Knacks nachbehalten. Es ist in der jüngsten Vergangenheit wirklich alles zu viel für sie gewesen. Die Scheidung läuft nun über den Rechtsanwalt, ein ganz cleverer Bursche, sehr lustig, aber auch sehr resolut. [...] Ich freue mich schon heute auf das Wiedersehen im Juni in Berlin, bis dahin herzliche Grüße aus dem schönen, sonnigen Neubrandenburg

Ihr Juergen

Berlin, 15. 5. [70]

Mein liebes Irmchen,
hab schönsten Dank für Deinen Brief. Ich war so froh,
endlich mal wieder von Dir zu hören, obgleich mir der
Jürgen inzwischen einiges erzählt hatte. [...] Ich freue
mich schon sehr auf unser Wiedersehen. Ist [es] dann möglich, daß Du notfalls nach N. kommen kannst? Am 5. bin
ich wahrscheinlich – hoffentlich! – nicht mehr in Berlin; bis
zum 27. 5. gehen die Bestrahlungen, dann ist nochmal Blut-
untersuchung, die aber, denke ich, nicht allzu lange dauern
wird. Dann werde ich nach N. zurückgebracht, muß aber
noch viel liegen und so, und ich fürchte, ich kann dann nicht
nach Berlin kommen – eine Reise traue ich mir noch nicht
zu, und das Auto hat immer noch Herr K. Am 28. Mai ist
der Scheidungstermin ... Über das Organisatorische sprechen wir noch, telefonisch. Falls Du nach N. kommst,
plane eine Übernachtung ein (ich meine: die Zeit; das Bett
werde ich stellen). Wenigstens unsere – nicht sehr verruchte – Provinzbar werden wir heimsuchen. Wenn ich mir
das vorstelle: Du mit Deinem Temperament unter Meck-
lenburgern!

Liebes Irmchen, für Deine Prüfungen drücke ich Dir fest
die Daumen. Aber ich bin ganz sicher, daß Du es schaffen
wirst, und sogar mit Glanz und Glorie. Vor allem, bleib gesund, laß Dich nicht nervös machen, und überhaupt: be-
halte den Kopf oben! Gruß an Freddy (und unser traditionelles Küßchen). Ich umarme Dich fest, mein Irmchen,
und grüße Dich ganz herzlich –
     Deine Brigitte

Neubrandenburg, 23. 7. 70

Mein liebes Irmchen,

bitte, sei mir nicht böse, weil ich gar so lange geschwiegen habe. Ich erkläre Dir gleich, warum, aber zuerst möchte ich Dir danken für die Platte – gestern habe ich sie Jürgen gegeben, anläßlich unserer Versöhnung, und es war ein richtiges Fest. Ferner gibt es zu melden, daß ich nicht nochmal nach Buch gehen muß; ich habe mit meinem Arzt telefoniert und ihm gesagt, daß es mir blendend geht, und er fand, in diesem Fall könnten wir auf den ganzen Hormon-Kram verzichten, Gottlob. Natürlich habe ich ein bißchen übertrieben, weil ich partout nicht wieder ins Krankenhaus will, schon gar nicht jetzt im blühenden Sommer, aber wirklich geht es mir schon bedeutend besser, und ich habe nur noch morgens Schmerzen (wahrscheinlich verknäule ich mich beim Schlafen auf eine abenteuerliche Weise), und wenn ich zu schwer trage, was aber selten vorkommt. Leider muß ich auch weiterhin Fußgänger bleiben; zwar haben wir das Auto geholt, aber es ist unterwegs wieder kaputt gegangen (vermutlich Schuld der Werkstatt, die irgendwas vermasselt hat), und nun steht es auf einem Sommerweg in der Nähe von Ahrenshoop, und da lasse ich es auch stehen. Ich habe mich entschlossen, die ganze Sache komisch zu finden – sonst würde ich mich totärgern über den Verschleiß an Nerven und Zeit. Ich bin völlig bankrott; Herr K[...] hatte noch unbezahlte Rechnungen hinterlassen, und ich bin zu bürgerlich, um sie nicht zu begleichen. Jetzt ist mal wieder ein Wunder fällig. Der Verlag streikt, ich bekomme keinen Pfennig Vorschuß mehr. Na, was macht's, ich lasse das Unheil gemächlich auf mich zukommen.

Viel schlimmer sind meine verwickelten Privatgeschichten, und die eine sitzt eben jetzt draußen im Garten und bewacht mich. Zum Verrücktwerden. Ich bin in einer richtigen Dynamit-Stimmung. Weiß Gott, warum – jedenfalls habe ich in all den Wochen, seit ich aus dem Krankenhaus gekommen bin, nur irrsinniges Zeug angestellt, ein Dutzend Männergeschichten angefangen und sofort, meist am selben Tag, wieder abgebrochen, aber jetzt bin ich einem ganz zähen Burschen in die Hände gefallen; er kommt getreulich jeden Tag, stört mich bei der Arbeit, wiederholt beharrlich seinen Heiratsantrag und setzt sich in meiner Wohnung fest, um andere Interessenten abzuschrecken. Das nimmt manchmal groteske Formen an – so eine Art Sitzstreik, und ich hänge todmüde in meinem Sessel und warte darauf, bis endlich einer der Herren aufgibt. Aber niemals ist es der Christoph mit seiner mörderischen Geduld und seiner sanften Eifersucht. Er macht mich wahnsinnig, aber ich bringe es nicht fertig, ihn rauszuschmeißen, – vielleicht weil ich jetzt weiß, wie unglücklich Liebenden zumute ist. Außerdem würde er ja doch am nächsten Tag wiederkommen und sein Sprüchlein aufsagen: Ich heirate dich doch. Ist das nicht schrecklich? Ich komme mir vor wie ein besetztes Land, ich kann nicht mehr schlafen, ich kann nicht arbeiten, ich lebe bloß noch in Auflehnung und kämpfe um mein herrliches Junggesellen-Dasein (nun weiß ich wieder, wie herrlich es ist, trotz einsamer Abende und gelegentlicher Verzweiflung). Ich begreife nicht, warum dieser Junge so auf mich fixiert ist (er ist sieben Jahre jünger, was ihn nicht im geringsten stört), und warum er sich durch nichts abschrecken läßt. Und er hat mich wirklich in einer Verfassung kennen gelernt ... damals war ich jeden Tag stockbesoffen und konnte nachher selbst nicht mehr entziffern, was ich geschrieben hatte. Irgendeine blödsinnige Strähne, vermutlich eine Reaktion auf das lange Eingesperrtsein; jedenfalls, sobald ich wieder laufen konnte – und das kam ganz plötzlich und kam mir wie ein Wunder vor – tobte ich von einer Party zur anderen, saß in unseren Bars herum, kam jeden Abend mit einem anderen Mann nach Hause und war schließlich auch tagsüber nie mehr nüchtern, und manchmal war mir nach Selbstmord zumute ... jedenfalls war es die perfekte

Selbstzerstörung, die ganze K[...]-Geschichte fiel wieder über mich her, ich dachte, ich sei untauglich für Liebe (aber das denke ich heute auch noch) und zertrümmerte sofort jede neue mögliche Beziehung. Mein Jürgen war oft dienstlich unterwegs und konnte nicht auf mich aufpassen, und wenn er hier war, heulten wir, weil es so hoffnungslos mit uns beiden ist. Es war ein Irrenhaus. Nun ja, und da platzte dieser Christoph rein, der mich durch seine Sanftheit eroberte – oder eigentlich durch einen albernen Kinderpropeller, den wir auf dem Platz vor dem Kulturhaus steigen ließen. Das war an so einem ganz miesen Tag (mies, obgleich die Sonne schien), und ich war schon wieder ziemlich blau, als ich Ch. im Hotel kennen lernte. D. h., meine Kollegin, die Margarete, kannte ihn; er arbeitet im Zentrum Bildende Kunst. Später zogen wir also auf den Platz und hatten eine Menge Publikum bei unseren blöden Spielereien, und plötzlich kamen mir alle Leute sehr nett vor, und ich vergaß mein Alter und meinen Beruf – der mich in so einer Kleinstadt zu äußerster Zurückhaltung verpflichtet – und die Sauferei und all das ekelhafte Zeug, und fühlte mich wie in meine Kindheit zurückversetzt, weißt Du, so schuldlos ... Das kann man schwer erklären. Wahrscheinlich war es ganz einfach Glück, wenn auch bloß für eine halbe Stunde, diese Art Glück, die man manchmal ganz früh morgens empfindet, wenn der Himmel noch blau und unbeschmutzt ist und Tau auf dem Gras liegt und die Welt vorm Fenster unberührt wirkt.

Na ja, so fing also die Geschichte an. Der Christoph ist Goldschmied, er malt auch, merkwürdiges Zeug, abstrakt, skurril, vielleicht ist er sehr begabt, das läßt sich noch nicht sagen, vorläufig geht alles bei ihm durcheinander, Realismus und Tachismus und wunderschöne Farbkompositionen, in die ein unmögliches Detail reinknallt, das einem einfach weh tut. Zuviel Gefühl, zuwenig Intellekt. Aber er ist formbar, das reizt mich natürlich (wir müssen ja immer Geschöpfe machen). Er entwirft erstaunlichen Schmuck, und am liebsten würde er mich von Kopf bis Fuß mit diesem halb barbarischen, halb märchenhaft verspielten Zeug behängen. Er ist schon ein komischer Bursche ... Es macht mir aber eher Angst, daß ich alles von ihm bekommen kann, seine geliebten alten Gläser, sein Meißener Porzellan, seine Waffen und was er sonst noch so sammelt. Das ist doch nicht normal, das ist Faszination oder Hexerei, und diese Art Liebe kann nicht halten, irgendwann müssen ihm mal die Augen aufgehen. Und er lebt wie ein Bohemien (und ich bin so bürgerlich, daß es mich erschreckt), hat zwar eine Wohnung in Trollenhagen, schläft aber notfalls auf Dachböden, trampt und schneidet sein Brot mit einem spanischen Wurfmesser. Das habe ich ihm allerdings inzwischen abgenommen; ein schwerer alter Dolch, Toledoer Arbeit, der liegt nun immer bei mir auf dem Schreibtisch, und manchmal stelle ich mir vor, was passiert wäre, wenn ich ihn voriges Jahr bei mir gehabt hätte, als ich zum letztenmal in K.s Wohnung war. Damals waren mein Foto und unsere Talisman-Tierchen schon weggeräumt (denn natürlich hatte die andere Frau schon dort geschlafen), aber das habe ich erst später bemerkt, in der Erinnerung, weißt Du, es gibt doch sowas wie Erinnerungsfotos, die Du zwar in der Gegenwart knipst, aber erst viel später betrachtest, und sie sind ganz scharf, und Du siehst plötzlich lauter Dinge, die Du im Augenblick des ›Fotografierens‹ gar nicht wahrgenommen hast.

Mein Jürgen ist eifersüchtig, obgleich er selbst einen Freund hat (ich muß mit der Hand weiterschreiben, weil meine Maschine plötzlich sperrt) [...]. Letzten Sonntag sind wir zusammen nach Rostock gefahren und haben unterwegs einen richtigen Ehekrach gehabt, eine blödsinnige Eifersuchtsszene, und ich hatte dieses ganze Verhältnis satt und sagte, er sollte sich nicht wieder bei mir sehen lassen. Drei Tage haben wir es ausgehalten (und waren todunglücklich), dann rief er an, und fünf Minuten später war er hier, und wir fielen uns in die Arme, und als er wieder bei mir im Zimmer saß, in seinem angestammten Sessel, fing er bitterlich an zu weinen, und ich küßte ihm die Tränen vom Gesicht. Sag mal, wir sind doch ein unmögliches Paar – ein Homosexueller und ein enttäuschtes altes Weib, zwei schwankende Stämmchen, die sich aneinanderlehnen, um ein bißchen Halt zu haben. Jetzt fängt die ganze Quälerei wieder von vorn an [...].

Heute abend fährt Ch. nach Dresden, und Jürgen und ich gehen heimlich miteinander aus und trinken und tanzen miteinander auf eine Art, daß alle Leute denken, wir werden sofort ins Bett gehen – so ist es jedesmal, eine ewig wiederholte Täuschung für andere und für uns selbst, und eine Gemeinheit des Schicksals.

Schluß mit dem Thema. Da kann man nichts machen, und denk nicht, daß ich es klagend vorbringe. Man muß es in guter Haltung tragen. Von meiner Arbeit, die eigentlich viel wichtiger ist, erzähle ich Dir ein andermal. Bleibt mir bloß der so oft geschriebene Schlußsatz: Schade, daß Du nicht hier bist, mein liebes, verständnisvolles Irmchen, tausendmal schade ... Grüß Freddy, der sich sanft geküßt fühlen möge, und alle netten Leute in Amsterdam, bleib gesund und guten Mutes und sei fest umarmt und ganz herzlich gegrüßt von

Deiner Brigitte

94 Juergen an Irmgard Weinhofen

Neubrandenburg, d. 24. 8. 70
Guten Tag, liebes Irmchen,
Schande über mein Haupt und alle meine Nachfahren [...].
Ich wollte schon immer schreiben, aber es ist bei uns im Betrieb dermaßen verrückt, alles ist in Urlaub und die Arbeit wird dann auf die Daheimgebliebenen aufgeteilt [...].
Die Sonne scheint, es ist noch Sommer, Brigittes Garten blüht und gedeiht, der Wein ist bald reif, wir wollen etwas

Saft für den Winter machen. Es ist einfach schön. Brigitte ist guter Dinge. Sie brauchte nicht mehr zurück in die Klinik. [...] Ich war mit in Berlin, wir besuchten noch Bekannte – und freudestrahlend kam sie mit der guten Botschaft zurück. Im Augenblick hat sie Besuch aus Hoyerswerda, ein Maler mit seinem kleinen Sohn ist da, sie kutschieren in der Gegend umher, der Maler will sich nämlich hier im Bezirk Neubrandenburg ein kleines Haus besorgen. [...] Brigitte ist wieder so lebenslustig geworden, daß wir sogar schon aus waren und sie konnte nicht genug kriegen vom Tanzen. Bis ich dann ein Machtwort sprechen mußte [...]. Ja, ich weiß nicht, vielleicht wendet sich doch noch alles zum Guten mit ihrer Krankheit [...].

Bis zum nächsten Mal
viele herzliche Grüße auch an Freddy
vom Juergen

95 Irmgard Weinhofen an Brigitte Reimann

Amsterdam, den 14. 9. 1970

Meine liebe Brigitte,

[...] Inzwischen habe ich von Jürgen einen lieben Brief erhalten, der auch gute Nachrichten über Dich enthielt [...].

Heute haben Freddy und ich wieder ein Examen gemacht, und zwar in Allgemeine Sprachwissenschaft. Ob es gelungen ist, wissen wir natürlich noch nicht, erst in einer Woche. Dieses Examen wurde nach einer amerikanischen Methode durchgeführt. Man bekam 50 Fragen vorgelegt, dazu je Frage 4 Antworten – und eine davon musste man auswählen. Der Clou der ganzen Sache bestand nun darin, die richtige jeweils zu erkennen. [...]

So hat uns dieses Examen gleich nach unserem Urlaub in Beschlag genommen – und Ende des Monats hab ich noch wieder 2 mündliche Prüfungen und 1 schriftliche. Ich kann

Dir sagen, mit meinem Interesse zur Literatur habe ich mir ja was eingehandelt. 2 Jahre nichts anderes als Althochdeutsch und Mittelhochdeutsch. Na gut, nun hab ich das angefangen – und jetzt gebe ich auch nicht mehr auf. [...]

Nun zu unserem Urlaub: Wie Du aus unseren Kartengrüssen entnehmen konntest, waren wir in Moskau und Jalta. Für Freddy bestand die Hauptsache im Sprechen – dass ihm das Spass gemacht hat, brauche ich wohl nicht weiter zu betonen. Wir hatten auch eine nette Reisegruppe, aus der wir noch ein paar Bekannte in Amsterdam übrig behalten haben und Freddy ein bisschen mehr Gelegenheit hat, Russisch zu sprechen. [...] Ich weiss nicht, ob Du schon mal in Jalta warst, das Wasser ist kristallklar, so etwas findet man an der holländischen Küste schon nicht mehr, wo der Strand vom Schiffsöl verpestet ist. Nur die Steine ... in Jalta. Aber trotzdem, ich habe herrlich gebadet – und das war für mich das Schönste. Ansonsten waren wir gut untergebracht, hatten ein schönes Zimmer mit Balkon und Ausblick auf den Hafen, der abends erleuchtet einen romantischen Anblick bot. Aber um sich dort auszuruhen, weit gefehlt! Es war voller Touristen, regelrecht vollgepfropft ... [...]

Meine liebe Brigitte, nun habe ich inzwischen das vierte Glas Sherry getrunken – und ich habe einen kleinen Schwips. (Sherry ist trockner Wein, falls Du wieder fragen solltest, was Postbox ist). Aber trotzdem will ich weiterschreiben. [...] Wir haben seit Burg nicht mehr zusammen getrunken. Und meine Liebe, wenn ich in Deinen Briefen von Besäufnissen lese, muss ich furchtbar lachen, da sie sicherlich stark übertrieben sind. Oh, mein Gott, wir müssten doch wirklich mal wieder die Zeit dafür finden. Na, vielleicht beim nächsten Mal.

18. 9. 1970

Meine Liebe,
wie Du aus dem Datum ersiehst, hatte ich mir am Montag einen Schwips angetrunken und konnte nicht mehr gut weiterschreiben. [...]

Was meine Situation ansonsten anbetrifft, so kann ich mich immer noch nicht zu einem Entschluß durchringen. Obwohl mein Herz nach meinem Schorsch verlangt, kann ich es einfach nicht über mich bringen, von Freddy wegzugehen. Der Urlaub hat wieder einiges geglättet, nur da leider der Alltag wieder angebrochen ist, erweist sich erneut, daß [...] Freddy mit ihm nur schwer fertig wird, wohingegen ich immer wieder Glück habe.

Stell Dir vor, ich habe hier vom Ministerium für Unterricht u. Wissenschaft 5000,– Gulden Stipendium erhalten. Ich konnte es einfach nicht glauben! Aber gefreut habe ich mich mächtig. So habe ich auch gleich an Dich gedacht und Dir 2 Platten gekauft [...]. –

Auch Übersetzungen habe ich, so daß meine finanzielle Lage wieder eine angenehme ist.

Mit dieser Mitteilung gehe ich nun frohen Mutes in mein 2. Studienjahr und hoffe, daß alles gelingt. –

Natürlich [...] möchte ich Dich so schnell wie möglich wiedersehen, doch im Moment weiß ich noch nicht, wann das sein wird. Willst Du es denn mit einem Antrag nicht einmal versuchen? Aber wie oft hab ich Dich schon darum gefragt! Es wäre einfach zu schön – und vielleicht könnte Dein Hiersein mir in meinen Entschlüssen helfen? [...]

Meine liebe Brigitte, schreib bald zurück. [...] Sei tausendmal lieb gegrüßt u. geküßt

und stets denkt an Dich,

immer Deine Irmchen.

96 Brigitte Reimann an Irmgard Weinhofen

Neubrandenburg, 14. [10.] 70

Mein liebes Irmchen,
ich weiß gar nicht, wie lange Dein Brief schon bei mir liegt; ich war verreist (davon später). Die Platten, von denen Du

schreibst, sind nicht angekommen; mit meinem Verreist-
sein kann das nichts zu tun haben, denn die Postboten wissen Bescheid und geben alle Sendungen bei meinen Nachbarn ab. Es würde mich wahnsinnig ärgern, wenn da etwa
irgendwelche Blues verloren gegangen wären, aber Du
weißt ja schon, daß man in diesem Fall eine Verlustanzeige
aufgeben kann; falls sich die Platten nicht wieder anfinden,
muß Dir das Geld zurückerstattet werden. [...]

Und daß ich es ja nicht vergesse: meinen Glückwunsch
zu Deinem Stipendium! Das hast Du doch sicher für besonders gute Leistungen bekommen, nicht wahr? Du bist
schon ein tolles Frauenzimmer. Wahrscheinlich wirst Du
noch mit siebzig ein weiteres Studium aufnehmen. Ich
wundere mich immer wieder, woher Du diese Kraft
nimmst. Aber Du wirst es schon schaffen, so wie Du bisher
alles oder doch nahezu alles geschafft hast, was Du Dir vorgenommen hast.

Bei mir sind inzwischen große Dinge geschehen, und am
liebsten möchte ich Dir stundenlang erzählen, aber das
muß ich nachholen, wenn wir uns mal wiedersehen (zu
Weihnachten? oder vielleicht schon früher?); zur Zeit
stecke ich bis über beide Ohren in der Arbeit, nicht nur in
der Arbeit am Buch. Ich habe unendlich viel aufzuholen –
Chronik, Briefe, Haushalt etc., weil ich drei Wochen lang
entsetzlich faul war. Zum erstenmal seit acht oder zehn
Jahren richtige verbummelte Ferien ... Ich hätte nie für
möglich gehalten, daß ich mich so gehen lassen kann. Vor
ein paar Wochen (ich weiß nicht, wieviele – mir kommt es
vor, als wären es schon Jahre) habe ich mich mit einem
Mann zusammengetan, was auch schon ein Wunder ist,
denn ich hielt mich für einen perfekten Junggesellen, war
ungeheuer skeptisch, was Gefühle angeht, und mochte niemanden auf meinem Territorium dulden, worunter besonders der arme Christoph sehr gelitten hat. Der einzige, den
ich längere Zeit um mich ertragen konnte, war Jürgen –
wahrscheinlich weil er genau so junggesellig ist wie ich und

genauso verkorkst und ein bißchen verrückt und bitter; wir waren uns nie im Wege. Das hat sich jetzt ein bißchen geändert, – aber wir wußten ja beide, daß irgendwann ein anderer auftauchen wird, bei ihm oder bei mir. Nun ist es bei uns beiden zur gleichen Zeit passiert, nur mit dem Unterschied, daß mein Jürgen sehr unglücklich ist. [...] Jetzt ist er, Gottlob, erstmal für einen Monat zum Studium nach Leipzig gefahren, und ich hoffe, das wird ihn ein bißchen von seinem Kummer ablenken. Zu alledem ist er eifersüchtig auf meinen Liebsten, der mich ganz mit Beschlag belegt, – aber was soll man da tun? Wir haben auch schon zu dritt zusammengesessen, aber für einen Mann wie meinen phlegmatischen dicken Doktor ist der Jürgen eine fremde Welt. Das heißt, ich bin es für ihn auch, aber ich bin eben eine Frau, und das Heftige, Überschwengliche, Geschwätzige, Leidenschaftliche, was ihn bei Jürgen befremdet, findet er bei mir reizvoll, und er nennt mich sein ›welsches Weib‹ (›welsch‹ ist für ihn alles, was schwarze Haare hat, zuviel lacht und zuviel heult und nicht aus dem Norden, aus dem Paradies Mecklenburg stammt).

Ich will versuchen, ihn Dir in Kurzfassung vorzustellen. Er heißt Rudolf B[...] (aber Rudolf nennt ihn kein Mensch, außer mir, wenn wir eine prinzipielle Diskussion haben) und ist Arzt und der Kreishygieniker von N. Er ist ein paar Jahre jünger als ich, und manchmal bedrückt mich dieser Altersunterschied, obgleich man ihn nicht bemerkt, denn B. wirkt viel älter, weil er so massig ist, und ich sehe wieder jünger und glatt und gesund aus – vor Glück, weißt Du. Zuerst fand ich ihn dick, aber jetzt – also, entweder sehe ich das nicht mehr oder ich finde dicke Männer hinreißend, ›mit runden Köpfen und die nachts gut schlafen‹, wie es bei Shakespeare heißt. Außerdem hat er für seine Schwere auch die richtige Statur, breite Schultern und eine Brust wie ein Bär, und er geht auch wie ein Bär und ist überhaupt rundherum süß. Als Chef soll er sehr streng sein, und manchmal macht er auch bei mir seine Chefstimme, und dann ist er wirklich sehr beeindruckend. Aber sonst ist er der zärtlichste Mensch, den Du Dir vorstellen kannst, liebevoll und nachgiebig trotz seines mecklenburgischen Dickschädels (zum Glück habe ich wenigstens gelernt, Nachgiebigkeit nicht auszunützen und überhaupt auf Szenen zu verzichten oder einen Mann durch Heulen zu entnerven).

Nbg., 15. [10.]

Liebes Irmchen, ich bin unterbrochen worden, und inzwischen sind ein Tag und eine Nacht vergangen, und ich bin glücklich und glücklich und glücklich und wünschte, ich könnte Dir den Rudi zeigen, wenn Du auch das Schönste nicht zu sehen bekämst – nämlich sein Lächeln, sein verliebtes und verschmitztes und verschämtes Jungslächeln. Ich glaube, ich werde bloß einen Haufen Quatsch schreiben. Es ist alles noch so staunenswert. Wir waren beide schrecklich skeptisch und keineswegs auf Liebe erpicht, und der R. war geradezu ein Weiberfeind, und dann haben wir uns kennen gelernt – im Hotel, durch einen anderen jungen Arzt – und sind von Stund an zusammen geblieben und haben uns nicht für einen Tag und in den Ferien nicht mal für eine Stunde getrennt. Er ist nicht geradezu unerfahren […], aber in Wirklichkeit weiß er nichts von Frauen und findet sie alle doof; ich bin die erste, mit der er reden kann […]. Und wie es mit mir aussah, weißt Du ja. Ich habe es einfach nicht für möglich gehalten, daß ich noch einmal in Liebe fallen könnte und daß alles ganz neu ist, als wäre noch nie dergleichen geschehen, und als hätte es vorher keine Ehemänner und Liebhaber gegeben, und er ist ja auch wirklich der erste, bei dem ich mich ganz sicher und furchtlos und gut aufgehoben fühle. Zum Teil liegt das an seiner Ruhe und Gelassenheit, zum Teil daran, daß er Arzt ist und viele Dinge, die mir gräßlich erscheinen, anders sieht, einfacher und natürlicher, und weil er mich auch als Arzt bewacht (manchmal spiele ich sogar eine Herzattacke, bloß damit er seine geliebte rundliche kundige Hand an meinen Puls legt, verstehst Du?). Wenn ich aus einem Schreckenstraum aufwache, bin ich sofort wieder beruhigt, weil ich an seiner Schulter liege und festgehalten werde. Wir gehen wie die Traumwandler durch die Straßen, Hand in Hand, und küssen uns unter jedem Torbogen und sind überhaupt völlig verrückt, und merkwürdigerweise nimmt niemand Anstoß daran, obgleich uns hier jeder kennt (und warum auch? wir sind ja frei und niemandem verpflichtet), und meine Kollegen freuen sich aufrichtig, daß ich nach dieser bösen K[...]-Geschichte an einen so netten Mann geraten bin.

Er hat auf eine so ruhige und selbstverständliche Art von mir und meinem Leben Besitz ergriffen ... Damals hat er seinen Urlaub in Ungarn abgesagt, um mit mir Ferien zu machen, und wir sind zu seinen Eltern gefahren, die am Plauer See, mitten im Wald, ein rohrgedecktes Haus haben, und dort haben wir gelebt wie die Wilden, ungekämmt und in alten Niethosen, und sind in den Wäldern rumgezogen, – ich dachte gar nicht, daß ich Talent für solche Stromereien hätte. Seine Eltern haben mich wie eine Tochter aufgenommen und überhaupt keine Fragen gestellt: ich war eben die Frau, die Rudi mitgebracht hat, und damit war alles in Ordnung. Und danach haben wir hier weitergebummelt und nachts bei meinem netten Barkeeper rumgesessen und ungeheuerlich gesoffen, und schließlich wußten wir nicht mehr, was für ein Datum ist. Na, nun hat der Dienst wieder angefangen, und die Gammelei hat ein Ende. Wir wollen solide werden ... Leider sind wir beide ziemliche Schlampen und haben eine Schwäche fürs Trinken, aber in Zukunft werden wir gemeinsam das Geld verwalten (unter meiner Oberhoheit, weil ich immer noch eine Spur vernünftiger bin als der Dicke), und nächstes Jahr kauft er ein Auto. Wir machen also schon Pläne für die Zukunft ... Irre. Er hat zwar sein Zimmer behalten, wohnt aber bei mir, und die ganze Zeit bin ich noch nicht einmal gelangweilt oder gereizt gewesen; morgens frühstücken wir zusammen, und abends warte ich auf ihn, wie eben eine Frau auf ihren Mann wartet. Und stell Dir vor, seine Dienststelle ist bei mir in der Straße, schräg gegenüber, Gartenstraße 7, und wir sind uns vorher nicht ein einziges Mal begegnet ... Gestern abend haben wir überlegt, ob wir uns nicht einen Vermerk in den Ausweis machen lassen sollen, daß wir eine Lebensgemeinschaft haben (sowas gibt's hierzulande und wird anerkannt wie eine Ehe), denn er will mich mit zu seinen Kongressen nehmen, und dann gibt es bloß immer eine Menge Huddeleien mit Hotels und mißtrauischen Portieren und dergleichen. Na, das ist alles zweitrangig; überhaupt scheue ich mich vor Perspektivplänen (ich habe schon einmal an Dauer geglaubt, und das Ende der Illusion war schlimm), und ich freue mich halt über jeden Tag, an dem es uns gut geht.

[...] Grüß den Freddy sehr herzlich von mir; ich werde mich um seine Bücher kümmern, sobald mein Stipendium da ist (das wird nächste Woche hoffentlich der Fall sein). Drück mir die Daumen, mein liebes Mädchen – für das Buch und für die Liebe. Ich wünschte so sehr, wir würden uns endlich mal wiedersehen. Inzwischen grüße ich Dich und wünsche Dir von Herzen alles Gute und umarme Dich fest.

Immer Deine Brigitte

97 Brigitte Reimann an Irmgard Weinhofen

Nbg., 11. 11. 70

Mein liebes Irmchen,
die Schallplatten sind nun doch noch angekommen, und ich möchte mich von Herzen bei Dir bedanken. Ich habe mich irrsinnig gefreut (ich bin schon geradezu ein Blues-Monomane), und nun höre ich erstmal von morgens bis abends den Joe Turner. Du bist sehr, sehr lieb mit mir, und ich wünschte, ich könnte Dir auch mit irgendwas eine Freude machen. Aber Dein begehrtes Kristall gibt es nicht. Na, ich werde mir mal die Karaffe von meiner Großmutter vom Herzen reißen, da hast Du dann gleich eine Antiqui-

tät. – Entschuldige, daß ich bloß so eine Karte kritzele, ich kann nicht schreiben, kaum noch den Arm bewegen. Eine Nachwirkung von dieser Wirbelsäulensache, ich war wieder in Buch, aber man kann nichts dagegen machen, bloß die ärgsten Schmerzen lindern. Ein Glück, daß jetzt ein Arzt im Haus ist! Mein lieber Mann ist rührend nett und besorgt und macht sogar den Haushalt. Weißt Du, wir wohnen jetzt richtig zusammen und haben für ihn das eine Zimmer eingeräumt. Du wirst ihn ja mal kennenlernen.

Sehen wir uns zur Weihnachtszeit? Sei herzlich umarmt von

Deiner Brigitte
Gruß (und Küßchen) für Freddy

98 BRIGITTE REIMANN AN IRMGARD WEINHOFEN

Nbg., 3. 12. 70

Liebes Irmchen,
ja, ich werde auf jeden Fall versuchen, in der Nach-Weihnachts-Woche nach Berlin zu kommen. Ich freue mich so sehr auf ein Wiedersehen mit Dir (und meinen R. bringe ich mit, ja?). Ich habe ein paar Bücher für Freddy – aber kaum etwas von seiner Liste – nichts zu bekommen. Laß es Dir gut gehen, Liebe. Bis bald.

Sehr herzlich Deine Brigitte

99 IRMGARD WEINHOFEN AN BRIGITTE REIMANN

Amsterdam, den 5. 1. 1971

Meine liebe Brigitte,
Soeben habe ich Deinen lieben und ausführlichen Brief vom 14. und 15. 9. vorigen Jahres gelesen als Ersatz unserer

misslungenen Unterhaltung, was kein Ersatz für unser fehlgeschlagenes Wiedersehen sein kann ...

Zunächst meine Liebe, ein gutes und glückliches neues Jahr wünsche ich Dir von ganzem Herzen. Als weiteres meinen herzlichen Dank für Deine Liebe, dass Du den Jürgen noch am Mittwoch geschickt hast und ich so wenigstens etwas von Dir vernehmen konnte. [...]

Zu schade, dass wir uns nicht sehen konnten. Wäre ich ein paar Tage länger in Berlin gewesen, ich hätte es möglich gemacht, um nach Neubrandenburg zu kommen. Aber so ... Die paar Tage verrannen wie im Fluge, ein Besuch löste den anderen ab, obwohl ich überhaupt beinahe niemand geschrieben hatte, dass ich nach Berlin komme. [...]

Auf alle Fälle weiss ich, dass Du einen starken und guten Mann bei Dir hast, der Dich liebt und umsorgt. Schliesslich und endlich ist das doch das Wichtigste für eine Frau. Auch deshalb las ich Deinen Brief nochmals vom September, um mich an Deinem Glück zu freuen. Nur dass Du wieder solche Schmerzen hast, macht mich traurig. Wie Du sagtest, willst Du wieder ins Krankenhaus gehen. Schreib mir vorher, ab wann, damit ich Dir dann dorthin schreiben kann.

Bei mir hat der Alltag wieder seinen Einzug gehalten. Von neuem beginne ich, mich auf neue Examen vorzubereiten, obwohl es noch nicht so gut gehen will nach den Faulenzertagen in Berlin.

[...] Ansonsten ist meine Situation noch immer dieselbe und das ist natürlich irgendwie schlimm. Und ich weiss nicht, was und wie ich es tun müsste, um meinen Freddy nicht kaputt zu machen. Schliesslich liebt dieser Mann mich ja auch und er war immer gut zu mir [...].

Ich wünsche Dir sosehr Glück und Gesundheit sosehrsosehrsosehrsosehr
umarme und küsse Dich ganz lieb als stets Deine
Irmchen

Neubrandenburg, 4. 2. 71

Mein liebes Irmchen,
ich wollte Dir nur nochmal sagen, wie glücklich ich war,
Deine Stimme am Telefon zu hören. Aber aus dem langen
Brief, in dem ich Dir mal richtig von meinem Liebsten erzählen wollte, ist nichts geworden: seit einer Woche liege
ich fest im Bett und habe entsetzliche Schmerzen, gegen
die auch Spritzen nichts mehr ausrichten. Ich bin jetzt ganz
down, und ohne den Dicken würde ich mich einfach umbringen. (Aber trotzdem kritzele ich jeden Tag an meinem
Buch.) Er ist rührend gut, pflegt mich, macht den Haushalt, kocht und wäscht und ist dabei noch glücklich, für
mich sorgen zu können. Aber nun muß ich doch wieder ins
Krankenhaus, nach Buch. Und am 9. 2. wollten wir heiraten ... Ach, Irmchen, manchmal dreht der liebe Gott das
Gesicht weg und kennt mich nicht mehr. Ich habe Angst
vor der Klinik und vor einer möglichen Operation. Und
wochenlang ohne den Dicken! Aber im Frühsommer wird's
wieder gut sein, hoffe ich, und dann sehen wir uns hier in
N., ja? Ich umarme Dich, mein liebes Mädchen!
    Deine Brigitte [...]

101 JUERGEN AN IRMGARD WEINHOFEN

Neubrandenburg, d. 22. 2. 71

Mein liebes Irmchen,
[...] Du, ich wollte Dir bestimmt schon früher schreiben, es
war sowieso sehr notwendig, aber ich hatte eben einfach
auch nicht die Lust und die Kraft. Dabei muß ich Dir viel,
viel, und leider nur Kummervolles erzählen. Brigitte. Ja,
weißt Du, sie ist ein Anblick des Jammers. Ich war oft bei
ihr, sie ist ja so sagenhaft tapfer und sie hofft und glaubt, und

sie glaubt und hofft. Kurz bevor sie nach Buch ging lag sie ganz fest im Bett, konnte sich absolut nicht mehr bewegen, selbst wenn sie nur den Arm bewegte, um von der Zigarette die Asche abzumachen, mußte sie vor Schmerzen schreien. Der Dicke spritzte sie, aber auch das Morphium schlug kaum noch an. So mit letzter Kraft schaffte sie dann ein Krankenwagen nach Berlin. Man hatte ihr alle nur möglichen Polster untergelegt, aber fahre Du mal auf unseren Straßen mit einer solchen schwerkranken Frau. Sie hat sich während der Fahrt die Lippen völlig blutig gebissen, um nicht bei jeder Erschütterung zu schreien. Liebes Irmchen, ich schreibe Dir es so wie es ist, was soll ich bei dieser grausamen Geschichte beschönigen. Ich glaube, Brigitte wird Dir das nicht so schreiben, zumindest wird sie versuchen, es zu umschreiben, weil sie auch Dich damit nicht allzusehr belasten möchte. Aber, und ich sage Dir das ganz nackt und offen, es ist furchtbar, einfach furchtbar, wenn man sieht, wie diese herrliche Frau leiden muß. Am Mittwoch vor 14 Tagen kam sie in die Rössle-Klinik. Ich bin dann gleich am Wochenende drauf dagewesen, am Sonntag, mit einem schönen großen Nelkenstrauß, mein Gott, hat sie sich gefreut, ich war fast 2 Stunden da und wir haben geredet, wie in alten Zeiten. [...] Wir haben so ein ungeheures Vertrauensverhältnis zueinander, daß es mir jedesmal einen Messerstich versetzt, wenn ich daran denke, wie das vielleicht mal ausgehen könnte ...

Irmchen, liebe, ich will nichts voreiliges aussprechen, aber sie kann einfach nicht mehr gesund werden, ich glaube es jedenfalls nicht. Ich bin keine Mediziner, kein Fachmann, aber ich habe Augen im Kopf, ich habe eine Seele, die fühlen kann, und ich glaube Brigitte auch ein wenig zu kennen. Ihr ganzes Dasein ist meiner Meinung nach nur noch Qual und Schmerzen. Sie ist nun eineinhalb Wochen in Buch, in der nächsten Woche soll sie operiert werden. Die entsetzlichen Schmerzen sollen neuerdings nicht von dem kaputten Wirbel kommen, sondern aus dem Unterleib. Man wird ihr die Eierstöcke herausnehmen, in der

Hoffnung, den Krankheitsherd gefunden zu haben. Aber, Irmchen, glaub mir, es wird nur ein Hinauszögern sein, vielleicht wird's dann wieder ein Weilchen gut gehen, und dann kommen die Schmerzen woanders, und wieder wird man schneiden müssen. Ich hatte Angst vor meinem ersten Besuch, die paar Tage später. Ich hatte sie ja kurz vor der Abfahrt in ihrem Zustand gesehen, ich dachte sogar, daß man mich vielleicht gar nicht zu ihr ins Zimmer ließe. Aber ich konnte hineingehen und fand eine völlig ruhige Brigitte vor mir, sogar mit einem Anflug von Heiterkeit. Ach, Irmchen, sie ist wirklich sehr, sehr tapfer. Wir rauchten, tranken Kaffee und erzählten. Sie bekommt starke Schmerzlinderungstabletten, die lassen alles erträglich werden. Nun, aber da ist auch ein Haken dabei, sie beginnt, sich an dieses Zeug zu gewöhnen und verlangt es auch schon wenn die Schmerzen nicht so stark sind. Nach der Operation, so sagt sie, wird es noch 3 Wochen dauern, bis sie wieder rauskommt. Sie hofft und hofft, ich bemühe mich sehr, diese Hoffnung zu nähren, erzähle ihr nur lustige Sachen, obwohl, wenn ich sie mir so ansehe, auch mir das Heulen ankommen könnte. Ich glaube, sie braucht so einen »Lebensclown«, der sie ein wenig ablenkt. Am nächsten Wochenende werde ich wieder rausfahren und ihr dann von Deinem Brief erzählen. Schreib' ihr, Irmchen, schreib' ihr ein paar freundliche Sachen, sie soll lesen, sich ablenken und nicht nachdenken. Du hast ja so recht, wenn Du schreibst, was sind schon unsere kleinen Alltagssorgen, im Vergleich zu Brigittes Opfern. Und sie zahlt, sie zahlt verbissen und mutig, jeden Heller. Wann und wer kann ihr das mal vergelten?

Irmchen, heul' nicht, Du weiche Seele, ich mach' auch schon Schluß. [...] Liebes Irmchen, Dir wünsche ich nur Freundliches, dem Freddy auch, bestell' ihm auch einen herzlichen Gruß von mir, ich möchte Euch bald mal wiedersehen.

Sei ganz herzlich gegrüßt
von Deinem Juergen

Neubrandenburg, d. 31. 3. 71

Mein liebes Irmchen,

ich habe ganz, ganz wenig Zeit und bin wahnsinnig in Eile, aber nur schnell ein paar Zeilen. [...] Brigitte sollte ja an dem letzten Wochenende (28.) entlassen werden. Ja, Irmchen, sie sollte, sie wird weitere 3 bis 4 Wochen in Buch bleiben müssen. Die Ärzte sagen jetzt, die Operation wäre so gut verlaufen, auch hätte sie die Hormonumstellung so ausgezeichnet überstanden, daß sie sich gleich noch zu einer weiteren entschlossen hätten. Freitag oder Sonnabend sollte sie entlassen werden, freute sich auf Neubrandenburg, statt dessen sagte man ihr, daß sie am Montag gleich wieder auf den OP kommt. Am Montag mittag ist sie operiert worden, man hat ihr eine Nebenniere herausgenommen, diese Woche liegt sie auf Wachstation, Tag und Nacht sitzt eine Schwester bei ihr, am nächsten Montag soll die andere Nebenniere operiert werden. Also drei Operationen in ganz kurzer Zeit hintereinander. Und es kam alles so plötzlich und unvorbereitet. Ist das nicht furchtbar? Ich glaube das alles einfach nicht!!! Zumal man ihr am Freitag für einen Tag Urlaub gegeben hatte, daß sie mit dem Dicken ein wenig Berliner Luft schnappen konnte. Am Sonnabend mußte sie dann wieder sofort in die Klinik. Warum läßt man diese schon ohnehin durch die eine Operation geschwächte Frau aus der Klinik, damit sie sich ablenken kann, warum? [...] Ich wollte sie in Neubrandenburg wieder willkommen heißen und ihr um den Hals fallen, und da sagt der Dicke, jetzt liegt sie gerade auf dem OP-Tisch, die Ärzte hätten sich dazu kurzfristig entschlossen.

Und wieder werden vier Wochen ins Land gehen, sie wird, wie im vergangenen Jahr, kaum den Frühling mitbekommen, und wie geht es dann weiter ... Mein Gott, sie hat doch noch kaum was in ihrem Körper, das man ihr rausschneiden kann.

Irmchen, ich halte Dich auf dem Laufenden, ich hoffe

nur, daß ich Dich nicht in der nächsten Zeit aus dringenden Gründen anrufen muß ...

Hoffen wir, hoffen wir, es muß doch mal zu einem guten Ende kommen, ich wünschte es der Brigitte so sehr.

herzliche und liebe Grüße vom Juergen

103 Juergen an Irmgard Weinhofen

Neubrandenburg, d. 8. 4. 71

Mein liebes Irmchen,

[...] da das Osterfest vor der Tür steht, sollst Du und Freddy auch einen österlichen Gruß aus Neubrandenburg bekommen.

Aber zunächst schnell noch ein paar Informationen über Brigitte. Die Arme hatte mir gestern einen Brief geschrieben, am liebsten möchte ich ihn mit hineinlegen, aber ich habe ihn nicht bei mir. Jedenfalls geht es ihr sehr schlecht, sie schrieb es mir selbst. Die erste Nierenoperation soll wahnsinnig schmerzhaft gewesen sein, dazu passierte während der Operation noch ein Unfall, die Narkose setzte aus, sie bekam keine Luft und um Haaresbreite wäre alles schief gegangen. Sie hat zwei Tage danach unter furchtbaren Schmerzen nur mit Schläuchen durch die Nase und mit Kanülen im Körper gelebt und sie schreibt, jetzt weiß sie, was Todesangst ist, und sie hatte nur einen Wunsch, endlich sterben zu dürfen. [...] Man hat ihr eine Rippe weggenommen und die eine Niere, am Dienstag (6. 4.) sollte die zweite Operation auf der anderen Seite folgen, eine neue qualvolle Folter, wie sie schreibt. Natürlich hat sie furchtbare Angst bekommen, weil die erste Geschichte so am seidenen Faden hing, aber trotzdem ist sie guten Mutes, sie bat mich, ich sollte sie in mein Abendgebet einschließen. Der Brief, sie hat mir zwei volle, engbeschriebene Seiten geschickt, war ziemlich traurig [...]. Ja, Irmchen, man versucht viele, viele Sachen mit ihr, sie hat in Buch wirklich die beste Behandlung, die man sich nur denken kann, hoffentlich wird es mal zu ihrem Nutzen. Sie beklagte sich sehr über ihre Neubrandenburger Schriftstellerkollegen, die ihr bisher nicht mal eine Postkarte geschrieben haben. »Sie sind sicher zu sehr mit ihren Büchern über die sozialistische Menschengemeinschaft beschäftigt«, schreibt sie, »und dabei vergessen sie den Einzelnen«. Da gibt es ein Gedicht von Rainer Kunze: »Im Mittelpunkt steht der Mensch …, nicht der Einzelne«.

Aber, liebes Irmchen, wir kriegen sie wieder hin! Trotz alledem! Den Veilchen in ihrem Garten haben wir gesagt, daß sie mit dem Blühen noch ein bißchen warten sollen, solange, bis Brigitte wieder da ist. Ostern fahre ich nach Berlin und werde mein Osterei bei ihr abgeben […]. Wenn es mit der zweiten Operation Anfang dieser Woche keine Komplikationen gegeben hat, dann kann ich sie vielleicht schon sehen, sonst gebe ich das eben nur ab. Obwohl Brigitte vor jedem Besuch gewarnt hat. Sie sagt, schon das geringste Sprechen strengt sie so an, daß sie schon nach kurzer Zeit völlig naßgeschwitzt ist.

Liebes Irmchen, siehst Du, es sollte ein Ostergruß werden, und nun ist es wieder so ein furchtbarer Brief geworden. Aber was soll ich Dir vorschwindeln, ich denke, es ist besser, wenn ich Euch auf dem Laufenden halte.

Liebes Irmchen, ich wünsche Dir und Freddy trotzdem ein freundliches Osterfest […].

In alter Freundschaft Euer Juergen

104 Irmgard Weinhofen an Brigitte Reimann

Amsterdam, den 11. 4. 1971

Meine liebe, liebe Brigitte!
Einen lieben Ostergruss aus Amsterdam schickt Dir Deine Irmchen. Dieser Gruss soll Dir sagen, dass ich immerzu an

Dich denke, Dir sosehr von ganzem Herzen Gesundung wünsche und hoffe, dass wir einen vergnüglichen Sommer verleben können.

Jürgen und ich unterhalten im Moment einen regen Postverkehr, denn sonst wüsste ich über Dich gar nichts. [...] Ich hatte auch mal eine Karte geschrieben, aber in Ermangelung genauerer Angaben innerhalb der Klinik nur die Rössle-Klinik vermerkt. [...]

Momentan bin ich wieder stark mit meiner Studiererei beschäftigt. Lerne Gotisch, um am 27. April Examen zu machen. Wenn ich die weiteren zwei Monate gut überstanden haben werde, werden mich meine Wege wieder nach Berlin führen und auch nach Neubrandenburg. Und dann werde ich nicht nur für einen Tag kommen, sondern mich in Eurem tollen Hotel einquartieren und dort bewirten lassen.

Über Ostern war ich Strohwitwe. Freddy hat eine neue Arbeit angenommen als Dolmetscher und Reiseleiter. So ist er jetzt eine Woche in Bukarest. Bin ja gespannt, wie er alles macht und ob es ihm gefällt.

Ansonsten, meine liebe Brigitte, ist im frühlingshaften Amsterdam alles guter Dinge, und für heute grüsse und küsse ich Dich ganz lieb als Deine

Irmchen u. Freddy

105 Brigitte Reimann an Irmgard Weinhofen

Berlin, 17. 4. 71

Mein liebes Irmchen,
eben habe ich Deinen Brief bekommen, und ich war sehr glücklich, endlich wieder von Dir zu hören – ich meine: ohne Umwege über den Jürgen, der mir immer getreulich berichtet hat. [...] Verzeih, daß ich Dir meine katastrophale Handschrift zumute, aber das läßt sich nun mal nicht anders machen. Ich habe zwar von der – übrigens zauber-

haften, gebildeten, jungen und sanften – Stationsärztin ein Einzelzimmer bekommen, weil wir schon seit meinem letzten Buch-Aufenthalt voriges Jahr befreundet sind (und überdies noch verbunden durch unsere Freundschaft mit der wunderbaren Christa Wolf), aber eine Schreibmaschine habe ich nun doch nicht mitgebracht, wüßte auch nicht, wie ich sie halten sollte auf meinem vielfach zerschnittenen und zusammengenähten Bauch.

Du, ich komme mir vor wie eine Flickenpuppe, die bloß noch aus Nähten besteht. Die Ärzte sagen zwar, bald werde man nicht mehr viel davon sehen, weil ich eine so dunkle Haut habe (und außerdem hatte ich einen großartigen Chirurgen, einen wahren Virtuosen auf seinem Gebiet), aber die Bikini-Zeit ist nun ein für alle Male vorbei. Bloß gut, daß der Dicke – schon aus beruflichen Gründen – geradezu ein ästhetisches Vergnügen an Narben hat ... All die Zeit hier konnte ich mich nicht entschließen, Dir zu schreiben – wahrscheinlich hätte es gar zu jammervoll geklungen, obgleich ich wirklich keine Jammerliese bin und gewissermaßen als das Wunderkind der Station gelte, weil ich alle die Scheußlichkeiten so schnell und ohne Geschrei hinter mich gebracht habe. Die ersten Wochen konnte ich mich vor Schmerzen kaum bewegen, konnte auch nicht laufen und mußte im Rollstuhl zur Bestrahlung gefahren werden. Dann fingen die Operationen an ... der ganze Quatsch kommt nämlich von einem heillos gestörten Hormonhaushalt (eine Spätfolge von Krebs), und so hat man mir innerhalb von vier Wochen drei Operationen zugemutet, weil ich so eine Pferdenatur habe (»ein robuster Zigeuner«, sagt Prof. Gummel). Zuvor wurden die Eierstöcke entfernt – das war schon nicht gerade lustig, aber was hilft's? Kinder darf ich ja sowieso nicht bekommen, weil ich an einer Schwangerschaft sterben würde, und ich bete zu Gott, daß mein armer lieber Mann nicht eines Tages Sehnsucht nach einem Sohn und Erben bekommt; dann ist die Tragödie da. K[...] kriegte ja auch mit vierzig Jahren die fixe Idee, er müßte noch ein Kind in die Welt setzen ... Und mein Liebster ist erst 28, und wenn er jetzt auch behauptet, daß er sich gar nichts aus Kindern macht, so kann sich das im Lauf der Jahre doch ändern. Jedenfalls mache ich mich jetzt schon auf alle möglichen Komplikationen gefaßt – bloß, wenn sie dann wirklich eintreten, wird's ja doch katastrophal. Übrigens hat die Entfernung der Ovarien überhaupt nichts an meinen weiblichen Empfindungen geändert, bloß meine Stimme ist eine Oktave tiefer geworden, so daß ich am Telefon immer mit »Herr Reimann« angesprochen werde; und außerdem ist mir ein flottes schwarzes Schnurrbärtchen gewachsen (aber der Dicke hat schon irgendeine Mixtur zusammengestellt, mit der man es austilgen kann). Na, und weil danach die gräßlichen Rückenschmerzen nachließen, fand man, nun könnten auch die übrigen Hormonlieferanten liquidiert werden, und so wurden – im Abstand von einer Woche – die beiden Nebennieren rausgenommen, wobei leider auch, aus operationstechnischen Gründen, eine Rippe abgesägt wurde. In die erste Operation marschierte ich mit viel Elan ... aber als ich dann aufwachte und drei Tage unten auf der Wachstation lag, mit Schläuchen in der Nase und Kanülen in beiden Armen – nein, es war die nackte Hölle, und ich habe die ganze Zeit gewünscht, endlich zu sterben ... Nun, zum Glück hält der Mensch viel aus (mehr, als er selbst für möglich hält), und er ist ein vergeßliches Wesen, und nach einer Woche war ich wieder recht munter und opferte ohne allzuviel Zittern und Zagen die zweite Niere.

Und damit genug von den blöden Krankheitsgeschichten, die im Grunde ja ziemlich langweilig sind, auf jeden Fall für andere. Übrigens spreche ich hier sonst nie über Krankheit, denke ich auch nicht drüber nach – es gibt eine Menge anderer – teils erfreulich, teils problematischer – Dinge zu überdenken. Zeit und Ruhe für innere Einkehr hat man genug. Nachmittags schreibe ich immer an meinem Buch, das dieses Jahr um jeden Preis fertig werden muß. Danach will ich mich an kürzeren Arbeiten – vielleicht Novellen – versuchen, und zwar ohne Blick auf Veröffentlichung, d. h. ohne innere Zensur. Wenn's nicht gedruckt wird, ist es auch egal; falls es was taugt, kommt es dann eben irgendwann später. Man muß in dieser Frage gelassener werden, nicht ums Verrecken nach Publizität streben (die mit Kompromissen erkauft wird). Aber das ist ein steiniger Weg, den ich da in Zukunft gehen will, und ein vielschichtiges Problem, über das ich noch viel nachdenken muß.

Nächste Woche werde ich wahrscheinlich entlassen – d. h. sicher, wenn ich mich weiterhin wacker halte. Und dann werde ich die Wohnung umbauen – vielmehr, der Dicke wird umbauen, und ich gebe die innenarchitektonischen Anweisungen. Und der Garten muß mit Blumen bepflanzt werden, und tausend Briefe sind zu beantworten, die jetzt zu Hause herumliegen … also, ein bißchen gruselt es mich vor der Entlassung ins Alltagsleben. Und die Heirat wird endlich stattfinden, die wir nun schon dreimal aufschieben mußten (die Leute auf dem Standesamt halten uns wahrscheinlich schon für Verrückte, die sich nicht entschließen können), und unsere Hochzeitsreise, wenn man so ein großes Wort dafür gebrauchen kann, machen wir nach Dresden, wo ich endlich mal wieder im Zwingerhof sitzen und in der Galerie meine Lieblingsbilder besuchen will, und nach Hoyerswerda, der alten Heimat, um ein paar Freunde von damals aufzusuchen und – was nicht sehr spaßig wird – Herrn K[…], der erstens noch ein Gemälde von mir besitzt, auf das ich großen Wert lege, und zweitens einen Haufen Schulden hat, z. B. die Gerichtskosten, die ich vorerst allein bezahlt habe, die er aber laut Urteil an mich erstatten muß; natürlich rührt er sich nicht und antwortet auf keinen Brief meines Rechtsanwalts. Na, der Dicke, der sehr energisch sein kann, wird ihn schon zur Räson bringen. Leider bin ich nicht mehr in der Lage, mit einer großzügigen Handbewegung das Geld in den Wind zu werfen; ich bin jetzt – zunächst für ein Jahr – invalid geschrieben und kriege eine winzige Rente, und da ich mich einfach nicht daran gewöhnen kann, vom Geld eines Mannes zu leben, möchte ich wenigstens all die kleinen Ausgaben, die wir Weiber nun mal so haben, selbst bestreiten: Kaffee, Zigaretten, mal irgendein Kleidungsstück ... Ich stelle es mir gräßlich vor, jedesmal seinen Mann um Geld bitten zu müssen (obgleich der Dicke wirklich ein Engel ist) – dazu war ich einfach zu lange selbständig.

Irmchen, meine Liebe, es wär wunderbar, wenn Du nach Neubrandenburg kommen könntest. Im Sommer steht Margarete Neumanns Wiekhaus leer – das ist viel hübscher und romantischer als Hotel und bloß zwei Minuten von unserer Wohnung. Aber das werden wir alles besprechen, sobald Du Deine Prüfungen überstanden hast [...]. Ich freue mich schrecklich auf Dich. Laß bald wieder von Dir hören – und wenn's nur ein Kärtchen ist. Grüß Freddy, bleib gesund und laß Dich herzlich umarmen von

Brigitte

106 Brigitte Reimann an Irmgard Weinhofen

[Mai 1971]

Mein liebes Irmchen,
drück mir die Daumen, daß es diesmal gut geht. Jetzt jedenfalls sind wir glücklich (keine unliebsamen Überraschungen nach mehr als einem halben Jahr Probe-Ehe). Ich warte noch auf Deinen angekündigten Brief, dann schreibe ich Dir ausführlich. Und das Buch von Fühmann muß ich auch endlich mal abschicken – aber die letzten Wochen waren eine einzige Hetzerei, schon wegen der vielen nachzuholenden Arbeit am Buch. Leb wohl, grüß Freddy. Bis bald! Sei ganz herzlich gegrüßt und umarmt von

Deiner Brigitte
Jürgen hat mir Deinen Brief gezeigt. Wir sprechen viel von Dir – er mag Dich sehr.

15. 5. 71

Meine liebe Brigitte,
Hier wieder nur einen lieben Kartengruß. Ich sitze mitten
in den Prüfungen u. kann mich schwerlich auf einen Brief
konzentrieren. Schreib mir nur kurz, ob Du wieder zu
Hause bist u. wie es Dir geht. Mein Visum für die DDR
hab ich angefragt. Ich weiß noch nicht genau, wann ich
komme, doch ich denke Ende Juli/Anfang August.

Alles Liebe u. Gute u. Dich sehr lieb habend, meine tapfere Freundin, küßt Dich

Deine Irmchen.

108 IRMGARD WEINHOFEN AN BRIGITTE REIMANN

A'dam, 26. 5. 71

Meine liebe Brigitte,
vielen Dank für Deine Heiratsanzeige. Wer wünscht Dir
wohl mehr Glück auf dieser Erde? Laß Dich zu Deinem
neuen Schritt herzlich beglückwünschen u. umarmen, in
der Hoffnung, daß sich alle Deine Wünsche erfüllen mögen. Am 2. 6. habe ich meine letzten Prüfungen. Schreib
mir, wann es Euch u. auch Jürgen am besten paßt, zu Euch
zu kommen. Dann richte ich mich dementsprechend ein.
Bis Ende August habe ich die Möglichkeit.

Heute wieder nur ein Kartengruß. Sei tausendmal gegrüßt und geküßt

von Deiner Irmchen,
auch für Deinen Mann

Neubrandenbg. 13. 6. 71

Mein liebes Irmchen,
ich danke Dir für Deine Glückwünsche – wie sehr
wünschte ich selbst, daß sie sich erfüllen! Zur Zeit bin ich
gar nicht glücklich – aber das ist nicht Schuld des Dicken,
versteht sich; auch nicht der Institution Ehe (wir haben ja
vorher lange genug zusammengelebt). Obgleich ich so
geübt bin in Selbstanalyse, komme ich nicht dahinter,
warum ich andauernd so gereizt und deprimiert bin, so
sehr, daß ich zum erstenmal im Leben zu einem Psychiater
gegangen bin, was freilich auch nichts geholfen hat. Es
kommt eben soviel zusammen: ich habe alle Energien für
die Operationen verbraucht, und jetzt schlage ich mich mit
den Folgen herum, Schwäche, die Narben, mit denen ich
mich an keinen Badestrand traue, Hautausschlag durch die
Spritzen, die mir der Dicke jede Woche geben muß, und
Herzanfälle, die mir schreckliche Angst einjagen. Aber der
Hauptgrund ist sicher das verdammte Buch, mit dem ich
nicht zuende komme, weil es mir längst zum Halse raushängt. Aber jetzt, auf dem letzten Viertel dieser überlan-
gen Rennstrecke, aufgeben? Das wäre ja der reinste Selbstmord. Also muß man irgendwie durchhalten.
    Mein armer lieber Mann tut mir leid. Er hat zwei Wo-
chen Urlaub genommen, wir wollten ein bißchen herum-
reisen, zu Freunden, zu unseren Eltern, aber es regnet Tag
für Tag, und er langweilt sich zu Tode, während ich jede
Gelegenheit suche, ein paar Zeilen zu schreiben (obgleich
mich die bloße Anwesenheit eines Menschen in der Wohnung stört). Schriftsteller sind gräßlich egoistische Leute,
wenigstens solange sie an einer Arbeit sitzen. [...]
    Wir freuen uns wahnsinnig auf Deinen Besuch. Endlich
können wir mal wieder reden und uns gegenseitig das Herz
ausschütten und, hoffentlich, trotz unserer jeweiligen
Schwierigkeiten sehr lustig miteinander sein. [...] Unter-

bringung ist kein Problem. Falls gerade neugierige Berliner in Margaretes Wieckhaus sind, bekommst Du Jürgens Wohnung oder die Hochhauswohnung von Jürn (den Du wohl noch nicht kennst). Also, wann immer Du kommen kannst und willst, entrollen wir begeistert einen roten Teppich auf dem Bahnhof.

Für die letzten Prüfungen drücke ich Dir fest die Daumen. Wenn mein neues Kapitel fertig ist, kriegst Du wieder einen richtigen Brief – ohne Gejammer, hoffe ich, und inzwischen freue ich mich auf Dich, mein liebes Mädchen, und auf ein gelegentliches Kärtchen. Laß Dich herzlich umarmen von

Deiner Brigitte

Gruß und Stirnküßchen für Freddy!

110 IRMGARD WEINHOFEN AN BRIGITTE REIMANN

Amsterdam, den 18. 6. 1971

Meine liebe Brigitte,

[...] Ich stehe hoch in Deiner Briefschuld, aber in den letzten 3 Monaten war es mir einfach nicht möglich, mich auf etwas anderes zu konzentrieren als Grammatik, Syntaxis, Übersetzungen, Wörter lernen u. dgl. mehr. Nun endlich habe ich alles gemacht, was ich in diesem Jahr machen konnte und habe das sogenannte »Praktische Tentamen«, wie man das hier nennt, abgelegt und bin somit berechtigt, auf den hiesigen Gymnasien Deutschunterricht zu erteilen. Leider habe ich aber dazu gar keine Ambitionen, sondern ich mache weiter und hoffe im nächsten Jahr um diese Zeit das Kandidatsexamen zu machen. Aber auf alle Fälle habe ich mit dem P. T. schon jetzt eine vernünftige Grundlage zur Selbständigkeit. Ja, und da das Stichwort Selbständigkeit schon gefallen ist, hier mein Bericht:

Freddy ist am Sonnabend, dem 12. 6. für drei Monate

nach Prag gereist. Er arbeitet dort als Reiseleiter für ein holländisches Reisebüro. [...] Inzwischen habe ich eine kleine hübsche Wohnung in einem Giebelhaus in der Amsterdamer Innenstadt gefunden und auch schon beinahe eingerichtet. [...] Ausserdem ist noch ein kleiner Garten dabei. Im Moment voller Brennesseln, die sich anlässlich meiner Übernahme in herrlichster Blütenpracht zeigen, aber Schorsch wird das schon machen.

Ja, meine liebe Brigitte, Du siehst selbst in dem so teuren Amsterdam hatte ich Glück, noch was Hübsches zu finden – und so billig. Aber das Schwierigste ist für mich nun, wie bringe ich das jetzt meinem Freddy bei, dass ich mich selbständig machen will. Natürlich weiss er seit langer Zeit, dass mit mir etwas nicht in Ordnung ist, aber ich kann einfach nicht mehr weiterlügen, eine Doppelrolle spielen, sondern muss mich frei ohne Lüge bewegen können. Man kann einfach nicht mehr vor sich selbst bestehen, wenn man so weiterlebt. [...]

21. 6. 1971

So, meine Liebe, da bin ich wieder, um den Brief nun zu Ende zu schreiben. [...]

Ich freue mich auch schon wahnsinnig auf unser Wiedersehen. Meine Pläne sehen so aus, dass ich etwa Ende Juli bei Dir sein werde. [...] Mit der Unterbringung mach Dir man keine Sorgen. Sollte es nirgends gehen, gehe ich in Euer Hotel. Aber das besprechen wir dann am Telefon. [...]

Ich bin ja gespannt auf Deinen Dicken. Und sei nicht so gereizt zu ihm, sonst verdirbst Du Dir wieder alles. [...]

Ich umarme und küsse Dich herzlich

als Deine Irmchen

Berlin 5. 7. 71

Mein liebes Irmchen,
ich sitze gerade im Lindencorso und warte auf meinen lieben Mann, der eine Verabredung mit seinem Professor und
einem kleinen Team von Hygieneärzten hat, die eine um-
fangreiche wissenschaftliche Arbeit über theoretische Me-
dizin, vorbeugende Gesundheitserziehung etc. schreiben
wollen. – Eine Ecke von Berlin, die ordentlich nett und
großstädtisch aussieht mit den neuen Bauten, Springbrun-
nen, vielen Leuten und – nicht ganz so vielen – Autos.

Du hast eine neue Adresse, das ist eine Sensation und bedeutet ja viel mehr als bloß eine Adresse. Ich glaube schon,
es war ein wichtiger und richtiger Schritt, daß Du Dich auch
räumlich selbständig und unabhängig gemacht hast, obgleich ich – wie Du – schreckliche Angst vor der Rückkehr
von Freddy habe: wie er diese Entfernung, eine innere Entfernung, aufnimmt. Trotzdem und nochmals: es ist eine
richtige, saubere, wenn auch bittere Lösung, bitter für
Freddy, aber was nützt es euch, wenn ihr euch aufreibt und
gegenseitig kaputtmacht? Vielleicht brauchst Du ja Deine
schützende oder doch stützende Hand nicht ganz von ihm
abzuziehen, wenn er Dich so sehr nötig hat, und im besten
Fall bewirkt die räumliche Trennung auf die Dauer auch
eine langsame und nicht allzu schmerzhafte Loslösung voneinander. Wir werden viel miteinander zu sprechen haben,
wenn Du hierher kommst (nebenbei gesagt: Quartier im
Hotel kommt gar nicht in Frage; Du wirst doch nicht Deine
Gulden für so ein blödes Bett rausschmeißen [...]). Jetzt
kann ich endlich mal in einem Brief Deinen lieben George
erwähnen. Also gleich die begierige Frage: Wirst Du ihn
mitbringen, läßt es sich für ihn einrichten? Du kannst Dir
sicher vorstellen, wie gern ich den Mann kennenlernen
möchte, der mein Irmchen so glücklich macht. [...]

Zur Zeit bin ich ziemlich glücklich, wenn auch restlos

erschöpft. Ich arbeite an einem neuen Kapitel, und abends bin ich so leer, daß ich kaum noch denken kann; meine Hände zittern, und ich falle wie tot ins Bett. Trotzdem ist es schön, endlich mal wieder was zu schaffen. Die ewige Zeitangst ... Der Verlag hat mein Ehrenwort, daß ich zum Jahresende fertig werde (daran hängen ja auch all die Termine mit Ministerium und Druckerei, die mindestens ein Jahr vorher bestellt und geplant werden muß).

Bis bald also, meine Liebe! Wir freuen uns auf Dich und warten. Es bleibt doch bei Ende Juli, nicht wahr? Sei gegrüßt und laß Dich herzlich umarmen von

Deiner Brigitte

112 Brigitte Reimann an Irmgard Weinhofen

Nbg., 6. 8. [71]

Mein liebes Irmchen,
in rasender Eile (damit der Brief Dich noch in Berlin erreicht): Seid ihr rechtzeitig zum Bahnhof gekommen? Ihr müßt ja einen Sturmschritt angeschlagen haben, denn der Dicke hat euch nicht mehr gesehen – er kam keine fünf Minuten, nachdem ihr fort wart, und war ganz betroffen, daß wir gezweifelt haben, ob er noch zur Zeit eintreffen wird. Er sagt, er habe das Leben von drei Ratsmitgliedern aufs Spiel gesetzt, so ist er losgerast, sobald die Sitzung zuende war. Jedenfalls läßt er Dir viele herzliche Grüße bestellen; er findet Dich sehr nett – und das ist für einen Mecklenburger schon nahezu eine Liebeserklärung (bedenk mal, wie ekstatisch seine erste Liebeserklärung an mich lautete – und zu welchem Zeitpunkt!, in welcher Situation! – : »Ich glaube beinahe, ich habe mich ein bißchen in Dich verliebt.« Über diesen Vulkanausbruch an Gefühl muß ich heute noch lachen).

Hauptsache, Du bist gut angekommen in Berlin, und Dein Vater hat sich nicht schon allzusehr um Dich gesorgt.

Wir hatten inzwischen – also an diesem Nachmittag – nochmal eine kurze und heftige Szene, und dabei ist mir sogar dieser überaus tolerante, leichtherzige Bobby in den Rücken gefallen (der allerdings jedesmal, wenn er herkommt, auch Jürgen antrifft) und hat gesagt, er würde seine Frau windelweich hauen, ob so ein »ständiger Begleiter« nun links ist oder nicht, und der Dicke sagte, wir hätten alles viel zu sehr hochgespielt, im Prinzip habe er nichts gegen Jürgen, er müsse bloß allmählich lernen, daß er als Gast hier verkehrt und nicht als zweiter Herr des Hauses. Ach Gott, diese Männer und Halbmänner mit ihren Problemen! Ohne sie hätten wir viel mehr Zeit gehabt, miteinander zu schwatzen. Man braucht sowieso immer erst ein paar Tage, um richtig auf das zu kommen, was einen bewegt. Aber das werden wir nachholen, nicht wahr? Inzwischen wünsche ich Dir von Herzen, daß Dich in Amsterdam keine Schwierigkeiten erwarten, daß Du glücklich bist mit Deinem Schorsch und Deine Arbeit schaffst – na, und alles, Du weißt schon. Dank für die Tage mit Dir! Sei ganz fest umarmt von
Deiner Brigitte
Grüß Schorsch ganz herzlich – und natürlich auch Deine Eltern.

Wegen Essenkochen für den Dicken will ich mir Mühe geben. Und noch etwas: Deine Reaktion auf das Buch hat mir wieder Mut gemacht.

113 Irmgard Weinhofen an Brigitte Reimann

Amsterdam, den 29. 8. 1971
Meine liebe Brigitte,
Nun bin ich schon drei Wochen von meiner Reise zurück und Du hast noch nichts von mir gehört. Sei mir nicht böse, dass ich nicht gleich geschrieben habe, aber Du

weisst, was ich Dir gesagt habe, wenn ich Dir schreibe, muss ich Ruhe und einen klaren Kopf haben [...]. Als ich nach Amsterdam kam, lag bereits ein Brief vom Jürgen auf dem Tisch. [...] Er wird Dir ja erzählt haben, wie er mich mit Dieter verabschiedet hat. Machte mich doch ganz verlegen mit Rosen, die ich wohlbehalten nach Berlin brachte, obwohl mir das Frischhaltewasser während der ganzen Fahrt über den Rock rieselte. Aber ich habe mich gefreut, nur Du hast mir am Zug gefehlt. Zuschade, dass mein Aufbruch dann so abrupt war. Ich wäre ja so gern noch bei Dir geblieben, denn jede Stunde unseres Beisammenseins hat mir immer wieder bestätigt, wie sehr wir uns in unserer Gedankenwelt ähneln, wie prächtig wir miteinander reden können – wie wir uns immer wieder etwas zu sagen haben – und nicht aufhören können zu schwatzen. Der Gedankenaustausch mit Dir, meine Liebe, das Lesen Deines Manuskripts (leider viel zu wenig), das waren für mich die schönsten Stunden [...].

Nun bist Du natürlich neugierig, was sich hier alles noch so ereignet hat. Zunächst muss ich sagen, dass sich Freddy sehr anständig benimmt [...]. Natürlich fragt er mich jeden Tag, ob ich nicht wieder zurückkommen wolle, ob ich Schorsch denn nicht aufgeben könne [...]. In den nächsten Tagen werde ich zum Advokaten gehen und die Scheidung beantragen. [...]

Ansonsten hat der Ernst des Lebens wieder begonnen. Ich hab mich an einer Schule für Deutsch-Unterricht beworben, und da grosser Mangel an Lehrern besteht, werde ich damit wohl bald beginnen. Allerdings habe ich mich nur zu 6 Stunden pro Woche bereit erklärt, denn ich muss ja auch noch studieren. [...]

Wie geht's Deinem Rudi? Klappt die Essensfrage jetzt ein bisschen besser, Mevrouw B[...]? Oder überwiegt wieder die Schriftstellerin statt Ehefrau? [...] Ich wünsche mir sehr, dass wir Weihnachten ein paar Stunden finden mögen, um wieder miteinander zu sprechen, vielleicht auch wieder

in Neubrandenburg, wenn es bei Dir nicht gehen sollte. Schreib mir alles und über alles, was Dich beschäftigt und sei tausendmal lieb gegrüsst und geküsst
von Deiner Irmchen
Ebenfalls für Rudi recht liebe Grüsse. [...]

114 Brigitte Reimann an Irmgard Weinhofen

Nbg., 14. 9. 71

Mein liebes Irmchen,
gleich vorweggenommen: drück ein Auge zu, falls dieser Brief ein bißchen wirr ausfällt. Ich sitze zum erstenmal seit Wochen wieder an einer Schreibmaschine, es ist eine Prüfung, Selbstprüfung, Versuch einer Selbstbestätigung, daß ich vielleicht doch langsam wieder lerne, Sätze zu schreiben. Gestern habe ich zum erstenmal eine kleine Briefkarte – irgendwas Unverbindliches, wobei man keine Fehler machen kann – geschrieben, und war den ganzen Tag in gehobener Stimmung wie nach einem Sieg. Du hast mich bloß nervös und überreizt kennen gelernt (deshalb auch die Szenen mit dem Dicken, der seit Monaten diesen Zustand erträgen muß und darunter leidet), aber was in den Wochen nach Deinem Besuch hier los war, ist unbeschreiblich. Völliger Zusammenbruch, Panikstimmung, Unfähigkeit, auch nur eine Zeile zu lesen, geschweige denn am Buch zu schreiben, Gefühl von Irrealität, als bewege ich mich in einem Film, der mich eigentlich gar nichts angeht, rasende Angst, über eine Straße zu gehen, etwa gar mit Leuten zu sprechen, weil ich überhaupt nicht mehr kontrollieren konnte, was ich eigentlich sagte ... ein höllischer Zustand, wahrscheinlich ausgelöst durch den Termindruck, die Angst, das Buch nicht zu schaffen, eine Aufgabe nicht mehr bewältigen zu können, alle Reserven verbraucht durch die Operationen und ihre widerlichen Nachwirkungen, dazu

Schmerzen, die das Gespenst Krebs wieder heraufbeschwo-
ren ... kurzum, ich hielt mich für verrückt, und alles, was
ringsum geschah, erschien mir gespenstisch, bedrohlich,
undurchschaubar. Leider kamen gerade in dieser Zeit Leute
zu mir, die schlimme Geschichten und Kummer hatten
[...]. Eine gute Bekannte von mir, ein strotzend vitales
Mädchen, stirbt langsam vor sich hin, an Leukämie (aber
das weiß sie nicht, daß sie bloß noch ein paar Wochen oder
höchstens Monate zu leben hat); der Nachbar in meinem
Haus, den wir wegen seiner angeblichen Nierenkoliken immer wacker gepflegt haben, ist in Wirklichkeit medikamen-
tensüchtig, hat sich Spritzen erschlichen noch und noch,
jetzt bekommt er keine mehr und klappt zusammen – ein
Selbstmordkandidat, den man Tag für Tag vor Augen hat;
bei der Kontrolluntersuchung in Buch verbrachte ich den
ganzen Tag bei einer Schriftstellerin, die ich sehr liebe – sie
wurde als ›Pflegefall‹ (also Todesanwärter) eingeliefert,
rasch wachsender Tumor. Zuviel Tod ringsum. [...]
   Ach ja, wer hätte das geahnt, als wir unsere muntere
Bootsfahrt unternahmen – munter trotz der Eifersuchts-
Einlage von meinem Dicken (inzwischen sind die beiden
wieder versöhnt, und es war sogar der Dicke, der während
der schlimmsten Zeit mit Jürgen immer wieder sagte, Jürgen solle abends zu uns kommen, Schach spielen oder
sonstwas; Hauptsache, er hockt abends nicht einsam in seiner Bude und grübelt in sich hinein). Ein Jammer, daß Du
meinen Lieben nicht gerade von seiner besten Seite erlebt
hast. Er hatte während der letzten Wochen, die jeden Mann
geschafft hätten, so eine Geduld und Ausdauer. [...]
   Weißt Du, ich erinnere mich, daß Du gesagt hast: Der
Mann ist eine Aufgabe. Und wirklich, er ist ziemlich
schwierig, obschon man ihm das zunächst gar nicht an-
merkt. Er hat eben zu lange allein gelebt – sogar einsam,
weil er ein tiefes Mißtrauen mit sich herumschleppt, dessen
Ursache ich immer noch nicht ergründen konnte. Vielleicht
irgendeine böse Erfahrung aus Kindheit oder früher Ju-

gend, längst vergessen oder doch verdrängt [...]. Ich glaube, er ist nicht sehr glücklich in seinem Beruf, jedenfalls was die Fachrichtung betrifft. Sein Traum war die Mikrobiologie, und wenn er damals nicht so vergammelt gewesen wäre, und wenn ich ihn schon gekannt hätte, dann hätte ich dafür gesorgt, daß er am Institut bleibt, trotz schlechter Bezahlung, statt diesen besser bezahlten Job und einen gut klingenden Titel anzunehmen. Er ist jetzt in diesem ›Christusalter‹ wie meine Franziska, wo man zum erstenmal bewußt zurückblickt und sich fragt, was aus den Idealen der Jugend geworden ist. Wahrhaftig, eine Aufgabe ... und vielleicht ist es, zur Zeit jedenfalls, ganz gut, daß ich älter bin, mehr erlebt und erfahren habe, und daß er auf meine behutsamen Ratschläge hört und seine Probleme bei mir abladen kann.

Dies also die Lage bei uns. Nun, so allmählich lerne ich, wie ein Kind, wieder laufen und sprechen und, ich sehe es selbst mit Überraschung, zusammenhängende Sätze schreiben. Gestern bin ich allein in die Stadt gegangen – noch ein kleiner Sieg. Zum Glück hat mein Cheflektor, der ja Kummer gewöhnt ist mit seinen Autoren, viel Verständnis, und er hat mir geraten, für ein paar Wochen einfach zu vergessen, daß ich ein Buch zu schreiben habe, mich hängen zu lassen, und das tue ich nun auch, pussele ein bißchen im Haushalt, buddele im Garten, gehe früh zu Bett ... ach, es wird schon wieder werden, und vielleicht, wenn ich nochmal alle Reserven an die Front werfe, kann ich nächste Woche riskieren, mich wieder vor mein Manuskript zu setzen. Er hat auf jeden Fall eine Lücke im Plan gelassen, so daß ich mir ein, zwei Monate Terminverzug leisten kann.

Na, genug von meinen Problemen. Es war ordentlich schön, mal wieder gute Nachrichten zu empfangen: daß Du mit Freddy auf eine anständige Weise auseinanderkommst (weißt Du, mir war bange vor Deiner Rückkehr, und ich war auf allerhand Böses und Aufregendes gefaßt), und daß Du eine Stellung bekommst und ein Stipendium und weiterstudieren kannst, ohne von jemandem abhängig zu sein. Und vor allem: daß Du endlich, endlich richtig mit Deinem George zusammensein kannst, ohne Versteckspiel und Lügen und diese ganze aufgezwungene Heuchelei. Natürlich kann man für eine Scheidung nicht gerade Glück wünschen, aber jedenfalls wünsche ich Dir, daß sie fair und ohne allzu viel Jammer vonstatten geht. Ein bißchen traurig wirst Du auch sein, trotz allem – ich kenne das ja zur Genüge; wie bitter es ist, den Schlußstrich zu ziehen, spürt man erst in dem Augenblick, wenn der Richter aufsteht und die Ehe für geschieden erklärt. Auf einmal sind die gemeinsamen Jahre wieder da, zusammengedrängt in ein paar Minuten, und man kriegt das Elend, aber das vergeht dann schnell wieder, sobald man draußen im Freien und nun wirklich frei ist. Ich mache mir ein bißchen Sorgen wegen Freddy, wie er so zurechtkommen wird, aber wie ich Dich kenne, Du erstaunliches Mädchen mit dem größten goldenen Herzen, wirst Du Dich auch später noch um ihn kümmern und ein bißchen aufpassen. Und er ist ja ein Mann in den besten Jahren, er wird, er muß lernen, ohne Dich fertig zu werden.

Ach, Irmchen, wir hatten wirklich viel zu wenig Zeit füreinander; zuviel andere Leute drumherum, sie meinten es gut, freilich, aber sie haben mich doch zuweilen gestört, und zu einem Gespräch sind wir tatsächlich erst am letzten Tag gekommen. Aber Du bist Weihnachten in Berlin, dann holen wir einiges nach, ja? Inzwischen halt mir die Daumen, daß ich wieder arbeiten kann, – und was ich Dir wünsche, weißt Du ja wohl. Und bleib gesund und heiter und grüß Deinen George (oder Schorsch, wie Du sagst). Ich umarme Dich ganz fest.

Immer Deine Brigitte

Amsterdam, den 28. 9. 1971, 21.00 Uhr

Meine liebe Brigitte,

Vor mir liegt Dein lieber und ausführlicher Brief vom 14. 9.
1971. Was soll ich dazu sagen: Zunächst hatte ich so ein komisches Gefühl, dass irgendetwas nicht in Ordnung wäre.
Ich hatte Dich nämlich einmal anrufen wollen, aber keiner
meldete sich. Da hab ich mir natürlich allerhand Gedanken
gemacht. Einerseits bin ich froh, dass es nur eine Nerven-
krise war, aber andererseits war sie so schlimm, dass sie Dich
auch körperlich und geistig völlig ausser Funktion gesetzt
hat. Auf alle Fälle bin ich froh, dass Du wieder schreibst. Ob
Briefe oder Manuskript.

Was ich da aber zwischen Deinen Zeilen lese, beunruhigt
mich, ich weiss nicht recht warum, nur so gefühlsmässig.
Zu schade, dass Du mir jetzt nicht gegenübersitzt, zu
schade, dass ich nicht ein paar Strassen weiter zu Dir laufen
kann, zu schade, dass ich nicht den Zug nach Neubrandenburg nehmen kann, der mich in ein paar Stunden – und
wenn ohne Verspätung selbst in 2 Stunden zu Dir führen
kann. Bis Weihnachten ist noch lange hin, aber ich verspre-
che Dir, wir werden uns sehen, ganz allein – und wenn es
nur einen Tag ist, die andern, die mich sehen wollen, können nach Berlin kommen, denn meine Zeit wird äusserst
bemessen sein. Ich muss mich ja jetzt nach der Schule richten, und Ferien sind nur vom 20.–2. 1. […]

Und dann natürlich all diese traurigen Geschichten, der
Jürgen – und dann Dein nicht ganz einfacher Mann …
[…]. Übrigens hat mich der Dieter Jürn mit einem sehr
netten Brief überrascht – aber auch da soviel Melancholie!
[…] Mein Gott, Brigitte, wie sehr ähneln wir uns doch im
Charakter; Du, Jürgen, Dieter u. ich. Dagegen die Menschen hier, wie anders sind sie doch. Dein Rudi würde mit
seiner Mentalität gut hierherpassen. Du brauchst Dich
nicht zu entschuldigen, dass Du vielleicht unausstehlich

oder unleidlich gewesen wärst und der Rudi besonders viel Geduld mit Dir gehabt hätte. Er müsste doch vorher gewusst haben, dass er eine aussergewöhnliche Frau heiratet und [dass das] auch Probleme mit sich bringen wird. Mein Gott, meine liebe Brigitte, wenn man so bedenkt, wie problematisch und kompliziert sind wir im Grunde doch, entdecken stets bewusster unsere Unvollkommenheiten, geraten darüber in Verzweiflung, rufen Konflikte hervor, anstatt zu versuchen, freier zu atmen, froh zu sein und dem Leben, dem verdammt bisschen Leben, die beste Seite abzugewinnen.

[...] Als ich von Berlin zurückkam, nach dem herrlichen Empfang und der Freude von Schorsch war ich [...] mächtig stark. Freddy war sehr ruhig (gar nicht Freddy) und forderte mich auf, dann mal zum Rechtsanwalt zu gehen. Hab ich gemacht. Die ganze Sache geht hier furchtbar schnell. Freddy hat ohne jegliche Weigerung seine Zustimmung gegeben, ich musste natürlich die Schuld [...] auf mich nehmen – und in zwei Wochen werden wir geschieden sein. Brauchte nicht einmal zum Gericht, macht alles der Advokat. Kosten 1 000,– Gulden, jeder die Hälfte. So schnell geht das hier also. [...]

Nun eine andere Seite. Wie ich schon erwähnte, hab ich Schorsch nach meinem Urlaub verdammt wenig gesehen. Er hat das damit entschuldigt, dass er sich auf eine Prüfung vorbereiten will [...], und dass er jeden Abend sässe und lerne, auch am Wochenende. [...] Hinzukommt, dass mein Schorsch eben *nicht* abends zu Hause sitzt. Ich weiss, Sport, ein Haufen Freunde, die ihn natürlich auch in Cafés mitschleppen, er pokert gerne, Schorsch ist auch jemand, der so schlecht »nein« sagen kann, auf alle Fälle sein Freund [...] erzählt mir jetzt, dass Schorsch noch andere Frauen hätte, also meine Liebe, ich bin halb verrückt. [...] Schorsch hat doch gewusst, dass ich seinetwegen, nur seinetwegen, von Freddy weggegangen bin, er hat mir hier die Wohnung besorgt, ich kann mir einfach nicht denken, dass er sich nichts dabei gedacht haben soll, welche Verantwortung er doch schliesslich damit auf sich geladen hat ... [...]

Ja, meine liebe Brigitte, das ist meine Situation – und das Schlimme ist, und jetzt kommt etwas ganz Wichtiges, dass man keine eigenen Leute, ich meine gute Freunde, gefühlsmässig gleichgeartet, um sich hat, wo man hingehen und sich ausheulen kann, sondern alles mit sich selbst ausmachen muss. [...]

Aber trotzdem! Nun grade nicht, ich lass mich nicht unterkriegen.

Meine liebe, liebe Freundin
lass Dich tausendmal umarmen und drücken
als immer Deine Irmchen.

116 Brigitte Reimann an Irmgard Weinhofen

Nbg., 18. [10]. 71

Mein liebes Irmchen,
ich war ganz bestürzt und unglücklich über Deinen Brief, und im ersten Impuls wollte ich Dir sofort schreiben, aber was? Tröstendes, Zuredendes? Man sitzt tausend Kilometer entfernt voneinander, und Briefe sind nur Ersatz für ein Gespräch, und ich kann Dich nicht einmal umarmen und mit Dir zusammen heulen oder einen Abend mit Dir verbringen, wenn Du ganz niedergeschlagen bist. Gott, wenn man so von einer Straße zur anderen laufen könnte, um gleich bei der Hand zu sein, wenn man gebraucht wird, sei's bloß dazu, daß man neben Dir sitzt und daß Du die Wärme eines anderen spürst, der Dich lieb hat und wirklich ganz von Herzen Anteil nimmt. Und dann konnte ich auch nicht mal schreiben, weil ich selbst in so einer scheußlichen Situation war (ganz abgesehen von der schrecklichen Schreibhemmung und der ewigen nervösen Hochspannung, abwechselnd mit völliger Apathie), wir hatten

eine schlimme Ehe-Krise, ärger als je zuvor – aber davon später.

Mein armes Mädchen, was ist denn bloß passiert mit Deinem Schorsch? Ich verstehe überhaupt nichts mehr. Die ganze Zeit habe ich mich für Dich gefreut, weil Du Erfolge hast, Beruf, Stipendium, eine eigene Wohnung, und weil es mit Freddy halbwegs gut abzugehen scheint [...] – und nun, wo man glaubt, Du bist über den Berg und hast das Glück, für das Du all die Zeit gekämpft und weiß Gott genug gelitten hast, geschehen solche völlig unverständlichen Dinge. Unverständlich ist mir dabei nicht diese Neben-Affäre mit dem Freund, sowas geschieht eben, wenn man verzweifelt ist, das kenne ich auch, Du brauchst Dir deswegen keine Vorwürfe zu machen. Aber das Verhalten von Schorsch – nein, ich kann's nicht verstehen. Vielleicht doch Angst vor der Verantwortung, jetzt, da es endlich ernst wird? Und wieso hat seine Frau nichts gewußt? Ich dachte immer (und Du doch auch, nicht wahr?), daß seine Frau unterrichtet ist und sich mit ihrer Rolle als Verliererin abgefunden hat – und eigentlich hat es ihr doch auch gar nicht entgehen können, sonst müßte sie ja blind und taub sein. Die Frauengeschichten allerdings, von denen Dir sein Freund erzählt hat, halte ich für eine bloße Eifersuchts-Erfindung. Nein, dazu wart ihr über all die Jahre viel zu gut und glücklich miteinander, und bei Deiner Sensibilität hättest Du bestimmt gespürt, daß Du nicht die Eine und Einzige bist. Nein, das kannst Du bestimmt in den Wind schlagen. Daß Männer, diese schwer verständlichen Geschöpfe, sich mit allem möglichen anderen Zeugs beschäftigen, Sport treiben, pokern, mit irgendwelchen Leuten zusammenhocken, die wir uninteressant finden würden, – das gehört wohl dazu, das kenne ich auch von meinem Dicken, und ich fürchte, man muß sich damit abfinden, daß man einen anderen nicht immer und ganz für sich hat (ich glaube, wir Frauen neigen wohl auch dazu, einen geliebten Menschen völlig beschlagnahmen zu wollen und sind – eingestanden oder nicht –, gekränkt, daß er noch eine andere Welt außer uns hat).

Eine schreckliche Vorstellung, daß Du unglücklich bist, daß Du trinkst und abends weinst. Aber vielleicht hat sich inzwischen schon wieder etwas geändert? Vielleicht ist die ganze Lage durchsichtiger geworden und Du weißt heute mehr als damals, als Du den Brief geschrieben hast. Du mußt mir ganz schnell schreiben, und wenn es nur ein paar hingeworfene Zeilen sind, damit ich weiß, wie es Dir ergeht, – ich bin so bekümmert und in Sorge, als ob es meine eigene Geschichte wäre. Wenn Du wüßtest, wie sehr ich gerade Dir, mein herzensgutes Irmchen, alles erdenklich Gute wünsche! Du hast es so sehr verdient – einfach deshalb, weil Du so bist, wie Du bist.

Nur ein paar Zeilen zu uns: wir sind haarscharf an der Scheidung vorbeigeschliddert – für diesmal. Wahrscheinlich habe ich überhaupt kein Talent für die Ehe, aber vor allem ist die Krisen-Situation ausgelöst durch meine Unfähigkeit zu arbeiten, die mich verrückt macht. Ich explodiere wegen irgendwelcher Nichtigkeiten, es gibt Streit [...] ... ein richtiger Teufelskreis. Vorige Woche haben wir tagelang nicht miteinander gesprochen, und Du weißt ja, dieses verbissene Schweigen ist schlimmer als Streit und Geschrei. Wir waren beide völlig erledigt. Irgendwie sind wir nun aber doch wieder ins Reden gekommen, haben die letzten Tage friedlich verlebt, der Dicke ist glücklich, viel mehr als ich (bin eben skeptischer durch Erfahrung), aber wer oder was schützt uns vor Wiederholungen? Ach, das ist jetzt uninteressant, mein Problem ist das Buch, überhaupt die Arbeit. Ein andermal von solchen Sachen. Jetzt muß ich sofort den Brief abschicken, um recht bald wieder von Dir zu hören. Ich denke sehr an Dich, mein liebes Irmchen, und umarme Dich fest.

Immer Deine Brigitte

Amsterdam, den 22. 10. 1971

Meine liebe, liebe Brigitte!
Eben habe ich Deinen lieben und mitfühlenden Brief vom
18. 10. erhalten. [...] Hier nur ein paar »hingeworfene« Zeilen, meine Liebe, damit Du weisst, wie es mir geht. Ganz
kurz: Alles ist wieder gut. Ich war hysterisch und eifersüchtig, und vielleicht auch überspannt, denn so ein Über-
gang war doch wohl keine einfache Sache für mich. Aber
seitdem Schorsch das Examen gemacht hat, ist er fast jeden
Tag bei mir, ist lieb und sorgt für mich, so wie ich ihn liebe
und schätze. Vielleicht fiel in dieser Zeit auch alles zusammen [...]. Als ich Schluss machen wollte, war es Schorsch,
der es wieder gutmachte. [...]
  Meine liebe, liebe Brigitte, zu schade dass ich nicht mit
Dir reden kann, irgendwo hat mich mein Instinkt doch
nicht betrogen, was Deine Lage betrifft. Ich hab Dir schon
im letzten Brief angedeutet: Verdammt noch mal, Du bist
eine aussergewöhnliche Frau, worauf jeder Mann stolz sein
könnte, Du besitzt so aussergewöhnliche Fähigkeiten, dass
ein Mann an Deiner Seite die Pflicht hätte, Dich zu stimu-
lieren und nicht zu hindern. Darum schien mir doch eine
Verbindung gerade mit ungleichen Berufen gut [...]. Aber
der Haken liegt wo anders. Dein R. hat erkannt, dass er Dir
nicht das Wasser reichen kann – und ich glaube, da fängt es
an. [...] Brigitte, liebe, raff Dich auf und räume das aus
dem Weg, was Dich hindert zu schreiben. Schreiben ist
Dein Leben [...]. Aber, wie gesagt, individuell entscheidet
das Gefühl, da kann kein zweiter hineinreden [...].
  Ich hab Dich ganz lieb, umarme Dich fest als immer
Deine
  Irmchen

Nbg., 1. 11. 71

Mein liebes Irmchen,

eben erst habe ich Deinen Brief gelesen, obgleich er schon seit zwei Tagen auf meinem Schreibtisch liegt. Ich glaube, ich hatte Angst vor schlechten Nachrichten, und ich war in den letzten Tagen sowieso etwas verstört, hatte so gut wie gar nicht geschlafen und entschieden zuviel getrunken, aber merkwürdigerweise nicht sentimental oder um zu vergessen, sondern ganz lustig und mit einer spöttischen Befriedigung, weil ich die Herren Ärzte, die hier Rudis Berufung zum Kreisarzt feierten, allesamt unter den Tisch gesoffen habe. Trotzdem war alles ein bißchen verrückt und unwirklich … Aber zuerst muß ich Dir sagen, daß ich sehr, sehr glücklich für Dich bin, weil mit Schorsch nun doch alles in Ordnung ist – und wie von Herzen wünsche ich Dir, daß es so bleibt!

Ich habe aufgeatmet, als ich Deinen Brief gelesen hatte, und dann habe ich mich an mein Manuskript gesetzt (ich glaube, ich schrieb Dir schon, daß ich wieder an der Arbeit bin und sogar was schaffe), und ich war trotz der Sache, die mich, wie gesagt, in den letzten Tagen beschäftigt hat, von einer gewissen Heiterkeit erfüllt. Nun ist es bald Mittag, und auf einmal merke ich, daß ich in Wirklichkeit doch die ganze Zeit an das Andere denke, und deshalb habe ich jetzt diesen Brief begonnen – bloß um mit einem lieben und vertrauten Menschen darüber zu sprechen, wenn auch aus Entfernung. Und auch, um Dein und mein Bild von dem Dicken geradezurücken … Und auch, um für mich selbst – indem ich nun also davon spreche – eine anständige Haltung zu der Angelegenheit zu gewinnen.

Liebes Irmchen, Du darfst keinen Schreck kriegen oder mich bedauern, und am besten wäre es – ja, ich bitte Dich sogar darum –, in Deinem Brief gar nicht darauf einzugehen, damit ich nicht am Ende doch noch in Selbstmitleid verfalle. Kurzum, ich habe endlich erfahren, daß ich unheilbar krebskrank bin. Natürlich habe ich manchmal so meine dunklen Ahnungen gehabt, aber eigentlich ungläubig, und im ersten Augenblick war die Bestätigung ein Schock – das heißt, beinahe noch schlimmer war der verspätete, also überflüssige Schreck bei der Mitteilung, daß ich schon seit einem Jahr tot wäre, wenn ich damals im vergangenen Frühjahr nicht noch rechtzeitig dem Prof. Gummel in die Hände gefallen wäre. Ich habe dann den Dicken zur Rede gestellt, und er hat mir – ganz gegen seine Prinzipien – die Wahrheit gesagt. Durch die Operationen in diesem Jahr ist der Prozeß zunächst mal aufgehalten worden, aber der Herd im Rückenwirbel ist da und natürlich ganz langsam: bei günstigem Verlauf habe ich noch etwa fünf Jahre Lebenserwartung. Das ist sehr wenig oder sehr viel, kommt drauf an, wie man es sieht – ich finde es jetzt noch viel. Jedenfalls reicht es noch für mindestens ein Buch, und es reicht für Liebe und Kummer und Alltag: dies vor allem, denn der Alltag ist stärker als so eine dramatische Nachricht, und wahrscheinlich wird das Leben genau so weitergehen wie bisher, ich werde Staub wischen oder mich ärgern, weil es keine Lippenstifte gibt, und höchstens werde ich mal eine Sitzung schwänzen, wenn mir einfällt, daß meine Zeit zu knapp ist, um sie mit Gequatsche zu vertun, und das letzte Jahr, oder sagen wir besser: das Finalstadium, brauche ich mir ja noch nicht vorzustellen, will es nicht und habe es nicht nötig, weil ich weiß, wie es aussieht. Daß ich für diese Zeit trotzdem schon gewisse Pläne habe, ist eine andere Sache.

Aber ich rede immer bloß von mir statt von meinem Dicken. Ich finde ihn großartig, und vielleicht habe ich ihn in diesen letzten Tagen auf eine neue Weise liebgewonnen. Sicher werden wir auch in Zukunft unsere Streitereien haben, […] aber was immer sein mag, ich glaube, ich hoffe, ich werde nie vergessen, was für eine Charakterstärke dieser Mann hat. Zwar hatte er bei unserem Gespräch mal einen schwachen Moment, und die Tränen liefen ihm übers Gesicht, aber im übrigen war er prachtvoll. Keine Trostversuche (die mich zum Heulen gebracht hätten), kein Gejammer über meine oder seine Lage, und dabei ist er doch mindestens so arg dran wie ich – eigentlich noch ärger, das mußt Du zugeben, wenn Du es Dir durchdenkst. Und das Tollste: er weiß es schon seit März, und im Mai haben wir geheiratet, und die ganze Zeit wußte er, daß er sich eine zur Frau nimmt, die schon verurteilt ist, und er hat sich nie was anmerken lassen; ganz zu schweigen davon, daß er ja am besten weiß, was nach Ablauf der voraussichtlichen Frist auf ihn zukommt, welche seelischen und anderen Belastungen (wir haben schon ausgemacht, daß ich, wenn es soweit sein sollte, zuhause bleibe). Jetzt frage ich mich, warum ich manchmal so wütend auf ihn sein konnte, daß ich vergaß, wie gut er zu mir war, als ich damals wochenlang hier im Bett lag, unleidlich vor Schmerzen, und er mich pflegte wie eine Mutter ihr Kind. Das ist nicht bloß eine Frage von anerzogenem Berufsethos.

Das einzige, womit er mir Mut zu machen versucht, ist sein Glaube an ein Wunder. So nenne ich es jedenfalls: ein Wunder. Nämlich die Möglichkeit, ja Wahrscheinlichkeit, daß während dieser Zeitspanne, die mir bleibt, endlich ein Heilmittel gefunden wird. Und ich bin nur zu gern bereit, ebenfalls an das Wunder zu glauben. Er ist überzeugt (oder tut er bloß so?), daß wirklich demnächst ganz wichtige Entdeckungen auf diesem Gebiet gemacht werden, und ich weiß auch von den Leuten in der Rössle-Klinik, mit welchem Hochdruck und welchem Riesenaufwand an finanziellen Mitteln an diesem Problem gearbeitet wird. Also, ich habe doch noch Chancen

2. II.

Meine Liebe,
gestern konnte ich auf einmal nicht mehr weiterschreiben. Ich glaube, ich wollte gerade irgendwas Weises und Abgeklärtes über die unausrottbare Hoffnung äußern, die in je-

dem Menschen lebt – und plötzlich sprang mich die Angst an wie ein Tier, das sich einem in den Nacken krallt, und ich mußte mich erbrechen, und seither ist mir die ganze Zeit mordsübel, und nun muß der arme Dicke doch an mir herumtrösten. Ich bin sehr unzufrieden mit mir. Keine Würde, kein Talent zur Haltung einer römischen Matrone. Na, vielleicht kommt's mit der Zeit. Verzeih mir, daß ich so egoistisch bin, Dich mit solchem Mist zu behelligen. Ich lese den Brief lieber nicht nochmal durch; er wird also von Tippfehlern wimmeln, sieh's mir nach. Morgen früh arbeite ich aber doch wieder, muß ja.

Grüß Deinen Schorsch von mir, sei guter Dinge und laß Dich herzlich umarmen von

Deiner Brigitte

119 Brigitte Reimann an Irmgard Weinhofen

Nbg., 29. II. 71

Mein liebes Irmchen,

verzeih mir, daß ich in unziemlicher Eile eine Karte kritzele, obgleich ich – recht geniert, offen gesagt – mit einer Bitte zu Dir komme. (Die Eile: weil ich an meinem Manuskript radiere, leider aber kaum was schaffe, sondern trotz guter Vorsätze von einer so schrecklichen Unruhe erfüllt bin, daß ich andauernd andere Beschäftigungen suche, fieberhaft Schubladen aufräume, Briefe ordne u. dergl.) Was also meine Bitte angeht: ich brauchte dringend ein paar Gramm Feingold (drei Gramm höchstens, schätze ich), die ich hier nicht bekommen kann. An meinen Bruder möchte ich mich aus bestimmten Gründen nicht wenden, ungeachtet der wiederhergestellten Geschwisterliebe. Ich brauche das Gold für meine Zähne, von denen neuerdings zwei zum Teufel gegangen sind, und so weit bin ich mit meinem wachsenden Desinteresse an mir und der Welt noch nicht, daß ich zahnlos durch die Gegend marschieren möchte. Haarausfall und verhunzte Haut durch die Medikamente reichen mir schon. Ich habe mich bei der Postdirektion erkundigt: Gold-Einfuhr ist gestattet. Wir verrechnen das dann zu Weihnachten – wenn nicht in Geld, dann eben in Kristall oder Platten oder was immer Du gern haben möchtest. Ich wär Dir sehr dankbar.

Ganz herzlich – Deine Brigitte [...]

120 IRMGARD WEINHOFEN AN BRIGITTE REIMANN

8. 12. 71

Meine liebe Brigitte,
nur kurz: Vom 21.–29. 12. bin ich in Berlin. Das Gold habe ich besorgt. Die Frage ist nur, wie wir uns sehen werden. Könntet Ihr nach Berlin zu meinen Eltern kommen? Ich hab, wie Ihr seht, nur wenige Tage. Das Gold bringe ich mit. Das Schicken lohnt nicht mehr und so geht es obendrein noch ohne Schwierigkeiten. Sonst müßt ihr noch eine Menge Einfuhrzoll bezahlen und bis es ankommt, bin ich auch da. Vielleicht könnt Ihr noch einen Tag vor Weihnachten kommen.

Für heute alles Liebe, immer Deine Irmchen.

121 BRIGITTE REIMANN AN IRMGARD WEINHOFEN

Nbg., 5. 1. 72

Mein liebes Irmchen,
M. übergab mir den Brief für Dich – ein Grund mehr, Dir rasch ein paar Zeilen zu schreiben (rasch, weil ich mühselig, erbittert, ziemlich hoffnungslos, aber fleißig wieder an meinem Manuskript kaue – mehr Grübeln als Schreiben,

die Unterbrechung war zu lange, ich komme nicht in das damals begonnene Kapitel, in diesen bestimmten Juniabend zurück; schon das ist schwierig: einen überheißen Sonntag beschreiben, während ich kalte Füße in meiner Bude habe und draußen der graue Himmel bis auf die Erde hängt). Laß Dir nochmal danken für den Tag mit Dir, – und für alle Deine lieben Geschenke. Ich dufte wie ein ganzer Harem, werde um die Lippenstifte beneidet (habe aber keinen weggegeben, obgleich ich bei der reizenden Fr. Lindemann beinah schwach geworden wäre), und der Delfter Teller hängt über dem Schreibtisch, zwischen Giorgiones Venus, dem Foto von Pasternak und einem Aktbild – eine etwas gewagte Zusammenstellung, aber mir gefällt's. – Was die Bücher für Dich betrifft – wir haben die Leser und Bücherfreunde hierzulande unterschätzt, was im allgemeinen zwar erfreulich, in unserem Fall aber betrüblich ist: die klassischen Sagen waren vergriffen (auch beim Verlag), sogar der Ovid, die zweibändige Ausgabe in schwer zu lesenden Versen; lediglich den 2. Band der Literaturgeschichte in Bildern werde ich eventuell noch bekommen, und auch bloß durch Beziehungen.

[...] Mein liebes Irmchen, bis zum nächsten Brief drücke ich Dir die Daumen für die Arbeit und vor allem ... na, Du weißt schon.

Ganz herzlich Deine Brigitte

122 BRIGITTE REIMANN AN IRMGARD WEINHOFEN

Nbg., 9. 2. 72

Mein liebes Irmchen,
bevor meine kleine Schwester angereist kommt, will ich Dir noch rasch ein bißchen schreiben (sonst, an »normalen« Tagen, kriegt mich nämlich nichts von meinem Manuskript fort). Ich wundere mich immer wieder, wie lange

die Post nach A. unterwegs ist; als ich Deine Karte bekam, bezw. als Du sie schriebst, hättest Du längst mein Brieflein samt dem Margarete-Brief haben müssen.

Mir zerrinnt die Zeit unter den Händen. Lauter unbeantwortete Briefe, manche noch nicht mal geöffnet – ich sitze den ganzen Tag vor meinem Buch, quäle mich furchtbar, schaffe zum Gotterbarmen wenig … Abends bin ich so erschöpft, daß ich um acht Uhr wie tot ins Bett falle, wir gehen nicht mehr aus, empfangen kaum Besuche, weil ich so eine »Mattscheibe« habe. In den letzten Tagen ging es ein bißchen besser, aber ich kann noch immer kein Ende absehen. Zum Glück geht es mit Rudi jetzt besser, […] die irren nächtlichen Szenen finden nicht mehr statt … unberufen.

Dafür macht mir (ihm überhaupt nicht) unser Altersunterschied manchmal sehr zu schaffen. Weißt Du, es ist doch eine andere Generation. Neulich war Wolfgang Schreyer hier, wir haben bis in die Nacht hinein geredet, nicht bloß über seinen privaten Kummer […], sondern über unsere gemeinsame Vergangenheit, unsere politischen Abenteuer, über Prozesse von Leuten, die Rudi nicht mal mehr dem Namen nach kennt, die uns aber geläufig sind, uns damals heftig erregt haben.

Ach, Irmchen, wir sind schon eine verkorkste Generation – was hätte aus uns werden können in einer der Kunst günstigeren Atmosphäre … Zwar, jetzt zeigt sich am kulturpolitischen Himmel ein Silberstreifen, man unternimmt allerlei, um verbitterte Leute wieder für uns zu gewinnen; Christas Essayband, der damals nicht erscheinen durfte (nach der Affäre mit ihrer »Christa T.«), ist nun angekündigt … aber manchmal frage ich mich, ob es für Leute unseres Alters nicht schon zu spät ist. Trotzdem, man fühlt sich ein bißchen ermutigt; ich habe kaum noch Bedenken wegen meines Buches – wenn es bloß endlich fertig wäre!

Na, genug mit dem Gejammer. Man muß sich halt durchbeißen, nun kommt es auf ein paar Monate mehr oder weniger nicht mehr an. […]

Mein liebes Irmchen, eben kommt Dorli, ich muß Schluß machen. Schreib mir wieder, ja?, und erzähl mir, was sich inzwischen bei Dir zugetragen hat. Ich mache mir Sorgen – Du weißt schon, wegen Schorsch, der – möchte ich wetten – doch wieder zu Dir gekommen ist. Ach, mein armes, liebes Mädchen, wie soll das bloß enden? und wirst Du stark genug sein, das durchzustehen?

Ich warte sehr auf ein Lebenszeichen von Dir. Laß Dich fest umarmen, meine Liebe, ich wünsche Dir von Herzen alles Gute und vor allem inneren Frieden.

Immer Deine Brigitte

123 IRMGARD WEINHOFEN AN BRIGITTE REIMANN

Amsterdam, den 15. 2. 1972

Meine liebe, liebe Brigitte,

Heute habe ich Deinen lieben und ausführlichen Brief bekommen [...]. Immer, wenn ich ganz intensiv an Dich denke, kommt von Dir eine Nachricht. [...] Ich bin froh, dass Du arbeiten kannst, auch wenn es nur langsam vorwärtsgeht. Wichtig ist, dass Du etwas tust. Ansonsten ersehe ich aus Deinen lieben Zeilen, dass der Alltag dahinfliesst, Du Dich doch immer wieder mit anderen Problemen herumschlägst (die Frage des Altersunterschiedes) und der Jürgen auch wieder zu Euch kommt. Ich war wirklich zu Weihnachten etwas überrascht, als Du so hart von Jürgen sprachst. Aber ich dachte mir, irgendwie wird sich das schon wieder geben, denn schliesslich gab es doch immer eine gute geistige Gemeinsamkeit zwischen Euch. Dass der Dicke Vorrang hat, ist klar.

(Zwischendurch: Schreib mir, ob Du die Platten per Post erhalten hast? Ich habe meinen Eltern vor 2 Monaten 2 Kaffeepäckchen geschickt, womit sich leider wohl andere die Hälse gespült haben). [...]

Tja, meine liebe Brigitte [...]. So manchen Abend sitze ich, trotz der vielen Arbeit, zergrüble mir den Kopf, frage mich, warum hat mich Schorsch denn bloss von Freddy weggeholt, mir diese Wohnung besorgt, wenn er mich doch so allein lassen wollte, um eben nur mal schnell ab und zu vorbeizukommen. Aber darauf gibt es keine Antwort: [...] Schorsch hat kein Verantwortungsgefühl mir gegenüber, so bitter es klingt [...]. Wenn ich an ihn denke, überfällt mich manchmal so ein furchtbarer Hass, dann sitze ich, überlege, wie ich mich rächen kann, aber dann fühle ich doch nur erneut meine Ohnmacht und schliesslich meine Lächerlichkeit, wenn ich irgendetwas machen würde. [...]

Ach, meine liebe Brigitte, es scheint beinahe eine Parallele zwischen K[...] und Schorsch zu geben. Eines haben sie beide gemeinsam: Sie haben kein Niveau. Also wieder einmal am verkehrten Platz sein Gefühl – und nicht nur das: ein Stück Gesundheit und einen Haufen Geld zum Fenster hinausgeschmissen.

Nun muss ich sagen: Freddy bezeigt Grösse. In jeder Hinsicht. Er hat mir erklärt, er hätte auch zuviel falsch gemacht [...], dass er mich nicht auffangen konnte usw. [...] Ja, wir sind wieder viel zusammen. Natürlich koche und wasche ich für ihn, sorge für ihn so gut ich kann. Aber meine Schule und vor allem auch mein Studium fordern [...] von mir grosse Anstrengungen. Manche Tage komme ich auch so erschöpft nach Hause, dass ich nicht mehr »bah« sagen kann. [...]

Gleich nach Ostern muss ich erstmal 3 Examen machen und dann habe ich wieder etwas Luft. (Manchmal bete ich zu Gott, dass er mich kräftemässig bloss nicht im Stich lässt!) Ja, meine Liebe, manchmal denke ich auch, warum schufte ich so? [...] Alles, was ich bisher gern und mit Schwung getan habe, fällt mir wegen dieser Enttäuschung [...] so schwer, so unendlich schwer, als ob meine Glieder und meine Nerven versagten.

Aber ich will nicht klagen. Dir brauche ich ja solche Zustände nicht zu erklären, Du kennst sie selbst genug. [...] aber manchmal, meine Liebe, sitze ich hier und frage mich immer wieder, wofür hab ich mich scheiden lassen? [...]

Ja, meine Liebe, meine Situation ist [...] so, dass ich hier in der Wohnung bleiben werde. Ich habe sie mir nach meinem Geschmack eingerichtet und fühle mich wohl, auch wenn ich noch so traurig bin. [...] Und mit [...] Schorsch ist es aus. Muss es doch wohl aus sein. [...] das, was mir Schorsch hier geboten hat, das konnte ich nicht hinnehmen, das war unmöglich – und dabei ist meine Geduld viel grösser als Deine.

[...] Manchmal, wenn ich an etwas Schönes denken will, hole ich mir unsere Bootfahrt an diesem herrlichen Sommersonntag ins Gedächtnis, sehe uns übers Wasser spritzen, die Fleischmassen des Dicken und die meinen im Gegensatz zu Dir und Jürgen, denke an unser verstehendes Augenzwinkern (Du weisst schon) und dann wünsche ich mir, dass es recht bald wieder Sommer sein möge und ich ein paar Tage nach Neubrandenburg kommen kann. [...] Grüss den Jürgen, den Dieter und vor allem auch Rudi – und nimm das andere nicht so schwer ... [...]

Lass Dich für heute tausendmal lieb grüssen und herzlichst umarmen von Deiner

Irmchen.

Hast Du Deine Zähne schon machen lassen?

124 IRMGARD WEINHOFEN AN BRIGITTE REIMANN

2. 3. 72

Meine liebe Brigitte,
hier ein lieber Gruß. Ich fühle mich im Moment so abgearbeitet u. müde und hab so Sehnsucht nach Vater u. Mutter, nach Dir, nach anderen, die ich in mein Herz geschlos-

sen habe, nach meinem Milieu. Schreib mir bald, ja? Bloß
einen Gruß.

Es umarmt Dich lieb
Dein Irmchen

125 Brigitte Reimann an Irmgard Weinhofen

Nbg., 13. 3. 72

Mein liebes Irmchen,
heute habe ich Deine Karte bekommen, die wie ein Hilfe-
schrei klang. Ich hätte Dir schon vorige Woche auf Deinen
Brief geantwortet, wäre ich nicht so erschöpft gewesen
(bin's auch jetzt, nach einem unsinnig langen Arbeitstag) –
und ratlos, hilflos, mir bewußt, daß ich nur Worte ver-
streuen kann, nur zum hundertstenmal beklagen, was ich
schon hundertmal bitter erfahren habe: wie arg es ist, dane-
ben stehen und zusehen zu müssen, wie sich ein Schicksal
vollzieht ... Ach, und ich kann Dich so gut verstehen,
wenn Du von Deinen Rachegedanken schreibst, dieser verrückten Sucht, einem anderen weh zu tun, der uns weh getan und betrogen und im Stich gelassen hat. Aber wir haben keine Möglichkeit – und hätten wir sie, würden wir sie
wahrscheinlich nicht nützen. Ich kann mir vorstellen, daß
man im Zorn jemanden töten kann, aber ich kann mir
schwerlich vorstellen, daß wir imstande wären, Gemeinhei-
ten zu begehen, irgendeine niedrige Rache auszubrüten,
Hinterhältigkeiten ... Nein. Also schreien, sich besaufen,
arbeiten bis zum Umfallen – und abwarten, den langen
schmerzlichen Prozeß des allmählichen Vergessens. Wie
sich unsere Geschichten gleichen, und die von Tausenden
anderen! Variationen auf ein Thema.

Wir sitzen hier herum, der Jürgen und ich, reden über dich
und – wie Kinder, immer noch, immer wieder erstaunt –
über das Leben, die verworrenen menschlichen Beziehun-

277

gen, Liebesgeschichten, denen man mit Vernunft einfach nicht beikommen kann. Aber irgendwann wirst Du es schaffen, Du ganz bestimmt, und desto besser, wenn Du voller Zorn bist, und noch besser, wenn er eines Tages durch Verachtung abgelöst wird.

Gott, bin ich froh, daß Du F. an Deiner Seite hast, und daß diese erstaunliche Wandlung eingetreten ist. Vielleicht mußte er so einen harten Schlag empfangen, um endlich zu begreifen, mit wem er es zu tun, wie er mit Dir umzugehen hat. Und vielleicht – eine ganz vage Möglichkeit – vielleicht gibt es für euch nochmal einen Anfang, oder eine Fortsetzung auf anderem Niveau. Mit Sch. wird es, nach diesen bösen Erfahrungen, doch nie wieder etwas Rechtes, und auf jeden Fall würdest Du das Zusammensein mit Demütigungen erkaufen, die Du weder ihm noch Dir jemals verzeihen würdest.

Meine Liebe,
ich mußte den Brief liegenlassen, zermatschtes Farbband (und neues gab's nicht, – J. hat eins im Funk geklaut), und überhaupt ein Haufen Schwierigkeiten. R. ist zum Lehrgang, und ich dachte, ich könnte nun endlich mal in Ruhe arbeiten, von morgens bis in die Nacht, und kein Haushalt, kein Mann, der beschäftigt werden will … Aber gleich am ersten Wochenende kam er nach Haus, also nichts mit Schreiben. Hoffnung auf die nächste Woche … […] ich kann einfach nicht arbeiten, wenn nebenan jemand ist, auch wenn er sich still verhält, geschweige denn, wenn er Fernsehen anmacht und ich das ganze Zeug als Hörspiel durch die lächerlich dünne Wand höre. […] Diese Tage haben mich mächtig zurückgeworfen, ich war seelisch angeknackst, leide sowieso unter ständiger Versager-Angst, esse nichts mehr und bestehe bloß noch aus Zigaretten. Eine langsame, aber sichere Selbstzerstörung. Aber das begreift nur, wer selber schreibt, – diese Qual mit einem Buch, bei dem einem längst die Luft ausgegangen ist, der Termindruck, zu schweigen von den Schmerzen, die in letzter Zeit

wieder ärger werden und mich nur allzu oft an das Gewisse erinnern. Dieses Buch bringt mich noch um, auch in physischem Sinne, und dabei wäre gerade jetzt Eile geboten – aus kulturpolitischen Gründen. (Stell Dir vor, die ›Christa T.‹ kommt wieder heraus, überhaupt einige interessante Bücher – endlich!) Übrigens ist auch Kants ›Impressum‹ erschienen, mit zwei Jahren Verspätung; schade, daß ich Dir vorläufig kein Exemplar schicken kann; das Buch war sofort vergriffen, Gott weiß, was für eine Sensation sich die Leute davon versprochen haben, aber so sensationell ist es gar nicht, halt witzig, Kantsche Art, ein paar hübsche Frechheiten, für mein Empfinden aber zuwenig Tiefgang. Trotzdem bekommst Du es, sobald eine Nachauflage erscheint. Zum Trost: wir haben eine schöne alte Kristallschale für Dich erstanden – hat der Dicke an Land gezogen, bei einer Haushaltsauflösung. Na, das nebenbei.

Bei alledem tut der Dicke mir leid. Ich schrieb Dir schon, daß er in seinem Beruf nicht glücklich ist – er wollte es immer nicht wahrhaben, aber jetzt sieht er es und möchte wechseln, nur, das ist schwerlich möglich während der Facharztausbildung. Er würde lieber zur Chirurgie gehen, und ich rede ihm fleißig zu. Nochmal von vorn anfangen, kein Titel mehr, wenig Geld – aber was tut's? Hauptsache, er fühlt sich zufrieden. Und an mir liegt es auch, daß er nicht glücklich ist, ich habe nur mein Buch im Kopf, lasse ihn merken, daß er mich stört, bin nervös zum Zerplatzen, könnte heulen um jeden Sonnabend und Sonntag, der mir für die Arbeit verloren geht – aber soll ich ihn immer wegschicken? Selbstkritik: ich bin ein ganz egoistisches Schwein, wenn es um meine Arbeit geht. Aber für mich hängt soviel davon ab – nicht das Geld, darauf ist gepfiffen, – aber endlich mal wieder ein bißchen Selbstvertrauen, und vor allem … ach, Du weißt schon, diese Spur, die man zurücklassen möchte … Und so schlecht ist es gar nicht, auch in letzter Zeit nicht, wie ich immer denke; neulich haben wir eine Lesung im kleinen Kreis gemacht, Jürgen und sein Helge – Du weißt: der

Dr. K[...], ein sympathischer Bursche, überdies belesen –, und alles, was ich – Pardon – Scheiße fand, schien gar keine zu sein, jedenfalls jubelte Jürgen, es sei Literatur, und der K[...] war ordentlich erschlagen, fand's ungeheuer anspruchsvoll, so, daß man über jeden Satz nachdenken müßte, und wir hatten dann noch eine lange Diskussion, und es war doch ermutigend für mich, jedenfalls an diesem Abend. Ich schreibe Dir das bloß – stinkt so nach Selbstlob, wie?, – um mich auch heute ein bißchen zu ermutigen, denn nun muß ich gleich wieder ans Manuskript ran, und mir graut vor der Schinderei. Abends um acht bin ich wie tot, kann überhaupt nicht mehr verstehen, was andere sagen … Aber Du, Irmchen, ich bitte Dich, versteh wenigstens du, daß man einem Schreiber nicht einfach sagen kann: nun beeil Dich schon, mach einfach Schluß … ich kann doch den Bogen nicht in der Mitte abbrechen.

Verzeih mir, ich quatsche soviel von mir – offenbar brauche ich das, zu jemandem reden, der Verständnis hat. Und zwischendurch denke ich an meinen armen Jungen, der mit einer Schreibmaschine verheiratet ist … Gestern fragte er ganz schüchtern am Telefon, ob er Sonntag mal nach Hause kommen kann, und ich stieß bloß einen Seufzer aus, unwillkürlich, und da sagte er gleich: ach, ich kann ja dann auch hierbleiben. Hinterher tat es mir leid. Ich nehme ihm sein Zuhause … aber ich weiß einfach nicht, was ich tun soll; jeder Tag, an dem ich nicht arbeiten kann, ist wie ein Nichts, etwas auf schreckliche, unwiderrufliche Weise Verlorenes, und ich habe doch nicht mehr soviel Zeit.

Nein, Irmchen, jetzt mache ich lieber Schluß, sonst kriege ich wieder das ›ärm Dier‹, wie meine Großmutter sagte, und was soviel wie ›das heulende Elend‹ bedeutet. Einen feinen Trostbrief habe ich Dir geschrieben … Ach, meine Liebe, wir sind allzumal geschlagen. Außerdem habe ich mich noch auf eine verrückte Liebesgeschichte eingelassen, aber ganz versehentlich – mit dem Sohn von Margarete, weißt Du, mit dem ich schon mal, vor zwei Jahren, so eine Art Flirt hatte oder ein bißchen mehr. Der hat mir mehrmals geschrieben, hat mich nicht vergessen, unsere nächtlichen Diskussionen, Streitereien (er ist ein hochbegabter Dichter, aber ohne Engagement), und nun ist er wiedergekommen, und wir hatten wieder eine Nacht und einen Tag und haben geredet – ›ums Leben geredet‹, wie er es nennt, und haben uns wunderbar verstanden, und dann wollte ich den Tag und die Nacht einfach ausstreichen und Gerd in eine Traumschublade sperren ... aber Menschen kann man nicht in Traumbereich[e] verweisen, er hat sofort wieder geschrieben, einen wunderschönen Liebesbrief, er will wiederkommen, nächste Woche von Leipzig, ausgerechnet, wenn R. von seinem Lehrgang zurückkommt, und da steh ich nun und weiß nicht, wie ich's dem einen und dem anderen beibringen soll, daß ich es so nicht gemeint habe, daß ich keine Liebesgeschichten will, überhaupt keine zusätzlichen Komplikationen. Natürlich betrüge ich den Dicken nicht in diesem direkten, brutalen Sinne, aber ist Reden – so wie Gerd und ich das betreiben, dieses tiefe Verstehen, nicht auch schon eine Art Betrug? Aber es hat mir so gut getan, die ganze Zeit über Sprache, Dichtung, Ideen, Gott und die Welt, tausend Dinge [zu reden], für die mein Dicker viel zu irdisch ist.

Nein, jetzt wirklich Schluß. Ich geh ans Buch, dann vergesse ich alles andere. Irmchen, mein armes, mein liebes Mädchen, ich wünsche Dir so von Herzen, daß Du über diese böse Geschichte hinwegkommst! Grüß Freddy, gib ihm das früher übliche Küßchen auf die Stirn – ich glaub, er verdient's wieder, findest Du nicht auch? Leb wohl, versuch daran zu denken, daß jeder, auch der geliebteste Mensch, im Lauf der Zeit ins Vergessen fällt, glaub es mir, ich hab es doch erfahren.

Ich umarme Dich ganz fest
immer Deine Brigitte

Nbg., 17. 5. [72]

Mein liebes Irmchen,
eben habe ich Deine Karte bekommen. Gottlob, daß Du
nun mit den Prüfungen bald fertig bist! Ich wollte Dir nur
einen Pfingstgruß schicken, aber der wird wohl nicht mehr
rechtzeitig ankommen.

Zu einem richtigen Brief langt es auch bei mir nicht; ich
schufte wie verrückt und bin völlig erschöpft, vor allem
aber deprimiert, denn seit mehr als zwei Wochen habe ich
wieder wahnsinnige Schmerzen und kann überhaupt nicht
mehr laufen, so daß ich wieder auf die freundliche Hilfe anderer angewiesen [bin], um Brot und Milch im Haus zu haben. Jürgen tut sich dabei sehr hervor und soll ein dickes
Lob haben (übrigens habe ich ihm endlich die Platte über-
reicht: er ist wieder der liebe alte Jürgen wie früher). Zweimal sind wir auch in die Stadt gefahren (es gibt eben doch
mal Besorgungen, die eine Frau allein machen muß) – ich
natürlich unter Morphium, damit ich mich ein paar Schritte
in guter Haltung bewegen kann. Rudi hat Jürgen die Auto-
schlüssel anvertraut; er selbst ist nämlich [...] für zwei Monate auf einer Militärschule, um einen Offiziersrang für
Ärzte [zu] erwerben, (er wollte ihn meines Zustandes wegen zurückfordern, aber ich bin ja heilfroh, allein zu sein
und in Ruhe viel arbeiten zu können – schon aus Angst,
verstehst Du: ich fürchte, meine Zeit wird knapp) [...]. Bei
alldem tut er mir leid, und in gewisser Weise kann ich ihn
verstehen: eine Frau, die nicht nur krank ist, sondern vor
allem nichts anderes mehr im Kopf hat als ihr Buch ... [...]

Ach, Irmchen, manchmal habe ich es tüchtig satt und bin
nahe daran, ein für alle Male aufzugeben. Aber natürlich
mache ich es nicht, schließlich habe ich immer noch ein
Ziel, auf das sich zuzumarschieren lohnt. Neulich hat unser
Dr. Crepon (der hier das Zentrum für Literatur leitet), das
Manuskript gelesen, und er sagte, es gehörte zum Besten,

was er in unserer Literatur kennt. Na, da war ich wieder mal für zwei Tage ein paar Zentimeter größer ... bloß, so bald kommen dann wieder die Zweifel. Nun, das kennst Du ja alles, weil Du genug Künstlervolk kennst.

Jetzt graut mir erstmal vor Pfingsten. Immerzu zu Hause hocken, nicht mal ins Hotel essen gehen können ... Aber das werden wir auch überstehen. Vielleicht scheint die Sonne, und man kann sich wenigstens am Garten und den ersten Blumen erfreuen. ·

So, das ist nun ein kläglicher Brief geworden, was nicht beabsichtigt war, aber manchmal geht's halt mit einem durch.

Leb wohl, meine Liebe, ich wünsche Dir von Herzen alles Gute (für die letzten Prüfungen, für's Private – Du weißt schon) und umarme Dich fest.

Ganz herzlich Deine Brigitte

127 Brigitte Reimann an Irmgard Weinhofen

Nbg., 11. 6. [72]

Mein liebes Irmchen,
hab Dank für Deine Karte. Deine Prüfung vom 5. hast Du ja nun hinter Dir – und hoffentlich erfolgreich.

Verzeih, daß ich es ebenfalls bei ein paar Zeilen bewenden lassen muß. Mir geht es wieder sehr schlecht, ich kann nicht mehr laufen und habe wahnsinnige Schmerzen. Langsam werde ich mürbe, Irmchen. Über Jahre Schmerzen und Behinderung ... nur anderen eine Last sein ... wenn ich nicht das Buch noch zu schreiben hätte, ich glaube, ich würde Schluß machen.

Ach, meine Liebe, für unseren Urlaub sehe ich ganz schwarz. Immerhin kannst Du Dich mit den beiden Troubadours trösten, aber Ausflüge und Bootsfahrten mit mir – das ist nicht mehr drin, ganz abgesehen davon, daß ich vielleicht in Buch liegen werde.

Morgen fahren wir zur Untersuchung. Ich kritzele dann bloß noch ein paar Zeilen dazu, ob und wann ich wieder in meine – leider – vertraute Klinik einziehen werde.

B.

Liebes Irmchen,
gestern waren wir in Buch; ich muß wieder Bestrahlungen bekommen, aber wann, steht noch nicht fest. Die Strahlenleute beraten noch, was für eine Dosis sie mir noch zumuten können. Also noch ein paar Tage Galgenfrist; inzwischen versuche ich zu arbeiten (habe in [den] letzten Tagen – wahrscheinlich vor Angst – sogar ganz schön geschafft.)

Leb wohl, meine Liebe; ich lasse Dich wissen, ob und wann ich hier abmarschiere. Halt mir die Daumen und sei ganz herzlich umarmt von

Deiner Brigitte.

128 DIETER JÜRN AN IRMGARD WEINHOFEN

Neustrelitz, den 16. 8. 72

Liebes Irmchen,
nun sind die Bilder fertig und ich will sie Dir auch nicht länger vorenthalten. Hoffentlich finden sie Deinen Beifall. Für Deine Karte herzlichen Dank. […] Noch was zu den Bildern – Du wirst keins finden auf dem Du und ich zusammen drauf sind. Das hat den charmanten Grund, daß Jürgen zu doof ist, um richtig zu fotografieren. Er hat bei den Aufnahmen immer meinen Kopf weggelassen und da habe ich gar nicht erst einen Abzug machen lassen. […]

Gestern und vorgestern wollte ich mit Brigitte sprechen und mußte feststellen, daß das nicht mehr möglich ist. Auf meine Fragen redet sie vollkommen konfuses Zeug. Sie lallt nur noch und ist nicht mehr in der Lage, den Gedanken klar zu folgen. Ich fragte sie etwas über den Artikel, der im

»Neuen Deutschland« über sie erschienen ist und sie antwortete etwas von Geld, das die Bank nicht tauschen wollte. Ich lege Dir den Zeitungsausschnitt ebenfalls bei. Das Foto wirst Du erkennen, es ist das, das ich im vergangenen Jahre gemacht habe. Die Zeitung hat es mir weder honoriert, noch haben sie mich um Erlaubnis gefragt, ob sie es veröffentlichen dürfen. Brigitte muß es ihnen kommentarlos überlassen haben. Ja Irmchen, nun geht es wohl dem Ende zu, denn nur noch ein Wunder kann hier helfen und die sind ja wohl dünn gesät. [...]

Sei herzlich gegrüßt von Dieter.

ps. Soeben (11.45 h) wollte ich nochmal bei B. anrufen und man hat mich gar nicht mehr mit ihr verbunden, sondern nur mit der Stationsschwester und die sagte, daß B. sich am Telefon nicht mehr verständlich machen kann. Ich deutete an, daß ich sie demnächst besuchen wolle und die Schwester riet ab – ich solle jedoch vorher unbedingt anrufen, denn es sei sehr ungewiß, ob B. Besuch empfangen könne. Das ist der neueste Stand. – DJ.

129 Dieter Jürn an Irmgard Weinhofen

Neubrandenb'g, d. 20. 8. 72 20.36 h

Liebes Irmchen,
soeben fand ich Dein Telegramm vor – es sei denn so, wenn es soweit ist.

Vor 30 Minuten habe ich mit Rudi am Telefon gesprochen. Er ist wieder hier und wird morgen wieder nach Bln. fahren. [...] Die Lage ist ernst und wir müssen tatsächlich jeden Moment mit Brigittes Ableben rechnen. Ich rufe Dich sofort an, wenn es eintreten sollte. Irmchen, machen wir uns nichts vor – es ist für B. eine Erlösung, so furchtbar es auch ist. [...]

Ich grüße Dich herzlich – Dieter.

Neustrelitz, den 28. 8. 72

Liebes Irmchen,
diesen Brief schreibe ich im Auftrage von Brigitte – ja Du
hast richtig gelesen, im Auftrage von Brigitte. Es geht ihr
wieder besser. Jedenfalls kann man wieder mit ihr sprechen
und sie kombiniert auch vollkommen normal. Sie läßt Dir
sagen, daß sie leider nicht schreiben kann, da sie physisch
total am Boden liegt. Sie kann kaum die Arme bewegen
und lesen kann sie z. Zt. auch nicht, da alles wie im Nebel
ist. Sie bat mich, Dir das mitzuteilen. Sie hat über eine Woche vollkommen im Schlaf verbracht und ihr fehlt für diese
Zeit auch die Erinnerung. Ihr Bruder aus Hamburg war
wohl da und sie hat ihn überhaupt nicht bemerkt etc.

Wie man diese Besserung nun beurteilen soll, das wissen
wir auch nicht. Ob es nur noch ein kurzes Aufflackern ist,
oder ob wirklich eine Besserung eintritt, das ist schwer zu
sagen. Eine Besserung von Dauer würde ja wohl an ein
Wunder grenzen. Die furchtbaren Schmerzen sind allerdings geblieben und sie fühlt sich sehr kaputt, aber geistig
ist sie jedenfalls nun wieder da – wollen sehen wie lange das
andauert. [...]

Sei herzlich gegrüßt von Dieter.

131 DIETER JÜRN AN IRMGARD WEINHOFEN

Neustrelitz, den 6. 9. 72

Liebes Irmchen,
um 13 Uhr habe ich bei B. angerufen und zwei Minuten mit
ihr gesprochen. Wir mußten Schluß machen, weil der Arzt
kam. Ich sollte eine halbe Stunde später nochmal anrufen
und das habe ich nun versucht, aber vergebens – sie
»schläft« sagte mir die Schwester. Man pumpt sie nur noch

mit Morphium voll – so hat es den Anschein. Ich habe die Schwester nach dem Zustand gefragt und sie meinte, daß sich keinerlei Veränderungen ergeben hätten. […] Ach Irmchen, wann hat das alles endlich ein Ende. Man muß es ihr wohl einfach wünschen – so tragisch es auch ist. Aber auch dieser Gedanke erfüllt einen mit Schmerz und sicher hat man dann das Gefühl, um mit Zuckmayer zu sprechen, »Als wär's ein Stück von mir«. Ich werde am Wochenende nach Berlin fahren, aber ein Besuch in Buch ist sicher zwecklos. […] Was ist all das gegen unsere »kleinen Wehwehchen«, aber auch die wollen gemeistert sein. […]

Liebes Irmchen, ich wünsche Dir einen schönen Herbst […] und grüße Dich sehr herzlich

Dieter.

132 Brigitte und Elisabeth Reimann
an Irmgard Weinhofen

Berlin-Buch, 7. 9. 72

Mein liebes Irmchen!
Die paar Zeilen, mit denen ich Dir ein Lebenszeichen schicken will, muß ich meiner Mutti diktieren, da ich nicht selbst schreiben kann. Ich liege immer noch im Krankenhaus, und es wird auch längere Zeit dauern. Leider geht es mir sehr schlecht, ich kann Arme und Hände nicht gebrauchen und habe schreckliche Schmerzen. Ich kann auch nicht arbeiten und, was das Schlimmste ist, nicht mal lesen, weil durch die Behandlungsmethode Sehstörungen hervorgerufen werden. –

Liebe Frau Irmchen!
Brigitte ist jetzt so erschöpft & hat mich gebeten, den Brief allein fertigzuschreiben.

Ich muß Ihnen leider sagen, daß es Brigitte sehr, sehr schlecht geht. Bisher war sie bei unseren Besuchen trotz ihrer Schmerzen noch fröhlich & hoffnungsfroh, aber heute ist sie sehr traurig & hat trotz der Spritze vorhin noch arge Schmerzen. Wir sind in großer Sorge.

Vorhin kam Ihre liebe Karte. Brigitte hat sich gefreut, von Ihnen zu hören. Sie liebt Sie so sehr, das sagt sie mir immer wieder.

Seien Sie vielmals herzlich gegrüßt

von Ihrer Freundin Brigitte & den Eltern

133 DIETER JÜRN AN IRMGARD WEINHOFEN

Neustrelitz, den 11. 9. 72

Liebes Irmchen,

soeben habe ich den Hörer nach einem langen Gespräch mit Brigitte aufgelegt. Wir haben soviel gelacht und dämliches Zeug gequatscht. Sie war sehr lustig und voller Optimismus. […] Sie bedauert sehr, daß sie nicht schreiben kann, aber sie kann es einfach noch nicht wieder. Sie müßte sogar neu laufen lernen haben die Schwestern zu ihr gesagt und sie ist davon überzeugt, daß sie noch im Herbst nach Hause kann. »Es ist ein ausgewachsener Krebs, aber ich habe sicher nochmal Aufschub bekommen«, so meinte sie zu mir. Mein Gott, wenn sich ihr Optimismus doch nur bewahrheiten wollte. Ich habe ihr einen Empfang mit Blumen und Ehrenjungfrauen versprochen und daß wir uns einen zauberhaften Herbst machen wollen und einen Winter voller Wärme und daß ihr Einzug in Neubrandenburg dem Triumpfzug einer Neugeborenen gleichen soll. Irmchen, ich kann nicht daran glauben und ich hätte bei diesen Worten heulen mögen. Aber alle Hoffnung, die man machen kann, die hab ich ihr in Aussicht gestellt. Sie wirkte sehr gelöst und locker – nur die Sprache war etwas schwerfällig. So als wäre sie betrunken. Die Gedanken vollkommen klar und ohne Fehlleistung.

[…] sie meinte, daß Buch die absolute Spitze in der Krebsheilung sei und man woanders keinesfalls mehr tun könnte. Der Professor hätte zu ihr gesagt: »Mädchen, mit dir können wir protzen!« Er meinte damit, daß ihr Fall wohl in einem hoffnungslosen Zustand gewesen sei und sich nun so gewandelt hätte. Jedenfalls ist Brigitte voller Hoffnung und die wollen wir ihr auch nicht nehmen – vielleicht geschieht wirklich ein Wunder. Und wenn es das einzige Wunder wäre – ihr gönne ich es. [...]

Herzliche Grüße an Dich und Freddy
von Dieter

134 Dieter Jürn an Irmgard Weinhofen

Neustrelitz, den 26. 9. 72   14.04 h

Liebes Irmchen,
es gibt keine umwerfenden neuen Ereignisse – ich wollte Dich nur kurz über Brigitte unterrichten. Ich habe heute mit ihr telefoniert [...]. Sie war sogar etwas zickig und das kann nur bedeuten, daß es ihr gut geht. Ihre Stimme war heute vollkommen normal [...]. Vielleicht geschieht wirklich noch ein Wunder. Sie ist davon überzeugt, daß sie nur noch bis Oktober in Buch bleiben muß und dann nach Hause kann. Mit den Augen kann auch eine Besserung verzeichnet werden – sie kann nun wieder leidlich lesen. [...]

Es grüßt Dich und Freddy sehr herzlich
Dieter.

135 Juergen an Irmgard Weinhofen

Neubrandenburg, d. 18. 10. 72

Mein liebes Irmchen,
ich glaube, es wird mal wieder allerhöchste Zeit, daß ich etwas von mir hören lasse. [...] Wie geht es Dir denn, meine

Liebe? Was macht die Arbeit? Kommst Du vorwärts? Wie ist der Herbst in Amsterdam? Liebst Du ihn? Ich weiß nicht, ich komme mit dieser Jahreszeit nicht zurande. Morgens, wenn ich zum Dienst gehe ist es neblig und kalt, das Naß tropft von den unfreundlichen Birken, man möchte nur immer schlafen, schlafen. [...] Von Brigitte gibt es eigentlich nicht viel Neues zu berichten, am vergangenen Wochenende waren Dieter und ich bei ihr, wir hatten uns nicht angemeldet, weil wir Angst hatten, daß die Schwestern uns dann von vorneherein absagen. Also sind wir auf blauen Dunst hingefahren und es klappte auch, allerdings mußten wir erst eine Viertelstunde warten, bevor wir ins Zimmer durften, denn die Schwester wollte Brigitte erst mal vorbereiten. Sie sah zum Fürchten aus. Ihre Haare sind durch die Medikamente sehr stark ausgefallen, so daß die Perücke, ohne die sie gar nicht mehr leben kann, viel zu groß geworden ist und die verschiebt sich beim Liegen natürlich immer, was das Maskenhafte nur noch unterstreicht. Sie war zwar völlig klar im Kopf, aber ich glaube, sie gibt nun langsam den Kampf auf und will nicht mehr. Sie ist in der Vergangenheit so sehr tapfer gewesen, aber sie sagte uns auch, wenn die wahnsinnigen Schmerzen wieder losgingen, dann will sie nicht mehr. Sie spricht ganz sachlich darüber, daß es bei ihr nur noch eine Frage der Zeit ist, daß sie sich langsam bereitmachen will »auf die lange Reise«. Sie meinte, sie brauchte jetzt noch irgendetwas, woran man sich festhalten könne und hat sich schon zweimal einen katholischen Geistlichen bestellt. Natürlich ist sie Atheistin, aber sie hätten sich schon sehr angenehm unterhalten, und Irmchen, wenn sie dabei Trost findet, wenn sie dabei ihre Schmerzen vergißt, warum nicht. Gitta Lindemann ist inzwischen auch dagewesen und da war Brigitte wieder völlig am Ende, sie hängt wieder am Tropf, dreimal die Woche und die Schmerzen sind kaum auszuhalten, sie sagt, sie nehme sich auch jetzt nicht mehr zusammen, weil sie einfach nicht mehr kann, und die Ärzte sollen sie jetzt in Ruhe lassen, damit sie endlich krepieren kann, so hat sie es wörtlich gesagt. Sie will nicht mehr, sie kann nicht mehr und dieses immer wieder für eine kurze Zeit aufgemöbelt zu werden, hält sie nicht mehr durch, denn wie lange sie auch noch leben mag, es wird immer mit Qualen verbunden sein. Ja, mein liebes Irmchen, es ist wieder eine große Krise, aber wir können nur bei ihr am Bett stehen, hilflos, und versuchen sie aufzumuntern. Ich bin am Wochenende wieder in Berlin, ich werde sie sicher besuchen und ihr auch einen lieben Gruß von Dir bestellen. Sei ganz, ganz lieb gegrüßt und umarmt und sag' dem Freddy auch was Freundliches von mir.

Dein Juergen

136 Brigitte Reimann an Irmgard Weinhofen

Buch, 25. 11. [72]

Mein liebes, gutes Irmchen,
nun will ich trotz meiner immer noch halb gelähmten Pfote versuchen, Dir ein paar Zeilen zu schreiben – aus traurigem Grund, denn ich habe gestern von Jürgen erfahren, daß Du sehr wahrscheinlich über Weihnachten nach Hause kommen wirst, und nun jammert es mich, daß wir [uns] nicht sehen können – und das nach dem verpatzten Urlaub damals, auf den ich mich so gefreut hatte. Aber ich mußte weg; es war mal wieder in letzter Minute.

Ich weiß nicht, ob unsere beiden Knaben überhaupt mitgekriegt haben, daß ich kurz nach der Einlieferung völlig abrutschte und mich ein paar Wochen mit Sterben beschäftigte: Zum Glück weiß ich nichts aus dieser Zeit, denn ich war bewußtlos, erkannte niemanden mehr, konnte nicht sprechen und wurde nur durch eine Sonde künstlich ernährt. Aber das weiß ich bloß durch meine Eltern und Geschwister (denn die ganze Familie hatte sich hier, gewissermaßen zur Verabschiedung, versammelt … ach, und ich habe nicht mal meinen geliebten Lutz-Bruder erkannt, der aus Hamburg gekommen war). Den Anfang zur Fahrt ins Jenseits mußt Du eigentlich noch mitgekriegt haben, ich weiß es; über eine Zeit von 2–3 Monaten habe ich völlig das Gedächtnis verloren, und nur aus dem Vorhandensein der Rähmchen, die ich mir ab und zu aus meiner Reisetasche holen lasse, kann ich schließen, daß Du hier gewesen [sein] mußt.

Aber ich lebe noch, zum Erstaunen der Ärzte, und nun liege ich schon 5 Monate hier und – ach, weißt Du, Irmchen, manchmal wünsche ich, sie hätten mich damals in Ruhe sterben lassen sollen. Die furchtbaren Schmerzen, schlaflose Nächte ... und erst jetzt lerne [ich] wieder ein bißchen laufen, am Arm einer Schwester und wacklig wie ein kleines Kind. Und die Spritzen, die ich bekomme, um weiter leben zu können, sind so qualvoll, daß ich manchmal am liebsten aus dem Fenster springen möchte. – Nun ja, trotzdem – es ist Leben, und ich muß ja auch das Buch noch zuende schreiben.

Kurz und gar nicht gut, mein liebes Irmchen: ich kann Dich über Weihnachten nicht besuchen und mich an Deinem herrlichen Lachen erbauen. Mitte des Monats werde ich probeweise entlassen, damit man testen kann, ob ich zu Haus ohne die normale Klinikpflege existieren kann. Weihnachten und Silvester im Bett – na, das war ja nun nicht gerade mein Traum ... Da werden wir wohl mal wieder unsere freundlichen Knaben als reitende Boten einsetzen müssen.

Du hast jetzt bestimmt Deine Prüfungen hinter Dir, und ich bin ganz sicher, daß Du überall gut abgeschnitten hast. Dieter J. erstattet mir immer getreulich Bericht über Dein Wohlergehen, und ich bin von Herzen froh darüber, daß Du das Schlimmste – ich meine in der Schorsch-Affäre – überstanden hast. Vergiß nicht, den getreuen Freddy von mir zu grüßen. Vielleicht war auch diese Prüfung gut und notwendig für euch.

Leb wohl, mein liebes Mädchen, und laß Dich ganz fest umarmen von
Deiner Brigitte

Berlin-Buch, 13. 12. [72]

Mein liebes Irmchen,

von dem Dieter J. hörte ich, daß Du am 15. nach Berlin kommst – und ausgerechnet an diesem oder dem nächsten Tag sollte ich hier abschwirren. Nun haben wir es aber doch noch um ein paar Tage verschoben, etwa bis Mitte nächster Woche (einfach weil ich Angst habe: ich bin mal wieder gestürzt und hab mir ekelhafte Schmerzen eingehandelt), und [nun] denke, hoffe, wünsche ich, daß Du vielleicht die kleine Weltreise nach Buch unternimmst und wir uns nochmal sehen können.

Ich würde mich sehr freuen – aber das weißt Du ja. Grüß Deine lieben Eltern und laß Dich umarmen von

Deiner Brigitte [...]

Nbg., 16. 12. 72

Mein liebes Irmchen,

da die Post nach Amsterdam immer so schrecklich lange unterwegs ist, schreibe ich Dir lieber gleich nach Berlin (ich weiß ja nicht mal, wann Du nach B. kommst, weiß nur – wenn ich in den Kalender sehe, daß demnächst Weihnachten ist; mir ist bis jetzt überhaupt nicht weihnachtlich zumute, was z. T. an Überarbeitung liegt, z. T. an dem Vorfrühlingswetter hier oben im Norden). Natürlich müssen wir uns sehen und sprechen. Ob ich mit Rudi komme, weiß ich noch nicht – Männer sind störend bei solchen Gelegenheiten. Anderseits habe ich bei meinem körperlichen und seelischen Zustand – obgleich es mir schon besser geht – immer noch Angst, allein nach B. zu reisen. Na, irgendwie werden wir das schon hinkriegen, – und in B. bist Du ja da und wirst mich getreulich am Händchen halten. Wir – d. h. Jürn und Jürgen und Margarete und so Leute, die Dich lieben – würden es allerdings lieber sehen (genauer gesagt: sie warten darauf), wenn Du für ein, zwei Tage hierher kommst, aber das ist bestimmt nicht zu schaffen, das sehe ich ein – die paar Tage und sicher ein Riesenprogramm, zu schweigen davon, daß Deine Eltern Dich möglichst viel bei sich haben wollen. Schreibst Du mir, oder – noch besser, – rufst Du an […], wenn Du in B. bist, damit wir uns verabreden können? Unser Programm sieht bis jetzt bloß vor, daß wir am 1. und 2. Feiertag nach Rostock zu meiner Schwester und meinen Eltern fahren. Ach ja, und am 30. 12. ist Verbandssitzung; ansonsten bin ich frei. Ich freue mich sehr auf Dich. Ganz herzlich

Deine Brigitte

139 Juergen an Irmgard Weinhofen

Neubrandenburg, d. 18. 1. 73

Mein liebes Irmchen,
nun ist das der erste Brief in diesem Jahr und es wird sicher ein Weilchen dauern, ehe ich heute fertig werde, ehe ich Dir alles erzählt haben werde. […] Ich war zu Sylvester in Karl-Marx-Stadt und um 12 in der Nacht habe ich mich in eine stille Ecke verkrümelt und an all die Lieben gedacht, die mir nahe stehen und da habe ich dann auch das Glas auf Dich erhoben und in Gedanken mit Dir angestoßen. […] Ja, und dann kamen die Tage, die es in sich hatten. Wir kamen hier alle nicht zum Luftholen, die Ereignisse bei Brigitte hielten uns immer in Atem. Am letzten Wochenende war ich so verzweifelt, ich hatte immer wieder Anlauf genommen, Dich anzurufen, aber Du mußtest mir wieder eine falsche Nummer gegeben haben, oder ich hatte sie falsch verstanden, denn es meldete sich zwar Amsterdam, aber es war […] ein anderer Privatanschluß […].

Ja, das letzte Wochenende war wohl das schrecklichste, was es hier in Neubrandenburg überhaupt gegeben hat. Ich selbst war nicht da, ich mußte in Berlin arbeiten und als ich dann am vergangenen Montag wiederkam, fiel mir gleich die Gitta Lindemann heulend um den Hals und heulte und heulte. [...] Brigitte ist am Montag morgen, also am 15. wieder nach Buch gekommen, mit einer Lungenentzündung! Sie ist in diesen Tagen auch kaum bei Besinnung, es sitzt eine Schwester bei ihr, ich habe bisher täglich nur mit der Schwester gesprochen, Brigitte kann gar nicht sprechen. [...] Irmchen, es ist so grausam, aber Du mußt Dich nun, glaube ich, tatsächlich bald auf eine traurige Nachricht von uns hier gefaßt machen. Ich war, gleich nachdem ich aus dem Urlaub zurückkam bei ihr, sie sah furchtbar aus [...]. Ich habe erst mal ein bißchen Ordnung gemacht, hatte ihr Blumen mitgebracht. [...]

Ja, mein liebes Irmchen, so ist der Stand der Dinge. [...] Aber Du, ich sage Dir, für die arme Brigitte wäre es wirklich langsam am besten, wenn diese Qual langsam aufhören würde. Denn sie hat weiß Gott nichts mehr vom Leben, sie weiß ja gar nicht mehr, wie das ist. Sie ist doch nichts weiter mehr, als ein, unabhängig vom Willen funktionierendes, armes, zuckendes Häufchen Fleisch und Knochen. [...]

Liebes Irmchen, es ist schon spät, aber ich bringe den Brief jetzt noch schnell in den Kasten.

Sei ganz herzlich gegrüßt und umarmt von Deinem
Juergen

140 Juergen an Irmgard Weinhofen

1973 FEB 21 19:41

BRIGITTE IST EINGESCHLAFEN JUERGEN

Neubrandenburg, d. 24. 2. 73

Mein liebes Irmchen,
ich habe gerade mal eine Stunde lang nichts zu tun in unserem Haus und da will ich Dir ganz schnell ein paar Zeilen schreiben. Ja, meine Liebe, so sehr ich mich auch über Dein bestandenes Tentamen freue, immerhin hast Du wieder einen Schlußstrich unter eine Entwicklungsetappe gezogen, so sehr überschatten hier immer wieder die schmerzlichen Informationen über Brigittes Abschied. Ich sagte Dir ja schon am Telefon, alle wußten es, alle haben es erwartet, aber jetzt, da es Tatsache ist, ist es doch sehr schlimm. Wenn man sich vorstellt, man kann sie nicht mehr anrufen, nicht mehr mit ihr sprechen, sie nicht mehr besuchen, ihr keine Blumen mehr bringen, keine Milch mehr für sie holen, nie wieder mit ihr an Sommerabenden auf der Terrasse sitzen und fröhliche Gespräche führen. Es tut ganz schön weh. Heul' nicht, es ändert nichts, sie würde sich bestimmt am meisten ärgern, wenn wir wie Trauerklöße durch die Gegend laufen. Irmchen, ich habe für Dich und für Freddy einen riesigen Kranz bestellt, als letzten Gruß von Irmchen und Freddy aus Amsterdam. Ich habe den Kranz in der Friedrichstraße bei einem alten Freund bestellt, er will ihn ganz besonders liebevoll machen. Wenn es auch nichts mehr nützt, aber vielleicht erweisen wir ihr damit noch einmal eine letzte Ehre. Von überall werden sie kommen, liebe Freunde, um von ihr Abschied zu nehmen. Gitta kommt mit dem Max-Walter Schultz aus Leipzig, sie ist da gerade zum Studium, der K[...], dem sie noch kurz vorher einen ganz lieben Brief aus Buch geschrieben hatte, der kommt aus Karl-Marx-Stadt, Dieter und ich, wir werden auch hinfahren. Margarete wird sicher da sein, die Henselmanns, Sakowski, Schreyer, Christa Wolf, Pietschmann [...].

Meine Liebe, ich drücke Dich ganz fest, denk' Freitag an mich. – Dein Juergen

Anhang

Anmerkungen

Abkürzungen

B. R.	Brigitte Reimann
S. P.	Siegfried Pitschmann
F. W.	Frederik Weinhofen
I. W.	Irmgard Weinhofen
BGL	Betriebsgewerkschaftsleitung
DAK	Deutsche Akademie der Künste
DFF	Deutscher Fernsehfunk
DSV	Deutscher Schriftstellerverband
FDGB	Freier Deutscher Gewerkschaftsbund
FDJ	Freie Deutsche Jugend
ND	»Neues Deutschland. Zentralorgan der Sozialistischen Einheitspartei Deutschlands« (Berlin)
NDL/ndl	»Neue Deutsche Literatur« (Berlin)
SBZ	Sowjetische Besatzungszone
AVA	Staatsbibliothek zu Berlin – Preußischer Kulturbesitz, Dep. 38 (Aufbau-Verlag)
BRS	Brigitte-Reimann-Sammlung beim Literaturzentrum Neubrandenburg e. V.
PMA	Stiftung Archiv der Parteien und Massenorganisationen der DDR im Bundesarchiv
SVA	Stiftung Archiv der Akademie der Künste, Archiv des Schriftstellerverbandes
VBKD	Verband Bildender Künstler Deutschlands

1 Brigitte Reimann an Irmgard Weinhofen, 23. 8. 56
T: Ms. Original mit hs. Unterschrift.
jetzt habe ich alles hinter mir – B. R. hatte in Westberlin einen Schwangerschaftsabbruch vornehmen lassen.
Defa – Von B. R. immer so geschrieben. DEFA: Deutsche Film-AG, 1946 in der SBZ gegründete Filmgesellschaft, seit 1952 volkseigen.
die Defa hat mir einen unmöglichen Termin aufgehuckt – Durch die Erzählung »Die Frau am Pranger« auf sie aufmerksam geworden, hatte der DEFA-Dramaturg Wenzel Renner B. R. angeboten, einen vorliegenden Stoff für einen Agenten-Film zu bearbeiten. Da weder die DEFA noch

B. R. mit dem Ergebnis zufrieden war, veränderte sie Personen und Handlung und lieferte dazu eine Skizze, Titel »Verratene Jungen«, die sie bis Ende August 1956 zu einem Exposé ausarbeiten mußte. Der neue Titel war »Auf totem Gleis«.

Günter – Günter D[...], B. R.s erster Ehemann.

mein neues Buch – »Kinder von Hellas« (Erzählung, 1956).

»Frau am Pranger« – »Die Frau am Pranger« (Erzählung, 1956).

2 BRIGITTE REIMANN AN IRMGARD WEINHOFEN, 14. 1. 58

T: Hs. Original.

daß Günter ... verhaftet ist – Der Grund dafür war eine Schlägerei mit einem Volkspolizisten.

ich schreibe an einem neuen Roman – Arbeitstitel »Wie man nur tut«, späterer Titel »Zehn Jahre nach einem Tod«.

zwei Jahre ... mit einem Film verplempert – Bis zum 18. 12. 1956 hatte B. R. das Treatment zu dem Film »Auf totem Gleis« geschrieben, bis zum 11. 3. 1957 das Szenarium. Da der vorgesehene Regisseur einen anderen Film drehte, ruhte das Projekt und wurde dann fallengelassen.

das eine war ... »konterrevolutionär« – In dem Roman, der zunächst »Die Denunziantin«, später »Wenn die Stunde ist, zu sprechen ...« hieß, beschuldigt eine Oberschülerin ihren Lehrer, reaktionäres Gedankengut zu verbreiten. Der Verlag Neues Leben lehnte ihn in einem Brief vom 20. 2. 1957 ab. (BRS, Verlagskorrespondenz, Bl. 98.) Der Begriff »konterrevolutionär« muß in der mündlichen Ablehnung gefallen sein.

das andere »dekadent« – Der Roman »Joe und das Mädchen auf der Lotosblume« sollte die Geschichte einer Malerin erzählen, die von zwei Männern, einem jungen und einem älteren Schriftsteller, geliebt wird. Es ist nur der erste Teil erhalten. (BRS.)

Dekadenz – Begriff der marxistisch-leninistischen Ästhetik. Bezeichnet »den Verfall und die Deformierung von zwischenmenschlichen Beziehungen, Sitten und Normen des menschlichen Zusammenlebens [...] und Ablehnung von humanistischen Prinzipien in einer sozialen Gemeinschaft«. (»Kulturpolitisches Wörterbuch«, Hg. Harald Bühl u. a., Berlin 1970, S. 98.) In der Kunst zeige sie sich in einem pessimistischen Menschenbild und deformierten künstlerischen Ausdrucksmitteln und sei daher typisch für den Spätkapitalismus. Da die Dekadenz als Gegenposition zur sozialistisch-realistischen Kunst aufgefaßt wurde, stellte das Urteil »dekadent« einen vernichtenden Vorwurf dar.

eine hübsche Geschichte genommen – Nicht nachweisbar.

Referat von Abusch – Alexander Abusch, »Im ideologischen Kampf für eine sozialistische Kultur«. Rede auf der Kulturkonferenz der SED am 23. 10. 1957 (Thüringer Forum). In: A. A., »Kulturelle Probleme des sozialistischen Humanismus. Beiträge zur deutschen Kulturpolitik

1946–1961«, Berlin 1962, S. 274–324. – Abusch hatte erklärt, Aufgabe der Konferenz sei es, ideologische Schwankungen der »Genossen Schriftsteller und Künstler« zu beseitigen. Ausdrücklich griff er Georg Lukács, Hans Mayer, Ernst Bloch und verschiedene Künstler an, die von Revisionismus oder Dekadenz beeinflußt wären.

Du machst ja ganz schön Karriere – I. W. arbeitete damals als Dozentin für das Fach Arbeitsökonomie an der Ingenieurschule für Bekleidung in Berlin. Vorher hatte sie ein Fernstudium an der Hochschule für Betriebsökonomie in Berlin-Karlshorst begonnen.

eine süße Bude – Weil es sehr lange dauerte, bis junge Ehepaare eine Wohnung bekamen, lebte B. R. weiter bei ihren und ihr erster Ehemann weiter bei seinen Eltern.

3 BRIGITTE REIMANN AN IRMGARD WEINHOFEN, 21. 2. 59
T: Hs. Original.

meine Hochzeitsanzeige – Hochzeit mit S. P. am 10. 2. 1959.

bin ich ... beim Aufbau-Verlag gelandet – Der Lyriker Günther Deicke, damals Redakteur der Literaturzeitschrift NDL, hatte den Kontakt zum Berliner Aufbau-Verlag hergestellt. Außerdem hatte S. P. dort einen Vertrag für seinen ersten Roman.

kein Vergleich mit meinen ersten Büchern – Ihr erstes Buch »Der Tod der schönen Helena« und dessen veränderte Fassung »Kinder von Hellas« waren im Verlag des Ministeriums des Innern, Berlin, erschienen, »Die Frau am Pranger« beim Verlag Neues Leben, Berlin.

im Schriftstellerheim – Schriftstellerheim »Friedrich Wolf« in Petzow.

einen jungen Schriftsteller kennengelernt – Siegfried Pitschmann.

der ... [an] einem großartigen Buch ... schreibt – Der Roman »Erziehung eines Helden«.

Schwarze Pumpe – Industriegemeinde im Niederlausitzer Braunkohlen- und Industriegebiet, zwischen Spremberg und Hoyerswerda. – VEB Kombinat Schwarze Pumpe: damals größtes Braunkohlenveredelungswerk Europas (auf 25 km²), bestehend aus 3 Braunkohlentagebauen, 5 Brikettfabriken, 3 Industriekraftwerken, BHT-Kokerei, Druckgaswerk.

er war als Betonarbeiter dort – S. P., eigentlich Uhrmacher, hatte 1958/1959 als Betonarbeiter und Maschinist im Kombinat Schwarze Pumpe gearbeitet.

mit meinem Buch – Das Romanmanuskript »Wie man nur tut«.

Als mein Mann aus dem Gefängnis zurückkam – Günter D[...] war wegen der Schlägerei mit dem Volkspolizisten zu sechs Monaten Gefängnis verurteilt worden. Er wurde Anfang Juni 1958 entlassen.

lebten wir illegal zusammen – Damals war es nicht erlaubt, daß unverheiratete oder noch mit anderen Partnern verheiratete Paare zusammen lebten.

begeistert … von seinem Buch – Das Romanmanuskript »Erziehung eines Helden«.

diffiziles Thema – In der Vertragsbegründung des Lektorats heißt es: »Thema der Autorin ist der Versuch, Menschen, die im Hitlerkrieg schuldig geworden sind (ein Soldat beim Überfall auf die UdSSR, ein BDM-Mädchen, das 5 Minuten vor 12 einen Deserteur denunziert), in unseren gesellschaftlichen Verhältnissen zur Einsicht und Sühne zu bringen. Vom Vorspiel 1945 springt die Handlung ins Jahr 1955; Ort der Handlung: eine Kleinstadt in Sachsen-Anhalt.« (AVA, 1238.)

»SS im Einsatz« – »SS im Einsatz. Eine Dokumentation über die Verbrechen der SS«, herausgegeben vom Komitee der Antifaschistischen Widerstandskämpfer in der Deutschen Demokratischen Republik, Berlin 1957.

4 BRIGITTE REIMANN AN IRMGARD WEINHOFEN, 9. 3. 59
T: Hs. Original.
Dein Frederic – Frederik Weinhofen.

an einem Buch arbeitet – Autobiographischer Roman mit dem Titel »Nepomuk im Fahrstuhl«, nicht veröffentlicht. – Der Fahrstuhlführer in einem Amsterdamer Hotel, der einer Widerstandsgruppe angehört, soll die nationalsozialistischen Okkupanten, die in diesem Hotel wohnen, ausspionieren und Waffen organisieren.

Verlag für Nationale Verteidigung – Verlag des Ministeriums für Nationale Verteidigung, vor dem 18. 1. 1956, bevor aus der Kasernierten Volkspolizei die Nationale Volksarmee wurde, Verlag des Ministeriums des Innern. Später Militärverlag der Deutschen Demokratischen Republik.

Verlag Neues Leben – Verlag der Jugendorganisation »Freie Deutsche Jugend« (FDJ).

das verlorengegangene Buch – »Die Frau am Pranger«. Die 3. Auflage war 1958 erschienen.

noch mehr als 5000 Mark Schulden – Mit Honoraren verrechenbare Vorschüsse.

vor sechs Jahren eine Erzählung im Aufbau herausgebracht – Nicht nachweisbar.

Anna-Seghers-Preis – Der Aufbau-Verlag hatte den Anna-Seghers-Preis 1952/1953 ausgeschrieben. Da keine Einsendung den Bedingungen eines 1. Preises genügte, wurden vier 2. Preise vergeben, darunter an S. P. für die Erzählung »Sieben ist eine gute Zahl«.

Zum 10. Jahrestag … soll das Buch rauskommen – Zu solchen Jahrestagen erschienen Bücher, die im weitesten Sinn diesen Anlässen gewidmet waren. Hier ist die Anthologie »Des Sieges Gewißheit. Ein Volksbuch vom Aufbau der Deutschen Demokratischen Republik«, Hg.

I. M. Lange/Joachim Schreck, Berlin 1959, gemeint, darin von S. P. »Neuling im Netz«, ein Auszug aus »Erziehung eines Helden«.

die »Basis« ist für einen Schriftsteller ... wirklich unerläßlich – Basis: Neben dem Überbau Grundkategorie der marxistisch-leninistischen Philosophie. Beide spiegeln die wechselseitige Bedingtheit von ökonomischer Struktur und den ideologischen Anschauungen und Institutionen (u. a. Kunst und Kultur) wider. Die Basis als das Primäre ist die Gesamtheit der bestehenden materiellen Produktions-, Eigentums-, Verteilungs-, Austausch- und Klassenverhältnisse einer Gesellschaftsordnung. Da beide Sphären einander beeinflussen, sollten Künstler als Vertreter des Überbaus möglichst enge Kontakte zur Basis, d. h. zur Arbeitswelt, bekommen.

Großbaustelle – Nicht nur das Kombinat Schwarze Pumpe wurde damals erweitert, sondern seit 1957 wurde auch die Neustadt von Hoyerswerda als Wohnstadt für das Kombinat gebaut.

5 Brigitte Reimann an Irmgard Weinhofen, 29. 3. 59
T: Hs. Original.
daß alle möglichen Stellen sich für Siegfrieds Buch interessieren – Im April schickte S. P. sein Manuskript z. B. auf dessen Anfrage an Eduard Klein, damals Sekretär des DSV.
Hochzeit – I. W. und F. W. heirateten am 2. 4. 1959.

6 Brigitte Reimann an Irmgard Weinhofen, 19. 6. 59
T: Ms. Original mit hs. Unterschrift.
in einer scheußlichen Situation mit unseren Büchern – Bereits Ende 1958 hatte man verlagsseitig sowohl die Gesamtkonzeption als auch Figurenaufbau, Konfliktlösung und Sprache des Anfangs von »Zehn Jahre nach einem Tod« kritisiert, war jedoch übereingekommen abzuwarten, wie sich das Manuskript entwickeln würde. Am 12. 5. 1959 besprachen Günter Caspar und der Lektor mit B. R. den zweiten Romanteil, der anfängliche Einwände zu bestätigen schien. »Meine Frau hat heute einen Nervenzusammenbruch erlitten […]. Brigitte […] hat allen Ernstes die Absicht, ihr Buch wegzuschmeißen, nachdem sie zwei Jahre umsonst daran gearbeitet hat«, schreibt S. P. am Tag darauf an Caspar (AVA, 1235). Sie hatte die Kritik nicht verstanden, konnte sie auch nicht akzeptieren: »So, wie manche Leute die Helden in Büchern gern sehen möchten […], sind sie leider nirgends anzutreffen, da hilft kein noch so bemühtes Überhöhen, Abstrahieren und Drei-Schritte-Vorauseilen.« (Ebd.) – S. P.s Manuskript »Erziehung eines Helden« wurde vorgeworfen, »es wäre zu düster, unoptimistisch oder einfach nicht positiv genug«. (Brief von S. P. an Günter Caspar vom 5. 6. 1959, ebd.)
mit meinem Cheflektor – Günter Caspar.

meinen Vertrag nicht zurückgeben – S. P. hatte an Günter Caspar geschrieben: »Ist es Deiner Meinung nach unmöglich, das Buch, ohne ra-
dikale Änderungen vorzunehmen, fertigzuschreiben? Sollte es unmöglich sein, dann stimme ich ebenfalls dafür, daß Brigitte den Vertrag mit
Euch rückgängig macht. Dies ist ihre Absicht, und ich muß sie Dir bedauerlicherweise mitteilen. Brigitte hat keine Lust und vor allem keinen
Mut mehr, noch irgendein Wort zu schreiben […].« (Brief vom 13. 5.
1959, ebd.) Caspar erwiderte: »Wir haben Brigitte vorgeschlagen, unter
den Aspekten unseres Gesprächs weiterzuschreiben, das Fertige erst
mal links liegen zu lassen, uns nach 50 oder 60 Seiten erneut zu unterhalten. Sie hat keine Lust und keinen Mut mehr weiterzuschreiben?
Dann wäre sie ja eine Sonntagsschriftstellerin […].« (Brief an S. P. vom
2. 6. 1959, ebd.)
diffamiert … wegen seiner … ›harten Schreibweise‹ – Am 11. 6. 1959 fand
eine Aussprache des Vorstandes des Schriftstellerverbandes und des
Bezirksverbandes Berlin statt, zu der S. P. nicht geladen war. Annemarie Auer-Zak hielt das Referat »Die Realität ist hart – was ist mit der
harten Schreibweise?« Der damals vieldiskutierte »hard boiled style«
würde sich an amerikanische Vorbilder wie Hemingway und Mailer an-
lehnen, wäre vom »kleinbürgerlichen Nihilismus« geprägt, würde ein
»Weltbild ohne Perspektive« bieten, eine rückläufige Fabel erzählen,
durch offene Sätze, Wiederholungen, stereotype Redewendungen und
den häufigen Gebrauch von Vokabeln »aus dem Verbrecher- oder Kom-
miß-Jargon« bestimmt und bei der Darstellung der DDR-Gesellschaft
die sozialistische Perspektive ausklammern. – Gerhard Baumert, Mitglied des Sekretariats des Verbandes, hatte den Roman »Erziehung
eines Helden« von S. P., den er nur als Teilmanuskript kannte, »als war-
nendes Beispiel für ›harten Stil‹« hingestellt. (Brief von S. P. an Günter
Caspar vom 19. 6. 1959, AVA, 1235.) Indirekt wiedergegeben werden
seine Anwürfe in der Berliner Zeitung: »Einer unserer Autoren arbeitet
an einem Werk, das den Aufbau der ›Schwarzen Pumpe‹ zum Inhalt
hat. Die Menschen, die hier arbeiten, werden als ständig betrunken,
geldgierig und ohne moralischen Halt geschildert. Aber mit solchen
Arbeitern könnten wir nie den Sozialismus aufbauen.« (-ski, »Die harte
Schreibweise«, in: BZ vom 26. 6. 1959, S. 3.)
daß die anderen Autoren … ähnliche … Ärgernisse haben – Namentlich
wurden in diesem Zusammenhang erwähnt: Karl Mundstock, »Die
Stunde des Dietrich Conradi« (1958), Rudolph (d. i. Rudolf) Bartsch,
»Geliebt bis ans bittere Ende« (1958), und Harry Thürk, »Die Stunde
der toten Augen« (1957). (Ebd.)
eine Erzählung – »Das Geständnis«. – Die Geschichte eines jungen Mannes, der als Fünfzehnjähriger in den letzten Kriegstagen einen Deserteur entdeckte und anzeigte. Die Schuld am Tod des Mannes bedrückt

ihn immer noch, schließlich bestärkt ihn seine Verlobte, sich selbst an-
zuzeigen. Da er ein vorbildlicher Arbeiter ist, wird ihm vergeben.
›Reihe‹ – »die Reihe«: Publikationsreihe des Aufbau-Verlages 1958–1961,
in der neue Autoren rasch publiziert werden konnten (u. a. Franz Fühmann, Günter Kunert, Irmtraud Morgner, Helmut Sakowski, Herbert
Nachbar).

7 Brigitte Reimann an Irmgard Weinhofen, 11. 7. 59
T: Ms. Original mit hs. Unterschrift.
Schwierigkeiten wegen des Zuzugs – F. W. hatte bis dahin in Westberlin
gewohnt und wartete auf die Genehmigung, nach Ostberlin ziehen zu
können.
große Auslands-Reise – Eine Reise nach Amsterdam, Brüssel und Paris.
bei Strittmatter beschwert – Erwin Strittmatter war damals Erster Sekretär des DSV.
Geld fordern – Der Vertrag wurde am 5. 8. 1959 geschlossen und das
Honorar mit dem Vorschuß zu »Zehn Jahre nach einem Tod« verrech-
net.
Verbands-Sitzung in Cottbus – Sitzung des Bezirksverbandes Cottbus
des DSV.
mit der Partei in Verbindung gesetzt – Mit der Bezirksleitung Cottbus
der SED.
im Kulturhaus oder in einer Bibliothek arbeiten – Kombinate und Groß-
betriebe beschäftigten festangestellte Kulturfunktionäre und unterhielten Kulturhäuser für die Belegschaft und die Bevölkerung des Territo-
riums.
eine ganz neue Stadt – Hoyerswerda Neustadt. Die Einwohnerzahl in
Hoyerswerda stieg von 7755 (1955) auf fast 60000 (1971).
Hellerau – 1898 gegründete Möbelfabrik (Dresdener Werkstätten für
Handwerkskunst). 1946 enteignet und Hauptbetrieb des VEB Möbel-
kombinat Dresden. – Die Hellerauer Werkstätten stellten moderne und
qualitätvolle Möbel her.

8 Irmgard Weinhofen an Brigitte Reimann, 14. 7. 59
T: Ms. Original mit hs. Unterschrift. Beiliegend 2 Fotos.
der Verlag – Verlag Neues Leben.
Partisanenzeit in Italien – Frederik Weinhofen war während des Zweiten Weltkriegs aus einem KZ in Deutschland geflohen und schloß sich
jugoslawischen Partisanen an, mit denen er nach Italien ging.
Arbeitsökonomik – Spezielle Disziplin zur Erforschung der gesellschaftlichen Arbeit im Sozialismus, Teil der marxistisch-leninistischen
Wirtschaftswissenschaften.

9 BRIGITTE REIMANN AN IRMGARD WEINHOFEN, 23. 7. 59
T: Ms. Original mit hs. Unterschrift.
Aussprache im Verband – Am 13. Juli 1959 im DSV.
führende Rolle der Partei – Grundthese der marxistisch-leninistischen
Theorie: Da der bewußteste und fortgeschrittenste Teil der Arbeiterklasse, der führenden Kraft der Gesellschaft, und der übrigen Werktäti-
gen in einer marxistisch-leninistischen Partei organisiert ist, ist sie prä-
destiniert, die führende Rolle beim Aufbau des Sozialismus zu über-
nehmen.
Siegfrieds Zusammenbruch – S. P. hatte kurze Zeit nach der vernichten-
den Aussprache im DSV einen Selbstmordversuch unternommen.
Schuhfabrik – Älteste Schuhfabrik Europas, 1883 von Conrad Tack in
Burg gegründet. Nach 1945 Schuhfabrik »Roter Stern«, der größte Betrieb der Stadt.
Knäcke-Werke – 1927 gründete Wilhelm Kraft in Berlin die »Ersten
Deutschen Knäckebrotwerke Dr. Wilhelm Kraft«. 1931 nach Burg verlegt. 1945 Enteignung, ab 1948 »VEB Erste Deutsche Knäckebrotwerke
Burg«, seit 1956 »VEB Burger Knäcke-Werke«.
Umschlag in eine neue Qualität – Ironische Anspielung auf die Lehre
vom Umschlagen quantitativer Veränderungen in qualitative, eines der
vier Grundgesetze der marxistischen Dialektik.

10 BRIGITTE REIMANN AN IRMGARD WEINHOFEN, 4. 10. 59
T: Ms. Original mit hs. Unterschrift.
Tochter des ehemaligen polnischen Staatspräsidenten – Julian Marchlewski
(1866–1925) war nie polnischer Staatspräsident, sondern führender
Funktionär der polnischen und internationalen Arbeiterbewegung.
Presseclub – Club des Verbandes der Journalisten in der Friedrichstraße.
wir schreiben an einem Hörspiel – »Ein Mann steht vor der Tür«.
Erzählungen – S. P. arbeitete einzelne Kapitel des Romans »Erziehung
eines Helden« zu Erzählungen um.
in der neuen Taschenbuchreihe – »Kompaß-Bücherei« des Verlags Neues
Leben. »Die Frau am Pranger« erschien dort 1960.
ein anderer Verlag – Der Verlag der Nation in Berlin, wo Deicke inzwischen Lektor war.
Hilfsarbeiter im zentralen Labor – Diese Stelle sollte außer dem Kontakt
zum Kombinat wenigstens ein festes, wenn auch geringes Gehalt si-
chern (Stundenlohn 1,56 M).

11 BRIGITTE REIMANN AN IRMGARD WEINHOFEN, 22. 11. 59
T: Ms. Original mit hs. Unterschrift.
Riesen-Bienenwabe – Das Haus Lilo-Herrmann-Str. 20 hat nur vier
Aufgänge und drei Stockwerke.

ein Hörspiel – »Ein Nachmittag von drei bis sieben«.

Hoffentlich gefällt Rundfunks das Spiel – Es wurde am 12. 12. 1959 abgelehnt. »Der Fall, den Sie schildern, mag vorgekommen sein, nur ist das für uns leider nicht ausschlaggebend. Für uns geht es um die Frage: Können wir in der augenblicklichen politischen Situation in Westdeutschland (alte Kriegsverbrecher in Amt und Würden) einen solchen […] Fall hier aufgreifen?« (BRS, Geschäftskorrespondenz, Bl. 123.)

12 Brigitte Reimann an Irmgard Weinhofen, 1. 1. 60
T: Ms. Original mit hs. Grußformel und Unterschrift.
Irrungen, Wirrungen – Anspielung auf den gleichnamigen Roman von Theodor Fontane (1888).
Daniel – S. P.

13 Brigitte Reimann an Irmgard Weinhofen, 18. 1. 60
T: Ms. Original mit hs. Unterschrift.
hoffentlich zahlt die ›Wochenpost‹ – Für den Vorabdruck der Erzählung »Das Geständnis«. (In: »Wochenpost«, Berlin, Nr. 1–9/1960.)
noch einen Schriftsteller – Heinrich Ernst Siegrist.
Vertrag wegen unserer Kulturarbeit – Der »Freundschaftsvertrag« wurde erst am 3. 2. 1960 geschlossen. Die Zentrale Klubleitung und die BGL des Kombinates Schwarze Pumpe verpflichteten sich, B. R. und S. P. Einblick in alle Betriebsteile zu gewähren; sie zu wichtigen Beratungen, die sich mit kulturellen Problemen beschäftigten, hinzuzuziehen; ihnen in Betriebsfunk und Betriebszeitung die Möglichkeit zu geben, sich zu äußern; ihnen zur materiellen Unterstützung aus dem Kulturfonds DM 200,– zur Verfügung zu stellen. Die Autoren verpflichteten sich zu Schriftstellerlesungen, literarischen Veranstaltungen, das zu bildende Arbeitertheater im Kombinat zu unterstützen und den Zirkel »Schreibender Arbeiter« anzuleiten.
Zirkel schreibender Arbeiter – Auf der 1. Bitterfelder Konferenz (24. 4. 1959) unter der Losung »Greif zur Feder, Kumpel, die sozialistische deutsche Nationalkultur braucht dich!« ins Leben gerufene Bewegung, bei der Werktätige in von Autoren geleiteten Zirkeln ihre Schreibversuche vorstellen und diskutieren konnten.
Sofia – Gemeint ist Sonja Marchlewska.
Sowjetunion, wo mein Buch erschienen ist – »Die Frau am Pranger« erschien auf ukrainisch in Kiew.

14 Brigitte Reimann an Irmgard Weinhofen, 10. 4. 60
T: Ms. Original mit hs. Unterschrift.
ein Jugendbuch begonnen – »Die Abiturienten«, späterer Titel »Ankunft im Alltag«.

bei meinem ersten Buch – »Die Frau am Pranger«, das erste Buch von
B. R., das im Verlag Neues Leben erschienen ist.
Arbeit mit meiner Brigade – Brigade »10. Jahrestag« im Kombinat
Schwarze Pumpe, die aus 35 Rohrlegern und Schweißern bestand. »10.
Jahrestag« bezieht sich auf die Gründung der DDR 1949.
der Meister – Erwin Hanke.
einer der Haupthelden – Der gute, strenge Meister Hamann in der Er-
zählung »Ankunft im Alltag«.
Schwierigkeiten machen ... höchstens ... die lieben Kollegen – »Damals
war ein Schriftstellerkollege im Werk, der, mit einem hochdotierten
Vertrag, die Betriebschronik schrieb. Er stand bei der Parteileitung in
Ansehen, weil er schon seit vielen Jahren Genosse war. [...] wir hatten
[...] bald scharfe Auseinandersetzungen, weil er in seiner Arbeit schlu-
derte und sich jeder Kritik verschloß, und weil er mit Zynismus über
Probleme hinwegging, die uns bewegten. Er nahm uns wohl auch als
Schriftsteller nicht ganz ernst, bis wir [...] den Hörspielpreis bekamen.
Jetzt waren wir seine ›Konkurrenten‹ [...]. Er trieb uns mit üblen Ver-
leumdungen so weit, daß wir beinahe das Kombinat verlassen hätten: er
berichtete der Parteileitung, wir seien untergekrochene Bourgeois und
ständen der Partei [...] feindlich gegenüber. [...] Bei der Diskussion
über das miserable, verlogene Buch des Kollegen kam es zum offenen
Bruch.« (B. R., [»Brief an das ZK«], in: PMA, DY30/IV 2/906/273,
Blatt 259 f.)

15 BRIGITTE REIMANN AN IRMGARD WEINHOFEN, 5. 6. 60
T: Ms. Original mit hs. Unterschrift.
in der nationalen Runde des ... Hörspielwettbewerbs das beste Hörspiel –
Preis für »Ein Mann steht vor der Tür«.
Aufbau-Verlag will das Hörspiel drucken – B. R., S. P., »Ein Mann steht
vor der Tür«. In: »die Reihe 50«, Berlin 1960.
NDL wird ... Vorabdruck bringen – NDL: »Neue Deutsche Literatur«.
Damaliger Untertitel »Monatsschrift für schöne Literatur und Kritik«.
Herausgegeben vom DSV, gegründet 1953. – Statt eines Vorabdrucks er-
schien eine Rezension von Heinz Auerbach (in: NDL, Berlin, 12/1960).
Schauspiel für das Arbeitertheater – Das Hörspiel »Ein Mann steht vor
der Tür« wurde für das Arbeitertheater eingerichtet, erste Vorstellung
am 2. 12. 1960.
Medaille für ausgezeichnete Leistungen – Gemeint ist die Ehrennadel
»Erbauer Schwarze Pumpe«. B. R. und S. P. bekamen sie nach der
Aufführung des Arbeitertheaters am 2. 12. 1960 vom Werkleiter verlie-
hen.
Aufbau-Verlag, zu dem ich ... zurückkehren werde – Bereits mit dem
nächsten Manuskript, »Die Geschwister«.

Stellungnahme für die »Wochenpost« – B. R. schlägt statt einer Stellungnahme vor, ein Kapitel aus ihrem Manuskript »Die Abiturienten« zu veröffentlichen, um die Diskussion »auf einer solideren Grundlage weiterzuführen«. (In: BRS, Schriftverkehr 1953–1960, Bl. 224.) Sie versteht nicht, wieso die Skizze eine Beleidigung der Oberschüler darstellt bzw. unterstellt wird, daß der Schüler »ein verweichlichter Bourgeois und einfältiger Pennäler« sei. »Der Abiturient« sei eine Skizze zu einer der Hauptgestalten in dem neuen Buch, das sich mit den angedeuteten Problemen beschäftigt. Sie würde Studenten und Abiturienten, die im Kombinat arbeiten, und deren Schwierigkeiten kennen. – Die Redaktion lehnte den Vorabdruck ab, da sich das vorgeschlagene Kapitel schwer aus dem Zusammenhang lösen lasse und für den Leser nicht verständlich sei. (Brief vom 2. 9. 1960, ebd., Bl. 272.)
›*Der Abiturient*‹ – In: Wochenpost, Berlin, Nr. 20/1960 vom 14. 5. 1960, S. 1. – B. R. schildert einen Oberschüler, der nach dem Abitur im Kombinat arbeiten und später eine Kunsthochschule besuchen will. Er schwärmt von der Industrielandschaft, »denn hier [...] fand er seine künftigen Bilder und ihre Farben: den Wald von Hebezeugen und Stahlgerüsten, vielfach gegliedert und filigranhaft vor dem Himmel; [...] die hohen weißen Schornsteine; das feierliche Grün einer einsamen Kiefer«, »die neue Romantik«, »die Poesie der Technik«. B. R. kommentiert: »Aber er weiß, ahnungsloser Schwärmer, noch nichts von den rauhen Wintertagen, von froststarren Händen und eingefrorenen Leitungen; er weiß nichts von der schweißriechenden Mühsal der Hochsommertage; er kennt nicht die Arbeit unterm prasselnden Herbstregen, nicht den Kampf der Brigaden gegen Schlendrian und Verschwendung, ihre zielgerichteten Streitigkeiten und die tausend Alltagssorgen, ihre Planziffern und Erfolge und Feiertage. All das wird er kennenlernen. [...] und es schadet nichts, wenn der verklärende Schimmer von Romantik sich zuweilen für ihn trübt. Er wird sehen und, vielleicht, malen lernen – nicht mehr nur die köstlichen blauen Schatten unter den flachgewölbten Brückenbögen, sondern das neue, schönere Gesicht des Menschen, der diese großartige Landschaft erbaut.«
Autorenkonferenz – Der Aufbau-Verlag hatte zum 17. 6. 1960 zu einer Autorenkonferenz über Fragen der Gegenwartsliteratur eingeladen. Die Autoren sollten »ideologische und künstlerische Probleme« ihrer Arbeit, »vornehmlich in Wechselbeziehung zur neuen gesellschaftlichen Praxis«, zur Diskussion stellen. (In: BRS, Schriftverkehr 1953–1960, Bl. 216.)

16 BRIGITTE REIMANN AN IRMGARD WEINHOFEN, 11. 9. 60
T: Ms. Original mit hs. Unterschrift.
Moskauer Reise – Zehntägige Reise von I. und F. W. im September 1960.

Berner Copyright-Konvention – Berner Übereinkunft zum Schutz von Werken der Literatur und Kunst seit 1886. Grundlegendes Schutzprinzip ist, daß die Urheber eines fremden Mitgliedslandes im Inland wie eigene Staatsangehörige geschützt sind. Die UdSSR war nicht Mitglied der Berner Konvention, da die dort festgelegte Mindestschutzfrist nicht den eigenen Bestimmungen entsprach. Erst 1997 trat die UdSSR dem Abkommen bei.

Verlagsleiter vom Komsomol-Verlag – Genosse Potemkin vom Verlag »Molodaja Gwardija« (Junge Garde), der dem Komsomol (sowjetischer Jugendverband) unterstand.

Moskwitsch – Sowjetische Automarke.

Reportagen in der Zeitung – Nicht nachweisbar.

unser Gesellenstück – »Der junge Meister«, späterer Titel »Sieben Scheffel Salz«, Ursendung 17. 11. 1960, Berliner Rundfunk.

zu den … Schriftstellern, die an die Basis gezogen … sind – Solche Schriftsteller waren immerhin u. a. Franz Fühmann und Christa Wolf.

Er schreibt selbst ausgezeichnete Stücke – Gerhard Rentzsch gehörte zu den Pionieren des Hörspiels in der DDR.

um Freigabe eines Wagens bitten – Da man regulär jahrelang auf die Lieferung eines PKW warten mußte, verfügten die Bezirksleitungen der SED über Autos aus Sonderkontingenten für privilegierte Personen.

wegen der weiten Wege … ins Kombinat – Im Kombinat gab es Anfahrtswege von bis zu 40 km.

Verlagskonferenz – Die für den 17. 6. 1960 geplante Autorenkonferenz im Aufbau-Verlag war wegen mangelnder Beteiligung auf den 25. 10. 1960 verschoben worden.

17 BRIGITTE REIMANN AN IRMGARD WEINHOFEN, 3. 7. 61
T: Ms. Original mit hs. Unterschrift.

von eurer herrlichen Reise – Eine Mittelmeerreise per Schiff im April 1961.

mein Buch – »Ankunft im Alltag« (Erzählung, 1961).

Vertrag mit dem Rundfunk – Über das Hörspiel »Haken im Fleisch«.

mit der Dramaturgie verkracht – Am 29. 6. 1961 schrieb Gerhard Rentzsch, zu seinem Erstaunen hätten sie ihm nach ihren Treffen und Gesprächen bereits zum zweitenmal eine völlig neue Konzeption vorgelegt. Er finde keinen Zugang zum Stück, es sei zu episch, die Geschichte vermöge »nicht sehr zu interessieren«, ein zentraler Konflikt fehle. (BRS, Schriftverkehr 1953–1960, Bl. 108.)

Erzählungen – B. R. wollte in einem Band drei Erzählungen veröffentlichen: »Sieben Scheffel Salz«, eine Ost-West-Liebesgeschichte und eine weitere, aus der später »Die Geschwister« wurde. (Brief an Günter Caspar vom 26. 11. 1960, AVA, 1598.)

Literaturpreis – Literaturpreis des FDGB (zusammen mit S. P.) für die Hörspiele »Ein Mann steht vor der Tür« und »Sieben Scheffel Salz«.
Katrin – Kathrin, Protagonistin aus »Die Frau am Pranger«.

18 BRIGITTE REIMANN AN IRMGARD WEINHOFEN, 13. 6. 62
T: Ms. Original mit hs. Unterschrift.
Ich nehme jetzt wieder … Gratulationscouren ab – B. R. hatte am 10. 6. 1962 den Literaturpreis des FDGB für ihre Erzählung »Ankunft im Alltag« erhalten.
mit meinen ›Geschwistern‹ – »Die Geschwister« (Erzählung, 1963).
aus unserem Heim zurückgekommen – Schriftstellerheim »Friedrich Wolf« in Petzow.
meine Geschichte – »Die Geschwister«.
Treatment – In einem Treatment sind bereits die Schauplätze festgelegt, die Handlung ist in filmischer Form gegliedert, Teile der Dialoge liegen vor.
›Ankunft‹ – »Ankunft im Alltag«.
Daniels Buch – »Wunderliche Verlobung eines Karrenmannes« (Erzählungen, Berlin 1961).
›Schlacht unterwegs‹ – Sowjetischer Spielfilm von 1961, Regie: Wladimir Bossow, nach dem gleichnamigen Roman von Galina Nikolajewa (1958, dt. 1962). – In der DDR lief eine stark zensierte Fassung, aus der alle antistalinistischen Szenen herausgeschnitten waren. (Nach: Simone Barck, Martina Langermann, Siegfried Lokatis, »Jedes Buch ein Abenteuer. Zensur-System und literarische Öffentlichkeit in der DDR bis Ende der sechziger Jahre«, Berlin 1997, S. 124.)
daß es im Sozialismus keine Tragik mehr gibt – Der tragische Ausgang eines Konfliktes unter sozialistischen Verhältnissen widersprach den Vorstellungen von sozialistisch-realistischer Kunst, daher gerieten Bücher, deren Helden am Ende starben (z. B. »Ole Bienkopp« von Erwin Strittmatter, später »Nachdenken über Christa T.« von Christa Wolf), ins Kreuzfeuer dogmatischer Literaturkritik.

19 BRIGITTE REIMANN AN IRMGARD WEINHOFEN, 5. 10. [62]
T: Ms. Original mit hs. Unterschrift.
nachdem … das Eis gebrochen war – Anfang der sechziger Jahre gab es langwierige Auseinandersetzungen über das Erscheinen kritischer sowjetischer Bücher der Tauwetter-Literatur in der DDR. Das betraf u. a. Ilja Ehrenburg, »Tauwetter«, Daniil Granin, »Nach der Hochzeit«, Alexander Solschenizyn, »Ein Tag im Leben des Iwan Denissowitsch«, und Galina Nikolajewa, »Schlacht unterwegs«. Seit 1958 diskutierte man das Erscheinen dieses Buches, so daß der Titel schon zu »Unterwegs geschlachtet« verballhornt wurde. Noch 1961 sollten ganze Kapitel in der

DDR-Ausgabe gestrichen werden. Als es Anfang 1962 erschien, hatte sich die Kulturpolitik gerade entspannt, und Ende 1962 stellte Alfred Kurella in einer Rede in der Akademie der Künste diesen Roman sogar als Vorbild für eine interessante Gestaltung von Konflikten dar. (Ebd., S. 245.)

Vorarbeiten zu einem ähnlichen Thema – Nicht erhalten.

Tina und Bachirew – Protagonisten aus »Schlacht unterwegs«.

mit dieser Lösung nicht befreunden – Hauptthema des Romans ist die Rolle des einzelnen bei der Durchsetzung des wissenschaftlich-technischen Fortschritts. Durch ihre Arbeit kommen sich Chefingenieur Bachirew und die Ingenieurin Tina näher. Sie trennen sich jedoch, weil sie ihr Glück nicht auf dem Unglück von Bachirews Familie aufbauen wollen.

in meinem nächsten Buch – Der Roman »Franziska Linkerhand«.

›Geschwister‹ ... liegen beim Ministerium – Das Ministerium für Kultur vergab die Druckgenehmigungen.

bei Defas – Arbeit an der Filmfassung von »Ankunft im Alltag«.

wegen einer ... Szene mit der Staatssicherheit und wegen ... einiger Liebesszenen – Die Malerin Elisabeth wird von einem Stasi-Mann aufgesucht, weil jemand Hinweise gegeben hat, daß sie in ihrem »Zirkel malender Arbeiter« eine »bürgerliche Plattform« gebildet hat. – Da die Darstellung von Aktivitäten der Staatssicherheit in der Literatur tabu war, hatte das Lektorat diese Szene sowie einige etwas freizügige Liebesszenen gestrichen.

künstlerische Beiräte – Beratungsgremium der Verlage, Massenmedien usw. aus Wissenschaftlern, Künstlern und Vertretern der Praxis.

20 BRIGITTE REIMANN AN IRMGARD WEINHOFEN, 26. 11. [62]
T: Ms. Original mit hs. Unterschrift.

Vorarbeiten für mein Fernsehspiel – Nicht erhalten.

Friedrichstadt-Palast – Damals Europas größtes Revuetheater in Berlin. 1919 nach Entwürfen von Hans Poelzig, unter künstlerischer Leitung von Max Reinhardt, gebaut.

das Ballett – Ballett Africana aus Guinea. Gastspiel vom 3.–29. 11. 1962.

in der ›Aktuellen‹ – »Die Aktuelle Kamera«; abendliche Nachrichtensendung des DFF seit 1952.

»Rocco und seine Brüder« – Spielfilm, Italien/Frankreich 1960, R.: Luchino Visconti.

›Neun Tage eines Jahres‹ – Spielfilm, UdSSR 1961/1962, R.: Michail Romm. Nach dem Strahlentod seines Lehrers setzt ein junger Atomphysiker dessen Arbeit, die Erforschung thermonuklearer Reaktionen, fort, ohne auf seine Gesundheit zu achten.

›Sonntag‹ – »Wochenzeitung für Kultur, Politik und Unterhaltung« (Berlin), Herausgegeben vom Deutschen Kulturbund.

Schabblatt – Graphische Technik, bei der die Zeichnung aus einem schwarzen Farbauftrag auf Karton herausgekratzt wird. Die Wirkung ähnelt der des Holzschnitts.

mit ... Szenen aus dem Jahre 56 – Im 13. Kapitel von »Franziska Linkerhand« erzählt Ben Trojanowicz von seiner Verurteilung zu vier Jahren Zuchthaus in der Folge des Ungarn-Aufstandes von 1956. Als Vorbilder für diesen politischen Prozeß dienten B. R. die Fälle der Schriftsteller Erich Loest und Reiner Kunze.

meine Franziska – Protagonistin in »Franziska Linkerhand«.

Probleme ..., die lange Zeit ... tabu waren – Besonders das Problem des Personenkults, die Geheimrede Nikita Chruschtschows auf dem XX. Parteitag der KPdSU 1956, die Übergriffe von Soldaten der Roten Armee bei Kriegsende u. ä.

Gespräch ... beim ZK – Am 25. 11. 1962. Nicht nachweisbar.

21 IRMGARD WEINHOFEN AN BRIGITTE REIMANN, 15. 11. 63
T: Ms. Original mit hs. Unterschrift.
Dein Buch – »Die Geschwister«.
Deine Operation – B. R. hatte sich im August 1963 die Brust verkleinern lassen.
Unser Urlaub – Urlaub in Zinnwald (Erzgebirge) im September 1963.
Nun wissen wir Bescheid – I. W. war die Übersiedlung in die Niederlande genehmigt worden.

22 BRIGITTE REIMANN AN IRMGARD WEINHOFEN, 21. 11. 63
T: Ms. Original mit hs. Unterschrift und hs. Gruß.
mit ... der kleinen Inge – Inge Herfurt, Schwester von I. W.
auf Schloß Reinsberg – Rheinsberg: Stadt mit Rokoko-Wasserschloß.

23 IRMGARD WEINHOFEN AN BRIGITTE REIMANN, 13. 12. 63
T: Hs. Original.
»Der Stellvertreter« – Drama von Rolf Hochhuth (1963).
Buch ist bei uns nicht erhältlich – »Der Stellvertreter« von Rolf Hochhuth erschien in der DDR 1965.

24 IRMGARD WEINHOFEN AN BRIGITTE REIMANN, 22. 2. 65
T: Ms. Original mit hs. Unterschrift und Postskriptum.
Deutschlandsender – Deutschlandprogramm des Staatlichen Komitees für Rundfunk beim Ministerrat der DDR, 1948–1971. Den Sender konnte man auf Langwelle auch in den Niederlanden empfangen.
Westberlinbesuch – B. R. las im Rahmen einer von Studenten organisierten Lesereihe für DDR-Autoren am 11. 12. 1964 in Westberlin aus ihrem Roman »Franziska Linkerhand«.

in einem grossen Zigarettenkonzern – I. W. arbeitete in der Zigaretten-
fabrik »British-American Tobacco Company«.
»Gestern, heute und morgen« – Spielfilm, Italien/Frankreich 1963, R.:
Vittorio de Sica.
»Nackt unter Wölfen« – Spielfilm nach dem gleichnamigen Roman von
Bruno Apitz (1958), DDR 1962, R.: Frank Beyer.
Berliner Ensemble – 1949 von Bertolt Brecht und Helene Weigel ge-
gründetes, international renommiertes Theater in Ostberlin, seit 1954
im ehemaligen Theater am Schiffbauerdamm.
»Dreigroschenoper« – Bertolt Brecht, »Die Dreigroschenoper« (Musik:
Kurt Weill, 1928).

25 Brigitte Reimann an Irmgard Weinhofen, 5. 3. 65
T: Ms. Original mit hs. Unterschrift.
Memoiren von Ehrenburg – Ilja Ehrenburg, »Menschen, Jahre, Leben«
(Memoiren, 1960–1965). In der DDR sind die Bände I–III der Memoi-
ren erstmals 1978 erschienen, in der BRD Band I 1962, Band II 1965.
»Exquisit«-Laden – Läden für Waren des gehobenen Bedarfs.
mein Hamburger Bruder – Ludwig Reimann war 1960 nach Hamburg
übersiedelt.
Jon – Jon K[...].
Letztes Jahr war ich in Sibirien – Sibirienreise als Mitglied einer Delegation des Zentralrats der FDJ vom 7. 7.–21. 7. 1964.
FORUM – »FORUM. Organ des Zentralrates der FDJ. Zeitung für
geistige Probleme der Jugend« (Berlin).
eine Reportage – »Das grüne Licht der Steppen«, Teil I–VII (in: Forum,
Berlin, Nr. 14–17, 19–21/1964).
zur Messe … als Buch – Zur Buchmesse auf der Leipziger Frühjahrsmesse erschien »Das grüne Licht der Steppen. Tagebuch einer Sibirienreise« (Reportage, 1965).
meinen ersten Roman – »Franziska Linkerhand«.

26 Irmgard Weinhofen an Brigitte Reimann, 19. 5. 65
T: Ms. Original mit hs. Unterschrift.
Kein normal denkender Mensch – Die in Südafrika seit 1948 herrschende
politisch-gesellschaftliche Doktrin der Apartheid wurde von vielen
Staaten und Organisationen als schwerer Verstoß gegen die Menschen-
rechte abgelehnt und der Staat daher boykottiert.
dass Holland in der SU ein paar Fabriken … baut – Die Niederlande unterstützten den Bau von Landwirtschaftsbetrieben und Geflügelzucht-
anlagen in der Sowjetunion.
eine Reise nach Amsterdam … beantragen – Privatreisen ins kapitalistische Ausland waren damals für DDR-Bürger nicht möglich.

27 BRIGITTE REIMANN AN IRMGARD WEINHOFEN, 1. 6. 65
T: Ms. Original mit hs. Unterschrift.
Vom Internationalen Schriftstellertreffen in Weimar – Das Internationale
Schriftstellertreffen Berlin und Weimar (14.–22. 5. 1965) fand anläßlich
des 20. Jahrestages der Zerschlagung des Nationalsozialismus statt und
war als Fortsetzung der Schriftstellerkongresse 1935 in Paris und 1937 in
Madrid gedacht. »Das Treffen soll eine große Anzahl von bekannten
Schriftstellern aus allen europäischen Ländern und allen Kontinenten
vereinen, die […] für die Ideen des Antifaschismus, des Friedens und
des Humanismus eintreten, die keine Anhänger des Antikommunis-
mus sind […].« Außerdem sollten sich die Schriftsteller davon über-
zeugen können, daß in der DDR die »Wurzeln des Faschismus ausge-
rottet, seine Erscheinungsformen und geistigen Folgen überwunden
sind […] und unsere sozialistische Republik der erste deutsche Frie-
densstaat ist.« (SVA, Mappe 359, Bd. 4, Bl. 123.)
ein Büchlein darüber – »Internationales Schriftstellertreffen Berlin und
Weimar. 14.–22. Mai 1965. Protokoll«, Berlin und Weimar 1965.
Eine tolle Geschichte – Der Filmjournalist Bruno Pioch hatte ihr die
abenteuerliche Geschichte seines Lebens erzählt. (Vgl. B. R., »Alles
schmeckt nach Abschied. Tagebücher 1964–1970«, Hg. Angela Drescher, Berlin 1998, S. 132 ff.)
mein Rentenalter abzuwarten – Normalerweise durfte man erst als
Rentner ins kapitalistische Ausland fahren, wenn man eine Einladung
und die entsprechenden Devisen hatte.
›*Ole Bienkopp*‹ – Roman von Erwin Strittmatter (1963).
›*Die Spur der Steine*‹ – Erik Neutsch, »Spur der Steine« (Roman, 1964).

28 IRMGARD WEINHOFEN AN BRIGITTE REIMANN, 11. 6. 65
T: Hs. Original.
»*Sibirienreise*« – »Das grüne Licht der Steppen«.
daß es besser gewesen wäre, mehr über Sibirien zu erfahren – Auf der vor-
deren Klappe des Schutzumschlags wird eine Lesermeinung im »Forum« zitiert: »Ein Satz nebenbei zu Brigitte Reimanns Tagebuch: Wenn
sie etwas mehr über Sibirien und etwas weniger über ihre Empfindungen gesagt hätte, wäre mir das Ganze sympathischer gewesen.« Der
Verlag konterte: »Mehr über Sibirien siehe Meyers Neues Lexikon,
Bd. 7, aber auch die neueste einschlägige Sachliteratur.«

29 BRIGITTE REIMANN AN IRMGARD WEINHOFEN, 12. 6. 65
T: Hs. Original (Postkarte: Windflüchter am Strand).

30 IRMGARD WEINHOFEN AN BRIGITTE REIMANN, 20. 6. [65]
T: Hs. Original (Postkarte: Tulpen und Windmühle).

31 Brigitte Reimann an Irmgard Weinhofen, 2. 7. 65
T: Ms. Original mit hs. Unterschrift und hs. Nachsatz.
weil sich das Werk seine eigene Stadt baut – Vgl. letzte Anm. zu Brief 4 und vorletzte Anm. zu Brief 7.
dank freundlicher Ausweise – Der Ausweis als Mitglied der Jugendkommission des ZK, der B. R. von 1963–1965 angehörte.
Intelligenzbad – Ahrenshoop, wo sich bereits um 1900 zahlreiche Künstler niedergelassen hatten, blieb auch nach dem Zweiten Weltkrieg ein Badeort mit besonderem kulturellem Flair. Schriftsteller und Künstler hatten dort Häuser, Künstlerverbände und Kulturbund unterhielten Heime oder Ferienunterkünfte, die vorzugsweise an Mitglieder vermietet wurden.

32 Irmgard Weinhofen an Brigitte Reimann, 16. 7. 65
T: Ms. Original mit hs. Unterschrift.
Februarstreik – Nachdem Anfang 1941 in Amsterdam bei einer Razzia gegen eine jüdische Widerstandsgruppe ein Polizist verwundet wurde, wurden als Vergeltungsaktion 425 jüdische Männer ins KZ Mauthausen gebracht. Daraufhin rief die verbotene kommunistische Partei zum Generalstreik am 25./26. 2. 1941 auf, dem sich andere niederländische Städte anschlossen.
mit einem deutschen Diplomaten verlobt – Claus von Amsberg, den Beatrix 1966 heiratete.

33 Brigitte Reimann an Irmgard Weinhofen, 8. 8. 65
T: Ms. Original mit hs. Unterschrift.
ein Buch … das auch im Westen erscheint – Wenn das Buch eines Autors in der Bundesrepublik oder in anderen westlichen Ländern als Lizenz erschienen war, durfte er zu Lesungen u. ä. dorthin fahren.
Visumsschwierigkeiten – Da ihr Bruder in die BRD geflüchtet war, ging B. R. davon aus, daß man ihr kein Visum erteilen würde.
bis ich in den PEN-Club aufgenommen werde – PEN-Club: Internationale Schriftstellervereinigung, 1921 in London gegründet. In den PEN-Club wird man gewählt.
ohne Paß – DDR-Bürger bekamen zu dieser Zeit nur Reisepässe, wenn sie aus beruflichen u. ä. Gründen im kapitalistischen Ausland zu tun hatten.
ein Oxforder Professor – David Daube. Vgl. B. R.s Schilderung in: B. R., »Ich bedaure nichts. Tagebücher 1955–1963«, Hg. Angela Drescher, Berlin 1997, S. 339 f.
Kommunalwahlen – Am 10. Oktober 1965 sollten Kommunalwahlen stattfinden.
Unser Chefarchitekt – Siegfried Wagner.

Henselmann-Schüler – Hermann Henselmann war der bekannteste Architekt der DDR.

große Pläne für ein Zentrum – In den ersten zehn Jahren wurden in Hoyerswerda-Neustadt ausschließlich Wohnungen und Folgeeinrichtungen gebaut.

junge Malerin – Erika Stürmer-Alex.

ihr Mann – Uwe Alex.

das Porträt – Nachdem Erika Stürmer-Alex im September 1963 das Studium an der Hochschule für bildende und angewandte Kunst in Berlin-Weißensee mit dem Diplom abgeschlossen hatte, war sie Mitglied des VBKD geworden. Die Bezirksleitung des VBKD Frankfurt/Oder hatte ihr einen Entwicklungsauftrag mit freier Themenwahl angeboten. Da sie B. R. bei einer Lesung erlebt hatte, wollte sie sie porträtieren. (Erika Stürmer-Alex an B. R. vom 23. 3. 1964, in: BRS, Blatt 17 f.)

Kopie … an eine Bibliothek – Eine Bibliothek in Frankfurt/O.

die neuen Bauten … werden ja mit Fresken … geschmückt – Es war gesetzlich vorgeschrieben, daß bei gesellschaftlichen Bauten 2 % der Baukosten für bildende Kunst ausgegeben werden mußten.

ABF – Arbeiter-und-Bauern-Fakultät. Fakultäten an Hochschulen und Universitäten, die junge Arbeiter und Bauern auf das Hochschulstudium vorbereiten sollten. 1949 aus den Vorstudienanstalten hervorgegangen. Ziel der ABF war es, das bürgerliche Bildungsprivileg zu brechen.

34 BRIGITTE REIMANN AN IRMGARD WEINHOFEN, 25. 1. 66
T: Hs. Original (Briefkarte).

35 IRMGARD WEINHOFEN AN BRIGITTE REIMANN, 31. 1. 66
T: Ms. Original mit hs. Unterschrift.

einen sogenannten Aufruf – Wer eine Wohnung suchte, mußte dies beim Wohnungsamt melden, das dann die Wohnungen, je nach Dringlichkeit, zuwies.

einige Auszüge vom letzten Plenum – 11. Tagung des ZK der SED vom 15.–18. 12. 1965. Auf diesem Plenum wurden kritische Künstler, besonders Filmemacher, angegriffen. Es beendete die Phase der tendenziellen Demokratisierung und innenpolitischen Öffnung nach dem Bau der Mauer.

Kritiken an einigen Schriftstellern – Erich Honecker, »Aus dem Bericht des Politbüros an die 11. Tagung des ZK« (in: ND vom 16. 12. 1965, S. 3 bis 7). Erich Honecker weitete die Kritik, die bis dahin an Werner Bräunig, Wolf Biermann und Kurt Maetzig geübt worden war, auf Stefan Heym, »Der Tag X«, Heiner Müller, »Der Bau«, und Gerd Bieker, »Sternschnuppenwünsche«, aus. Er behauptete, daß die gehäuft auftretenden Fälle von Jugendkriminalität und Rowdytum nicht nur auf den negativen Einfluß der Westmedien zurückzuführen, sondern daß »die Ursachen für diese Erscheinungen der Unmoral auch in einigen Filmen, Fernsehsendungen, Theaterstücken, literarischen Arbeiten und in Zeitschriften bei uns« zu suchen seien. (Ebd., S. 6.)

36 BRIGITTE REIMANN AN IRMGARD WEINHOFEN, 19. 2. 66
T: Ms. Original mit hs. Unterschrift.
über eine Million DDR-Bürger – Zwischen 1949 und 1966 hatten etwa 3 Millionen DDR-Bürger das Land verlassen.
einschließlich ... meines eigenen Buches – »Die Geschwister«.
neuen Kulturminister – Klaus Gysi war Nachfolger des nach dem 11. Plenum vom 1965 abgesetzten Kulturministers Hans Bentzien.
Da wetterte es gegen Sex und Brutalität – Vgl. 3. Anm. zu Brief 35.
verbotene Filme, abgesetzte Theaterstücke und Fernsehspiele – Nach dem 11. Plenum wurden z. B. 12 Filme des DEFA-Jahrgangs 1965 verboten, die Komödie »Moritz Tassow« von Peter Hacks an der Berliner Volksbühne und andere Stücke und Fernsehspiele wie »Eiche und Angora« von Martin Walser abgesetzt, Druckgenehmigungen nicht erteilt usw. Vgl. »Kahlschlag. Das 11. Plenum des ZK der SED 1965. Studien und Dokumente«, Hg. Günter Agde, Berlin 2000.
der Aufsatz wurde nicht gedruckt – B. R. hatte einen Leserbrief an den »Sonntag« geschrieben, in dem sie Werner Bräunigs Roman »Rummelplatz« (Vorabdruck in der NDL, H. 10/1965) gegen die Anwürfe verteidigen wollte, die u. a. eine Brigade von Wismut-Kumpeln in einem offenen Brief ans ND und Redner auf dem 11. Plenum vorgebracht hatten. Sie bekam den Brief zurück mit der Bemerkung, daß die Redaktion des ND ihre Kontroverse eingestellt habe und man keinen Grund sehe, sie im »Sonntag« fortzusetzen. (Irene Böhme, Redaktion, an B. R. vom 14. 1. 1966, in: BRS, Schriftverkehr 1966–1971, Bl. 1.)
im SONNTAG ein Aufsatz von Heym – Stefan Heym, »Die Langeweile von Minsk« (in: Die Zeit, Hamburg, vom 29. 10. 1965). Heym nimmt Bezug auf den Satz von Bertolt Brecht, Minsk sei eine der langweiligsten Städte der Welt. Brecht fordere Realismus; das bedeute, daß der Autor die Pflicht habe, die Wahrheit auszusprechen, wenn z. B. eine Stadt langweilig sei, und keine Rücksicht auf Tabus nehmen dürfe. – Der Chefredakteur Bernt von Kügelgen hatte in dem Artikel »Stefan Heym und Thomas Benda. Verliert der Autor der ›Kreuzfahrer von heute‹ sein Gesicht? Zu seinem Artikel im westdeutschen Blatt ›Die Zeit‹« (in: »Sonntag«, Nr. 51 vom 19. 12. 1965, S. 8) Heym vorgeworfen, er stehe in tiefem Widerspruch zu politischen und kulturpolitischen Grundsätzen der DDR. – Die sich anschließende Diskussion zog sich bis Heft 12 vom 20. 3. 1966 hin.

37 Irmgard Weinhofen an Brigitte Reimann, 20. 9. 66
T: Ms. Original mit hs. Unterschrift und hs. Grüßen.
»Stern« – Beginnend mit Heft 10 vom 6. 3. 1966, druckte der »Stern«
bis Heft 28 vom 10. 7. 1966 Auszüge aus dem Roman »Die Abenteuer
des Werner Holt« von Dieter Noll.
»Werner Holt« – Dieter Noll, »Die Abenteuer des Werner Holt«, Bd. 1:
»Roman einer Jugend« (1961), Bd. 2: »Roman einer Heimkehr« (1963).
»Lady L.« – Roman von Romain Gary (1959, dt. 1962).
meine frühere Heimat – Schwerin an der Warthe, heute Gorzów Wiel-
kopolski.
zum Geburtsort meines Vaters – Dechsel bei Landsberg/Warthe, heute
Deszczno.

38 Brigitte Reimann an Irmgard Weinhofen, 24. 10. 66
T: Ms. Original mit hs. Unterschrift.
Buchwoche – »Woche des Buches«. Eine Woche, in der republikweit
verstärkt Lesungen und Literaturveranstaltungen in Großbetrieben,
Schulen, Buchhandlungen usw. durchgeführt wurden. In den sechziger
Jahren auf Anfang Mai verlegt, um an die Bücherverbrennung (10. 5.
1933) zu erinnern.
Jahreskonferenz unseres Schriftsteller-Verbandes – 1. Jahreskonferenz des
DSV in der Berliner Kongreßhalle (2.–4. 11. 1966).
der liebe Lektor – Walter Lewerenz vom Verlag Neues Leben.
Interhotel – Vergleichsweise teure, gut bis luxuriös ausgestattete und in
erster Linie für ausländische Besucher gedachte Hotels.
HO ›delikat‹ – HO (Handelsorganisation): Staatliches Handelsunter-
nehmen für den volkseigenen Einzelhandel und das volkseigene Gast-
stätten- und Hotelwesen der DDR; 1948 gegründet. Solange es Le-
bensmittelmarken gab, konnte man dort markenfrei, aber zu höheren
Preisen einkaufen. Die HO eröffnete ab 1966 »delikat«-Läden für
hochwertige, sehr teure Lebensmittel, die es in normalen Geschäften
nicht gab.
lese ich ... im Rundfunk – Die Lesung wurde im Januar im Deutschlandsender gesendet.
›AULA‹ – Hermann Kant, »Die Aula« (Roman, 1965).
die Auflagen sind ... schnell vergriffen – Da die zentral zugeteilten
Druck- und Papierkapazitäten begrenzt waren, konnten Nachauflagen
nicht bedarfsgerecht gedruckt werden.

39 Brigitte Reimann an Irmgard Weinhofen, 22. 11. [66]
T: Hs. Original (Briefkarte), Jahresangabe nachträglich ergänzt.

40 Irmgard Weinhofen an Brigitte Reimann, 20. 1. 67
T: Ms. Original mit hs. Unterschrift.
»Stillen Don« – Michail Scholochow, »Der stille Don« (Romantetralo-gie, 1928–1940).
Rentner-Adresse – Rentner mußten keinen Zoll für Pakete aus dem ka-pitalistischen Ausland zahlen.
die Freien Spitzen – Erträge, die die Bauern über das Plansoll produ-zierten und verkaufen durften.

41 Brigitte Reimann an Irmgard Weinhofen, 8. 4. 67
T: Ms. Original mit hs. Unterschrift.
NDL … Vorabdruck nicht gebracht – Bereits ein Jahr zuvor, am 20. 4. 1966, hatte ihr die Redaktion mitgeteilt, daß man mit dem Vorabdruck warten wolle, bis das Manuskript weiter gediehen sei. (In: BRS, Schrift-verkehr 1966–1971, Bl. 11.)
Mit dem ND … auch schlecht ergangen – Die schriftliche Ablehnung des ND erfolgte erst am 4. 7. 1967: »Es bleiben noch zwei Wünsche zum Manuskript […]. Wir sind dabei, bestimmte, besonders aus dem Ame-rikanischen kommende Leitbilder abzubauen, und zwar bis in die Spra-che hinein. Dem steht nun in Ihrem Manuskript das Ideal der ›Männer, Jäger, Cowboys‹ einschließlich der Filmanspielung gegenüber. Der ri-goroseste Vorschlag: Die Zeilen von ›Jäger‹ bis ›keine Zeit‹ streichen. […] Weiter unten kommt dann die ›City‹ vor; das ließe sich doch wohl anders sagen.« (In: Ebd., Bl. 50.)
›Zwölf Uhr mittags‹ – Western, USA 1952, R.: Fred Zinnemann.
ein Pastell – Porträt einer Dame im Profil. Unbekannter Meister (um 1800).
Walsers ›Einhorn‹ – Martin Walser, »Das Einhorn« (Roman, 1966).
›Halbzeit‹ – Martin Walser, »Halbzeit« (Roman, 1960).
den Neutsch – Den Roman »Spur der Steine« von Erik Neutsch.
Goethes und Christianes Briefwechsel – »Goethes Ehe in Briefen«, Hg. Hans Gerhard Gräf, Leipzig 1967.

42 Brigitte Reimann an Irmgard Weinhofen, 20. 6. 67
T: Ms. Original mit hs. Unterschrift.
Holländerpantoffel – Ein Souvenir aus Delfter Porzellan.
eine Wohnung in N. – Umzug nach Neubrandenburg 1968.
eine Brigade, die … entrüstete Briefe schreibt – Gemeint ist z. B. der an-gebliche Brief der Wismut-Kumpel »Das Erz des Lebens und der Lite-ratur. Wismut-Kollegen schreiben an Bräunig zum ›Rummelplatz‹«. (In: ND vom 7. 12. 1965, S. 4.)
irgendjemand … könnte so einen Brief lesen – Anspielung darauf, daß B. R. wußte, daß die Briefe von der Stasi mitgelesen werden.

womit wir internationale Filmfestivals beschicken – Das Sekretariat hatte
z. B. verboten, »Spur der Steine« zum Filmfestival nach Karlovy Vary zu
schicken, wie es der Filmbeirat vorgeschlagen hatte. (Klaus Wischnewski,
»Die zornigen jungen Männer ...«, in: »Kahlschlag«, a. a. O., S. 183.)
neue Szene eingefügt – Vgl. Brief 69.

43 IRMGARD WEINHOFEN AN BRIGITTE REIMANN, 23. 7. 67
T: Ms. Original mit hs. Unterschrift und ms. Nachsatz. Beiliegend ein
Artikel aus der Zeitschrift »Panorama« vom 24. 6. 1967 und dt. Über-
setzung: »Jan Wolkers – Künstler aus Selbsterhaltung«.
»Mein Kampf« – Politische Rechtfertigungsschrift von Adolf Hitler.
einen der progressivsten ... Schriftsteller – Jan Wolkers.

44 IRMGARD WEINHOFEN AN BRIGITTE REIMANN, 31. 7. 67
T: Ms. Original mit hs. Unterschrift und hs. Nachsatz.
das Delfter Blau – Traditionelles Porzellan aus Delft.
Deine Katrin – Gemeint ist »Die Frau am Pranger«.

45 BRIGITTE REIMANN AN IRMGARD WEINHOFEN, 9. 8. 67
T: Ms. Original mit hs. Unterschrift.
was der Wolkers über die Angst vorm Tode sagt – »Schöpferisch tätig sein,
heißt sich vergeblich mühen, kämpfen gegen den Tod. [...] Ich denke
nicht täglich an den Tod. Soviele kleine Dinge lenken einen ab, jedoch
andererseits: Mit der Ewigkeit vor sich, arbeitet man nicht viel, denn
dann hätte man Zeit im Überfluß. Jetzt wird man jedoch durch die Begrenztheit seiner eigenen Existenz getrieben.« (Jan Wolkers in: »Panorama«, Amsterdam, vom 24. 6. 1967.)

46 IRMGARD WEINHOFEN AN BRIGITTE REIMANN, 23. 9. 67
T: Ms. Original mit hs. Unterschrift und hs. Text von F. W.
»Geteilter Himmel« – Christa Wolf, »Der geteilte Himmel« (Erzählung,
1963).

47 BRIGITTE REIMANN AN IRMGARD WEINHOFEN, 8. 11. [67]
T: Hs. Original (Briefkarte), Jahresangabe nachträglich ergänzt.
Arbeit mit der Defa – B. R. schrieb das Film-Exposé »Martin Jalitschka
heiratet nicht« nach dem gleichnamigen Roman von Günter Kähne.

48 BRIGITTE REIMANN AN IRMGARD WEINHOFEN, 15. 12. 67
T: Ms. Original mit hs. Unterschrift.
mit zwei jungen Regisseuren – Roland Oehme und Lothar Warneke. Der
Spielfilm sollte ihre Abschlußarbeit nach dem Besuch der Hochschule
für Film und Fernsehen in Babelsberg werden.

Exposé – Martin, zunächst Möbelträger, lernt die hübsche, aber oberflächliche Verkäuferin Dagmar kennen. Da er ihr mehr bieten will, wird er Stahlwerker, zieht aus dem Vorstadthäuschen seiner Großeltern, für die er sich schämt, in ein eigenes Zimmer. Als Dagmar schwanger wird, drängen ihre Eltern auf eine Heirat. Martin wäre dazu bereit, obwohl er sie längst nicht mehr liebt, aber Dagmar, die ihn mit dem Besitzer eines Sportwagens betrogen hat, treibt ab. Martin beginnt ein Fernstudium und findet ein anständiges Mädchen. (In: BRS, Mappe 88.)

der Film ist ... gestorben – »Wir haben einen Stoff gewählt, (von dem Buch haben wir uns übrigens weit entfernt), von dem man hierzulande seit vielen Jahren die Finger läßt – eine alltägliche Geschichte von ganz einfachen Leuten: [...] (ohne Happy-End) [...]. Keine Königsebene [...]« (In: »Brigitte Reimann in ihren Briefen und Tagebüchern. Eine Auswahl.« Hg. Elisabeth Elten-Krause, Walter Lewerenz, Berlin 1983, S. 247.)

in Boxberg – Dort wurde ein Kraftwerk gebaut. Jon K[...] arbeitete dort seit Juli 1967 als Technologe.

49 IRMGARD WEINHOFEN AN BRIGITTE REIMANN, 14. 2. 68
T: Ms. Original mit hs. Unterschrift und hs. Text von F. W.
Fernsehspiel über den Prozess – Es handelt sich um den Prozeß gegen Juli Daniel und Andrej Sinjawski (1965), denen antisowjetische Propaganda in im Ausland veröffentlichten literarischen Werken vorgeworfen wurde.
»Hier ist Moskau« – Nikolai Arschak (d. i. Juli Daniel), »Hier spricht Moskau« (Kurzroman, dt. 1967). – Ein grotesker Roman, in dem es um die Verkündigung eines »Tages der offenen Morde« geht.

50 BRIGITTE REIMANN AN IRMGARD WEINHOFEN, 20. 2. 68
T: Ms. Original mit hs. Unterschrift und hs. Gruß.
Schließe mich in dein Gebet ein, Ophelia! – Frei nach William Shakespeare, »Hamlet« (Tragödie, 1600/1601), 3. Aufzug, 1. Szene, Monolog des Hamlet: »Nymphe, schließ' / In Dein Gebet all meine Sünden ein!«
was Jan Wolkers dazu gesagt hat – Vgl. Anm. zu Brief 45.
›*Tag des Mordens*‹ – Vgl. 2. Anm. zu Brief 49.
ein Stückchen ... in der ... ›Sowjetliteratur‹ abgedruckt – »Sowjetliteratur. Monatsschrift des Schriftstellerverbandes der UdSSR«. – Von Valentin Katajew erschienen in H. 4 und 11/1967 andere Beiträge in der »Sowjetliteratur«. Der Vorabdruck aus »Das Gras des Vergessens« erschien in: »Sinn und Form. Beiträge zur Literatur«, Hg. DAK, Berlin, H. 5/1967.

51 BRIGITTE REIMANN AN IRMGARD WEINHOFEN, 19. 3. 68
T: Hs. Original (Briefkarte).
die »Italienischen Märchen« – Maxim Gorki, »Italienische Märchen«
(1911/13). Mit Illustrationen von Peter Nagengast. Berlin und Weimar
1968.
»Buridans Esel« – Günter de Bruyn, »Buridans Esel« (Roman, 1968).

52 IRMGARD WEINHOFEN AN BRIGITTE REIMANN, 16. 4. 68
T: Ms. Original mit hs. Unterschrift und hs. Nachsatz.
Tod von Martin Luther King – Am 4. 4. 1968 war in Memphis (Tennes-
see)ein Attentat auf Martin Luther King verübt worden.
Anschlag auf Rudi Dutschke – Am 11. 4. 1968 wurde Rudi Dutschke, ein
führendes Mitglied des SDS und Agitator der Außerparlamentarischen
Opposition, in Westberlin bei einem Mordanschlag lebensgefährlich
verletzt.
den Sonntag … in dem einiges … veröffentlicht war – Auszug aus »Fran-
ziska Linkerhand« und Gespräch mit Annemarie Auer »Wenn die
Wirklichkeit sich meldet« (in: »Sonntag«, Berlin, Nr. 7 vom 18. 2. 1968,
S. 4 ff., 8).

53 BRIGITTE REIMANN AN IRMGARD WEINHOFEN, 5. 5. [68]
T: Hs. Original (Briefkarte), Jahresangabe nachträglich ergänzt.

54 BRIGITTE REIMANN AN IRMGARD WEINHOFEN, 17. 5. [68]
T: Hs. Original, Jahresangabe nachträglich ergänzt.

55 IRMGARD WEINHOFEN AN BRIGITTE REIMANN, 4. 7. 68
T: Ms. Original mit hs. Unterschrift.

56 BRIGITTE REIMANN AN IRMGARD WEINHOFEN, 4. 7. 68
T: Ms. Original mit hs. Unterschrift.
mit meinem Verlag verkracht – Der Verlag Neues Leben hatte sich am
26. 10. 1967 dagegen verwahrt, daß B. R. an dem Filmprojekt »Martin
Jalitschka heiratet nicht« arbeitete, obwohl sie die Termine für die Ab-
lieferung des Romans überschritten hatte. (In: BRS, Schriftverkehr
1966–1971.)
in Pumpe – In Schwarze Pumpe.
›Trabanten‹ – Zweitaktige Autos mit Kunststoffkarosserie; seit 1958
vom VEB Sachsenring Automobilwerke Zwickau produziert; seit 1964
neue Serie.
von August – August der Starke.
›Helanka‹ – Auch Helanca. Handelsname für ein gekräuseltes Poly-
amidgarn.

Glasmacher-Städtchen – Weißwasser (Oberlausitz) war um 1900 mit elf Glashütten der bedeutendste Standort der Glasindustrie in Europa. In den sechziger Jahren produzierten dort 5 volkseigene Glasbetriebe.
Brecht-Theaters – Das Berliner Ensemble.

57 IRMGARD WEINHOFEN AN BRIGITTE REIMANN, 23. 7. 68
T: Ms. Durchschlag mit hs. Unterschrift.

58 BRIGITTE REIMANN AN IRMGARD WEINHOFEN, 6. 8. [68]
T: Hs. Original (Briefkarte), Jahresangabe nachträglich ergänzt.

59 BRIGITTE REIMANN AN IRMGARD WEINHOFEN, 11. 9. 68
T: Ms. Original mit hs. Gruß und Unterschrift.

60 IRMGARD WEINHOFEN AN JON K[...], 19. 9. 68
T: Hs. Original (Postkarte: »Groeten ut Amsterdam«).

61 BRIGITTE REIMANN AN IRMGARD WEINHOFEN, 24. 9. [68]
T: Hs. Original (Briefkarte), Jahresangabe nachträglich ergänzt.
Vermittlung eines Freundes – Der Architekt Hermann Henselmann hatte den Kontakt zu Prof. Gummel, ärztlicher Direktor der Robert-Rössle-Klinik in Berlin-Buch, hergestellt.

62 IRMGARD WEINHOFEN AN BRIGITTE REIMANN, 14. 10. 68
T: Ms. Original mit hs. Unterschrift.

63 BRIGITTE REIMANN AN IRMGARD WEINHOFEN, 24. 10. [68]
T: Hs. Original (Briefkarte), Jahresangabe nachträglich ergänzt.

64 IRMGARD WEINHOFEN AN BRIGITTE REIMANN, 4. 11. 68
T: Hs. Original.
Jimmy Jancey – Jimmy Yancey.

65 BRIGITTE REIMANN AN IRMGARD WEINHOFEN, 11. 12. 68
T: Ms. Original mit hs. Gruß und Unterschrift.
Kreissekretär von N. – Gerhard Müller, 1965–1974 Erster Sekretär der SED-Kreisleitung Neubrandenburg und Mitglied des Sekretariats der SED-Bezirksleitung Neubrandenburg.
noch kein Telefon – Auf einen Telefonanschluß mußte man normalerweise jahrelang warten, auf einen neuen Anschluß nach einem Umzug monatelang.
daß ihr in harter Währung bezahlt – Hotelgäste aus dem kapitalistischen Ausland mußten in Devisen bezahlen.

Das Buch ... ist ... noch nicht erschienen – »Buridans Esel«. Der Verlagsleiter des Mitteldeutschen Verlages, Heinz Sachs, lehnte das Manuskript
gegen die Meinung des Lektorats zunächst ab, da er ähnliche Auseinandersetzungen befürchtete wie um Christa Wolfs »Nachdenken über
Christa T.«. Dennoch erhielt es die Druckgenehmigung. Bis der Roman
gedruckt war, verging über ein Jahr. (Nach: Günter de Bruyn, »Vierzig
Jahre. Ein Lebensbericht«, Frankfurt/M. 1996, S. 141ff.)

66 Irmgard Weinhofen an Brigitte Reimann, 27. 12. 68
T: Ms. Original mit hs. Unterschrift und hs. Nachsatz.

67 Brigitte Reimann an Irmgard Weinhofen, 31. 12. 68
T: Hs. Original (Briefkarte: »Herzliche Glückwünsche« mit Blumen-
motiv), hs. ergänzt »und alles, alles Gute zum neuen Jahr«.

68 Irmgard Weinhofen an Brigitte Reimann, 15. 1. 69
T: Ms. Original mit hs. Unterschrift und hs. Einfügungen und Text von
F. W.
Dein Buch – »Die Frau am Pranger«.

69 Brigitte Reimann an Irmgard Weinhofen, 21. 1. 69
T: Ms. Original mit hs. Unterschrift und hs. Nachsatz.
Fernsehfilm – »Die Frau am Pranger« (Fernsehspiel, 1962).
beleidigt ..., daß Westdeutschland das Visum gibt – Da die BRD die DDR
völkerrechtlich nicht anerkannt hatte, sah sie DDR-Bürger als »Deut-
sche Staatsangehörige« an, für die sie eine Obhutspflicht habe und u. a.
Pässe ausstellte.
›Es blinkt ein einsam Segel‹ – Valentin Katajew, »Es blinkt ein einsam
Segel«; erster Teil des »Odessa-Zyklus« (Roman, 1936, dt. 1946).
›heilige Brunnen‹ – Valentin Katajew, »Der heilige Brunnen« (Roman,
1966, dt. 1968).
›Gras des Vergessens‹ – Valentin Katajew, »Das Gras des Vergessens«
(Roman, 1967; dt. 1969).
vor zwei Jahren in der ... »Sowjetliteratur« – Vgl. 4. Anm. zu Brief 50.

70 Irmgard Weinhofen an Brigitte Reimann, 4. 2. 6[9]
T: Ms. Original mit hs. Unterschrift und hs. Anfügung von F. W. Irrtümlich datiert 4. 2. 1968.
Katrien – Kathrin. Protagonistin aus »Die Frau am Pranger«. Von I. W.
oft so geschrieben.
so'n silbernes Zeug – Lurexstoff aus mit Silberfäden durchwirkten Fasern.
ein Sammelband – B. R., »Drei Erzählungen. Die Frau am Pranger, Das
Geständnis, Die Geschwister«, Berlin 1969.

71 BRIGITTE REIMANN AN IRMGARD WEINHOFEN, 14. 2. 69
T: Ms. Original mit hs. Unterschrift.

72 BRIGITTE REIMANN AN IRMGARD WEINHOFEN, 13. 3. 69
T: Hs. Original (Briefkarte).
Fahnen für den Erzählungsband – Fahnen heißen die noch nicht zu Buchseiten umbrochenen Korrekturabzüge. Hier ist wahrscheinlich der Umbruch gemeint, d. h. Korrekturabzüge in Seitenform, da Fahnen nur bei Dramensatz u. ä. gelesen wurden.
Blindband – Gebundenes Buch aus unbedrucktem Papier zu Werbezwecken.

73 IRMGARD WEINHOFEN AN BRIGITTE REIMANN, 18. 3. 69
T: Ms. Original mit hs. Unterschrift.
Typen – Mit der Schreibmaschine schreiben oder abschreiben.
BH-Grösse – B. R. brauchte eine Prothese für die amputierte Brust.

74 BRIGITTE REIMANN AN IRMGARD WEINHOFEN, 10. 4. 69
T: Ms. Original mit hs. Unterschrift und hs. Nachsatz.
das Buch von der Christa Wolf – Christa Wolfs Buch »Nachdenken über Christa T.« war im März 1969 nach langwierigen internen Auseinandersetzungen erschienen, von den 15 000 gedruckten Exemplaren wurden zunächst nur 4000 ausgeliefert, 4000 Exemplare wurden als Mitdruckauflage für den Luchterhand Verlag gedruckt. (Vgl. »Dokumentation zu Christa Wolf ›Nachdenken über Christa T.‹«, Hg. Angela Drescher, Hamburg, Zürich 1991.)
Ihr Buch hat zwei Jahre lang »gelegen« – Das Manuskript von »Nachdenken über Chrsita T.« war im März 1967 abgeschlossen. Nach Diskussionen zwischen der Leitung des Mitteldeutschen Verlages und der Autorin wurde es Anfang 1968 zur Druckgenehmigung eingereicht, die schließlich erteilt wurde. Von Funktionären aus dem Parteiapparat der SED, besonders der Abteilung Kultur des ZK, wurde im Dezember 1968 der Fertigungsprozeß unterbrochen, eine öffentliche und nicht-öffentliche Polemik gegen das noch nicht erschienene Buch initiiert und im Frühjahr 1969 die verringerte Auflage ausgeliefert (vgl. ebd.).
will sich ... der Schriftsteller-Verband ... kümmern, daß er bald sein Zimmer bekommt – Man konnte sich nur dort beim Wohnungsamt für eine Wohnung anmelden, wo man arbeitete. Künstler benötigten die Fürsprache der Künstlerverbände.
warum ... das Wort ›Resignation‹ auftaucht – Da sozialistisch-realistische Kunst ein optimistisches Weltbild vermitteln sollte, galten resignative Grundhaltung, Tragik, Tod oder Selbstmord in der Literatur als ideologisch bedenklich und unsozialistisch.

Zilla – Eigtl. Scilla/Szilla, Blaustern, meist blau, seltener violett oder weiß blühendes Liliengewächs.

75 IRMGARD WEINHOFEN AN BRIGITTE REIMANN, 14. 4. 69
T: Ms. Original mit hs. Unterschrift. Beiliegend ein Artikel aus der »NEUEN WELT«: »Dr. med. Meyerhoffs Kampf gegen den Krebs«.

76 IRMGARD WEINHOFEN AN BRIGITTE REIMANN, 29. 4. 69
T: Ms. Original mit hs. Unterschrift und hs. Nachtrag vom 2. 5. 69.
der die Zustände in den westdeutschen Grossbetrieben schildert – Günter Wallraff, »Wir brauchen Dich. Als Arbeiter in deutschen Großbetrieben« (1966).
f 100 – 100 holländische Gulden entsprachen etwa 110 DM.

77 BRIGITTE REIMANN AN IRMGARD WEINHOFEN, 24. 5. 69
T: Ms. Original mit hs. Unterschrift.
Schriftsteller-Kongreß – VI. Deutscher Schriftstellerkongreß in Berlin (28.–30. 5. 1969).
erbauliche Lektüre – Im Vorfeld des Schriftstellerkongresses war z. B. der Artikel von Heinz Sachs (Leiter des Mitteldeutschen Verlags) »Verleger sein heißt ideologisch kämpfen« erschienen, in dem er sich von »Nachdenken über Christa T.« von Christa Wolf distanzierte. (In: ND vom 14. 5. 1969.)
Pessimismus, Skeptizismus, Resignation – Vgl. 5. Anm. zu Brief 74.
unterderhand zu fünfzig Mark gehandelt – Der Einzelhandelverkaufspreis von »Nachdenken über Christa T.« betrug 6,50 Mark.
in Westdeutschland und Schweden erscheint es – Mit dem Luchterhand Verlag gab es bereits vorher den Vertrag für eine Mitdruck-Auflage. Da der Mitteldeutsche Verlag Christa Wolf 1969 die Auslandsrechte für »Nachdenken über Christa T.« zurückgegeben hatte, schloß sie die Auslandsverträge selbst ab, ohne daß das verhindert werden konnte.
Wieder-Entdeckung einer ... großen Liebe – Max Walter Schulz.
Er ist ... ein Großer Mann geworden – Er war 1969–1971 Vizepräsident des DSV und Mitglied der Bezirksleitung der SED Leipzig, 1964–1983 Direktor des Literaturinstituts »Johannes R. Becher« und wurde 1969 Professor. – Auf dem Schriftstellerkongreß hielt er das Hauptreferat, in dem u. a. Reiner Kunze und Christa Wolf angegriffen wurden.
›njet‹ – (russ.) Nein.

78 IRMGARD WEINHOFEN AN BRIGITTE REIMANN, 29. 6. 69
T: Ms. Original mit hs. Unterschrift und ms. Nachtrag vom 30. 6. 69.
Deine Sammelausgabe – B. R., »Drei Erzählungen«.

79 BRIGITTE REIMANN AN IRMGARD WEINHOFEN, 13. 7. 69
T: Ms. Original mit hs. Unterschrift u. hs. Ergänzung.
Ein kleiner Fernsehfilm – »›Sonntag, den …‹ – Briefe aus einer Stadt«,
gesendet am 20. 3. 1970 im 2. Programm..
das hat auch seine Vorteile – Eine Anspielung auf die kulturpolitische
Situation nach dem VI. Deutschen Schriftstellerkongreß, in der ein
Buch wie »Franziska Linkerhand« nicht hätte erscheinen können.
Jimmy Yency – Jimmy Yancey.

80 BRIGITTE REIMANN AN IRMGARD WEINHOFEN, 19. 9. [69]
T: Hs. Original (Briefkarte), Jahresangabe nachträglich ergänzt.
schlimme Dinge – Gemeint ist die Trennung von Jon K[…].

81 IRMGARD WEINHOFEN AN BRIGITTE REIMANN, 29. 9. 69
T. Ms. Original mit hs. Unterschrift und ms. Nachtrag.

82 BRIGITTE REIMANN AN IRMGARD WEINHOFEN, 7. 10. 6[9]
T: Ms. Original mit hs. Unterschrift, Jahresangabe nachträglich korrigiert.
der Ganz Große Jubeltag der DDR – 20. Jahrestag der Gründung der
DDR.

83 BRIGITTE REIMANN AN IRMGARD WEINHOFEN, 24. 11. 69
T: Ms. Original mit hs. Unterschrift und hs. Nachtrag.
um selbst damit zu fahren – B. R. konnte selbst nicht Auto fahren.
Im Dezember läuft mein Stipendium ab – B. R. erhielt vom Rat des Be-
zirks Neubrandenburg ein Stipendium für die Arbeit an »Franziska
Linkerhand« (Juni–Dezember 1969) und für Januar/Februar 1970 ein
Stipendium des Schriftstellerverbandes, das dann noch einmal um drei
Monate verlängert wurde.
wegen der Christa T. – »Nachdenken über Christa T.« wurde im Referat
Hans Kochs auf der Vorstandssitzung des DSV am 30. 10. 1969 kritisiert (in Abwesenheit von Christa Wolf); in einer weiteren Aussprache wurde die Autorin aufgefordert, »sich in einer öffentlichen Stellungnahme von der Auslegung ihres Buches durch den imperialisti-
schen Gegner zu distanzieren«. (In: »Dokumentation zu Christa Wolf
›Nachdenken über Christa T.‹«, a. a. O., S. 162.) Da die Erklärung, die
sie verfaßte, die Funktionäre nicht befriedigte, wurde sie nicht veröffentlicht.
daß ich wieder eine Brigade habe – Seit Herbst 1968 hatte B. R. Kontakte zu einer Baubrigade in Neubrandenburg-Ost, mit der sie ein Bri-
gadetagebuch schreiben sollte.
die Tochter vom ehemaligen Staatspräsidenten – Vgl. 1. Anm. zu Brief 10.

wer ... kann es in Farbe sehen? – Anläßlich des 20. Jahrestages der DDR nahm der DFF am 3. 10. 1969 den Betrieb des 2., teilweise in Farbe gesendeten Programms auf. Farbfernseher waren jedoch sehr teuer. ·
happy few – (engl.) Die wenigen Glücklichen.
ev. wird Manfred Krug singen – Daß Manfred Krug sang, war nach seiner Ausreise 1977 Anlaß, den Film zu sperren. Das Original und alle Kopien wurden 1984 vernichtet.

84 BRIGITTE REIMANN AN IRMGARD WEINHOFEN, 22. 12. 69
T: Hs. Original (Briefkarte).
Nina und Sarah – Nina Simone und Sarah Vaughan.

85 IRMGARD WEINHOFEN AN BRIGITTE REIMANN, 17. 1. 70
T: Hs. Original.
»Wanzka« – Alfred Wellm, »Pause für Wanzka oder Die Reise nach Descansar« (Roman, 1968).
die Ablehnung der Katrien – Der Verlag lehnte das Buch »Die Frau am Pranger« mit dem Argument ab, es handele sich um »Schwarzweißmalerei«.

86 BRIGITTE REIMANN AN IRMGARD WEINHOFEN, 20. 1. 70
T: Hs. Original (Briefkarte).

87 IRMGARD WEINHOFEN AN BRIGITTE REIMANN, 29. 1. 70
T: Hs. Original.
Gotisch macht mir ... Kopfzerbrechen – Der sprachgeschichtliche Teil des Germanistik-studiums umfaßte vier Bereiche: Gotisch, Althochdeutsch, Mittelhochdeutsch und Frühneuhochdeutsch.

88 BRIGITTE REIMANN AN IRMGARD WEINHOFEN, 27. 2. 70
T: Ms. Original mit hs. Unterschrift und hs. Nachsatz.
Rössle-Klinik – Universitätsklinik in Berlin-Buch, benannt nach dem Pathologen Robert Rössle (1876–1956).

89 JUERGEN AN IRMGARD WEINHOFEN, 16. 4. 70
T: Ms. Original mit hs. Unterschrift und hs. Notiz (Adresse).

90 BRIGITTE REIMANN AN IRMGARD WEINHOFEN, 22. 4. 70
T: Hs. Original.
daß ich ihn nicht mehr ... in ... dem Geliebten Franziskas, sehe – In der Figur des Ben Trojanowicz.

91 JUERGEN AN IRMGARD WEINHOFEN, 6. 5. 70
T: Ms. Original mit hs. Unterschrift.

92 BRIGITTE REIMANN AN IRMGARD WEINHOFEN, 15. 5. [70]
T: Hs. Original (Briefkarte), Jahresangabe nachträglich ergänzt.

93 BRIGITTE REIMANN AN IRMGARD WEINHOFEN, 23. 7. 70
T: Ms. Original am Anfang, dann hs. weitergeschrieben.
Der Verlag streikt – B. R. bekam dafür vom DSV eine Überbrückungs-
hilfe.
Margarete – Margarete Neumann.

94 JUERGEN AN IRMGARD WEINHOFEN, 24. 8. 70
T: Ms. Original mit hs. Gruß und Unterschrift.
ein Maler – Dieter Dreßler.

95 IRMGARD WEINHOFEN AN BRIGITTE REIMANN, 14. 9. 70
T: Ms. Original, am 18. 9. 70 hs. weitergeschrieben.

96 BRIGITTE REIMANN AN IRMGARD WEINHOFEN, 14. [10.] 70
T: Ms. Original mit hs. Unterschrift. Irrtümlich datiert 14. 9./15. 9. 70.
›mit runden Köpfen und die nachts gut schlafen‹ – Frei nach William
Shakespeare, »Julius Cäsar« (Drama, um 1607), 1. Akt, 2. Szene: »Laßt
wohlbeleibte Männer um mich sein, / Mit glatten Köpfen, die nachts
gut schlafen.«

97 BRIGITTE REIMANN AN IRMGARD WEINHOFEN, 11. 11. 70
T. Hs. Original (Briefkarte).

98 BRIGITTE REIMANN AN IRMGARD WEINHOFEN, 3. 12. 70
T: Hs. Original (Kunstpostkarte: Anatoli Kaplan, »Der Geiger«).

99 IRMGARD WEINHOFEN AN BRIGITTE REIMANN, 5. 1. 71
T: Ms. Original mit hs. Unterschrift.

100 BRIGITTE REIMANN AN IRMGARD WEINHOFEN, 4. 2. 71
T: Hs. Original (Briefkarte).

101 JUERGEN AN IRMGARD WEINHOFEN, 22. 2. 71
T: Ms. Original mit hs. Gruß und Unterschrift.

102 JUERGEN AN IRMGARD WEINHOFEN, 31. 3. 71
T: Ms. Original mit hs. Gruß und Unterschrift.

103 JUERGEN AN IRMGARD WEINHOFEN, 8. 4. 71
T: Ms. Original mit hs. Gruß und Unterschrift.
sozialistische Menschengemeinschaft – Begriff, der die »historisch neue,
politisch-moralische und geistig-kulturelle Qualität des Zusammenle-
bens und -wirkens der Klassen und Schichten sowie der einzelnen
Menschen in der sozialistischen Gesellschaft« (in: »Kulturpolitisches
Wörterbuch, a. a. O., S. 359 f.) umfaßte.
Rainer Kunze – Reiner Kunze.
»Im Mittelpunkt steht der Mensch ...« – Das Gedicht »Ethik« aus Reiner
Kunzes Zyklus »Kurzer Lehrgang« (1959). Es heißt: »Im mittelpunkt
steht der mensch//Nicht der einzelne«. (In: R. K., »sensible wege.
Achtundvierzig Gedichte und ein Zyklus«, Reinbek 1969.)

104 IRMGARD WEINHOFEN AN BRIGITTE REIMANN, 11. 4. 71
T: Ms. Original mit hs. Unterschrift.

105 BRIGITTE REIMANN AN IRMGARD WEINHOFEN, 17. 4. 71
T: Hs. Original.
Wiekhaus – Kleine Häuschen in der Stadtmauer von Neubranden-
burg.

106 BRIGITTE REIMANN AN IRMGARD WEINHOFEN, [MAI 1971]
T: Hs. Original auf gedruckter Hochzeitsanzeige zum 14. Mai 1971.
Buch von Fühmann – Franz Fühmann, »Der Jongleur im Kino oder Die
Insel der Träume« (Erzählungen, 1970).

107 IRMGARD WEINHOFEN AN BRIGITTE REIMANN, 15. 5. 71
T: Hs. Original (Postkarte: »Surprising Amsterdam«).

108 IRMGARD WEINHOFEN AN BRIGITTE REIMANN, 26. 5. 71
T: Hs. Original (Postkarte: »Amsterdam – Herengracht«).

109 BRIGITTE REIMANN AN IRMGARD WEINHOFEN, 13. 6. 71
T: Hs. Original (Klappkarte).
Wieckhaus – Wiekhaus. Vgl. Anm. zu Brief 105.
110 IRMGARD WEINHOFEN AN BRIGITTE REIMANN, 18. 6. 71
T: Ms. Original mit hs. Unterschrift.

111 BRIGITTE REIMANN AN IRMGARD WEINHOFEN, 5. 7. 71
T: Hs. Original (Klappkarte).
Lindencorso – Gaststätten-, Büro- und Geschäftskomplex in Berlin
(Unter den Linden/Friedrichstraße); 1964/65 nach dem Entwurf von
Werner Stassenmeier und Kollektiv gebaut.

Termine mit Ministerium – Termine für den Druckgenehmigungsantrag bei der HV Verlage beim Ministerium für Kultur.
Druckerei, die mindestens ein Jahr vorher bestellt … werden muß – Wie das Papierkontingent wurde jedem Verlag im Jahresplan auch die Druckereikapazität zugewiesen.

112 Brigitte Reimann an Irmgard Weinhofen, 6. 8. [71]
T: Hs. Original (Klappkarte), Jahresangabe nachträglich ergänzt.

113 Irmgard Weinhofen an Brigitte Reimann, 29. 8. 71
T: Ms. Original mit hs. Unterschrift und ms. Nachsatz.

114 Brigitte Reimann an Irmgard Weinhofen, 14. 9. 71
T: Ms. Original mit hs. Unterschrift.
mein Cheflektor – Walter Lewerenz.

115 Irmgard Weinhofen an Brigitte Reimann, 28. 9. 71
T: Ms. Original mit hs. Unterschrift.

116 Brigitte Reimann an Irmgard Weinhofen, 18. [10.] 71
T: Ms. Original mit hs. Unterschrift. Irrtümlich datiert 18. 9. 71.

117 Irmgard Weinhofen an Brigitte Reimann, 22. 10. 71
T: Ms. Original mit hs. Unterschrift.

118 Brigitte Reimann an Irmgard Weinhofen, 1. 11. 71
T: Ms. Original, am 2. 11. hs. weitergeschrieben.
Berufung zum Kreisarzt – Rudolf B[...] wurde als Kreishygienearzt berufen.

119 Brigitte Reimann an Irmgard Weinhofen, 29. 11. 71
T: Hs. Original (Briefkarte).
ungeachtet der wiederhergestellten Geschwisterliebe – Nachdem Ludwig Reimann 1960 die DDR verlassen hatte, gab es zunächst tiefe politische Differenzen zwischen B. R. und ihm.

120 Irmgard Weinhofen an Brigitte Reimann, 8. 12. 71
T: Hs. Original (Postkarte: »Amsterdam. Rijksmuseum«).

121 Brigitte Reimann an Irmgard Weinhofen, 5. 1. 72
T: Hs. Original (Briefkarte).
M. – Margarete Neumann.
Venus – Giorgione und Tizian, »Schlummernde Venus« (um 1508/10).

der Ovid – Ovid, »Werke in zwei Bänden«. Ausgewählt, eingeleitet und kommentiert von Liselot Huchthausen. (In: Bibliothek der Antike. Römische Reihe, Berlin und Weimar 1968.)

2. Band der Literaturgeschichte in Bildern – Günter Albrecht u. a., »Deutsche Literaturgeschichte in Bildern. Eine Darstellung von den Anfängen bis zur Gegenwart«, Bd. II, Leipzig 1970.

122 BRIGITTE REIMANN AN IRMGARD WEINHOFEN, 9. 2. 72
T: Hs. Original.

am kulturpolitischen Himmel ein Silberstreifen – Nachdem Erich Honecker Walter Ulbricht als Staatsratsvorsitzenden und Ersten Sekretär des ZK der SED abgelöst hatte, setzte zunächst eine gewisse Liberalisierung des Geisteslebens ein. Als symptomatisch dafür wurden seine Schlußworte auf der 4. Tagung des ZK der SED vom 16./17. 12. 1971 aufgefaßt: »Wenn man von der festen Position des Sozialismus ausgeht, kann es [...] auf dem Gebiet von Kunst und Literatur keine Tabus geben. Das betrifft sowohl die Fragen der inhaltlichen Gestaltung als auch des Stils – kurz gesagt: die Fragen dessen, was man die künstlerische Meisterschaft nennt.« (In: ND vom 18. 12. 1971.)

Christas Essayband, der ... nicht erscheinen durfte – Gemeint ist »Lesen und Schreiben. Aufsätze und Betrachtungen«. Der Mitteldeutsche Verlag hatte 1969 bereits einen Druckgenehmigungsantrag gestellt, ihn jedoch am 6. 5. 1969 mit der Begründung zurückgezogen: »[...] da wir es für politisch falsch halten, wenn sich um den Namen Christa Wolf eine ideologisch-künstlerische Plattform bildet, die sich gegen unsere Kulturpolitik richtet, halten wir das Erscheinen [...] für nicht richtig.« (In: »Dokumentation zu Christa Wolf ›Nachdenken über Christa T.‹«, a. a. O., S. 98.) 1972 erschien das Buch dann beim Aufbau-Verlag.

123 IRMGARD WEINHOFEN AN BRIGITTE REIMANN, 15. 2. 72
T: Ms. Original mit hs. Unterschrift und hs. Nachsatz.

124 IRMGARD WEINHOFEN AN BRIGITTE REIMANN, 2. 3. 72
T: Hs. Original (Postkarte: »Amsterdam/Holland. Het Koninklijk Paleis op de Dam«).

125 BRIGITTE REIMANN AN IRMGARD WEINHOFEN, 13. 3. 72
T: Ms. Original mit hs. Unterschrift.

aus kulturpolitischen Gründen – Vgl. Anm. 1 zu Brief 122.

›Christa T.‹ kommt wieder heraus – Seit der 1. Auflage von 1969 hatte es keine weitere Ausgabe gegeben.

Kants ›Impressum‹ ... mit zwei Jahren Verspätung – Hermann Kants zweiter Roman, »Das Impressum«, hatte seit 1969 keine Druckgeneh-

migung erhalten. Ein Vorabdruck im »Forum« wurde abgebrochen, nachdem Kant während einer Lesereise in der Bundesrepublik in einem Interview (»Vorwärts«, Bonn, vom 6. 11. 1969) seine Zustimmung zum Kurs der neuen Bundesregierung unter Willy Brandt geäußert hatte. Das wurde als Eigenmächtigkeit und Anmaßung kritisiert, da es noch keine offizielle Stellungnahme der DDR-Regierung gab. Weil die Vorwürfe gegen das Manuskript absurd waren (»Philosemitismus«, »Antisemitismus«, »Pornographie«), weigerte sich Kant, gravierende Änderungen vorzunehmen. (Vgl. H. K., »Abspann. Erinnerung an meine Gegenwart«, Berlin und Weimar 1991, S. 285 ff.)
Gerd – Gert Neumann.

126 BRIGITTE REIMANN AN IRMGARD WEINHOFEN, 17. 5. [72]
T: Hs. Original, roter Filzstift, Jahresangabe nachträglich ergänzt.

127 BRIGITTE REIMANN AN IRMGARD WEINHOFEN, 11. 6. [72]
T: Hs. Original, Jahresangabe nachträglich ergänzt.

128 DIETER JÜRN AN IRMGARD WEINHOFEN, 16. 8. 72
T: Ms. Original mit hs. Gruß und Unterschrift.
Artikel, der ... über sie erschienen ist – Gemeint ist B. R.s Antwort auf eine ND-Umfrage: »Woran arbeiten Sie?« (In: ND, Berlin, vom 9. 8. 1972, S. 4.)

129 DIETER JÜRN AN IRMGARD WEINHOFEN, 20. 8. 72
T: Hs. Original.

130 DIETER JÜRN AN IRMGARD WEINHOFEN, 28. 8. 72
T: Ms. Original mit hs. Gruß und Unterschrift.

131 DIETER JÜRN AN IRMGARD WEINHOFEN, 6. 9. 72
T: Ms. Original mit hs. Unterschrift.
»Als wär's ein Stück von mir« – Schlußvers der zweiten Strophe des Liedes »Ich hatt' einen Kameraden« von Ludwig Uhland (1787–1862), den Carl Zuckmayer als Titel für seine Lebenserinnerungen (1966) verwendete.

132 BRIGITTE UND ELISABETH REIMANN AN IRMGARD WEINHOFEN, 7. 9. 72
T: Hs. Original (Briefkarte).

133 DIETER JÜRN AN IRMGARD WEINHOFEN, 11. 9. 72
T: Ms. Original mit hs. Gruß und Unterschrift.

134 Dieter Jürn an Irmgard Weinhofen, 26. 9. 72
T: Ms. Original mit hs. Unterschrift.

135 Juergen an Irmgard Weinhofen, 18. 10. 72
T: Ms. Original mit hs. Gruß und Unterschrift.

136 Brigitte Reimann an Irmgard Weinhofen, 25. 11. [72]
T: Hs. Original, Jahresangabe nachträglich ergänzt.
nur aus dem Vorhandensein der Rähmchen – Kleine Bilderrahmen, die
I. W. als Geschenk mitgebracht hatte.

137 Brigitte Reimann an Irmgard Weinhofen, 13. 12. [72]
T: Hs. Original (Briefkarte mit Motiv), Jahresangabe nachträglich ergänzt.

138 Brigitte Reimann an Irmgard Weinhofen, 16. 12. 72
T: Hs. Original (Briefkarte).

139 Juergen an Irmgard Weinhofen, 18. 1. 73
T: Ms. Original mit hs. Unterschrift.

140 Juergen an Irmgard Weinhofen, 21. 2. 73
T: Telegramm.

141 Juergen an Irmgard Weinhofen, 24. 2. 73
T: Ms. Original mit hs. Unterschrift.
Max-Walter Schultz – Max Walter Schulz.
Pietschmann – Siegfried Pitschmann.

Personenverzeichnis

Abusch, Alexander (1902–1982) 1956–1958 Staatssekretär im Ministerium für Kultur, 1958–1961 Minister für Kultur, 1961–1971 Stellvertreter des Vorsitzenden des Ministerrates 20

Alex, Uwe, Bildhauer 98

Amsberg, Claus von (1926–2002) Diplomat, 1966 Heirat mit Prinzessin
Beatrix 93

Asriel, Andre (geb. 1922) Komponist 209

August der Starke (1670–1733) ab 1694 Kurfürst von Sachsen, ab 1697
König von Polen 151

B[…], Rudolf/Rudi (geb. 1943) Arzt, vierter Ehemann von B. R.
231–239 241 245–250 252–259 261 f. 264–270 273 f. 276 278–282 285 293

Bartsch, Horst (1926–1989) Maler und Graphiker 68

Beatrix Wilhelmina Armgard (geb. 1938) seit 1980 Königin der Niederlande 93

Biermann, Wolf (geb. 1936) Lyriker, Liedermacher, ab 1965 Auftritts-
und Publikationsverbot 103

Bruyn, Günter de (geb. 1926) Schriftsteller 142 166 182 206

Camus, Albert (1913–1960) französischer Schriftsteller 78

Caspar, Günter (1924–1999) seit 1955 Lektor, 1956–1964 Cheflektor des
Aufbau-Verlages 28 32 40 ff. 65 f.

Christoph 224 f. 227 231

Crepon, Tom (geb. 1938) Schriftsteller, 1971–1985 Leiter des Literaturzentrums Neubrandenburg 282

D[…], Günter (1933–1995) erster Ehemann von B. R. 19 f. 22 30 89

Daniel, Juli (1925–1988) russisch-sowjetischer Schriftsteller 138 141

Daube, David (1909–1999) 1936 Emigration nach Großbritannien, Prof.
für Rechtswissenschaften u. a. in Aberdeen und Oxford, Mitglied
zahlreicher Akademien 96

Debussy, Claude (1862–1918) französischer Komponist 98

Dreßler, Dieter (geb. 1932) Maler 228

Dutschke, Rudi (1940–1979) Studentenführer und Agitator der Außerparlamentarischen Opposition 143

E[...], Michael (geb. 1933) Regisseur 65

Ehrenburg, Ilja (1891–1967) russisch-sowjetischer Schriftsteller 78

Fitzgerald, Ella (1918–1996) US-amerikanische Jazzsängerin 138 f. 141

Fühmann, Franz (1922–1984) Schriftsteller 248

George (Schorsch) 167 211 230 252 f. 255 f. 260 262 ff. 266 f. 270 274 ff. 278 292

Giorgione (Giorgio da Castelfranco; 1478–1510) italienischer Maler 272

Goethe, Johann Wolfgang (1749–1832) 120 127

Gogh, Vincent van (1853–1890) niederländischer Maler 156

Gorki, Maxim (Alexej Maximowitsch Peschkow; 1868–1936) russisch-sowjetischer Schriftsteller 142

Graff, Anton (1736–1813) Maler 119

Gummel, Hans (1908–1973) Chirurg, 1955–1973 Direktor der Robert-Rössle-Klinik in Berlin-Buch 159 214 217–220 245 268

Gysi, Klaus (1912–1999) 1957–1966 Leiter des Aufbau-Verlags, 1966 bis 1973 Minister für Kultur 102

Hanke, Erwin (1923–1965) 1958–1965 Meister der Brigade »10. Jahrestag« im Kombinat Schwarze Pumpe 51

Henselmann, Hermann (1905–1995) Architekt, 1964–1966 Chefarchitekt im VEB Typenprojektierung, 1966–1970 Chefarchitekt am Institut für Städtebau und Architektur der Deutschen Bauakademie 97 157 296

Herfurt, Alfred (1903–1986) Vater von I. W. 59 104 f. 114 f. 129 137 147 254 f. 271 276 293

Herfurt, Else (1905–1989) Mutter von I. W. 31 34 59 104 f. 137 147 168 255 271 276 293

Herfurt, Inge (1940–1955) Schwester von I. W. 71 105 114

Herrmann, Dorothea, geb. Reimann (geb. 1943) Schwester von B. R., 1961–1965 Germanistik- und Anglistikstudium an der Universität Rostock, 1965–1990 Wissenschaftliche Mitarbeiterin im Oskar-Kellner-Institut für Tierernährung Rostock 33 47 90 f. 108 208 272 274 291 294

Heym, Stefan (1913–2001) Schriftsteller 103 f.

Hochhuth, Rolf (geb. 1931) Dramatiker 72

Honecker, Erich (1912–1994) seit 1958 Sekretär des ZK der SED, 1960 bis 1971 Sekretär des Nationalen Verteidigungsrates, seit 1971 Erster Sekretär des ZK der SED, Mitglied des Staatsrats 101

Juliana, Prinzessin der Niederlande (geb. 1909) 1948–1980 Königin der Niederlande 93 186

Lebensdaten Brigitte Reimann

1933 Brigitte Reimann wurde am 21. Juli als Tochter eines Bankkaufmanns in Burg bei Magdeburg als ältestes von vier Geschwistern geboren.

1947 Kinderlähmung.

1951 Abitur, danach Tätigkeit als Lehrerin.

1953 Heirat mit Günter D[...].
      Aufnahme in die Arbeitsgemeinschaft Junger Autoren des DSV in Magdeburg.

1954 Fehlgeburt.
      Selbstmordversuch.

1955 »Der Tod der schönen Helena« (Erzählung), Verlag des Ministeriums des Innern.

1956 »Die Frau am Pranger« (Erzählung), Verlag Neues Leben Berlin.
      »Kinder von Hellas« (Erzählung), Verlag des Ministeriums für Nationale Verteidigung Berlin. Aufnahme in den DSV.

1958 Scheidung.

1959 Heirat mit Siegfried Pitschmann.

1960 Umzug nach Hoyerswerda.
      »Das Geständnis« (Erzählung), Aufbau-Verlag Berlin.
      »Ein Mann steht vor der Tür«; »Sieben Scheffel Salz« (Hörspiele, gemeinsam mit Siegfried Pitschmann).

1961 »Ankunft im Alltag« (Erzählung), Verlag Neues Leben Berlin. Literaturpreis des FDGB (zusammen mit Siegfried Pitschmann) für die Hörspiele »Ein Mann steht vor der Tür« und »Sieben Scheffel Salz«.

1962 »Die Frau am Pranger« (Fernsehspiel).
      Literaturpreis des FDGB für »Ankunft im Alltag«.

1963 »Die Geschwister« (Erzählung), Aufbau-Verlag Berlin. Beginnt mit der Arbeit an »Franziska Linkerhand«. Wahl in den Vorstand des DSV.

1964 Sibirienreise als Mitglied einer Delegation des Zentralrats der FDJ. Scheidung. Heirat mit Jon K[...].

1965 »Das grüne Licht der Steppen. Tagebuch einer Sibirienreise« (Reportage), Verlag Neues Leben Berlin.
Heinrich-Mann-Preis der DAK für »Die Geschwister«.
Carl-Blechen-Preis des Rates des Bezirkes Cottbus für Kunst, Literatur und künstlerisches Volksschaffen.

1968 Krebserkrankung und Operation.
Umzug nach Neubrandenburg.

1970 Scheidung.

1971 Heirat mit Rudolf B[...].

1973 Brigitte Reimann stirbt am 20. Februar in Berlin.

1974 »Franziska Linkerhand« (Roman, unvollendet), Verlag Neues Leben Berlin.

Zu dieser Ausgabe

Die vorliegende Sammlung beruht auf den Briefen und Postkarten, die der Brigitte-Reimann-Sammlung im Literaturzentrum Neubrandenburg e. V. von Irmgard Weinhofen übergeben wurden. Leider sind die Anfänge der Korrespondenz nur lückenhaft vorhanden. Postkarten, die nur Grußcharakter trugen, wurden in der Regel nicht aufgenommen.

Die Druckvorlagen der Texte werden in den Anmerkungen nachgewiesen. Die Briefe werden im Prinzip vollständig und originalgetreu wiedergegeben bis auf Auslassungen aus Gründen des Persönlichkeitsschutzes oder vielfacher Wiederholungen, die durch eckige Klammern kenntlich gemacht sind. Offensichtliche Tippfehler wurden berichtigt; Interpunktionseigenheiten, falsche Namensschreibungen, syntaktische und grammatische Fehler wurden nicht korrigiert. Einige ihrer eigenen Briefe wurden von Irmgard Weinhofen jedoch der besseren Lesbarkeit zuliebe sprachlich leicht korrigiert, da der Satzbau des Niederländischen zunehmend ihre deutsche Ausdrucksweise verändert hatte. Da Irmgard Weinhofen die Briefe oft auf niederländischen Schreibmaschinen tippte, konnte sie kein ß verwenden. Unterstrichene oder hervorgehobene Textstellen erscheinen kursiv. Ergänzungen sind durch eckige Klammern gekennzeichnet. Briefanfänge und Grußformeln wurden typographisch vereinheitlicht.

Wir danken allen, die das Zustandekommen dieser Ausgabe unterstützten, besonders Irmgard Weinhofen und Dr. Rudolf Burgartz, Siegfried Pitschmann (†) sowie Heide Hampel und den Mitarbeiterinnen der Brigitte-Reimann-

Sammlung. Für Anregungen, Unterstützung und Ermutigung sind wir Ralf Zühlke besonders dankbar. Bei der Recherche halfen uns u. a. Nikoline Kullmann, Angela Gröber, Patrick Wilden und Christine Weis. Diese Ausgabe könnte nicht erscheinen, wenn nicht die darin vorkommenden Familienmitglieder und Personen, die Brigitte Reimann und Irmgard Weinhofen nahestanden, großzügig ihr Einverständnis zum Abdruck der sie betreffenden Passagen gegeben hätten. Als einen besonderen Gewinn erachten wir die von uns integrierten Briefe der Freunde mit ihren Schilderungen der letzten Lebensmonate Brigitte Reimanns. Wir danken für die bereitwillige Genehmigung zum Abdruck innerhalb dieses Briefwechsels.

Die Herausgeberinnen

»Man muß sich die Kunden des Aufbau-Verlages als glückliche Menschen vorstellen.«

SÜDDEUTSCHE ZEITUNG

Streifzüge mit Büchern und Autoren:
Das Kundenmagazin der Aufbau Verlagsgruppe finden Sie kostenlos in Ihrer Buchhandlung und als Download unter www.aufbau-verlag.de.

Mit Gesamtverzeichnis der Verlage Aufbau, Aufbau Taschenbuch, Rütten & Loening, Gustav Kiepenheuer und Der Audio Verlag.

»Brigitte Reimann taucht nun auf wie ein Phoenix aus der Asche.« Der Spiegel

Franziska Linkerhand
Zehn Jahre schrieb Brigitte Reimann an diesem Roman über eine lebenshungrige, kompromißlose, von einer Vision und einer Liebe besessenen Architektin. Obwohl unvollendet, zählt er zu den wichtigsten und schönsten Büchern der deutschen Gegenwartsliteratur. Die ungekürzte Ausgabe zeigt eine freimütigere, illusionslosere Franziska – radikal wie ihre Autorin in den Tagebüchern. – »Ein aufregendes, aufwühlendes Buch.« FAZ
Roman. Ungekürzte Neuausgabe. Mit einem Nachwort von Withold Bonner. Bearbeitung und Nachbemerkung von Angela Drescher.
639 Seiten. AtV 1535

Ich bedaure nichts
Tagebücher 1955–1963
»Ein Parlando, in dem der Odem großer Literatur weht. Ich kann mich nicht erinnern, das Buch einer Frau in deutscher Sprache gelesen zu haben, in dem die Sehnsucht nach Liebe mit einer solchen Sinnlichkeit und Intensität gezeigt wurde. Dieses Buch hat die Qualität eines Romans und die Vorzüge eines Tagebuchs. Es hat mich ergriffen.«
Marcel Reich-Ranicki im Literarischen Quartett
Herausgegeben von Angela Drescher.
429 Seiten. AtV 1536

Alles schmeckt nach Abschied
Tagebücher 1964–1970
Es war der scharfe, auch gegen sich selbst unerbittliche Blick der Schriftstellerin Brigitte Reimann, der uns mit den Tagebüchern ein einzigartiges Lebenszeugnis hinterlassen hat: die beeindruckende Biographie einer leidenschaftlichen, extravaganten Frau und zugleich ein Zeitdokument, das Geist und Stimmung einer ganzen Periode der ostdeutschen Nachkriegsgeschichte einfängt.
Herausgegeben von Angela Drescher.
464 Seiten. AtV 1537

BRIGITTE REIMANN
CHRISTA WOLF
Sei gegrüßt und lebe
Eine Freundschaft in Briefen 1964–1973
Brigitte Reimann und Christa Wolf lernten sich 1963 kennen. Es war der Beginn einer Freundschaft zweier eigenwilliger Frauen, die sich in ihrem Anderssein akzeptierten. Für beide waren es krisenhafte Jahre, durchzogen von persönlichen Konflikten, bedrohlichen Erkrankungen und politischen Spannungen. Vom Tod überschattet, handelt ihre Korrespondenz gleichwohl vom intensiven Leben, zu dem eine der anderen Mut macht.
Herausgegeben von Angela Drescher.
190 Seiten. AtV 1532

Leben für die Kunst:
Biographien bei AtV

SABINE KEBIR
Helene Weigel
Abstieg in den Ruhm

Als »lärmendste Schauspielerin
Berlins« machte sich Helene
Weigel in den zwanziger Jahren
einen Namen, als Bertolts Brechts
»Primadonna im proletarischen
Gewand« erlangte sie Weltruhm.
Sabine Kebir, bekannt durch pro-
vokante Studien über Brecht und
seine Mitarbeiterinnen, rekonstruiert
das Bild einer ungewöhnlichen
Frau, die sich in der Kunst und in
ihrem Leben als couragierte Avant-
gardistin weiblicher Emanzipation
behauptete.
»Eine erstklassige Biographie.«
TAGESSPIEGEL
Eine Biographie. 425 Seiten.
28 Abbildungen. AtV 1820

ANNELIES LASCHITZA
Im Lebensrausch,
trotz alledem
Rosa Luxemburg

»Der Faktenreichtum dieser
Biographie ist überwältigend und
korrigiert viele Fehl- und Vorur-
teile früherer Darstellungen.«
FRANKFURTER RUNDSCHAU
Eine Biographie. 688 Seiten.
AtV 1820

DOROTHEA VON TÖRNE
Brigitte Reimann
Einfach wirklich leben

Brigitte Reimann ist zur Symbol-
figur eines unangepaßten, leidenschaftlichen Lebensstils geworden.
Wie war sie wirklich? Was steht
nicht in den Tagebüchern und
Briefen? Dorothea von Törne

geht in ihrer anschaulichen
Biographie den wichtigsten
Stationen dieses kurzen Lebens
nach.
»Sie hat exzessiv gelebt, voller
Unrast und Verlangen nach Liebe,
ihre Lebenskerze war an beiden
Enden angezündet – wer leuchten
will, muß brennen.«
BERLINER ZEITUNG
Eine Biographie. Mit 23 Fotos.
300 Seiten. AtV 1652

GEORGIA VAN DER ROHE
La donna è mobile
Mein bedingungsloses Leben

Genug war nie genug in diesem
Leben voller Extravaganz: Georgia
van der Rohe, als Tochter des
bedeutenden Architekten Mies
van der Rohe 1914 in Berlin
geboren, machte als Tänzerin,
Schauspielerin und Filmregisseurin
international Karriere. Ihre Memoiren zeugen vom Leben einer
Frau, die ihren Leidenschaften
bedingungslos folgte und dennoch
immer autonom blieb.
»Die Geschichte einer leidenschaftlichen und klugen Frau.«
ELLE
381 Seiten. 34 Abbildungen.
AtV 1876

*Mehr Informationen erhalten Sie
unter www.aufbau-verlag.de oder bei
Ihrem Buchhändler*

Immer wieder lesen: Lieblingsbücher bei AtV

MARC LEVY
Solange du da bist

Was tut man, wenn man in seinem Badezimmerschrank eine junge hübsche Frau findet, die behauptet, der Geist einer Koma-Patientin zu sein? Arthur hält die Geschichte für einen Scherz seines Kompagnons, er ist erst schrecklich genervt, dann erschüttert und schließlich hoffnungslos verliebt. Und als er eines Tages begreift, daß Lauren nur ihn hat, um vielleicht ins Leben zurückzukehren, faßt er einen tollkühnen Entschluß.

»Zwei Stunden Lektüre sind wie zwei Stunden Kino: Man kommt raus und fühlt sich einfach gut, beschwingt und glücklich und ein bisschen nachdenklich.« FOCUS
Roman. Aus dem Französischen von Amelie Thoma. 277 Seiten.
AtV 1836

LISA APPIGNANESI
Die andere Frau

Maria d'Este ist eine klassische Femme fatale. Die Männer umschwärmen sie, sobald sie nur einen Raum betritt – und den anderen Frauen erscheint sie unweigerlich als Rivalin. Als Maria aus New York nach Paris zurückkehrt, beschließt sie, daß die Zeit ihrer Affären vorbei ist. Doch dann begegnet sie dem Mann, bei dem sie all ihre guten Vorsätze vergißt. Zum ersten Mal lernt Maria die wahren Abgründe der Liebe kennen.
Roman. Aus dem Englischen von Wolfgang Thon. 444 Seiten.
AtV 1664

KAREL VAN LOON
Passionsfrucht

Der Vater des 13jährigen Bo erfährt zehn Jahre nach dem Tod seiner Frau, daß er nie Kinder zeugen konnte. Diese Entdeckung stellt sein gesamtes Leben in Frage. Die Suche nach dem »Täter« wird eine Reise an den Beginn seiner großen Liebe.
Roman. Aus dem Niederländischen von Arne Braun. 240 Seiten.
AtV 1850

NEIL BLACKMORE
Soho Blues

Melancholisch und geheimnisvoll wie ein Solo von John Coltrane, unverwechselbar wie die Stimme von Billie Holiday: »Soho Blues« ist die bewegende Geschichte einer leidenschaftlichen, lebenslänglichen Liebe zweier Menschen, die sich in einem Netz von Abhängigkeit und Verrat, Hoffnung und Desillusion, Liebe und Haß befinden.
»Eine herzzerreißende Lektüre, die große Gefühle weckt.«
OSNABRÜCKER ZEITUNG
Roman. Aus dem Englischen von Kathrin Razum. 286 Seiten.
AtV 1733

Mehr Informationen erhalten Sie unter www.aufbau-verlag.de oder bei Ihrem Buchhändler

Geschichten von starken Frauen:
Heldinnen bei AtV

LISA APPIGNANESI
In der Stille des Winters
»›In der Stille des Winters‹ ist ein
Thriller für alle, die sich an
Henning Mankells Büchern erfreuen,
weil sie Muße haben für viel
Atmosphäre und nachdenkliche
Momente.« NORDDEUTSCHER
RUNDFUNK
Roman. Aus dem Englischen von
Wolf-Dietrich Müller. 412 Seiten.
AtV 1812

LISA HUANG
Jade
Das exotische China zu Beginn des
20. Jahrhunderts: Jade führt als
Tochter eines hohen kaiserlichen
Beamten ein behütetes Leben. Der
Tod ihres Vaters jedoch markiert
das jähe Ende ihrer Kindheit.
Während das Kaiserreich durch
heftige Unruhen erschüttert wird,
verliert ihre Familie beinahe all
ihren Besitz. Jade muß heiraten,
um sich in den Schutz einer neuen
Familie zu begeben, doch stellt
sich ihr angeblich wohlhabender
Mann als opiumsüchtig und bettel-
arm heraus.
»Besser kann man Geschichte nicht
erzählen.«
NÜRNBERGER NACHRICHTEN
Roman. Aus dem Amerikanischen von
Wolfgang Neuhaus unter Mitwirkung
von Michael Kubiak. 576 Seiten.
AtV 1759

PHILIPPA GREGORY
Die Schwiegertochter
Elizabeth ist die perfekte Schwie-
germutter. Nur leider hat ihr Sohn
Patrick mit Ruth nicht die perfekte

Schwiegertochter geheiratet. Was
bleibt Elizabeth da weiter, als sich
selbst um Patricks Wohlergehen zu
kümmern, vor allem aber um das
ihres kleinen Enkels Thomas. Für
Ruth wird ihre mehr als gutge-
meinte Fürsorge bald zum
Alptraum.
»Ein Gänsehaut machendes
Psychodrama.« JOURNAL FÜR DIE
FRAU
Roman. Aus dem Englischen von
Ulrike Seeberger. 400 Seiten. AtV
1649

GILL PAUL
Französische Verführung
Nach einem wunderschönen
Wochenende in der Bretagne ver-
schwindet Jennys Geliebter Marc
spurlos. Ein New Yorker Privat-
detektiv arrangiert für sie ein
»zufälliges« Zusammentreffen mit
ihm. Doch vor Jenny steht ein
Fremder. Wer aber ist der Mann,
den sie liebt? Die Geschichte einer
Obsession verbindet gekonnt
Kriminalistisches, Erotisches und
politisch Brisantes zu einem hoch-
spannenden Roman.
Roman. Aus dem Englischen von Elfi
Schneidenbach. 412 Seiten.
AtV 1796

Mehr Informationen erhalten Sie unter
www.aufbau-verlag.de oder bei Ihrem
Buchhändler

A^tV